普通高等教育“十三五”规划教材·轨道交通系列

全国行业紧缺人才、关键岗位从业人员培训推荐教材

铁路客运规章应用实务

主　编　兰云飞

副主编　宋婷婷　何　萍

北京交通大学出版社

·北京·

内容简介

本书包含六个项目，分别为铁路客运基本规程、铁路客运运价、铁路车站客运服务质量规范、铁路车站客运标识系统规范、铁路列车客运规章运用、铁路运输事故及应急处理。本书内容丰富、实用性强，适合作为普通高等院校、高等职业院校、中等职业学校铁道运输专业的教材，也可作为铁路企业的职工培训教材。

图书在版编目（CIP）数据

铁路客运规章应用实务 / 兰云飞主编. —北京：北京交通大学出版社，2017.7（2018.2 重印）

ISBN 978-7-5121-3297-9

Ⅰ. ①铁… Ⅱ. ①兰… Ⅲ. ①城市铁路-旅客运输-规章制度-高等职业教育-教材 Ⅳ. ①U293-65

中国版本图书馆 CIP 数据核字（2017）第 178469 号

铁路客运规章应用实务

TIELU KEYUN GUIZHANG YINGYONG SHIWU

策划编辑：刘　辉
责任编辑：刘　辉
出版发行：北京交通大学出版社　　电话：010-51686414　　http：//www.bjtup.com.cn
地　　址：北京市海淀区高梁桥斜街 44 号　　邮编：100044
印 刷 者：北京鑫海金澳胶印有限公司
经　　销：全国新华书店
开　　本：185 mm×260 mm　　印张：21.5　　字数：535 千字
版　　次：2017 年 7 月第 1 版　2018 年 2 月第 2 次印刷
书　　号：ISBN 978-7-5121-3297-9/U·266
印　　数：1 501~3 000 册　　定价：45.00 元

本书如有质量问题，请向北京交通大学出版社质监组反映。对您的意见和批评，我们表示欢迎和感谢。
投诉电话：010-51686043，51686008；传真：010-62225406；E-mail：press@bjtu.edu.cn。

前　　言

为适应铁路发展对高技能人才的需求，我们结合铁路客运的相关规章、规定，编写了本书。

本书充分体现了近年来铁路客运规章的新要求、新规定，具有体系全面、内容丰富的特点。全书分为铁路客运基本规程、铁路客运运价、铁路车站客运服务质量规范、铁路车站客运标识系统规范、铁路列车客运规章运用、铁路运输事故及应急处理六个项目。本书配有大量延伸阅读材料，帮助读者对铁路客运规章有全面的了解。

本教材由黑龙江交通职业技术学院兰云飞担任主编，北京铁路局北京西站宋婷婷、无锡南洋职业技术学院何萍担任副主编。本书编写分工如下：项目一、项目五由宋婷婷编写；项目二、项目六由何萍编写；项目三、项目四、附录 A ~ G 由兰云飞编写。

由于编写人员的水平有限，对各种问题的分析和处理难免有不足之处，恳请广大读者和同行多提宝贵意见。索取本书教学资源可从出版社网站（http：//www. bjtup. com. cn）下载，或与出版社编辑刘辉联系（cbslh@ jg. bjtu. edu. cn，QQ39116920）。

编者

2017 年 4 月

前　言

目　录

项目一

铁路客运基本规程

任务一　铁路旅客运输合同

【技能目标】

熟悉旅客的基本权利和义务；
熟悉承运人的基本权利和义务；
了解车票的作用和意义；
熟悉车票的基本知识；
能确定旅客所购车票的有效期；
能正确办理检票、验票和收票；
能确定旅客的乘车条件；
能办理旅行变更手续；
能进行误售、误购、误乘的处理；
能对旅客丢失车票的情况进行处理；
能对不符合乘车条件的旅客进行处理；
了解退票的相关规定；
了解旅客携带品的基本规定。

【知识点】

旅客的基本权利和义务；

承运人的基本权利和义务；
车票；
售票与购票；
车票的有效期；
检票、验票和收票；
乘车条件；
旅行变更；
误售、误购、误乘的处理；
旅客丢失车票的处理；
不符合乘车条件的处理；
拒绝运送和运输合同的终止；
退票；
携带品。

【相关知识】

一、相关名词解释

承运人：与旅客或托运人签有运输合同的铁路运输企业。铁路运输企业的员工在执行职务中的行为代表承运人。

旅客：持有铁路有效乘车凭证的人和同行的免费乘车儿童。根据铁路货物运输合同押运货物的人视为旅客。

托运人：委托承运人运输行李或小件货物并与其签有行李包裹运输合同的人。

收货人：凭有效领取凭证领收行李、包裹的人。

直达票：从发站至到站不需中转换乘的车票。

通票：从发站至到站需中转换乘的车票。

改签：旅客变更乘车日期、车次、席（铺）位时需办理的签证手续。

等级：同等距离以承运人提供的乘车条件不同而确定的列车档次。

动车组：运行时速在 200 千米及以上的列车。

客运记录：在旅客或行李、包裹运输过程中因特殊情况，承运人与旅客、托运人、收货人之间需记载某种事项或车站与列车之间办理业务交接的文字凭证。

本任务中的时间以北京时间为准，从零时起计算，实行 24 小时制。

铁路旅客运输合同是明确承运人与旅客之间权利义务关系的协议。起运地承运人依据铁路旅客运输规程订立的旅客运输合同对所涉及的承运人具有同等约束力。铁路旅客运输合同的基本凭证是车票。铁路旅客运输合同从售出车票时起成立，至完成票面规定的运输行为，旅客出站时止。旅客运输的运送期间自检票进站起至到站出站时止计算。

二、旅客的基本权利和义务

1. 权利

（1）依据车票票面记载的内容乘车。

（2）要求承运人提供与车票等级相对应的服务并保障旅行安全。

（3）对运送期间发生的身体损害有权要求承运人赔偿。

（4）对运送期间因承运人过错造成的随身携带物品损失有权要求承运人赔偿。

2. 义务

（1）支付运输费用，当场核对票、款，妥善保管车票，保持票面信息完整可识别。

（2）遵守国家法令和铁路运输规章制度，听从铁路车站、列车工作人员的引导，按照车站的引导标志进、出站。

（3）爱护铁路设备、设施，维护公共秩序和运输安全。

（4）对所造成铁路或者其他旅客的损失予以赔偿。

三、承运人的基本权利和义务

1. 权利

（1）依照规定收取运输费用。

（2）要求旅客遵守国家法令和铁路规章制度，保证安全。

（3）对损害他人利益和铁路设备、设施的行为有权制止、消除危险和要求赔偿。

2. 义务

（1）确保旅客运输安全正点。

（2）为旅客提供良好的旅行环境和服务设施，不断提高服务质量，文明礼貌地为旅客服务。

（3）对运送期间发生的旅客身体损害予以赔偿。

（4）对运送期间因承运人过错造成的旅客随身携带物品损失予以赔偿。

四、车票

车票票面载明的要素如下。

（1）发站和到站站名。

（2）座别、卧别。

（3）径路。

（4）票价。

（5）车次。

（6）乘车日期。

（7）有效期。

车票包括客票（软座票、硬座票）和附加票（加快票、卧铺票、空调票）两部分。附加票是客票的补充部分，可以与客票合并发售，但除儿童外不能单独使用。

车票票价为旅客乘车日的适用票价。承运人调整票价时，已售出的车票不再补收或退还票价差额。

五、售票与购票

车票应在承运人或销售代理人的售票处购买。在有运输能力的情况下，承运人或销售代理人应按购票人的要求发售车票。

承运人可以开办往返票、联程票（指在购票地能够买到换乘地带有席位、铺位号的车票）、定期、不定期、储值、定额等多种售票业务，以便于购票人购票。

发售软座客票时最远至本次列车终点站。旅客在乘车区间中，要求一段乘坐硬座车，一段乘坐软座车时，全程发售硬座客票，乘坐软座时，另收软座区间的软、硬座票价差额。

动车组列车车票最远只发售至本次列车终点站。

旅客购买加快票必须有软座或硬座客票。发售加快票的到站，必须是所乘快车或特别快车的停车站。发售需要中转换车的加快票的中转站还必须是有同等级快车始发的车站。

旅客购买卧铺票时，卧铺票的到站、座别必须与客票的到站、座别相同，但对持通票的旅客，卧铺票只发售到中转站。

旅客乘坐提供空调的列车时，应购买相应等级的车票和空调票。旅客在全部旅途中分别乘坐空调车和普通车时，可发售全程普通硬座车票，对乘坐空调车区段另行核收空调车与普通车的票价差额。

承运人一般不接受儿童单独旅行（乘火车通学的学生和承运人同意在旅途中监护的除外）。随同成人旅行身高1.2～1.5米的儿童，应当购买儿童票；超过1.5米时应买全价票。每一成人旅客可免费携带一名身高不足1.2米的儿童，超过一名时，超过的人数应买儿童票。儿童票的座别应与成人车票相同，其到站不得远于成人车票的到站。免费乘车及持儿童票乘车的儿童单独使用卧铺时，应当补收票价差额。

在普通大专院校（含国家教育主管部门批准有学历教育资格的民办大学），军事院校，中、小学和中等专业学校、技工学校就读，没有工资收入的学生、研究生，家庭居住地和学校不在同一城市时，凭附有加盖院校公章的减价优待证的学生证（小学生凭书面证明），每年可购买家庭至院校（实习地点）之间四次单程的学生票。新生凭录取通知书、毕业生凭学校书面证明可买一次学生票。学生票限于使用普通旅客列车硬座和动车组列车二等座，使用普通旅客列车硬卧时应当补收票价差额。

华侨学生和港澳台学生按照上述规定同样办理。

发售学生票时应以近径路或换乘次数少的列车发售。

下列情况不能发售学生票。

（1）学校所在地有学生父或母其中一方时。

（2）学生休学、复学、转学、退学时。

（3）学生往返于学校与实习地点时。

（4）学生证未按时办理学校注册的。

(5) 学生证优惠乘车区间更改但未加盖学校公章的。

(6) 没有"学生火车票优惠卡"，"学生火车票优惠卡"不能识别或者所购车票的区间与学生证记载的区间不一致的。

中国人民解放军和中国人民武装警察部队因伤致残的军人凭"中华人民共和国残疾军人证"、因公致残的人民警察凭"中华人民共和国伤残人民警察证"购买残疾军人优待票（以下简称残疾军人票）。

"中华人民共和国残疾军人证"和"中华人民共和国伤残人民警察证"由国家有关部门颁发，铁路运输企业有权进行核对。

到站台上迎送旅客的人员应买站台票。站台票当日使用一次有效。对经常进站接送旅客的单位，车站可根据需要发售定期站台票。随同成人进站身高不足 1.2 米的儿童及特殊情况经车站同意进站人员可不买站台票。未经车站同意无站台票进站时，加倍补收站台票款。遇特殊情况，站长可决定暂停发售站台票。

20 人以上（含 20 人）乘车日期、车次、到站、座别相同的旅客可作为团体旅客，承运人应优先安排；填发代用票时，除代用票持票人外，其他团体旅客每人另发一张团体旅客证。

在无人售票的乘降所上车的人员，可在列车内购票，不收手续费。

六、车票的有效期

1. 直达票

直达票当日当次有效，但下列情形除外。

(1) 全程在铁路运输企业管内运行的动车组列车车票有效期由企业自定。

(2) 有效期有不同规定的其他票种。

通票的有效期按乘车里程计算：1 000 千米为 2 日，超过 1 000 千米的，每增加 1 000千米增加 1 日，不足 1 000 千米的尾数按 1 日计算。通票的有效期的核定自指定乘车日起至有效期最后一日的 24 时止。

2. 遇有下列情况可延长通票的有效期

(1) 因列车满员、晚点、停运等原因，使旅客在规定的有效期内不能到达到站时，车站可视实际需要延长通票的有效期。延长日数从通票有效期终了的次日起计算。

(2) 旅客因病中途下车、恢复旅行时，在通票有效期内，出具医疗单位证明或经车站证实时，可按医疗日数延长有效期，但最多不超过 10 天；卧铺票不办理延长，可办理退票手续；同行人同样办理。

七、检票、验票和收票

车站对进出站的旅客和人员应检票，列车对乘车旅客应验票。对必须持证购买的减价票和各种乘车证的旅客应当核对相应的证件，验票后应加盖查验标记。

车站应当在开车前提前停止检票并应当在本站营业场所通告列车开车前多长时间停止检票。

铁路稽查人员在车内验票时，应出示稽查证件、佩戴稽查臂章。

八、乘车条件

旅客须按票面载明的日期、车次、席别乘车，并在票面规定的有效期内到达到站。持通票的旅客中转换乘时，应当办理中转签证手续。

持通票的旅客在乘车途中，有效期终了，要求继续乘车时，应自有效期终了站或最近前方停车站起，另行补票，核收手续费。

对乘坐卧铺的旅客，列车可以收取车票并集中保管。收取车票时，应当换发卧铺证；旅客下车前，凭卧铺证换回车票。成人带儿童或儿童与儿童可共用一个卧铺。

除列车长同意的特殊情况，持低票价席别车票的旅客不能在高票价席别的车厢停留。

烈性传染病患者、精神病患者或健康状况危及他人安全的旅客，站、车可以不予运送；已购车票按旅客退票的有关规定处理。

九、旅行变更

旅客不能按票面指定的日期、车次乘车时，应当在票面指定的日期、车次开车前办理一次提前或推迟乘车的签证手续，特殊情况经站长同意可在开车后2小时内办理。持动车组列车车票的旅客改乘当日其他动车组列车时，不受开车后2小时内办理的限制。团体旅客不应晚于开车前48小时办理旅行变更手续。

在车站售票预售期内且有运输能力的前提下，车站应予办理车票变更，收回原车票，换发新车票，并在新车票票面注明“始发改签”字样（特殊情况在开车后改签的注明“开车后改签不予退票”字样）；原车票已托运行李的，在新车票背面注明“原票已托运行李”字样并加盖站名戳。必要时，铁路运输企业可以临时调整改签办法。

旅客在发站办理改签时，改签后的车次票价高于原票价时，核收票价差额；改签后的车次票价低于原票价时，退还票价差额。

旅客办理中转签证或在列车上办理补签、变更席（铺）位时，签证或变更后的车次、席（铺）位票价高于原票价时，核收票价差额；签证或变更后的车次、席（铺）位票价低于原票价时，票价差额部分不予退还。

因承运人责任使旅客不能按票面记载的日期、车次、座别、铺别乘车时，站、车应重新妥善安排。重新安排的列车、座席、铺位高于原票等级时，超过部分票价不予补收。低于原票等级时，应退还票价差额，不收退票费。

持通票的旅客在中转站和列车上要求变更径路时，必须在通票有效期能够到达到站时方可办理。办理时，原票价低于变径后的票价时，应补收新旧径路里程票价差额，核收手续费；原票价高于或等于变更后的径路票价时，持原票乘车有效，差额部分（包括列车等级不符的差额）不予退还。

旅客在车票到站前要求越过到站继续乘车时，在有运输能力的情况下列车应予以办理。核收越站区间的票价和手续费。

两名以上旅客共持一张代用票要求办理分票手续时，站、车应予以办理。办理时按分票的张数核收手续费。

十、误售、误购、误乘的处理

发生车票误售、误购时，在发站应换发新票。在中途站、原票到站或列车内应补收票价时，换发代用票，补收票价差额。应退还票价时，站、车应编制客运记录交旅客，作为乘车至正当到站要求退还票价差额的凭证，并应以最方便的列车将旅客运送至正当到站，不收取手续费或退票费。

因误售、误购或误乘需送回时，承运人应免费将旅客送回。在免费送回区间，旅客不得中途下车。如中途下车，对往返乘车区间补收票价，核收手续费。

由于误售、误购、误乘或坐过了站在原通票有效期不能到达到站时，应根据折返站至正当到站间的里程，重新计算通票有效期。

十一、丢失车票的处理

2017 年之前，旅客丢失车票须另行购票。在列车上应自丢失站起（不能判明时从列车始发站起）补收票价，核收手续费。旅客补票后又找到原票时，列车长应编制客运记录交旅客，作为在到站出站前向到站要求退还后补票价的依据。退票核收退票费。

从 2017 年开始，铁路部门规定：旅客若在检票进站前、列车上、出站检票前丢失实名制火车票，不用“自认倒霉”了，只要旅客能提供相关购票信息和有效身份证件，就可办理挂失补办手续，具体情况分以下三种。

1. 检票进站前丢失车票

进站前丢失车票的补票办理截止时间为该趟列车停止售票前。旅客在该情况下发现火车票遗失，在经过车站确认核实后，可根据购票时使用的证件原件、购票地（取票地）车站名称、乘车日期、车次、发到站信息按原车票车次、席位、票价重新购买一张新车票。新车票票面信息与原车票一致，新车票票面上有“挂失补”字样。

到站前，列车工作人员经查验未发现原车票被他人使用，列车长会开具客运记录交旅客，与新车票（“挂失补车票”）一并作为退票的凭证。到站后 24 小时内，旅客可凭客运记录、新车票和购票时所使用的身份证原件，至退票窗口办理退票。退票时无退票费，只收取 2 元手续费。

2. 车上丢失车票

旅客在车上丢失车票，首先要向列车长及列车员声明，列车工作人员会查验丢失车票旅客本人购票时所使用的身份证件原件、购票信息是否一致，随后办理挂失补办服务，收取 2 元手续费，票面标注“车票丢失”字样；如果列车未查询到购票信息，则需按规定先办理补票，直至到站前，列车长核验席位使用正常时，开具一份客运记录。

到站后，旅客需配合车站工作人员进行查验，并凭标注有“车票丢失”的车票、客运记录和购票时所使用的身份证原件办理出站检票手续。

列车未查询到购票信息而补票的旅客，可在到站后 24 小时内凭以上证件至退票窗口，经退票窗口工作人员核实信息，确认有购票记录、已购车票有效后，退还后补车票与原票乘车区间一致部分的票价和列车补票手续费。

3. 出站检票前丢失车票

若出站检票时发现车票丢失，旅客需主动向车站声明，由车站核查购票记录，已购车票有效，乘车日期、车次相符，票、证、人一致，实际乘车区间未超过已购车票乘车区间，且没有出站检票记录的，车站将为旅客办理车票挂失补办手续，收取 2 元手续费，新车票标注“车票丢失”字样。

此外，铁路部门建立了丢失车票旅客信息库，声称丢失车票的旅客具有以下情形的，不予办理挂失补办手续，列车和到站按无票处理，并登记其身份信息。

（1）不能提供购票时所使用的有效身份证件原件的。

（2）没有购票记录的。

（3）所购原票已经失效、退票或有出站检票记录的。

（4）证、人、购票记录不一致的。

（5）乘车日期、车次不符的。

（6）实际乘车区间超过所购车票乘车区间的。

十二、不符合乘车条件的处理

有下列行为时，除按规定补票，核收手续费外，铁路运输企业有权对其身份进行登记，并加收已乘区间应补票价 50% 的票款。

（1）无票乘车时，补收自乘车站（不能判明时自始发站）起至到站止车票票价。持失效车票乘车按无票处理。

（2）持用伪造或涂改的车票乘车时，按无票对待并送交公安部门处理。

（3）持站台票上车并在开车 20 分钟后仍不声明时，按无票处理。

（4）持用低等级的车票乘坐高等级列车、铺位、座席时，补收所乘区间的票价差额。

（5）旅客持儿童票、学生票、残疾军人票，但无法提供规定的减价凭证或不符合减价条件时，按照全价票价补收票价差额。

有下列情况时，补收票价，核收手续费。

（1）应买票而未买票的儿童按规定补收票价。身高超过 1.5 米的儿童使用儿童票乘车时，应补收儿童票价与全价票价的差额。

（2）持站台票上车送客未下车但及时声明时，补收至前方下车站的票款。

（3）主动补票或者经站、车同意上车补票的。

下列情况只核收手续费，但已经使用至到站的除外。

（1）旅客在票面指定的日期、车次开车前乘车的，应补签。

（2）旅客所持车票日期、车次相符但未经车站剪口的，应补剪。

(3) 持通票的旅客中转换乘应签证而未签证的，应补签。

十三、拒绝运送和运输合同的终止

对无票乘车而又拒绝补票的人，列车长可责令其下车并应编制客运记录交县、市所在地车站或三等以上车站处理（其到站近于上述到站时应交到站处理）。车站对列车移交或本站发现的上述人员应追补应收和加收的票款，核收手续费。

对违反国家法律、法规，在站内、列车内寻衅滋事、扰乱公共秩序的人，站、车均可拒绝其上车或责令其下车；情节严重的送交公安部门处理；对未使用至到站的票价不予退还，并在票背面做相应的记载，运输合同即行终止。

十四、退票

旅客要求退票时，按下列规定办理，核收退票费。

(1) 旅客退票可在所有“通退通签”窗口办理（在 12306. cn 网站购票未取纸质车票时，可在网上办理退票）。

(2) 在发站开车前，特殊情况也可在开车后 2 小时内，办理退票。团体旅客必须在开车 48 小时之前，办理退票。

(3) 旅客开始旅行后不能退票。但因伤、病不能继续旅行时，经站、车证实，可退还已收票价与已乘区间票价差额。已乘区间不足起码里程时，按起码里程计算；同行人同样办理。

(4) 退还带有㊔字戳记的车票时，应先办理行李变更手续。

(5) 因特殊情况经站长同意在开车后 2 小时内改签的车票不退。

(6) 站台票售出不退。

市郊票、定期票、定额票的退票办法由铁路运输企业自定。必要时，铁路运输企业可以临时调整退票办法。

因承运人责任致使旅客退票时，按下列规定办理，不收退票费。

(1) 在发站，退还全部票价。

(2) 在中途站，退还已收票价与已乘区间票价差额，已乘区间不足起码里程时，退还全部票价。

(3) 在到站，退还已收票价与已使用部分票价差额。未使用部分不足起码里程按起码里程计算。

(4) 空调列车因空调设备故障在运行过程中不能修复时，应退还未使用区间的空调票价。

发生线路中断旅客要求退票时，在发站（包括中断运输站返回发站的）退还全部票价，在中途站退还已收票价与已乘区间票价差额，不收退票费，但因违章加收的部分和已使用至到站的车票不退。

十五、携带品

旅客携带品由自已负责看管。每人免费携带品的重量和体积如下。

儿童（含免费儿童）10千克，外交人员35千克，其他旅客20千克。每件物品外部尺寸长、宽、高之和不超过160厘米，杆状物品不超过200厘米。

乘坐动车组列车的旅客随身携带品长、宽、高相加不能超过130厘米，重量不超过20千克。

残疾人旅行时代步的折叠式轮椅不计入上述范围，可免费携带。

下列物品不得带入车内。

（1）国家禁止或限制运输的物品。

（2）法律、法规、规章中规定的危险品、弹药和承运人不能判明性质的化工产品。

（3）动物及妨碍公共卫生（包括有恶臭等异味）的物品。

（4）能够损坏或污染车辆的物品。

（5）规格或重量超过规定的物品。

为方便旅客的旅行生活，限量携带下列物品。

（1）气体打火机5个，安全火柴20小盒。

（2）不超过20毫升的指甲油、去光剂、染发剂。不超过100毫升的酒精、冷烫精。不超过600毫升的摩丝、发胶、卫生杀虫剂、空气清新剂。

（3）军人、武警、公安人员、民兵、猎人凭法规规定的持枪证明佩带的枪支子弹。

（4）初生雏20只。

旅客违章携带物品按下列规定处理。

（1）在发站禁止进站上车。

（2）在车内或下车站，对超过免费重量的物品，其超重部分应补收四类包裹运费。对不可分拆的整件超重、超大物品、动物，按该件全部重量补收上车站至下车站四类包裹运费。

（3）发现危险品或国家禁止、限制运输的物品，妨碍公共卫生的物品，损坏或污染车辆的物品，按该件全部重量加倍补收乘车站至下车站四类包裹运费。危险物品交前方停车站处理；必要时移交公安部门处理。对有必要就地销毁的危险品应就地销毁，铁路部门不承担任何赔偿责任。

没收危险品时，应向被没收人出具书面证明。

（4）如旅客超重、超大的物品价值低于运费时，可按物品价值的50%核收运费。

（5）补收运费时，不得超过本次列车的始发站和终点站。

车站开展携带品搬运、暂存服务业务时，可核收搬运、暂存费。

十六、旅客遗失物品的处理

对旅客的遗失物品应设法归还原主。如旅客已经下车，应编制客运记录，注明品名、件数等移交下车站。不能判明时，移交列车终点站。

客流量较大的车站应设失物招领处。失物招领处对旅客遗失物品应妥善保管，正确交付。遗失物品需通过铁路向失主所在站转送时，物品在5千克以内的免费转送，超过5千克时，到站按品类补收运费；对不得带入车内的物品及食品不办理转送。

任务二　铁路行李、包裹运输

【技能目标】

能确定行李的范围并依据规定完成行李的托运；
能确定包裹的范围并依据规定完成包裹的托运。

【知识点】

行李票、包裹票；
托运人的基本权利和义务；
承运人的基本权利和义务；
行李的范围；
包裹的范围；
行李、包裹的托运与承运。

【相关知识】

铁路行李、包裹运输合同是指承运人与托运人、收货人之间明确行李、包裹运输权利义务关系的协议。行李、包裹运输合同的基本凭证是行李票、包裹票。

一、行李票、包裹票

行李票、包裹票应当载明以下内容。

（1）发站和到站。
（2）托运人、收货人的姓名、地址、联系电话、邮政编码。
（3）行李和包裹的品名、包装、件数、重量。
（4）运费。
（5）声明价格。
（6）承运日期、运到期限、承运站站名戳及经办人员名章。

行李、包裹运输合同自承运人接收行李、包裹并填发行李票、包裹票时起成立，到行李、包裹运至到站交付给收货人为止。

二、托运人的基本权利和义务

1. 权利

（1）要求承运人将行李、包裹按期、完好地运至目的地；

（2）行李、包裹灭失、损坏、变质、污染时要求赔偿。

2. 义务

（1）缴纳运输费用，完整、准确地填写托运单，遵守国家有关法令及铁路规章制度，维护铁路运输安全；

（2）因自身过错给承运人或其他托运人、收货人造成损失时应负赔偿责任。

三、承运人的基本权利和义务

1. 权利

（1）按规定收取运输费用，要求托运的物品符合国家政策法令和铁路规章制度。对托运的物品进行安全检查，对不符合运输条件的物品拒绝承运。

（2）因托运人、收货人的责任给他人或承运人造成损失时向责任人要求赔偿。

2. 义务

（1）为托运人提供方便、快捷的运输条件，将行李、包裹安全、及时、准确运送到目的地；

（2）行李、包裹从承运后至交付前，发生灭失、损坏、变质、污染时，负赔偿责任。

四、行李的范围

行李是指旅客自用的被褥、衣服、个人阅读的书籍、残疾人车和其他旅行必需品。

行李中不得夹带货币、证券、珍贵文物、金银珠宝、档案材料等贵重物品和国家禁止、限制运输物品、危险品。

行李每件的最大重量为 50 千克。体积以适于装入行李车为限，但最小不得小于 0.01 立方米。行李应随旅客所乘列车运送或提前运送。

五、包裹的范围

包裹是指适合在旅客列车行李车内运输的小件货物。包裹分为四类。

（1）一类包裹：自发刊日起 5 日以内的报纸；中央、省级政府宣传用非卖品；新闻图片和中、小学生课本。

（2）二类包裹：抢险救灾物资，书刊，鲜或冻鱼介类、肉、蛋、奶类、果蔬类。

（3）三类包裹：不属于一、二、四类包裹的物品。

（4）四类包裹：

① 一级运输包装的放射性同位素、油样箱、摩托车；

② 泡沫塑料及其制品；

③ 国务院铁路主管部门指定的其他需要特殊运输条件的物品。

包裹每件体积、重量与行李相同。

运输超过包裹规定重量和四类包裹中第③项规定的物品时，应经调度命令或上级书面运输命令批准。

铁路运输企业可制定管内包裹运输的范围。

以下物品不能按包裹运输。

① 尸体、尸骨、骨灰、灵柩及易于污染、损坏车辆的物品。

② 蛇、猛兽和每头超过20千克的活动物（警犬和运输命令指定运输的动物除外）。

③ 国务院及国务院铁路主管部门颁发的有关危险品管理规定中规定的危险品、弹药及不明性质的化工产品。

④ 国家禁止运输的物品和不适于装入行李车的物品。

六、行李、包裹的托运与承运

旅客在乘车区间内凭有效客票每张可托运一次行李，残疾人车不限次数。

托运下列物品时，托运人应提供规定部门签发的运输证明。

（1）金银珠宝、珍贵文物、货币、证券、枪支；

（2）警犬和国家法律保护的动物；

（3）省级以上政府宣传用非卖品；

（4）国家有关部门规定的免检物品；

（5）国家限制运输的物品；

（6）承运人认为应提供证明的其他物品。

托运动、植物时应有动、植物检疫部门的检疫证明。

托运放射性物品、油样箱时，应按照国务院铁路主管部门的规定提供剂量证明书、油样箱使用证。

七、保价运输

行李、包裹分为保价运输和不保价运输，托运人可选择其中一种运输方式。

按保价运输时，可分件声明价格，也可按一批全部件数声明价格。按一批办理时，不得只保价其中一部分。

按保价运输的行李、包裹核收保价费。一段按行李、一段按包裹托运时，全程按行李核收保价费。保价的行李、包裹发生运输变更时，保价费不补不退。因承运人责任造成取消托运时，保价费全部退还。

承运人对按保价运输的行李、包裹可以检查其声明价格与实际价格是否相符；如拒绝检查，承运人可以拒绝按保价运输承运。

八、包装和货签

行李、包裹的包装必须完整牢固，适合运输，其包装的材料和方法应符合国家或运输行业规定的包装标准。

承运后、交付前包装破损、松散时，承运人应负责及时整修并承担整修费用。

行李、包裹每件的两端应各有一个铁路货签。货签上的内容应清楚、准确并与托运单上相应的内容一致。

托运易碎品、流质物品或一级运输包装的放射性同位素时，应在包装表面明显处贴上“小心轻放”“向上”“一级放射性物品”等相应的安全标志。

九、包裹的押运

托运金银珠宝、货币证券、文物、枪支、中途需饲养的动物等必须派人押运。押运人应购买车票并对所押物品的安全负责。承运人应为押运人购票提供方便。

车站行李员对已经办理承运的包裹应通知押运人装车日期和车次。

列车行李员应对押运人进行登记并告之注意事项。

十、运到期限

行李、包裹的运到期限以运价里程计算。从承运日起，行李600千米以内为三日，超过600千米时，每增加600千米增加一日，不足600千米也按一日计算。包裹400千米以内为三日，超过400千米时，每增加400千米增加一日，不足400千米也按一日计算。快运包裹按承诺的运到期限计算。

由于不可抗力等非承运人责任发生的停留时间加算在运到期限内。

行李、包裹超过规定的运到期限运到时，承运人应按逾期日数及所收运费的百分比向收货人支付违约金。一批中的行李、包裹部分逾期时，按逾期部分运费比例支付。违约金最高不超过运费的30%。行李、包裹变更运输时，逾期运到违约金不予支付。

收货人要求支付违约金时，凭行李票、包裹票在行李包裹到达次日起10日以内提出。

收货人要求将逾期运到的行李运至新到站时，可凭新车票办理，不再支付运费，承运人也不再支付违约金。

行李、包裹超过运到期限30天以上仍未到达时，收货人可以认为行李、包裹已灭失而向承运人提出赔偿。

十一、到达保管、通知和查询

行李从运到日起、包裹从发出通知日起，承运人免费保管3天，逾期到达的行李、包裹免费保管10天。因事故或不可抗力等原因而延长车票有效期的行李按车票延长日数增加免费保管日数。超过免费保管期限时，按日核收保管费。

包裹到达后，承运人应及时通知收货人领取。通知时间最晚不得超过包裹到达次日的12点。

收货人询问行李、包裹是否到达时，承运人应及时予以查找。对逾期未到的行李、包裹应及时做查询记录。

十二、装卸、交付和转运

行李、包裹从行李房的收货地点至装上行李车，从行李车卸下至规定的交付地点，各为一次作业，由发站收取装费，由到站收取卸费。

收货人凭行李、包裹领取凭证领取行李、包裹。如将领取凭证丢失，必须提出本人身份证、物品清单和担保人的担保书，承运人对上述单、证和担保人的担保资格认可后，由收货人签收办理交付。如在收货人声明领取凭证丢失前行李、包裹已被冒领，承运人不承担责任。

经当事人双方约定，包裹也可使用领取凭证的传真件领取，约定内容应记载在包裹票记事栏内。收货人要求凭印鉴领取包裹时，应与承运人签订协议并将印鉴式样备案。经约定凭传真件或凭印鉴领取时，收货人不得再凭领取凭证领取。

收货人领取行李、包裹时，如发现有短少或异状应在领货时及时提出。承运人必须认真检查，必要时可会同公安人员开包检查。检查发现有损失时，应编制事故记录交收货人作为要求赔偿的依据。

旅客如继续旅行，要求将行李继续运至新到站时，可凭新车票及原行李票重新办理托运。

十三、变更运输

托运人在办理托运手续后，可按如下规定办理一次行李、包裹变更手续（鲜活包裹不办理变更），核收变更手续费。

（1）在发站装车前取消托运时，退还全部运费。

（2）装运后要求运回发站或变更到站的（行李只办理运回发站或中止旅行站），补收或退还已收运费与实际运送区间里程通算的运费差额。

（3）旅客在发站停止旅行，要求仍将行李运至到站时，按包裹收费，应补收发站至到站的包裹与行李运费的差额。

办理变更运输后产生的杂费按实际产生的核收。如已收运费低于已产生的杂费时，则不补收杂费也不退还运费。但因误售、误购客票产生的行李变更，不收变更手续费。

十四、品名、重量不符及无票运输的处理

发现品名不符时，在发站，应补收已收运费与正当运费的差额；在到站，加收应收运费与已收运费差额两倍的运费。到站发现重量不符应退还时，退还多收部分的运费，应补收时，只补收超重部分运费。如将国家禁止、限制运输的物品或危险品伪报其他品名托运时，在发站取消托运，在中途站停止运送（在列车上发现危险品交前方停车站），均通知有关部门和托运人处理，已收运费不退，按四类包裹另行补收运输区段的运费及保管费。

发现无票运输的物品，按实际运送区间加倍补收四类包裹运费。

十五、无法交付物品的处理

对无法交付的行李、包裹或旅客的遗失物品、暂存物品，承运人应登记造册，妥善保管，不得动用。枪支弹药、机要文件及国家法令规定不能买卖的物品应及时交有关部门处理。容易变质的物品应及时处理。

行李从运到日起，包裹从发出通知日起，遗失物品、暂存物品从收到日起，承运人对 90 天以内仍无人领取的物品应在车站进行通告。通告 90 天以后仍无人领取时，应报

上一级主管部门批准后予以变卖。

对变卖所得款项，扣除所发生的保管费、变卖手续费等费用的剩余款额，旅客、托运人、收货人在180天以内来领取时，承运人凭旅客、托运人、收货人出具的物品所有权的书面证明办理退款手续，不来领取时，上缴国库。

任务三　特定运输

【技能目标】

掌握包车的相关事项；
掌握租车及自备车辆的挂运与行驶的相关规定；
掌握过轨运输的相关规定。

【知识点】

包车；
租车及自备车辆的挂运与行驶；
过轨运输。

【相关知识】

一、包车

凡要求单独使用加挂车辆或加开专用列车时，均按包车办理。包车人应先向承运人提供路程单。

包车人应与承运人签订包车合同。包车合同主要载明：

（1）包车人、承运人的名称、地址、联系人姓名、电话；

（2）包用车辆种类、数量；

（3）发站和到站站名；

（4）时间；

（5）包车运输费用；

（6）违约责任；

（7）双方商定的其他事项。

签订包车合同的同时，包车人应缴付定金。

包车人改变或取消用车计划时，应向承运人缴付延期使用费或停止使用费；因包用车辆自其他站向用车站调运车辆产生空驶时，还应缴付空驶费。承运人违约时应双倍返还定金。

包车人在中途站、折返站要求停留时，应缴付停留费。请求延长使用时，由中途变更站报请上一级主管部门批准后核收运输费用。缩短使用时，已收费用不退。

二、租车及自备车辆的挂运与行驶

向承运人租用车辆时，租用单位应与承运人签订租车合同。租车合同主要载明：

（1）承租人和承运人的名称、地址、联系人姓名、电话；

（2）租用车辆种类、数量；

（3）租用的时间和区间；

（4）租车费用；

（5）违约责任；

（6）双方商定的其他事项。

企业自备车辆或租用车利用铁路动力、线路运行时，应向承运人提出书面要求，经承运人同意并对机车车辆的技术状态检查合格后才能办理，核收挂运费或行驶费。长期挂运或行驶时，承运人应与企业或承租人签订合同。

三、过轨运输

国家铁路运输企业与其他铁路运输企业办理直通旅客运输业务为过轨运输。办理过轨运输应报国务院铁路主管部门批准。

任务四　运输事故处理

【技能目标】

掌握线路中断时对旅客的安排措施；
掌握线路中断时对行李、包裹的安排措施；
掌握运输事故现场处理的措施；
了解运输事故的赔偿责任和负责范围；
了解事故赔偿、索赔时效及纠纷处理。

【知识点】

线路中断时对旅客的安排；
线路中断时对行李、包裹的安排；
运输事故现场处理；

运输事故的赔偿责任和负责范围；

运输事故赔偿、索赔时效及纠纷处理。

【相关知识】

一、线路中断时对旅客的安排

线路中断，列车不能继续运行时，应妥善安排被阻旅客。车站应将停办营业和恢复营业的信息及时向旅客公告。

线路中断，旅客可以要求在原地等候通车、返回发站、中途站退票或按照承运人的安排绕道旅行。

停止运行站或列车应在旅客车票背面注明原因、日期、返回××站并加盖站名章或列车长名章，作为旅客免费返回发站、中途站办理退票、换车或延长有效期的凭证。

旅客持票等候通车后继续旅行时，可凭原票在通车10日内恢复旅行。车站应予办理签证手续，通票还应根据旅客候车日数延长车票有效期。卧铺票应办理退票。

铁路组织原列车绕道运输时，旅客原票不补不退，但中途下车即行失效。旅客自行绕道按变径办理。线路中断后，旅客买票绕道乘车时，按实际径路计算票价。

二、线路中断时对行李、包裹的安排

对发站已承运的行李、包裹应妥善保管，铁路组织绕道运输时，运费不补不退。对滞留中途站的鲜活包裹应及时变卖处理。

收货人在中途站要求领取时，应退还已收运费与发站至领取站应收运费的差额。不足起码运费按起码运费核收。对要求运回发站取消托运的，退还全部运费。

旅客在发站或中途站停止旅行，而托运的行李已运至到站，要求将行李运回发站或中途站，运费不补不退。旅客在发站或中途站停止旅行，如要求将行李仍运至到站时，补收行李和包裹运费的差额。

三、现场处理

发生旅客人身伤害或急病时，车站或列车应会同公安人员勘查现场，收集旁证、物证，调查事故发生原因，编制客运记录或旅客伤亡事故记录并积极采取抢救措施，按照旅客人身伤害或疾病处理的有关规定办理。

四、赔偿责任和免责范围

承运人应当对铁路运送期间发生的旅客人身伤亡承担损害赔偿责任；但伤亡是不可抗力、旅客自身健康原因造成的或者承运人证明伤亡是旅客故意、重大过失造成的，承运人不承担责任。

在铁路旅客运送期间因第三人原因造成旅客人身损害的，由第三人承担赔偿责任。承运人有过错的，应当在能够防止或者制止损害的范围内承担相应的补充赔偿责任。承运人承担补充赔偿责任后，有权向第三人追偿。

在铁路旅客运送期间发生旅客携带品毁损、灭失时，承运人有过错的，应当承担损害赔偿责任。

旅客证明其确已携带进站乘车，且能够确定携带品价值的，按下列规定赔偿。

（1）旅客出具发票（或者其他有效证明）证明购买价格时，以扣除物品合理折旧、损耗后的净值赔偿。

（2）以处理单位所在地物价部门或价格评估机构确定的物品价值赔偿。

承运人应当对承运的行李、包裹自接受承运时起到交付时止发生的灭失、短少、变质、污染或者损坏，承担赔偿责任。

因下列原因造成的行李、包裹损失，承运人不承担责任。

（1）不可抗力；

（2）物品本身的自然属性或合理损耗；

（3）包装方法或容器不良，从外部观察不能发现或无规定的安全标志时；

（4）托运人自己押运的包裹（因铁路责任除外）；

（5）托运人、收货人违反铁路规章或其他自身的过错。

行李、包裹事故赔偿标准如下。

按保价运输办理的物品全部灭失时按实际损失赔偿，但最高不超过声明价格。部分损失时，按损失部分所占的比例赔偿。分件保价的物品按所灭失件的实际损失赔偿，最高不超过该件的声明价格。

未按保价运输的物品按实际损失赔偿，但最高连同包装重量每千克不超过 15 元。如由于承运人故意或重大过失造成的，不受上述赔偿限额的限制，按实际损失赔偿。

行李、包裹全部或部分灭失时，退还全部或部分运费。

五、事故赔偿、索赔时效及纠纷处理

发生旅客伤害事故时，旅客可向事故发生站或处理站请求赔偿。旅客在车站发现携带品损失时，应当在离开车站前向发生站声明；在列车上发现时，应当在下车前声明，由列车长开具客运记录交到站处理。旅客请求赔偿时，应当按照相关规定，提交承运人有过错及证明携带品内容、价格等有关证明。

发生行李、包裹事故时，车站应会同有关人员编制行李、包裹事故记录交收货人作为请求赔偿的依据。事故赔偿一般应在到站办理，特殊情况也可由发站办理。

发生事故，收货人要求赔偿时，应在规定的期限内提出并应附下列文字材料。

（1）行李票或包裹票。

（2）行李、包裹事故记录。

（3）证明物品内容和价格的凭证。

丢失的旅客携带品、行李、包裹找到后，承运人应迅速通知旅客、托运人或收货人领取，撤销一切赔偿手续，收回全部赔款。如旅客、托运人或收货人不同意领取时，按无法交付物品处理。如发现有欺诈行为不肯退回赔款时，可通过行政或法律手段追索。

暂存物品发生丢失、损坏时，应参照行李、包裹事故赔偿有关规定办理。赔偿款额协商确定。

承运人与旅客、托运人、收货人因合同纠纷产生索赔或互相间要求办理退补费用的有效期为一年。有效期从下列日期起计算。

(1) 身体损害和随身携带品损失时，为发生事故的次日。

(2) 行李、包裹全部损失时，为运到期终了的次日；部分损失时，为交付的次日。

(3) 给铁路造成损失时，为发生事故的次日。

(4) 多收或少收运输费用时，为核收该项费用的次日。

责任方自接到赔偿要求书的次日起，一般应于30天内向赔偿要求人做出答复并尽快办理赔偿。多收或少收时应于30天内退补完毕。

延伸阅读

阅读材料1

铁路旅客运输办理细则

铁运〔1997〕103号

第一章 总 则

第一条 为规范铁路运输企业办理旅客及行李、包裹运送工作，依据《铁路旅客运输规程》（以下简称《客规》）制定本细则。

第二条 除另有规定者外，本细则适用于国家铁路和与国家铁路办理直通运输业务的其他铁路。

第三条 《客规》内定义的用语意义适用于本细则。

第四条 客运营业站的启用、封闭和变更，由所属铁路局（含集团公司，以下同）于实施前60天报国务院铁路主管部门审批。

第五条 车站各营业处所除应有《客规》规定的揭示内容外，为方便旅客，还应有铁路旅行常识，全国铁路营业站示意图，严禁携带危险品进站、上车的图例或文字说明，列车开车、中转换乘时刻，全国主要站中转换乘时刻表。在候车区域或上、下车通道还应有相应的车次、车厢顺号指引牌、检票车次牌等导向标志。行李包裹承运处应有行包托运须知，行包包装标准，禁止托运和夹带违禁品的图例或文字说明，服务项目等。

第六条 在不违反本细则的前提下，各铁路局可根据具体情况制订补充规定在本局管内实行。补充规定须报国务院铁路主管部门备案。

第二章 旅客运输

第一节 铁路旅客运输组织

第七条 旅客运输组织工作要从方便旅客出发，全面安排，按照长短途列车分工、换乘优先、保证重点的原则，合理、经济地使用运输能力，均衡地组织运输。

站、车间应协调、配合，发生问题应本着以站保车的原则积极处理。站、车发生纠纷，在责任、原因不明时，站、车双方均不得以任何理由阻碍开车，造成列车晚点。

第八条 要本着旅客至上的原则，坚持人民铁路为人民的服务宗旨，周到、热情地为旅客服务。对旅客在旅行中发生的困难应千方百计予以解决。

站车服务设施和引导标志应采用《铁路客运服务图形标志》或国家标准规定的图形标志。标准没有规定时，自行设计的标志应易于识别并附加汉字。

第二节　车票和其他乘车凭证

第九条　车票是旅客乘车的凭证。

第十条　除车票外，还可以持铁路乘车证和特种乘车证乘车。特种乘车证包括：

1. 全国铁路通用乘车证。
2. 中央和各省、市、自治区机要部门使用的软席乘车证。
3. 邮政部门使用的机要通信人员免费乘车证。
4. 邮局押运人员免费乘车证。
5. 邮局视导员免费乘车证。
6. 口岸站的海关、边防军、银行使用的往返免费乘车书面证明。
7. 我国铁路邀请的外国铁路代表团使用的中华人民共和国铁路免费乘车证。
8. 用于到外站进行装卸作业及抢险的调度命令。

第十一条　为了加强对铁路运输企业执行国家政策法令的监督，国务院铁路主管部门邀请的其他政府部门和新闻单位检查铁路工作时，凭“中国铁路免费乘车证”可乘坐除国际列车以外的各种等级、席别的列车。

“中国铁路免费乘车证”由国务院铁路主管部门制发和管理。

第三节　售票与购票

第十二条　车票由车站售票处或铁路运输企业设立的其他售票处发售。为了方便旅客，也可委托其他部门代售车票。

第十三条　有计算机售票设备的车站，除系统设备故障等特殊情况外，不得发售手工车票。发售车票按以下规定办理：

1. 车站发售客票时，不能使用到站不同但票价相同的车票互相代替。
2. 在软卧车有空余包房的条件下，车站可根据列车长的预报发售软座车票。发站给中途站预留的包房，可利用其发售最远至预留站的软座车票，但涉及夜间（20点—7点）乘车，不得超过2小时。
3. 发售去边境地区的车票时，应要求旅客出示国务院铁路主管部门、公安部门规定的边境居民证、身份证或边境通行证。

第十四条　发售加快票时，发到站之间全程都应有快车运行。如中间有无快车运行的区段，则不能发售全程加快票。

第十五条　购买卧铺票的旅客要求在中途站开始乘车时，售票员须在客票背面签注某站上车，加盖站名戳，并在“中途预留卧铺通知单”上注明，以便通知列车预留。

第十六条　为测量儿童的身高，在售票窗口、检票口、出站口、列车端门口应设有测量儿童身高的标准线。通学的小学生不论身高多少，均按学生票办理。成人无论身高多少均应购买全价票。

第十七条　发售学生票除要求出示相应的证件外，还应按如下原则发售：

1. 普通大、专院校，中、小学和中等专业学校、技工学校是指符合政府教育部门所规定的年限、学期和课程等制度并经相应级别的教育机关注册的院校，不包括各类职工大学、电视大学、业余广播大学、函授学校。

2. "没有工资收入的学生"，是指没有固定工资收入的学生。学生有无工资收入，由学校确定，铁路凭学校发给的减价优待证售票。如能够确认有工资收入的学生持减价优待证购票时，车站可以拒绝发售学生票，并通知学校处理。

3. 学生父、母都不在学校所在地，并分两处居住时，由学生选择其中一处，并登记在学生减价优待证上。如学生父母迁居时，根据学生申请，经学校确认，可将学生减价优待证上的乘车区间更改并加盖公章或更换新证。学生回家后，院校迁移或调整，也可凭学校证明和学生减价优待证，发售从家庭所在地到院校新所在地的学生票。

4. 学生每年仅限于购买四次单程减价票，当年未使用的次数，不能留作下年使用。

5. 学生票应按近径路发售，但有直达列车或换乘次数少的远径路也可发售。学生购买联程票或乘车区间涉及动车组列车的，可分段购票。学生票分段发售时，由发售第一段车票的车站在学生优惠卡中划销次数，中转站凭上一段车票售票，不再划销乘车次数。

6. 在乘降所上车的学生（其减价优待证上注明上车地点为乘降所），可以在列车上售给其全程学生票，并在减价优待证相应栏内，由列车长注明"×年×月×日乘××列车"，加盖名章，作为该学生购买了一次优惠车票的标记。

7. 减价优待证记载的车站是没有快车或直通车停靠的车站时，离该站最近的大站（可以超过减价优待证规定的区间）可以发售学生票。

8. 超过减价优待证上记载的区间乘车时，对超过的区间按一般旅客办理，核收全价。

9. 华侨学生和港澳台学生回家时，车票发售至边境车站。

10. 符合减价优待条件的学生无票乘车时，除补收票款外，同时应在减价优待证上登记盖章并登记一次乘车次数。

第十八条 "中华人民共和国残疾军人证"和"中华人民共和国伤残人民警察证"由国家有关部门颁发。持有其他抚恤证的人员，如革命工作人员残废证，参战民兵、民工残废证等，均不能享受减价待遇。

第十九条 为便于进站接送旅客，车站应积极发售站台票。对确有需要的单位，可发售定期站台票。定期站台票可按实际需要分为季票和月票。季度站台票的式样和价格由国务院铁路主管部门统一制定。月度站台票的式样和价格由铁路局自定。

第二十条 团体旅客乘车时，车站在编制旅客日计划时应优先安排。

第二十一条 发售各种硬纸卡片式常备车票时，应在票面左端轧印乘车日期。发售卧铺票时，另在卧铺票背面添注车厢号和铺位号或粘贴印有车次、日期、车厢号、铺位号的小票。

用卡片式车票发售半价票时，应当在适当的剪断线处剪下票根。

第二十二条 发售区段票时，必须用墨汁、黑色墨水或圆珠笔填写并在相应的运价里程以下的横线处剪断（发售半价票时，其剪断线还应沿相应的栏向上剪断），剪下的上部交旅客，下部存根报缴。

第二十三条　发售代用票应按如下方法填写。

1. 在事由栏填写相应的略语：

（1）客票的略语为“客”；

（2）加快票的略语为“普快”或“特快”；

（3）卧铺票的略语为“卧”；

（4）客快联合票普快或特快的略语分别为“客快”或“客特快”；

（5）客快卧联合票的略语为“客快卧”或“客特快卧”；

（6）儿童超高的略语为“超高”；

（7）丢失车票的略语为“丢失”；

（8）变更座别、铺别、径路的略语分别为“变座”“变铺”“变径”；

（9）无普快或无特快的略语分别为“无快”或“无特快”；

（10）改乘高等级列车的略语为“补价”；

（11）乘车日期、车次、径路不符的略语为“不符”；

（12）误撕车票的略语为“误撕”；

（13）不符合减价规定的略语为“减价不符”；

（14）有效期终了的略语为“过期”；

（15）退加快票的略语为“退快”；

（16）退卧铺票的略语为“退卧”；

（17）持站台票来不及下车的略语为“送人”；

（18）空调、包车、无票、越席、误售、误购、越站、分乘、团体则无须使用略语，直接填写。

2. 原票栏按收回的原票转记。

3. 乘车区间栏填写发到站站名、经由、乘车里程。

4. 不用栏用“#”标示。

5. 票价栏按收费种别分别填写在适当栏内。其他费用应在空白栏内注明收费种别和款额，卧铺栏前加“上、中、下”，合计栏为所收款总计。补收过程中有退款相冲抵时，退款金额前用减号表示。发生退款时在空白栏注明退款种别，在合计栏的金额数前用减号表示退款额。

6. 记事栏内记载下列事项：

（1）发售学生票时，记载“㊫”字。

（2）发售包车时，注明包车的车种、车号和定员数。

（3）办理团体票时，注明团体旅客乘车证的起止号。

（4）在列车上发生退款时，应注明“到站净退××元”。

（5）其他需记载的事项。

7. 票面填写禁止涂改，乙联按合计栏款额在相应的剪断线处剪断后交旅客，其余随丙联上报。

第四节　车票的有效期

第二十四条　因列车满员或列车因意外事件停止运行，旅客不能按票面指定的日期、车次乘车时，车站应积极为旅客办理签证及通票有效期延长手续。办理时，应在通票背面注明“因××延长有效期×日”并加盖站名戳。旅客如果要托运行李，还应在行李票上签注“因××原因改乘×月×日××车次”，加盖站名戳，作为到站提取行李时，计算免费保管日数的凭证。

中途站办理动车组列车退票时，按以下公式计算应退票款：应退票款=原票价-(原票价÷原票里程)×已乘区间里程。

第五节　检票、验票和收票

第二十五条　车站的检票口、出站口应有明显的标志。车站对进站人员持用的车票、站台票经确认后加剪（市郊定期客票、卧铺票不剪）。计算机票、代用票、区段票应销角后交给旅客。出站人员的站台票应将其副券撕下。误撕车票时，应换发代用票。

第二十六条　列车车门口验票由列车员负责，列车内的验票工作由列车长负责组织实施，由乘警、列车值班员等有关人员配合。原则上每400千米验票一次，运行全程不足400千米的列车应查验一次，特殊区段由列车长决定查验次数的增减。

第二十七条　铁路稽查人员执行任务时，应事先与列车长取得联系，特殊情况可先执行任务。列车长、乘警及其他列车工作人员对稽查工作应予以配合。

第六节　乘车条件

第二十八条　对乘坐卧铺的旅客，卧铺车列车员应及时收票换发卧铺证。列车开车后，还应该通过广播，提示持卧铺票的旅客及时到卧铺车换票。

第二十九条　列车员对保持卧铺车的良好秩序负有责任，对轮流使用卧铺的行为应予以制止。

有剩余卧铺时，列车员应及时通报列车长，列车长应在车内组织发售或预报前方站发售。

第三十条　对烈性传染病患者（尤其是对人身健康危害严重、有暴发性流行可能的疾病患者），车站发现时应告之铁路规定并给予办理退票手续。列车上发现时，列车长编制客运记录交车站。必要时，应通知铁路防疫部门处理污染现场。

第七节　变　更

第三十一条　1. 旅客在发站办理车票改签时，应收回原票换发新票，票面打印“始发改签”字样。计算票价时，在联合票价基础上计算。

旅客在中途站办理签证不需补差价时，只打印签证号；需补差价时，发售有价签证票。

2. 除售票系统设备故障等特殊情况外，不得手工改签车票。

第三十二条　旅客在列车上要求变更座位、铺位时，在列车有能力的情况下应当予以办理。需补收差价时，发售一张补价票，随同原票使用有效。

第三十三条　旅客要求变更径路需补收票价时，车站可使用常备专用补价票或计算机票补价。补价时，应收回原票。

符合使用原票乘车的规定时，可在原票背面注明“变更经由××站”，加盖站名戳或列车长名章，凭原票乘车。

第三十四条　旅客在到站前要求越过到站继续旅行时，在列车有能力的情况下应予以办理。办理时核收越站区间的票价，不足起码里程时，按起码里程计算；旅客同时提出变更座别、铺别和越站时，应先办理越站，后办理变更，使用一张代用票，核收一次手续费。遇有下列情况不能办理越站：

1. 列车严重超员；

2. 乘坐卧铺的旅客买的是给中途站预留的卧铺；

3. 乘坐回转车，途中需要甩车。

第三十五条　二人以上旅客使用一张代用票，要求分开乘车时，应收回原票，换发代用票。分乘与旅行变更同时发生时，按变更人数核收一次手续费。

第八节　误售、误购、误乘的处理

第三十六条　因站名相似或口音不同发生误售、误购时，站、车均应积极主动处理。应补收时，补收正当到站票价与已收票价的差额，收回原票，换发代用票。应退还时，凭原票和客运记录乘车至到站退款。

第三十七条　旅客因误售、误购、误乘或坐过了站需送回时，列车长应编制客运记录交前方停车站。车站应在车票背面注明“误乘”并加盖站名戳，指定最近列车免费返回。在免费送回区间，站车均应告之旅客不得自行中途下车。如中途下车，对往返乘车的免费区间，按返程所乘列车等级分别核收往返区间的票价，核收一次手续费。

第九节　丢失车票的处理

第三十八条　旅客丢失车票另行购票时，车站另发新票。列车上补票时，注明丢失。由于站车工作人员工作失误，造成旅客车票丢失时，站车均应填发代用票，在记事栏内注明“因××原因丢失”，将款额剪断线全部剪下随丙联上报。

第三十九条　旅客丢失车票另行补票后又找到原票时，列车长应编制客运记录，连同原票和后补车票一并交给旅客，作为旅客在到站出站前退还后补车票的依据。列车长与车站办理交接时，车站不得拒绝。处理站在办理时，填写退票报告，并核收退票费，列车编制的客运记录随报告联一并上报。

第十节　不符合乘车条件的处理

第四十条　对不符合乘车条件的旅客、人员，站车均应了解原因，区别不同情况予以处理。对有意不履行义务的，应补收票款并加收票款。对主动补票并经站、车同意上车的人员或儿童，只补收票价，核收手续费。

对持定期客票违章需按往返及天数加收票价时，按下列公式计算：加收票价 = 单程应收票价 ×2 × 天数。

第四十一条　对需补收票款差额的，办理时，发售补价票或收回原票，换发代用票。换发代用票时，补收的差额票价填写在代用票补收栏内，收回的原票随代用票丙联上报。

第四十二条　列车内发现旅客车票漏剪口时应补剪并核收手续费；如漏剪是由车站责任造成的，则列车补剪不收手续费。到站发现车票漏剪则不予追究。

第四十三条　旅客持票提前乘车并已经车站剪口时，列车应予补签，或者收回原票、换发代用票。代用票上记载实际乘车的日期、车次，原票栏按原票实际填写，原票随丙联上报。

第十一节 拒绝运送和运输合同的终止

第四十四条 列车上对拒绝补票的人，应编制客运记录交列车前方县、市三等以上车站处理，但不能超过无票人员的到站。车站对列车移交和本站发现的人员应按章追补票价，对当时无力补票的应设法通知其单位或家属帮助补交票款。

第四十五条 对于在列车内寻衅滋事，扰乱公共秩序被列车工作人员责令下车的旅客，列车应编制客运记录交车站。车站工作人员对在站内发现的和列车移交的上述旅客应带出站外，情节严重者应送交公安部门处理。对被站、车拒绝乘车和责令下车的旅客的车票，应在车票背面做相应记载，作为不予改签或退票的依据。

第十二节 退 票

第四十六条 旅客要求退票时，按下列规定办理：

1. 在车站退还带有“㊔”字戳记车票时，应先将托运的行李取消托运或改按包裹托运。

2. 在列车上，旅客因病不能继续旅行时，列车长应编制客运记录交中途有医疗条件的车站，同行人同样办理。

第四十七条 因铁路责任造成旅客退票时，无论在发站、中途站还是到站，均应积极为旅客办理，不得互相推诿，继续给旅客造成困难，产生应补收时不补收，不收退票费。

第四十八条 因线路中断致使旅客中途退票时，应退还已收票价与已乘区间票价差额，已乘区间不足起码里程时，按起码里程计算，不收退票费。

第四十九条 退还票价时，按客、快、卧起码里程分别计算。旅客需报销退票费时，应开具退票费报销凭证。

第十三节 携带品

第五十条 对旅客随身携带品应动员旅客放在行李架上或座位下面，并做到平稳牢固，不妨碍其他旅客乘坐或通行。

对旅客按《客规》规定携带少量带有危险性质的物品或佩带枪支、子弹乘车时，应告之妥善保管，避免发生意外。

第五十一条 发现旅客违章携带物品（包括几人同时携带一件超重或超大物品）时，在车站，应拒绝进站或动员旅客办理托运；对已带入车内的，应补收运费，妥善安排，必要时可放入行李车内。

对已带入车内的猫、狗、猴等宠物，应安排在列车通过台由旅客自己照看，宠物发生意外或伤害其他旅客时，由携带者负责。

第五十二条 对违章携带的物品补收运费时，一律填写客运运价杂费收据，注明日期、发到站、车次、事由、件数、重量。具体处理过程中，应本着实事求是的态度，区别不同的违章情况，妥善处理。对携带品超重不足5千克时，应免收运费。

第五十三条 三等及其以上车站应设携带品暂存处。暂存处应公布收费标准和注意事项。暂存物品需包装良好，箱袋必须加锁，包装不良的，不予存放。办理暂存手续时，必须填写暂存票，注明品名、包装、日期、件数等。提取时还应注明提取日期、寄存日数和核收款额，并在暂存票乙票上加盖戳记后交给旅客。暂存票应按顺序装订，保管一年。

第五十四条　客流量较大的车站应开展旅客携带品搬运业务。搬运员必须穿着统一制服，佩戴标志。搬运车辆应有明显标记，易于识别。收费时应给旅客收费凭证，搬运服务不得违反铁路规章。车站对非车站人员进站经营搬运业务的应予以制止和清理。

第十四节　旅客遗失物品的处理

第五十五条　对旅客遗失物品应设法归还失主。如旅客已经下车，应编制客运记录，详细注明品名、件数等移交下车站，不能判明旅客下车站时，移交列车终点站。

车站对本站发现或列车移交的遗失物品，应在遗失物品登记簿上详细登记，注明日期、地点、移交车次、品名、包装及内含物品、数量、重量、交物人、经办人、处理结果等内容。

第五十六条　客流量较大的车站应设遗失物品招领处，遗失物品招领处应有明显的招领揭示。对遗失物品应妥善保管，正确交付。失主来领取时，应查验身份证，核对时间、地点、车次、品名、件数、重量，确认无误后，由失主签收，并记录身份证号码。

拾到现金应开具“客运运价杂费收据”（以下简称“客杂”）上交，并在登记簿上注明“客杂”收据号码，当失主来领取时，开具退款证明书办理退款。

遗失物品需要通过铁路向失主所在站转送时，内附清单，物品加封，填写客运记录和行李、包裹交接证，交列车行李员签收。

遗失物品中的危险品、国家禁止或限制运输的物品、机要文件应立即移交公安机关或有关部门处理，不办理转送。

鲜活易腐物品和食品不负责保管和转送。

第三章　行李、包裹运输

第一节　行李、包裹运输组织

第五十七条　对于行李、包裹运输，承运人应采取取送货上门、多式联运、快运等多种方式，以满足托运人不同的需求。车站行包房应为旅客、托运人提供填写托运单、打包等必需服务。

第五十八条　行李、包裹运输应按照先行李后包裹、先中转后始发和长短途列车分工、安全、经济的原则，合理、均衡地组织运输。

行李应随旅客所乘列车装运或提前装运；包裹应尽量以直达列车或中转次数少的列车装运。对抢险救灾物资、急救药品、零星支农物资应优先安排装运。

第二节　行李的范围

第五十九条　行李仅指为方便旅客的旅行生活所限定的少量物品和残疾旅客代步所用的残疾人车。超过规定范围应按包裹运输。

第六十条　行李中不得夹带的物品一般是指如下物品。

货币：含各币种的纸币和金属辅币。

证券：含股票、彩券、国库券及具有支付、清偿功能的票据等。

珍贵文物：指具有一定年代的有收藏、研究或观赏价值的物品。

档案材料：指人事、技术档案，组织关系，户口簿或户籍关系，各种证件、证书、合同、契约等。

危险品：指国务院铁路主管部门公布的《危险货物品名表》内的物品。对性质有怀疑的物品也按危险品处理。

第三节　包裹的范围

第六十一条　包裹中下列品名是指：

报纸为有国务院或省级新闻出版管理部门的统一刊号（CN×××）的报纸。宣传用非卖品为中央、省级政府（含国务院各部委和解放军各大军区）宣传国家政策、法律、法规的挂图、图片、图板等。中、小学生课本仅为教育部门规定的教学课本，不含各种教学参考书。

杂志、书籍应为有国家规定的统一书刊号的各种刊物、著作、工具书及内部发行的规章等。

国务院铁路主管部门可以通过调度命令或运输命令特许运输某种物品。

第六十二条　不能按行李、包裹运输的物品范围主要为：妨碍公共卫生和安全的物品；国家政策法令规定禁止运输的物品。国家禁止和限制运输的物品以国务院及各部委颁发的文件为准。活动物中能够主动攻击、伤害人的猛兽、猛禽和蛇、蝎子、蜈蚣、蜂等，以及大动物不能承运。

第四节　行李、包裹的托运与承运

第六十三条　承运行李应要求旅客出具车票。市郊定期客票不能托运行李，铁路乘车证不能免费托运行李。

第六十四条　下列物品应提供运输证明。

1. 托运金银珠宝、货币证券应提供中国人民银行的正式文件或当地铁路公安局（处）或公安分局（分处）的免检证明。

2. 托运枪支应提供运往地市（县）公安局的运输证明。

3. 托运警犬应提供公安部门的书面证明；国家法律保护的野生动物应提供国家林业主管部门的运输证明。

4. 托运免检物品应提供当地铁路公安局（处）、公安分局（分处）的免检证明。

5. 托运国家禁止或限制运输的物品应提供主管部门的运输证明。如精神和麻醉药品应提供国家卫生主管部门的运输证明。

6. 托运动、植物时应提供动、植物检疫证明。办理时，将检疫证明的二联附在运输报单上以便运输过程中查验。

7. 托运Ⅰ级或辐射水平 $H \leqslant 1\text{mrem/h}$ 的Ⅱ级放射性同位素时（气体放射性物质除外），应提供经铁路卫生防疫部门核查签发的“铁路运输放射性物品包装件表面污染及辐射水平检查证明书”，包装件表面放射性污染及其内容物的放射性活度均不得超过《铁路危险货物运输规则》规定的限值。

一批或一辆行李车内装载的件数不得超过20件，每件重量不得超过50千克，并不得与感光材料及活动物配装，与食品配装需要隔开2米以上的距离。

8. 托运油样箱时，必须使用铁路规定的专用油样箱并提供国务院铁路主管部门签发的油样箱使用证。到站后由收货人直接到行李车提取。

第六十五条　办理承运行李、包裹手续时，应确认品名、件数、包装并进行检查核对，正确检斤。承运加水、加冰的物品或途中喂养动物的饲料应单独检斤，作为到站后产生减量或重量消失的依据。

第六十六条　车站在办理承运手续时应填写行李、包裹票，填写时应逐项正确填写，字迹清楚，使用规范文字，加盖规定印章。

下列情况应在行李、包裹票记事栏内填记有关内容：

1. 承运自行车、助力机动车、摩托车时，应注明车牌名、车牌号、车型、新或旧等车况。

2. 承运加冰、加水物品或喂养饲料时注明“加冰”“加水”或“附饲料”等。

3. 承运经客调或部令批准的超重、超大物品时，在包裹票记事栏内填记“×月×日经部令××号（客调××号命令）批准”。

4. 承运需提供运输证明文件的物品时，应将运输证明文件附在包裹票运输报单上以便途中和到站查验，并在包裹票记事栏内注明“附××（机关）×月×日发××号文件”。

5. 承运的包裹有人押运时，在包裹票上注明“押运人×名”。

6. 承运凭书面证明免费托运的铁路砝码和衡器配件时，应在包裹票记事栏内注明“衡器检修，免费”字样，收回书面证明报铁路局。

7. 提供中国铁路文工团和中国铁道建筑总公司文工团开具的证明，办理免费运送的演出服装、道具、布景时，按本条第6项办法办理。

8. 其他需记载的事项。

第五节　保价运输

第六十七条　对按保价运输办理的行李、包裹，除应检查其声明价格与实际价格是否相符外，必要时应施封。施封所需物品的费用列保价费支出。

第六十八条　按保价办理的行李、包裹其声明价格和重量分别填写，并对每件进行编号，在行李、包裹票和每件货签、包装上写明“总件数之几”字样。

第六节　包装和货签

第六十九条　行李、包裹的包装必须完整牢固，不能有开口、破裂、短缺等现象。包装不符合要求时，应动员托运人改善包装。托运人拒绝改善包装的，车站可以拒绝承运。

第七十条　货签的质量应符合国务院铁路主管部门规定的技术标准，不符合标准的货签不得使用。

第七十一条　行李、包裹上的铁路货签应与行李、包裹托运单及行李、包裹票有关内容相符，不得省略和使用代码、代号。货签上的行李、包裹票号栏应用号码机或号码戳打印，应整洁、清晰地填写其他各栏，使用规范的文字。分件保价的物品还应在件数栏注明“总件数之几”字样。

第七十二条　承运后交付前发生包装破损、松散时，承运人应及时修整。修整后编制客运记录，详细记载破损原因、状况和整修后状态，并在行李、包裹运输报单的记事栏内注明“××站整修”，加盖站名戳。整修费用列车站运营成本。

第七节　包裹的押运

第七十三条　托运金银珠宝、货币证券、文物、枪支、鱼苗、蚕种和途中需要饲养的动物，托运人必须派人押运。对运输距离在200千米以内、不需要饲养的家禽、家畜，托运人提出不派人押运时，也可以办理托运。车站应向托运人说明并在托运单上注明"途中逃逸、死亡，铁路免责"。

押运的包裹应装入行李车，由押运人自行看管，车站负责装车和卸车。在行李车押运时，列车行李员应将押运人姓名、人数、工作单位、住址和品名、件数、发到站登记在押运人员登记簿内，并向押运人员说明以下事项：

1. 行李车内严禁吸烟；
2. 不准打开车门乘凉；
3. 不得移动车内备品、物件；
4. 不要靠近放射性物品。

第八节　运到期限

第七十四条　运到期限一般以运输里程计算，在运输过程中发生水灾、地震、飓风、雪害、冰雹、风沙等人力不能抗拒的灾害或疫情、战争、执法机关扣留等，发生的停留时间应加算在行李、包裹的运到期限内，由停留的车站或列车行李员在行李、包裹票背面注明"因××原因停留×天"，并加盖站名戳或规定的行李员名章。

第七十五条　行李、包裹超过规定的运到期限时，到站应凭行李、包裹票向收货人支付逾期运到的违约金。部分逾期时，到站应收回行李、包裹票，给收货人开具客运记录，作为领取部分逾期行李、包裹和要求支付违约金的依据。违约金按所收运费的百分比计算，不足0.1元的尾数按四舍五入处理到0.1元。

支付逾期违约金时，填写"退款证明书"。

第七十六条　旅客要求将逾期到达的行李运至新到站时，应分情况办理：

1. 行李逾期到达或逾期尚未到达，旅客需继续旅行，凭新购客票及原行李票要求铁路免费转运至新到站时，车站开具新行李票，新行李票运费栏画斜线，记事栏填写"逾期到达、免费转运"字样。

2. 行李未到，当时又未超过运到期限，旅客需继续旅行时，可凭新购车票办理转运至新到站的手续，交付运费之后，发现行李逾期到达原到站，车站应编制客运记录，随同运输报单一并送交新到站，作为退还已收转运区间运费的凭证，保价费不退。

3. 逾期行李办理免费转运的，不再支付违约金。逾期包裹不办免费转运。

第九节　到达保管、通知和查询

第七十七条　行李、包裹到达到站后，在规定的免费保管期限内应在票面指定的到站行李房保管，不得易地保管。超过免费保管期限，行李房仓库没有能力时，包裹可以易地保管，易地保管产生的费用由铁路负责。

第七十八条　包裹到达后，应及时以明信片或电话等方式通知收货人领取。通知应以文字或录音等形式记录备查。

第七十九条　因事故或不可抗力等原因而延长车票有效期的行李，应按客票延期的日数延长行李免费保管的日数。超过免费保管日数，按规定核收保管费，出具保管费收据或填发客运运价杂费收据。遇特殊情况，车站站长有权减收保管费。

第十节　装卸、交付和转运

第八十条　除带运包裹由旅客自行装卸外，由行李房收货地点至行李车，以及从行李车至行李房交付地点的行李、包裹的装卸工作由承运人负责。

第八十一条　向收货人办理交付时，应认真核对，确认票据号码、发站、到站、托运人、收货人、品名、件数、重量、包装无误后在运输报单上加盖“交付讫”戳予以交付，同时收回领取凭证。

第八十二条　对凭印鉴领取的包裹，车站应建立印鉴领取登记簿。领取包裹时认真核对印鉴，由领取人在登记簿上签字并加盖备案的印鉴后交付。对要求凭传真件领取的包裹，应认真核对记事栏内记载的内容，确认无误后，由领收人在运输报单上签注“凭传真件领取”并记录身份证号码、姓名。对凭印鉴和传真件领取的均不再给运输报单。

第八十三条　对丢失行李、包裹票的收货人，应要求其提供身份证和担保人的书面担保及物品所有权的证明。车站应慎重审查担保人的担保资格。收货人无法提供担保人的书面担保时，可以出具押金自行担保。押金数额应与行李、包裹的价值相当，抵押时间由车站与收货人协商确定。车站收取押金应向收货人出具书面证明，书面证明的式样由车站自定。

第八十四条　收货人领取行李、包裹时，如提出包装有异状，车站应检斤复磅，必要时可开包检查。构成事故时，应编制事故记录交收货人作为要求赔偿的依据。

第八十五条　旅客继续旅行，要求将行李转运时，按照逾期转运的方式办理。

第八十六条　收货人向车站查找行李、包裹时，应认真予以查找。未到时，在行李、包裹票背面记载查询日期。如已逾期，应向有关站段发电报查询。如已经领取，应收取查询费。

第十一节　变更运输

第八十七条　行李、包裹变更，按下列办法办理：

1. 行李、包裹托运后至装车前，托运人要求取消托运时，车站应收回行李、包裹票，注明“取消托运”字样后注销。以车站退款证明书办理退款，收回的行李、包裹票报销联随车站退款证明书上报。因取消托运发生的各项杂费另填发“客杂”核收，并将“客杂”号码及核收的费用名称、金额填注在取消托运的行李、包裹票上。

取消托运的行李、包裹，已收运费低于变更手续和保管费时，运费不退也不再补收，收回原行李、包裹票，在报单页、旅客页和报销页注明“取消托运、运费不退”字样。旅客页贴在存根页上。

2. 行李、包裹装运后，收货人要求变更运输时，只能在发站、行李和包裹所在中转站、装运列车和中止旅行站提出。

托运人在发站取消托运时，发站对要求运回发站的行李、包裹，应收回行李、包裹票，编制客运记录，写明原票内容，交托运人作为领取行李、包裹的凭证，并发电报通知有关站、车。

托运人在发站要求变更行李、包裹的到站时，车站在行李票、包裹票旅客页和报销页上注明“变更到××站”，更正到站站名及收货人单位、姓名，加盖站名戳，注明日期，交给托运人，作为在新到站领取行李、包裹和办理变更运输后产生运费差额的凭证，同时发电报通知有关车站和列车。

3. 旅客在发站或中途站停止旅行，要求将行李运至原到站时，凭原行李票运送，旅客凭原行李票在到站提取行李。

4. 在中途站、原票到站或列车内处理误购、误售车票时，如果旅客还托运了行李，应同时编制客运记录或发电报通知行李所在站，将误办的行李运至正当到站。到站需要补收行李运费差额时，使用“客杂”核收，并在原行李票运输报单页、报销页和旅客页记事栏注明“误运”，报单页加盖“交付讫”戳交旅客报销；需要退款时，使用“退款证明书”退还，原行李票收回附在“退款证明书”的背面上报。

第八十八条　发站或新到站收到行李、包裹后，补收或退还已收运费与应收运费差额，核收变更手续费和保管费（保管费指行李、包裹运至发站、新到站超过3天，折返站1天或原到站自行李、包裹到达日起至收到电报日止产生的保管费。保管日数分别计算）。补收时以“客杂”核收，退还时使用“退款证明书”退款，原票贴在“客杂”或“退款证明书”报告页上报。

第十二节　品名重量不符及无票运输的处理

第八十九条　发现品名不符应区别性质，实事求是，正确处理。装车前应重新制票，装车后由到站处理。如将国家禁止、限制运输的物品或危险品伪报其他品名托运或在货物中夹带时，按下列规定处理：

1. 在发站停止装运，通知托运人领取，运费不退，将原票收回，在记事栏内注明“伪报品名，停止装运，运费不退”。将报销页交托运人作报销凭证。

2. 在中途站停止运送，发电报通知发站转告托运人领取，运费不退，并对品名不符货件按实际运送区间补收四类包裹运费。

3. 在到站，补收全程四类包裹运费。

4. 在列车上发现时，应编制客运记录，交前方停车站处理。

必要时还应交有关部门按国家有关规定处理。

第九十条　到站发现行李、包裹重量不符，应退还时，开具退款证明书将多收款退还收货人；应补收时，开具“客杂”补收正当运费，同时开具客运记录附收回的行李、包裹票报铁路局收入部门，由铁路局收入部门列应收账款向检斤错误的车站核收与应补运费等额的罚款。

第九十一条　发现无票运输行李、包裹，发站和列车应拒绝装运；列车已装运发现的，应编制客运记录，交到站处理。到站对列车移交和本站发现的无票运输行李、包裹，应加倍补收四类包裹运费。

第九十二条　以上补收运费、运费差额或保管费均用“客杂”核收，并在记事栏内注明核收事由。

第十三节　无法交付物品的处理

第九十三条　无法交付物品是指无主的行李、包裹，旅客的遗失物品和无人领取的暂存物品。车站对无法交付的物品，应按其开始日期、来源、品名、件数、重量、规格、特征等登入无法交付物品登记簿内，登记簿内的编号、移交收据的编号及物品上的编号应一致，以便查找。

无法交付物品应由专人管理，做到账物相符。物品在保管期间发生丢失、损坏时，可参照行李、包裹事故处理的有关规定办理。

第九十四条 铁路部门应设立无法交付物品集中处理站。对超过规定保管期限的物品报铁路局，经批准后交拍卖行拍卖。拍卖所得款冲抵发生的费用后填“客杂”上缴。拍卖后在规定的期限内物主来领取时，应认真审查所有权证明，填写“退款证明书”退还剩余款。

第四章 特定运输

第一节 包 车

第九十五条 包车人要求包车或单独使用加挂车辆时，一般应于开车前15日，要求单独使用专用列车时应于开车前30日向乘车站或其上级主管部门联系，并提交全程路程单，经同意后签订合同、交付定金。

第九十六条 车站接到包车单位提出的全程路程单后报请上级批准，批准命令应于开车前4天以调度命令的形式下达到车站。车站应于开车前3日通知包车人前来办理运输费用的交纳手续。包用专用列车的编组中作隔离或宿营的车辆不另计费，但用隔离车装运行李、包裹时则应按包车办理。

第九十七条 包车停留费是指包用人要求在发站、中途站、折返站停留时应付的费用。由于车辆换挂接续列车或铁路指定开车时间所产生的停留时间不收停留费。停留费按日计算，自0时起，24小时为一日，不足12小时按半日计算。停留时间以列车到达时刻至开车时刻为准。

第九十八条 空驶费是指在包用人指定日期内乘车站没有所需车辆，需从外站向乘车站调送车辆及使用完毕后将车辆回送至原车辆所在站或单程使用后由到站回送车辆所在站所产生的费用。空驶费按最短径路并全程通算。

第九十九条 办理包车不受加挂列车终到站及往返乘车限制。车票有效期按路程单日期计算。

第一百条 包车单位在未交付运费前取消用车计划时，定金不退。交付运费后取消用车计划时，应核收因调用车辆产生的空驶区间空驶费和停止使用费。应核收的空驶费和停止使用费均填写“客杂”。

包车单位在中途站请求变更到站、延长或缩短使用时，由中途变更站报请上级批准后，核收变更到站产生的已收和应收运费差额或延长使用区间的运输费用。缩短使用时，已收费用不退。

第二节 租车及自备车辆的挂运和行驶

第一百零一条 租车是指租用人租用铁路车辆自用，出租车辆核收租车费。

办理租车手续时，使用租车合同并按下列规定办理：

1. 承运人出租的车辆必须技术状态良好，保证安全，符合列车运行条件，设备、配件应齐全。租用时双方办理交接手续。

2. 车辆交付租用人使用后，因租用人责任造成车辆损坏，修车所需费用由租用人负担。定检的车辆，由租用人提前提出计划，由路方进行定检，所发生的费用均由路方车辆配属段负担。

第一百零二条　租用车或企业自备机车、车辆利用铁路线路运行时，按下列规定办理：

1. 向所在地车站提出书面要求，注明挂车（开行）日期、区间、空车或重车，挂客车或货车，以及挂车（开行）目的。自备动力运行时应注明日期和区间并注明按客运还是按货运办理。

2. 车站接到租车人的书面要求后应报请铁路局，由铁路局与有关单位签订合同，并向车站下达调度命令。

3. 车站接到挂车（开行）调度命令后应先办理收费手续。由货运办理时，货运负责收费，填写货票，票据由运转车长转交到站。随货物列车挂运的空客车如有随车押运人员，按货运押运人收费标准核收押运费；随客运列车挂运的空客车随车押运人员应购买所挂列车等级的硬座车票。

4. 铁路机车车辆工厂（包括车辆研究所）新造车或检修车出厂在正式营业线上进行试验时，同样收取挂运费或行驶费。

5. 军运、邮政部门租车和自备车辆挂运及行驶的收费办法，按军运和邮运有关规定办理。

第五章　运输事故的处理

第一节　线路中断时对旅客的安排

第一百零三条　线路中断造成列车不能继续运行时，列车长应迅速了解停运的原因，组织列车工作人员稳定车内秩序。发生火灾爆炸等事故时，应组织旅客撤离现场，抢救伤员，扑救火灾（必要时应分解列车），调查取证并迅速与就近车站联系，向客运调度员及上级有关领导报告情况。

第一百零四条　列车停运且不能在短时间内恢复运行时，站车应做好服务工作，解决旅客的困难，做好饮食供应工作；必要时，向地方政府报告，请求援助。

事故发生铁路局还应向国务院铁路主管部门请求命令后向全路发出停办客运业务的电报。恢复通车时也照此办理。

第一百零五条　对旅客车票按如下规定处理：

1. 停止运行站和被阻列车应在车票背面注明“日期、原因、返回××站”字样或贴同样内容的小条，加盖站名戳或列车长名章，作为旅客免费返回发站或中途站办理退票或改签的凭证。

2. 在发站或由中途站返回发站停止旅行时，退还全部票价，其中包括在列车上补购的车票，但罚款、手续费和携带品超重、超大补收的费用不退。已使用至到站的车票不退。

3. 在停止运行站或返回中途站退票时，退还已收票价与发站至停止旅行站的票价差额，不足起码里程按起码里程计算。

4. 铁路组织已购票的被阻旅客乘原列车绕道运输时持原票有效。组织旅客换乘其他列车绕道运输，车站应为旅客办理签证手续，在车票背面注明“因××绕道××站（线）乘车”并加盖站名戳。绕道运输乘坐原座别、铺别时票价不补不退，变更座别、铺别时，补收或退还差额。中途下车车票失效。

5. 旅客要求在发站或一个中途站（返回途中自行下车无效）等候继续旅行，凭原票在通车 10 日内可恢复旅行。旅客要求恢复旅行时，车站应办理签证手续。

6. 由于线路中断影响旅行，旅客要求铁路部门开具证明时，车站应开具文字证明，加盖站名戳。

第二节 线路中断时对行李、包裹的安排

第一百零六条 线路中断，对已承运行李、包裹按下列规定办理：

1. 未装运的行李、包裹留在发站待运或由托运人办理取消托运。

2. 已装运在途被阻的行李、包裹，列车折返时由折返局根据具体情况指定卸在折返站或临近较大车站（列车不折返、待命继续运行的不卸）。如折返区段均为中间小站时，可与邻局协商，返回邻局较大的车站卸下保管。线路恢复后，应优先装运被阻的行李、包裹，并在票据记事栏注明被阻日数，加盖站名戳。

3. 根据托运人的要求，在发站和由中途站返回发站的行李、包裹取消托运时，收回行李、包裹票，在旅客页和报单页记事栏注明“线路中断，取消托运”，填开“退款证明书”退还全部运费。将收回的行李、包裹票附在“退款证明书”的报告页上报。

4. 旅客或收货人、托运人在中途站领取时，收回行李、包裹票，填写“退款证明书”，退还已收运费与发站至领取站间的运费差额，不足起码里程按起码里程计算并在行李、包裹票旅客页、报单页、记事栏注明“线路中断，中途提取”，附在“退款证明书”的报告页上报。

5. 旅客在发站停止旅行，行李已运至到站，要求将行李运回发站取消托运时，在行李票报销页加盖“交付讫”戳，在记事栏注明“因线路中断，行李运至到站返回，运费不退”。行李票报销页交旅客作为报销凭证。

6. 旅客在发站或中途站停止旅行，要求仍将行李运至到站时，补收全程或中止旅行站至到站的行李和包裹差价。

7. 包裹在中途被阻，托运人要求变更到站，补收或退还已收运费与发站至新到站的运费差额，不收变更手续费。在“客杂”或“退款证明书”记事栏注明“因××线路中断，变更到站”。

8. 鲜活包裹在运输途中被阻，卸车站应及时与发站联系，征求托运人处理意见。要求返回发站或变更到站时，按上述办法处理。托运人要求铁路处理时，卸车站应处理，处理所得款填“客杂”上交，在记事栏内注明情况，并编制客运记录写明情况，附处理单据寄送发站，处理所得款由处理站所属铁路局收入部门汇付发站所属铁路局收入部门。发站凭记录和单据填写“退款证明书”退还已收运费与发站至处理站间运费差额和物品处理所得款。记录、处理单据及收回的包裹票随“退款证明书”报告页上报。

9. 组织行李、包裹绕道运输时，应在记事栏注明“线路中断，绕道运输，被阻×日”并加盖站名戳，原车绕道时加盖列车行李员名章，到站根据实际运输里程加上被阻日数计算运到期限。

10. 线路中断后承运包裹，经铁路局批准，按实际经路计算运费。

第三节 事故赔偿、索赔时效及纠纷处理

第一百零七条 发生旅客人身伤害或急病时，站、车均应尽力救助。列车须向车站

移交受伤旅客时，应开具客运记录与车站办理交接。

第一百零八条 行李、包裹事故的立案调查和处理一般由到站办理。行李、包裹在发站装车前全部灭失、毁损时，由发站办理。

事故立案时，车站应会同有关人员编制行李、包裹事故记录。行李、包裹事故记录一式三份，一份留站存查，一份调查用，一份交托运人或收货人作为提出赔偿要求的凭证。

第一百零九条 行李、包裹事故立案后，处理站应向有关站、段立即发出查询电报或事故查复书。有关站段接到电报或事故查复书后应立即调查并在规定的时间内答复处理站。如不是本单位责任，还应顺序向下一个运输环节查找。查询电报和事故查复书应抄送铁路局；跨铁路局时，应抄送有关铁路局。

第一百一十条 行李、包裹事故经过调查，确认是在铁路运输企业需要承担责任范围内的，不论责任单位是否确定，均应先行办理赔偿。

第一百一十一条 车站受理赔偿要求时，应审查赔偿要求人提出的有关资料和受偿资格。车站应在赔偿要求书收据上加盖站名戳和经办人的名章，交给赔偿要求人，并抄知有关单位。

第一百一十二条 经确认责任不属铁路部门，不予赔偿时，处理站应使用正式文件，说明理由和依据，连同全部赔偿材料（赔偿要求书除外）退给赔偿要求人。

第一百一十三条 行李、包裹事故案卷内应有如下内容：

1. 行李、包裹票；
2. 行李、包裹事故记录；
3. 损失物品清单；
4. 物品所有权证明；
5. 查询电报或事故查复书；
6. 赔偿要求书；
7. 事故结论；
8. 赔偿通知书。

事故案卷一案一卷。协议赔偿案卷保存3年，诉讼案卷保存4年。

第六章 附 则

第一百一十四条 本细则由国务院铁路主管部门负责修改、解释。

第一百一十五条 本细则自1997年12月1日起施行。

阅读材料2

铁路进站乘车禁止和限制携带物品的公告

根据国务院颁布的《铁路安全管理条例》等国家法律、行政法规、规章等规定，为维护铁路公共安全，确保广大旅客安全旅行，现将铁路进站乘车禁止和限制携带物品公布如下：

一、请勿携带以下枪支、子弹类（含主要零部件）：

手枪、步枪、冲锋枪、机枪、防暴枪等军用枪及各类配用子弹（含空包弹、战斗弹、检验弹、教练弹)；气枪、猎枪、运动枪、麻醉注射枪等民用枪及各类配用子弹；道具枪、仿真枪、发令枪、钢珠枪、消防灭火枪等其他枪支；上述物品的样品、仿制品。

军人、武警、公安人员、民兵、射击运动员等人员携带枪支子弹的，按照国家法律法规有关规定办理，并严格执行枪弹分离等有关枪支管理规定。

二、请勿携带以下爆炸物品类：

炸弹、照明弹、燃烧弹、烟幕弹、信号弹、催泪弹、毒气弹、手雷、手榴弹等弹药；炸药、雷管、导火索、导爆索、爆破剂、发爆器等爆破器材；礼花弹、烟花、鞭炮、摔炮、拉炮、砸炮、发令纸等各类烟花爆竹及黑火药、烟火药、引火线等烟火制品；上述物品的仿制品。

三、请勿携带以下器具：

匕首、三棱刀（包括机械加工用的三棱刮刀)、带有自锁装置的弹簧刀及其他类似的单刃、双刃刀等管制刀具；管制刀具以外的，可能危及旅客人身安全的菜刀、餐刀、屠宰刀、斧子等利器、钝器；警棍、催泪器、催泪枪、电击器、电击枪、射钉枪、防卫器、弓、弩等其他器具。

四、请勿携带以下易燃易爆物品：

氢气、甲烷、乙烷、丁烷、天然气、乙烯、丙烯、乙炔（溶于介质的)、一氧化碳、液化石油气、氟利昂、氧气（供病人吸氧的袋装医用氧气除外)、水煤气等压缩气体和液化气体；汽油、煤油、柴油、苯、乙醇（酒精)、丙酮、乙醚、油漆、稀料、松香油及含易燃溶剂的制品等易燃液体；红磷、闪光粉、固体酒精、赛璐珞、发泡剂H等易燃固体；黄磷、白磷、硝化纤维（含胶片)、油纸及其制品等自燃物品；金属钾、钠、锂、碳化钙（电石)、镁铝粉等遇湿易燃物品；高锰酸钾、氯酸钾、过氧化钠、过氧化钾、过氧化铅等氧化剂和有机过氧化物。

五、请勿携带以下剧毒性、腐蚀性、放射性、传染性、危险性物品：

氰化物、砒霜、硒粉、苯酚等剧毒化学品及毒鼠强等剧毒农药（含灭鼠药、杀虫药)；硫酸、盐酸、硝酸、氢氧化钠、氢氧化钾、蓄电池（含氢氧化钾固体、注有酸液或碱液的)、汞（水银）等腐蚀性物品；放射性同位素等放射性物品；乙肝病毒、炭疽杆菌、结核杆菌、艾滋病病毒等传染病病原体；《铁路危险货物品名表》所列除上述物品以外的其他危险物品及不能判明性质的、可能具有危险性的物品。

六、请勿携带以下危害列车运行安全或公共卫生的物品：

可能干扰列车信号的强磁化物，有强烈刺激性气味的物品，有恶臭等异味的物品，活动物（导盲犬除外)，可能妨碍公共卫生的物品，能够损坏或者污染车站、列车服务设施、设备、备品的物品。

七、限量携带以下物品：

不超过20毫升的指甲油、去光剂、染发剂；不超过120毫升的冷烫精、摩丝、发胶、杀虫剂、空气清新剂等自喷压力容器；安全火柴2小盒；普通打火机2个。

八、其他禁止和限制旅客携带物品按照国家法律、行政法规、规章规定办理。

九、违规携带上述物品，依照国家法律法规的规定处理。

本公告自2016年1月10日起施行。

阅读材料3

关于修改部分车票票样的通知

铁运函〔2009〕1560号

各铁路局：

为适应新技术发展，决定自2009年12月10日起，对全路计算机车票（含磁介质车票）票样进行修改，原车票正面一维条码改为二维条码（票样见附件），但列车及车站到达补票系统车票不变。新旧车票过渡期至2009年12月31日止。

铁道部

2009年11月18日

附件：新车票票样

1.普通车票

2.磁介质普通列车车票

3.磁介质动车组列车车票

4.磁介质京津城际动车组列车车票

阅读材料4

关于启用新版退票费报销凭证的通知

铁运〔2009〕5号

各铁路局：

为适应退票实际需要，铁道部决定启用新版退票费报销凭证。为此，对《铁路旅客运输办理细则》（铁运〔1997〕103号）附件《客运票据规格和填写方法》第14条"退票报销凭证"予以修改，并通知如下：

1. 票面种类。除壹元、贰元、伍元、拾元4种外，增加伍拾元和壹佰元2种。

2. 票面样式。新版退票费报销凭证全部采用普通白色70克胶版纸印刷，套红

（Y5% M5% C35%，透明度 55%）蓝（Y15% M30% C5%，透明度 50%）双色底纹。

3. 票面尺寸。由原 60 毫米 ×40 毫米改为 86 毫米 ×54 毫米。

4. 其他如顺序号码、标记及装订方法等不变。

5. 现存的壹元、贰元、伍元、拾元等票据可继续使用至 2010 年 3 月 31 日；新增的伍拾元和壹佰元票据自本通知印发之日起即可启用。

铁道部

2009 年 7 月 15 日

附件：新版退票费报销凭证式样

××铁路局

退票费报销凭证

式样

人民币 伍拾元　¥：50.00

××站经办人 印

收据号码：A000000　（无经办人名章无效）　年　月　日

项目二

铁路客运运价

任务一　铁路客运运价基本规则

【技能目标】

了解铁路运价确定的依据；
掌握铁路运价的基本计算方法；
掌握动车组的票价计算方法。

【知识点】

铁路运价确定的依据；
铁路运价的规定；
动车组的票价规定。

【相关知识】

一、铁路客运运价确定的基本依据

铁路客运运价包括旅客票价和行李、包裹运价。客运运价与客运杂费构成全部运输费用。国家铁路的旅客票价率和行李、包裹运价率由国务院铁路主管部门拟定，报国务院批准；客运杂费由国务院铁路主管部门规定，经国务院铁路主管部门商国家物价主管部门同意，特殊区段可实行特殊运价。

在国务院批准的价格内，经国家物价主管部门同意，国务院铁路主管部门可根据运输市场的需求实行浮动价格；对在铁路局管内运行的旅客列车的票、运价，可根据具体情况，赋予铁路局自行浮动的权力。

国家铁路的旅客票价，以5角为计算单位，不足5角的尾数按2.5角以下舍去、2.5角及以上进为5角处理。国家铁路的行李、包裹运价及客运杂费的尾数保留至角。对浮动票价应分别按票种处理尾数。

"过轨运输"——国家铁路与地方铁路、合资铁路及特殊运价区段间的相互运输。

二、铁路客运运价基本规定

（一）运价里程

旅客和行李、包裹的票、运价里程，以国务院铁路主管部门公布的《铁路客运运价里程表》为计算依据。发到站间跨及两条及其以上线路时；应按规定的接算站接算；通过轮渡时，应将规定的轮渡里程加入运价里程内计算。

旅客票价里程，按旅客乘车的实际径路计算。

行李运价里程，按行李实际运送的径路计算，旅客要求行李由近径路运送时，如有直达列车可按近径路计算。

超过车票终到站以远的行李计费径路比照包裹计费径路办理。

包裹运价里程按最短径路计算，有指定径路时，按指定径路计算。带运、押运包裹的运价里程按实际径路计算。

有直达列车的按直达列车径路计算，有多条直达径路的，按其中最短径路计算。

没有直达列车的，按中转次数最少的列车径路计算，中转次数相同的，按最短列车径路计算。

计算旅客票价，行李、包裹运价的起码里程为：客票20千米；空调票20千米；加快票100千米；卧铺票400千米（特殊区段另有规定者除外）；行李20千米；包裹100千米。

（二）旅客票价

旅客票价包括客票票价和附加票票价两部分。

客票票价分为硬座、软座、市郊及棚车客票票价，其中硬座客票票价是基础票价，软座等客票票价均以硬座客票票价为基础，按一定比率换算得出。

附加票票价分为加快、卧铺、空调票票价，附加票票价也以硬座票价为基础。

旅客票价是以每人每千米的票价率为基础，按照旅客旅行的距离和不同的列车设备条件，采取递远递减的办法确定。保险费按硬座客票基本票价的2%计算，作为旅客旅行中发生意外伤害时支付保险费的基金，保险费遵循自愿购买的原则。

具体票价以国务院铁路主管部门公布的票价表为准。包房式硬卧票价分别按硬卧中、下铺另加30%计算。

棚车代用客车时，客票票价按硬座客票半价计算。棚车儿童客票票价按棚车客票半价计算。棚车加快票票价按普通加快票票价计算。

儿童票可享受客票、加快票和空调票的优惠，儿童票票价按相应客票和附加票票价的50%计算。免费乘车及持儿童票乘车的儿童单独使用卧铺时，应另收全价卧铺票价，有空调时还应另收半价空调票票价。

学生票可享受硬座客票、加快票和空调票的优惠，学生票票价按相应客票和附加票票价的50%计算。持学生票乘车的学生使用硬卧时，应另收全价硬卧票价，有空调时还应另收半价空调票票价。

残疾军人票可享受客票和附加票的优惠，残疾军人票票价按相应客票和附加票票价的50%计算。

享受减价优待的儿童、学生、伤残军人乘坐市郊、棚车时，仍按硬座客票半价计算，不再减价。

1. 票价率

旅客票价以硬座客票票价率为基础，其他各种票价率均以它为基准制定。当硬座客票基础票价率确定后，其他各种票价率就按其加成或减成比例计算。各种票价率的比例关系如表2－1所示。

表2－1 各种票价率的比例关系

<table>
<tr><th colspan="3">票种</th><th>票价率/［元/（人·千米）］</th><th>比例/%</th></tr>
<tr><td colspan="3">硬座客票</td><td>0.058 61</td><td>100</td></tr>
<tr><td colspan="3">软座客票</td><td>0.117 22</td><td>200</td></tr>
<tr><td colspan="3">市郊客票</td><td>单程0.049 82</td><td>85</td></tr>
<tr><td colspan="3">月票</td><td>按市郊单程票价率18回计算</td><td></td></tr>
<tr><td colspan="3">季票</td><td>按市郊单程票价率40回计算</td><td></td></tr>
<tr><td colspan="3">棚车客票</td><td>按硬座客票半价计算</td><td></td></tr>
<tr><td rowspan="2">加快票</td><td colspan="2">普快</td><td>0.011 72</td><td>20</td></tr>
<tr><td colspan="2">快速</td><td>按普快票价2倍计算</td><td></td></tr>
<tr><td rowspan="5">硬卧票</td><td rowspan="3">开放式</td><td>上铺</td><td>0.064 47</td><td>110</td></tr>
<tr><td>中铺</td><td>0.070 33</td><td>120</td></tr>
<tr><td>下铺</td><td>0.076 19</td><td>130</td></tr>
<tr><td rowspan="2">包房式</td><td>上铺</td><td>按开放式硬卧中铺票价另加30%计算</td><td></td></tr>
<tr><td>下铺</td><td>按开放式硬卧下铺票价另加30%计算</td><td></td></tr>
</table>

续表

票种		票价率/［元/（人·千米）］	比例/%
软卧票	上铺	0.102 57	175
	下铺	0.114 29	195
高级软卧票	上铺	0.123 08	210
	下铺	0.134 80	230
空调票		0.014 65	25

2. 区段里程

计算旅客票价时，并不是完全按运输里程一一计算的，而是将运输里程分为若干区段，对同一里程区段核收同一票价。旅客票价里程区段划分如表 2－2 所示。

表 2－2　旅客票价里程区段划分

里程区段/千米	每区段里程/千米	区段数
1～200	10	20
201～400	20	10
401～700	30	10
701～1 100	40	10
1 101～1 600	50	10
1 601～2 200	60	10
2 201～2 900	70	10
2 901～3 700	80	10
3 701～4 600	90	10
4 601 以上	100	10

3. 递远递减

旅客票价采取递远递减的办法进行计算，旅客票价从 201 km 起实行递远递减。各里程区段的递远递减率和递减票价率（以硬座票价为例）如表 2－3 所示。

表 2－3　各里程区段的递远递减率和递减票价率（以硬座票价为例）

区段/km	递减率/%	票价率/［元/（人·千米）］	各区段全程票价/元	区段累计票价/元
1～200	0	0.058 610	11.722 0	11.722 0
201～500	10	0.052 749	15.824 7	27.546 7
501～1 000	20	0.046 888	23.444 0	50.990 7
1 001～1 500	30	0.041 027	20.513 5	71.504 2
1 501～2 500	40	0.035 166	35.166 0	106.670 2
2 501 以上	50	0.029 305		

4. 旅客票价计算

基本票价的计算：除初始区段不足起码里程按起码里程和最后一个区段按中间里程

计算外，其余各区段均分别按其区段里程计算，根据各区段的递减票价率求出该区段的全程票价和最后一个区段按中间里程求出的票价相加，即为基础票价。起码里程，客票为 20 km，加快票为 100 km，卧铺票为 400 km。

上述票价为普通票价，根据规定还有优惠或免费票价。例如，身高不足 1.2 米的一名儿童随成人旅行可免票；身高 1.2 至 1.5 米的随成人旅行儿童可享受半价客票、加快票、空调票；学生可享受家庭至学校（或实习地点）之间的半价硬座客票、加快票、空调票；持有伤残军人证的旅客可享受半价优惠。

5. 旅客票价表的运用

1）客运运价里程的确定

计算运价所应用的里程，称为运价里程，它是计算旅客票价及行李、包裹运价的依据，也是查找和确认车站有无营业办理限制的依据。

根据旅客的乘车径路和乘坐列车车次，从“铁路客运运价里程表”中查出乘车里程，或分段计算出全部乘车里程，如发、到站在同一线路上时，用两站到本线路起点或终点的里程相减，即可求出两站间的里程，如发、到站跨及两条及两条以上线路时，应按规定的接算站接算。

接算站就是为了将发、到站间跨及两条及两条以上的线路衔接起来，进行里程加总计算票价和运价所规定的接算衔接点。

（1）如图 2－1 所示，大多数接算站是两条及两条以上线路相互衔接的接轨站。

图 2－1　接算站是两条及两条以上线路相互衔接的接轨站

（2）如图 2－2 所示，部分接算站是接轨站附近的城市所在站。

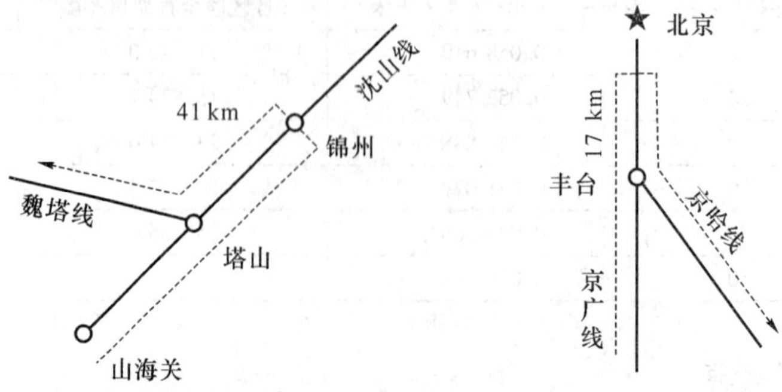

图 2－2　接算站是接轨站附近的城市所在站

2）查找旅客票价

“旅客票价表”按客车装备分为两部分，分别是非空调列车票价表和空调列车票价表，适用于普通旅客慢车、普通旅客快车、快速旅客列车、特快旅客列车、直达特快旅客列车等非动车组列车（另有规定除外）。

6. 铁路运输票价的企业定价原则

为贯彻落实《中共中央国务院关于推进价格机制改革的若干意见》（中发〔2015〕28号）精神，充分发挥市场对资源配置的决定性作用，依据《中华人民共和国价格法》、《中华人民共和国铁路法》和《中央定价目录》，国家发展和改革委员会批准了中国铁路总公司新制订的铁路普通旅客列车软座、软卧票价形成机制。

在中央管理企业全资及控股铁路上开行的普通旅客列车软座、软卧票价，由铁路运输企业依法自主制定；普通旅客列车高级软卧包房票价继续实行市场调节价。

铁路运输企业制定上述铁路普通旅客列车软座、软卧票价时，应当制定无折扣的公布票价（以下简称公布票价），同时可根据运输市场竞争状况、服务设施条件差异、客流分布变化规律、旅客承受能力和需求特点等实行一定折扣，确定实际执行票价。要按照明码标价制度规定，及时通过网络、售票窗口等渠道公示、公布票价和实际执行票价，主动接受社会监督。调整软座、软卧公布票价应当提前30天对外公告。

铁路运输企业要依据《中华人民共和国价格法》《中华人民共和国铁路法》等法律法规规定，按照“合法、公平、诚信”原则，建立、健全铁路普通旅客列车软座、软卧票价定价机制和定价规则。要完善运输组织，合理安排普通旅客列车编组中软座、软卧和硬座、硬卧列车配置，优先保障大多数旅客出行需求。要严格落实铁路旅客运输服务标准，不断优化服务作业流程，持续改善服务设施和条件，切实提升旅客运输服务质量，努力为广大旅客提供更加舒适和便捷的客运服务。

（三）行李、包裹运价

行李运价率为硬座客票票价率的1%，即每100千克千米的行李运价率等于1人千米的硬座客票基本票价率。行李运价里程区段如表2－4所示，包裹运价里程区段如表2－5所示。

表2－4　行李运价里程区段

里程区段/千米	每小区段里程/千米	区段数	里程区段/千米	每小区段里程/千米	区段数
1～200	10	20	1 601～2 200	60	10
201～400	20	10	2 201～2 900	70	10
401～700	30	10	2 901～3 700	80	10
701～1 100	40	10	3 701～4 600	90	10
1 101～1 600	50	10	4 601及以上	100	

表 2－5 包裹运价里程区段

里程区段/千米	每区段公里数/千米	区段数
1～100	100	1
101～300	20	10
601～1 000	40	10
1 001～1 500	50	10
1 501 及以上	100	

包裹运价率是以三类包裹运价率为基数，其他各类包裹运价率按三类包裹的运价率加成或减成的比例确定。包裹分类如表 2－6 所示。

表 2－6 包裹分类

类别	具体内容
一类	报纸类（自发刊日起 5 日以内的报纸）； 政宣品［中央、省级政府（含国务院各部委和解放军各大军区）宣传用非卖品及新闻图片］； 课本类（中、小学生的教学课本，不含各种教学参考及辅导读物等）； 全国政协工作用书可按一类包裹
二类	抢险救灾物资（凭政府机关证明办理托运）； 书刊（使用国家规定的统一书刊号的各种刊物、著作、工具书及内部发行的规章等）； 鲜、冻的食用品（鲜或冻鱼介类、肉、蛋、奶类、果蔬类）
三类	不属于一、二、四类包裹的物品
四类	特殊运输物品（一级运输包装的放射性同位素、油样箱、摩托车）； 轻泡物品（泡沫塑料及其制品）； 国务院铁路主管部门指定的其他需要特殊运输条件的物品

行李、包裹运价是根据规定的运价区段，以每千克每千米的运价率乘以通过递远递减后而确定的计价里程，再乘以 1 千克，即得 1 千克为单位的运价基数。行李、包裹起码重量为 5 千克。

行李、包裹的运费，根据《行李包裹运价表》按每张票据计算，以元为单位，尾数保留至角。每张行李、包裹票的起码运费为 1 元。

行李、包裹均按物品重量计算运价，但有规定计价重量的物品按规定重量计价。行李、包裹规定计价重量如表 2－7 所示。

表 2－7　行李、包裹规定计价重量

物品名称	计价单位	规定计价重量/千克	备　注
残疾人用车	每辆	25	以包裹托运时，按实际重量计算
自行车	每辆	25	
助力自行车	每辆	40	含机动自行车
两轮轻型摩托车	每辆	50	① 含轻骑； ② 气缸容量 50 立方厘米以下时
两轮重型摩托车	每辆	按气缸容量每立方厘米折合 1 千克计算	气缸容量超过 50 立方厘米时
警犬、猎犬	每头	20	超重时，按实际重量计算

行李、包裹运价的计价重量以千克为单位，不足 1 千克按 1 千克计算。

旅客可凭客票办理一次行李托运。托运的行李在 50 千克以内，按行李运价计算，超过 50 千克时（行李中有残疾人用车时为 75 千克），对超过部分按行李运价加倍计算。

运价不同的物品混装为一件时，按其中运价高的计算。

按保价运输的行李、包裹核收保价费。行李保价费按声明价格的 0.5%、包裹保价费按声明价格的 1% 计算。

（四）特定运价

特定运价是对一些特殊运输方式和特殊运价区段而制定的客运运价，其包括以下两个方面。

（1）包车、租车、挂运、行驶等运价的计算。

（2）国家铁路、地方铁路及特殊运价区段间办理直通、过轨运输运价的计算。

包用客车、公务车、专用列车、豪华列车时，应预先支付相当于运费 20% 的定金。

包车时按下列标准，根据运行里程（娱乐车、餐车根据使用日数）核收票价、运费、使用费。

① 客车和合造车的客车部分，按客车种别、定员核收全价客票票价。成人与儿童（含享受减价优待的学生、伤残军人）混乘一辆车，人数不足时，按定员核收全价客票票价；实际乘车人数超过定员时，对超过人数按实际分别核收全价或半价客票票价。

② 卧车按种别、定员核收客票及卧铺票的全价票价。

③ 公务车按 40 个定员核收软座客票及高级软卧票（上下铺各二分之一）的全价票价。

④ 豪华列车每辆按 32 个定员核收软座客票及高级软卧票（上下铺各二分之一）的全价票价。

⑤ 棚车代用客车，按车辆标记载重计算定员（每吨按 1.5 人折算）核收棚车客票票价。

⑥ 娱乐车、餐车使用费每日每辆 5 000 元，餐车合造车每日每辆 2 500 元（不足 1 日按 1 日核收）。

⑦ 行李车和合造车的行李车部分，按车辆标记载重核收行李或包裹运费。用棚车代用行李车时，按行李或包裹的实际重量核收行李或包裹运费。起码计费重量按标记载重的三分之一计算（不足 1 吨的尾数进整为 1 吨）。行李、包裹混装时，按其中运价高的核收。

⑧ 包用的客车、公务车加挂在普通快车、特别快车列车上或加开的专用列车、豪华列车按上述等级速度运行时，都应根据核收客票票价人数核收相应的加快票价；途中发生中转换挂（或开行）不同等级列车时，按首次挂运（或开行）列车的等级核收加快票价。

⑨ 包用车辆使用空调设备时，还应按核收客票票价的人数核收空调费。娱乐车、餐车的空调费按使用费的 25% 计算。

⑩ 包车全部运行途中，里程采取通算。

厂矿、企业等单位租用客车在本单位使用时，按包车停留费标准，按日核收租车费。单独租用发电车时，租车费每日每辆 2 100 元。

租用客车或企业自备客车在国家铁路的旅客列车或货物列车挂运时，按下列标准核收挂运费。

空车：不分车种，按每轴每千米 0. 534 元核收。

重车：① 客车按标记定员票价的 80% 核收。

② 行李车按标记载重运费的 80% 核收。

③ 餐车、娱乐车、发电车按租车费的 80% 核收。

企业自备机车、车辆或租用车，利用国家铁路线路运行时，不论空车或重车，均按每轴（含机车轴数）每千米 0. 468 元核收行驶费。

国家铁路、合资铁路、地方铁路及特殊运价区段间相互办理直通过轨运输时，应分别按各段里程计算客运运价，加总核收。国家铁路涉及几个地段时，里程采取通算。上述各段由于分段计算，有不足起码里程区段时，按起码里程计算，但卧铺票价按表 2 – 8 所列比例计算。客运杂费按实际产生的核收。

国家铁路、合资铁路、地方铁路及特殊运价区段间办理行李、包裹直通运输的，执行国家铁路行李、包裹统一运价及相关计费标准，里程通算，运费在发站一次核收。

表 2 – 8 400 千米卧铺票价比例计算表

里程/千米	占 400 千米卧铺票价的比例/%
1 ~ 100	25
101 ~ 200	50
201 ~ 300	75
301 ~ 400	100

(五) 客运杂费

客运杂费是指在铁路运输过程中，除去旅客车票票价、行李包裹运价以外，铁路运输企业向旅客、托运人、收货人提供的辅助作业、劳务及物耗等所收的费用。

客运杂费的收费项目和收费标准由国务院铁路主管部门制定，统一规定的部分客运杂费收费项目及收费标准如表2－9所示。

表2－9　统一规定的部分客运杂费收费项目及收费标准

序号	收费项目	计费条件	收费标准	备注
1	站台票		1元/张	
2	手续费	列车上补卧铺	5元/人次	同时发生时按最高标准核收一次手续费
		其他	2元/人次	
3	退票费	按每张车票面额计算	5%（以5角为单位，2.5角以下舍去、2.5角及以上进为5角）	最低按2元计收
4	送票费	送到集中取票点	3元/人次	
		送到旅客所在地	5元/人次	
5	标签费	货签费	0.25元/个	
		安全标志费	0.2元/个	
6	行李、包裹变更手续费	装运前	5元/票次	
		装运后	10元/票次	
7	行李、包裹查询费	行李、包裹交付后，旅客或收货人还要求查询时	5元/票次	
8	行李、包裹装卸费	从行李房收货地点至装上行李车，或从行李车卸下至交付地点，各为一次装卸作业	2元/件次	超过每件规定重量的，按其超重倍数增收
9	行李、包裹保管费	超过免费保管期限，每日核收	3元/件	超过每件规定重量的，按其超重倍数增收
10	行李、包裹搬运费	从车站广场停车地点搬运至行包房办理处或从行包交付处搬运至广场停车地点各为一次搬运作业；由汽车搬上、搬下时，每搬一次，另计一次搬运作业	1元/件次	超过每件规定重量的，按其超重倍数增收
11	行李、包裹接取送达费	接取、送达各为一次作业每5千米（不足5千米按5千米计算）核收	5元/件次	超过每件规定重量的，按其超重倍数增收
12	携带品暂存费		3元/件	每件重量以20千克为限，超重时按其超重倍数增收
13	携带品搬运费	从广场停车地点搬运至站台或从站台搬运至广场停车地点各为一次搬运作业；由火车、汽车搬上、搬下时，每搬一次，另计一次搬运作业	2元/件次	每件重量以20千克为限，超重时按其超重倍数增收

迟交票款、运费、杂费时从应收该项费用之次日起至付款日止，每迟交一日，按迟交总额的1%核收运输费用迟交金。

包裹到达通知费，以市内电话以外的方式通知时，产生的信函、电话、电报等费用，由到站以实际发生的款额向收货人收取。

行李、包裹实际运到日数超过规定的运到期限时，铁路运输企业应按所收运费的百分比，向收货人支付运到逾期的违约金（运到逾期违约金计算表如表2-10所示），但最多不超过运费的30%。

表2-10 运到逾期违约金计算表

逾期日数 / 违约金比率/% / 运到期限	1日	2日	3日	4日	5日	6日	7日	8日	9日	10日以上
3日	10	20	30							
4日	5	15	20	30						
5日	5	10	20	25	30					
6日	5	10	15	20	25	30				
7日	5	10	10	15	20	25	30			
8日	5	5	10	15	20	20	25	30		
9日	5	5	10	15	15	20	20	25	30	
10日以上	5	5	10	10	15	20	20	25	25	30

一批行李、包裹部分逾期时，按逾期部分的运费比例支付运到逾期的违约金。

包车时，根据包车人提出的全程路程单，对要求在发站、中途站、折返站停留（因换挂接续列车除外），按下列标准核收包车停留费，在停留当日不足12小时的减半核收。

（1）餐车、娱乐车的包车停留费、使用费每辆每日5 000元，餐车合造车每辆每日2 500元。

（2）公务车、高级软卧的包车停留费每辆每日3 300元。

（3）软座车、软卧车、软硬卧车、硬卧车、软座硬卧合造车的包车停留费每辆每日1 800元。

（4）硬座车、行李车、软硬座合造车、行李邮政车、软座行李合造车、硬座行李合造车的包车停留费每辆每日1 400元。

包用娱乐车、餐车，一日内同时发生停留费、使用费两项费用时，只收一项整日费用。

包用公务车、豪华列车的服务费，按车票票价的15%核收。

包用专用列车、豪华列车，当列车编成辆数不足12辆时，应按实际运行日数，每欠编一辆每日核收欠编费850元，当日不足12小时的减半核收。

包用的车辆，自车辆所在站向乘车（装运）站空送时起至回送至车辆原所在站止，产生空驶时，对空驶区段（里程按最短径路并采取通算），不分车种。每车每千米核收

3.458 元的空驶费，但棚车不核收空驶费。

包车变更的费用计算：

（1）包车单位在始发站停止使用，除退还已收空驶费与已产生的空驶区段往返空驶费差额外，其他费用按下列规定办理：

① 开车 48 小时以前退还全部费用，核收票价、使用费、运费 10% 的停止使用费。

② 开车前 6 小时至不足 48 小时时，退还全部费用，核收票价、使用费、运费 20% 的停止使用费。

③ 开车前不足 6 小时退还全部费用，核收票价、使用费、运费 50% 的停止使用费。

④ 开车后要求停止使用，只退还尚未产生的包车停留费。

（2）包车单位在始发站延期使用，在开车前 6 小时以前提出时，按规定核收包车停留费；在开车前不足 6 小时提出时，核收票价、使用费、运费 50% 的延期使用费，并重新办理包车手续。

（3）包车单位在中途站延长使用时，经中途变更站报请铁路局（集团公司）同意后，核收票价、运费、使用费或包车停留费；如包车单位付款有困难，可根据书面要求，由变更站电告发站或到站补收应收费用。包车单位中途缩短使用时，所收费用不退。

任务二 高等级列车及动车组票价

【技能目标】

熟悉高等级列车及动车组票价制定所经历的三个阶段；
掌握动车组不同席别公布票价的计算公式。

【知识点】

高等级列车及动车组票价制定的历史；
动车组不同席别公布票价的计算公式。

【相关知识】

高等级列车及动车组的票价制定经历了三个阶段。

一、票价的政府指导阶段（1997—2007 年）

1997 年国家计委关于高等级软座快速列车票价的问题复函铁道部，相关内容如下。

北京铁路局开行北京—秦皇岛 25K 型高等级软座快速列车，票价可比照《国家计委关于 25K 型高等级软座列车暂定票价问题的复函》（计价管〔1997〕470 号）中确定的票价执行。

二等车软座基准价：二等车软座基准价参照现行软座票价确定，即：旅行速度达到每小时110公里以上的，二等软座客票基准价为每人公里0.280 5元；旅行速度在每小时110公里以下的，二等软座客票基准价为每人公里0.233 0元。

一等车和特等车软座基准价：以二等车基准价为基础，一等车软座客票基准价按高出20%确定，特等车按高出50%确定。其中，旅行速度达到每小时110公里以上的，一等车客票基准价为每人公里0.336 6元，特等车客票基准价为每人公里0.420 8元；旅行速度在每小时110公里以下的，一等车客票基准价为每人公里0.279 6元，特等车客票基准价为每人公里0.349 5元。

浮动幅度：以上述基准价格为基础，铁道部可根据市场情况，在上下10%的幅度内，确定具体票价。

二、票价明确实施阶段（2007—2015年）

1. 动车组座车票价

2007年铁道部发布了《关于确定CRH_1、CRH_2和CRH_5型动车组座车等级为软座车的通知》，要求动车组的定价依据《国家计委关于高等级软座快速列车票价问题的复函》（计价管〔1997〕1068号）的规定，旅行速度达到每小时110公里以上的动车组列车软座票价基准价：每人公里一等座车为0.336 6元，二等座车为0.280 5元，可上下浮动10%。

按《国家计委关于广深铁路运价的复函》（计价管〔1996〕261号）的规定，广深线开行的动车组列车票价可在国家铁路统一运价为中准价上下浮动50%的基础上再上下浮动50%，由企业自主定价。

动车组公布票价计算公式如下：

$$一等座车公布票价=0.336\,6\times(1+10\%)\times运价里程$$

$$二等座车公布票价=0.280\,5\times(1+10\%)\times运价里程$$

广深线上的动车组列车公布票价由企业在规定水平内自行确定。

动车组票价可按公布票价打折，但应符合下列条件：

（1）根据不同区域、不同季节、不同时段的市场需求，实行不同形式的打折票价；

（2）二等座车公布票价打折后不得低于相同运价里程的新空软座票价，在短途，公布票价低于新空软座票价时，按公布票价执行，70公里及以下运价里程的动车组不进行任何形式打折优惠，一律按公布票价执行；

（3）经过相同径路、相同站间、相同时段，不同车次应执行同一票价；

（4）同一车次，各经停站的票价在里程上不能倒挂；

（5）一等座车与二等座车的比价在1∶1.2～1∶1.25之间。

公布票价由铁道部决定，折扣票价由铁路运输企业决定，并在公布前3天报铁道部备案，但下列情况：① 跨局开行的动车组列车；② 折扣率需低于6折时；③ 铁路运输企业之间意见有分歧时，铁路运输企业要在公布前10天报铁道部备案。

公布票价的折扣率和折后票价由上车站所在铁路局提出车次别、发到站别的动车组列车点到点票价，商有关担当铁路局后，按管理权限执行。

按列车开行日期，至少提前7天在车站营业场所向旅客公布点到点公布票价，不公布价率。实行打折优惠时，车站除公布公布票价外，还要及时公布车次别点到点票价的折扣率和折后票价。公布票价打折时，在票面打印“折”字。

2. 动车组软卧票价

2008年，动车组软卧车陆续上线运行，铁道部公布了动车组卧铺的票价规定，按现行新空特快不同席别的比价关系和动车组座车的票价，对动车组软卧票价水平及相关事项作了如下规定。

（1）公布票价。

软卧上铺公布票价 =0.336 6×（1+10%）×1.6×运价里程

软卧下铺公布票价 =0.336 6×（1+10%）×1.8×运价里程

（2）动车组软卧票价可按公布票价打折，但打折后不得低于相同运价里程的新空软卧票价。

3. 动车组高级软卧票价

2009年，铁道部按新空特快不同席别的比价关系和动车组软卧的票价，对动车组高级软卧票价水平及相关事项作了如下规定。

（1）公布票价。

高级软卧上铺公布票价 =0.336 6×（1+10%）×3.2×运价里程

高级软卧下铺公布票价 =0.336 6×（1+10%）×3.6×运价里程

（2）动车组高级软卧票价可按公布票价打折，但打折后不得低于相同运价里程的动车组软卧票价。

4. 动车组儿童、学生、伤残军人票价

按《铁路旅客运输规程》等有关规定享受减价优待的儿童、学生、伤残军人乘坐动车组时，其票价均以公布票价为基础计算。

动车组软卧儿童票确定如下：

动车组软卧儿童票 = 动车组软卧公布票价 - 动车组一等座公布票价/2

5. 动车组特等座、商务座等席别票价

2011年铁道部按不同席别占用面积和既有动车组列车票价，对时速200～250公里动车组列车特等座、商务座、一等包座、观光座票价水平及相关事项作了如下规定。

（1）公布票价。

特等座公布票价 = 0.280 5×（1+10%）×1.8×运价里程

商务座公布票价 = 0.280 5×（1+10%）×3×运价里程

一等包座、观光座按特等座公布票价执行。

（2）动车组特等座、商务座、一等包座、观光座票价可按公布票价打折，但特等座、一等包座、观光座折后票价不应低于一等座公布票价，商务座折后票价不应低于特等座公布票价。

（3）其他有关票价执行、管理权限和公布等均按《关于动车组票价有关事项的通知》（铁运电〔2007〕75号）和《铁路客运运价规则》等规定执行。

三、动车组客票的企业定价阶段（2015年）

2015年年末，国家发展和改革委员会发布了《国家发展改革委关于改革完善高铁动车组旅客票价政策的通知》。

该通知的主要内容如下。

2008 年以来，部分高铁动车组实行铁路运输企业自主制定试行票价，市场运行总体平稳，对促进旅客运输市场竞争、提升铁路客运服务水平、方便群众出行、吸引社会资本投入铁路建设等发挥了重要作用。依据《中华人民共和国价格法》《中华人民共和国铁路法》《中共中央国务院关于推进价格机制改革的若干意见》（中发〔2015〕28号）和《中央定价目录》等规定，就改革完善高铁动车组旅客票价政策、同步加强价格行为监管做出相关规定。

（1）对在中央管理企业全资及控股铁路上开行的设计时速 200 公里以上的高铁动车组列车一、二等座旅客票价，由铁路运输企业依据价格法律法规自主制定；商务座、特等座、动卧等票价，以及社会资本投资控股新建铁路客运专线旅客票价继续实行市场调节，由铁路运输企业根据市场供求和竞争状况等因素自主制定。

（2）铁路运输企业制定高铁动车组一、二等座旅客票价时，应当制定无折扣的公布票价（以下简称公布票价），同时，可根据运输市场竞争状况、服务设施条件差异、客流分布变化规律、旅客承受能力和需求特点等实行一定折扣，确定实际执行票价。公布票价和实际执行票价要按照明码标价制度规定，及时通过网络和售票窗口等渠道告知旅客。制定公布票价应当在售票前对外公告，调整公布票价应当提前 30 天对外公告。

对符合《中华人民共和国警察法》《军人抚恤优待条例》规定条件的伤残军人、人民警察及符合《铁路旅客运输规程》规定条件的学生，继续分别按照现行规定幅度实行票价优惠。

（3）铁路运输企业要依据《中华人民共和国价格法》《中华人民共和国铁路法》等法律法规规定，按照“合法、公平、诚信”原则，建立、健全高铁动车组票价内部管理制度，明确制定、调整公布票价和执行票价的办法；要建立、健全高铁动车组运输成本核算制度，强化内部成本管理，自觉规范定价行为。

（4）铁路运输企业要完善运输组织，保证与高铁动车组同方向的其他旅客列车种类不减少并合理安排运力投入。要加强管理，优化客票销售、旅客进出站等服务流程，切实提升服务质量，不断满足广大旅客出行需要。

（5）中国铁路总公司要加强对高铁动车组票价和运输市场供求变化的监测分析，建立统计分析制度和评估体系，按季度将高铁动车组公布票价、执行票价、各区段旅客运量、旅客运输周转量和票价收入变动情况书面报告国家发展和改革委员会。要加强对所属铁路运输企业、客票销售代理单位的信用管理，研究推动建立企业信用信息共享平台，及时主动公开信用记录，接受社会监督。

（6）各级价格主管部门要加强对铁路运输企业价格行为的监督检查，依法查处价格欺诈、标价外另行收费、不执行优惠票价政策、不执行明码标价规定等各类价格违法行为，维护市场正常价格秩序。要充分发挥 12358 价格举报系统作用，鼓励社会共同参与价格监督，认真及时查处群众举报。

《国家发展改革委关于改革完善高铁动车组旅客票价政策的通知》规定了时速 200 公里以上的高铁动车组列车一、二等座旅客票价，可以由铁路运输企业依据价格法律法规自主制定，这就赋予了铁路部门相应的定价职责和自主调整票价的权力，改变了以往铁路运价完全由国家掌控的格局。

2017年2月铁路部门第一次使用自主定价权，向社会公布：从2017年4月21日起上调沿海高铁动车组列车票价。

多年来，铁路部门既要大力兴建高铁线路，又要投入大量人力、物力、财力去维护、维修设备设施，铁路自身的营运收入远远满足不了资金需求，铁路票价的调整，正是符合我国国情的产物。铁路票价，既不会一味地上涨，也不会一成不变，必定是在合理范围之内调整。“突然”提高沿海高铁票价让人有些“难受”，但根据沿海城市这些年来的经济发展情况，这种票价调整也是在合理范围内的，我国东南沿海地区人们相对富足，沿海地区经济、政治、文化都相对开放，资金大幅度地融入这些城市，人们生活水平大幅度提高，在这种情况下，运用市场价格调节机制可发挥提高运输企业经济效益；调整运力，促进高铁设施合理运行的作用。

延伸阅读

阅读材料1

关于旅客票价浮动计算等有关事项的通知

铁运电〔2010〕110号

各铁路局：

为规范旅客票价浮动计算，明确变更时票价差额的算法，现将有关事项通知如下：

一、浮动票价的计算

票价浮动时动车组列车以公布票价、其他列车以联合票价表为基础进行计算，当浮动幅度为 α（$\alpha > -1$）时，票价浮动计算公式为：

浮动票价 = 票价 + 票价 × α

对式中“票价 × α”部分，元以下四舍五入。半价票浮动也同样计算。

例1：上浮。联合票价为50元，现上浮15%（$\alpha = 0.15$），则有：

$$50 + 50 \times 0.15 = 50 + 7.5 = 50 + 8 = 58\text{（元）}$$

上浮后票价即为58元。

例2：下浮。学生票价为57.5元，现下浮10%（$\alpha = -0.1$），则有：

$$57.5 + 57.5 \times (-0.1) = 57.5 - 5.75 = 57.5 - 6 = 51.5\text{（元）}$$

下浮后票价即为51.5元。此例中学生票价未发生变化，故尾数不作处理，仅对浮动部分的尾数进行四舍五入。

二、实行票价浮动的列车，均按上述第一项计算确定的浮动票价为该列车应收票价。对无票人员补收票款、按规定加收票款，以及退票核收退票费等情况下，应按上述应收票价计算有关票款。

三、按规定旅客变更席别、车次、径路等产生票价差额需退还时，票价差额按联合票价“应收－已收”原则计算。“应收”是指旅客变更前已乘及变更后将乘列车区间及席位按联合票价计算确定的票价，“已收”指变更前原票面载明的列车区间及席位的票价。

本通知自2010年12月1日起执行。原发《关于浮动票价计算及相关事项的通知》（运营运价〔2003〕399号）、《关于旅客票价浮动计算事项的通知》（运营运价电〔2006〕1422号）和《关于进一步明确客票系统中始发改签操作流程的通知》（运营客营电〔2007〕1010号）同时废止。

铁道部

2010年11月25日

阅读材料2

铁道部关于取消强制保险后动车组列车票价

铁运电〔2012〕102号

各铁路局：

按照《国务院关于修改和废止部分行政法规的决定》（国务院令第628号）规定，《铁路旅客意外伤害强制保险条例》自2013年1月1日废止执行，同步下调铁路旅客票价，现将动车组列车票价及票价浮动计算等有关事项通知如下：

一、时速200～250公里动车组列车公布票价

部发《关于动车组票价有关事项的通知》（铁运电〔2007〕75号）第二项、《关于动车组软卧票价有关事项的通知》（铁运电〔2008〕135号）第一项、《关于动车组高级软卧票价有关事项的通知》（铁运电〔2009〕108号）第一项、《关于时速200～250公里动车组列车特等座、商务座等席别票价有关事项的通知》（铁运电〔2011〕85号）第一项内容中，删除“另，票价外按规定加收按硬座基准价的2%计算的强制保险。”

二、时速300～350公里动车组列车票价

京津城际线、京广高速线武广段、徐兰高速线郑西段、沪宁高速线、沪昆高速线沪杭段、京沪高速线、京广高速线郑武段、合蚌高速线、京哈高速线沈哈段、沈大高速线等现执行试行运价的动车组列车票价也按运价里程相应扣减强制保险费。

三、动车组列车学生票票价

学生票可享受动车组列车二等座票价优惠。动车组列车学生票票价按二等座公布票价的75%计算。

四、票价浮动计算

票价浮动时动车组列车以公布票价、其他列车以《旅客票价表》公布的票价为基础，按下列公式计算：

浮动票价＝公布票价×$(1+\alpha)$

其中α为上下浮动幅度，当下浮时，α为负数。

铁道部前发《关于旅客票价计算等相关事项的通知》（铁运电〔2010〕110号）第一项内容同时废止。之前已执行浮动的票价计算不追溯。

本通知自2013年1月1日起施行。

铁道部

2012年12月18日

阅读材料3

关于新建高速铁路动车组列车下浮票价的通知

铁运电〔2011〕108号

各铁路局：

为贯彻落实国务院常务会议精神，增加高铁安全冗余，对降速运营的京津城际线、沪昆高速线沪杭段、宁蓉线合宁段和合武段、石太客专线获太段、昌九城际线、海南东环线、沪深线甬厦段、长吉城际线和既有线提速区段上开行的动车组列车，各席别票价在现行票价基础上下浮5%，不足1元的尾数按四舍五入处理。

京津城际线和海南东环线票价下浮自8月16日起执行，其他线路自8月28日起执行。

铁道部

2011年8月12日

阅读材料4

中国铁路总公司关于车票改签、退票有关事项的通知

铁总运〔2013〕102号

各铁路局：

为适应铁路发展，完善车票改签、退票办法，特通知如下：

一、关于车票改签

1. 旅客不能按票面指定的乘车站、日期、车次乘车时，应当在票面指定的开车时间前到车站办理一次提前或推迟乘车签证手续。特殊情况经购票地车站或票面乘车站站长同意的，可在开车后2小时内办理；持动车组列车车票的旅客改乘当日其他动车组列车时不受开车后2小时内限制。团体旅客不应晚于开车前48小时。

2. 在车站售票预售期内且有运输能力的前提下，车站应予办理，收回原车票，换发新车票，并在新车票票面注明“始发改签”字样（特殊情况在购票地车站或票面乘车站开车后改签的注明“开车后改签不予退票”字样）；原车票已托运行李的，在新车票背面注明“原票已托运行李”字样并加盖站名戳。

二、关于退票

1. 旅客要求退票时，应当在票面指定的开车时间前到车站办理，退还全部票价，核收退票费。特殊情况经购票地车站或票面乘车站站长同意的，可在开车后2小时内办理。团体旅客不应晚于开车前48小时。

2. 旅客开始旅行后不能退票。如因伤、病不能继续旅行时，经站、车证实，可退

还已收票价与已乘区间票价差额，核收退票费。已乘区间不足起码里程时，按起码里程计算；同行人同样办理。

3. 因特殊情况经购票地车站或票面乘车站站长同意在开车后2小时内改签的车票不退。

4. 退票费核收：票面乘车站开车时间前48小时以上的按票价5%计，24小时以上、不足48小时的按票价10%计，不足24小时的按票价20%计。上述计算的尾数以5角为单位，尾数小于2.5角的舍去、2.5角以上且小于7.5角的计为5角、7.5角以上的进为1元。

本通知自2013年9月1日起施行。其他规定与本通知不符的，以本通知为准。

中国铁路总公司

2013年8月19日

阅读材料5

中国铁路总公司关于明确铁路客票销售服务费和异地售票手续费收取政策的通知

铁总价〔2015〕365号

按照《中华人民共和国铁路法》《中华人民共和国价格法》等规定，现将铁路客票销售服务费和异地售票手续费有关事项通知如下：

一、铁路运输企业以外的其他社会经济组织（包括铁路多经、集经等非运输主业单位）或个体工商户，经铁路局［含广铁（集团）公司、青藏公司］批准并在工商行政主管部门注册登记开办的铁路客票代理销售点（以下简称代售点）代理销售铁路客票时，可收取"铁路客票销售服务费"，收费标准每张客票最高不得超过5元。利用铁路订票系统（包括12306.cn网站、手机客户端、电话等订票系统）订票，在代售点出票时，代售点可收取"铁路客票销售服务费"。

二、铁路运输企业直接设立的售票点，向旅客制售在同城以外其他地方车站登乘的铁路客票时，可收取"铁路异地售票手续费"，收费标准每张客票最高不得超过5元。其中，同城指按直辖市、省会（自治区首府）城市及计划单列市，或其他地方县级行政辖区以内范围。

三、代售点收取"铁路客票销售服务费"时，必须向旅客出具经税务部门批准的发票。铁路运输企业收取"铁路异地售票手续费"时，必须向旅客出具铁路客运定额收据，所收"铁路异地售票手续费"按铁路客运杂费列缴。

四、代售点代理制售铁路异地客票时，可收取"铁路客票销售服务费"，不得收取"铁路异地售票手续费"。

五、各铁路局要进一步加强代售点、车站售票场所对有关收费项目、收费标准等的揭示公告，组织车站公布与本站同城的车站目录，严格落实明码标价规定。

六、各铁路局价格管理部门要加强对铁路客票订票或代理销售环节收费的监督检查。严格查处擅自提高收费标准、扩大收费范围，强制服务、强行收费，在上述规定之外乱加价、多收费等价格违规行为。

七、本通知自2016年1月1日起执行。中国铁路总公司（原铁道部）前发有关文电与本通知内容不一致的，以本通知为准。执行中出现的问题，请及时报告中国铁路总公司价格管理部。

中国铁路总公司

2015年12月31日

项目三

铁路车站客运服务质量规范

任务一　高铁中型及以上车站服务质量规范

【技能目标】

能了解高铁中型及以上车站服务质量规范的基本要求；
能解读与高铁中型及以上车站服务质量相关的术语和定义；
能对高铁中型及以上车站进行客运安全管理；
能合理使用高铁中型及以上车站的设备设施；
能按高铁中型及以上车站服务质量规范的要求为旅客提供标准化服务；
能根据高铁中型及以上车站服务质量规范对车站的售票、安检等各个环节进行质量考核。

【知识点】

高铁中型及以上车站服务质量规范的基本要求；
与高铁中型及以上车站服务质量相关的术语和定义；
高铁中型及以上车站客运安全管理规范；
高铁中型及以上车站设备设施使用规范；
高铁中型及以上车站文明服务规范；
高铁中型及以上车站客运组织规范。

【相关知识】

一、规范的基本要求

高铁中型及以上车站服务质量规范对中国铁路总公司所属铁路运输企业的高铁特大型、大型、中型车站旅客运输服务提出了质量要求。办理动车组列车客运业务的特、一等普速车站，其动车组列车和普速列车旅客共用区域及实行物理隔离的动车组列车旅客专用售票窗口、候车室、检票口、站台等区域的管理、作业和服务比照高铁中型及以上车站服务质量规范执行。

二、术语和定义

1. 高铁中型及以上车站

高铁中型及以上车站指办理动车组列车客运业务，建筑规模为特大型、大型、中型的高速铁路（含客运专线）车站。

2. 普速车站

普速车站指办理普速旅客列车客运业务的车站。

3. 动车组列车

动车组列车指由若干带动力和不带动力的车辆以固定编组组成、两端设有司机室的一组列车。

4. 普速旅客列车

普速旅客列车指运送旅客或行包、邮件的非动车组列车。

5. 重点旅客

重点旅客指老、幼、病、残、孕旅客。特殊重点旅客是指依靠辅助器具才能行动等需特殊照顾的重点旅客。

6. 照度（平面照度）

照度（平面照度）指单位面积的光通量，单位为勒克斯（lx）。

三、客运安全

（1）安全制度健全有效，安全管理职责明确，能满足安全生产需要。

① 有安全生产责任制、安全检查和安全质量考核、劳动安全、消防管理、食品安全、设施设备、安检查危、实名验证、结合部、现金票据安全、站台作业车辆安全、旅客人身伤害处理等管理制度和办法。

② 有旅客候车、乘降、进出站、高铁快件保管和装卸等安全防范措施。

③ 与保洁、商业、物业、广告、安检、高铁快件等结合部有安全协议。

④ 有恶劣天气、列车停运、大面积晚点、启动热备车底，突发大客流、设备故障、

客票（服）系统故障、火灾爆炸、重大疫情、食物中毒、作业车辆（设备）坠入站台、旅客人身伤害等非正常情况下的应急预案。

（2）安全设备设施配备齐全到位，作用良好。

① 按规定配备危险品检查仪、安全门、危险品处置台、手持金属探测器、防爆罐等安全检查设施设备，显示器满足查验不同危险品的需求。危险品检查仪、安全门、危险品处置台、防爆罐设在进站口旅客进站流线、高铁快件营业场所适当位置，不影响旅客通行。危险品检查仪延长端适当。

② 按规定配备消防设备、器材，定期检测维护，确保其合格有效。

③ 应急照明系统覆盖进出站、候车、售票、站台、天桥、地道等处所，状态良好。

④ 备有喇叭、手持应急照明灯具、应急车次牌、隔离设施等应急物品，定点存放。有应急食品储备或定点食品供应商联系供应机制。

⑤ 安全标志使用正确，位置恰当，便于辨识。电梯、天桥、地道口、楼梯踏步、站台有引导、安全标志。落地玻璃前有防撞装置和警示图形标志。

⑥ 电梯、天桥、楼梯悬空侧按规定设置防护装置，高度不低于1.7米。

（3）执行安全检查规定。

① 配备安检人员，担负引导、值机、手检、处置等职责。开启的危险品检查仪数量满足旅客进站需求。

② 所有旅客均须通过安全门和手持金属探测器的检查，所有携带品均须通过行李安检仪的检查。安检口外开设的车站小件寄存处对寄存物品进行安全检查。

③ 安检人员持证上岗，佩戴标志。

④ 对检查发现和列车移交的危险物品、违禁品按规定处理。

（4）站区实行封闭式管理，旅客进出站乘降有序，站内无闲杂人员。进出站通道流线清晰，有管理措施。站台两端设置防护栅栏并有“禁止通行”标志。夜间不办理客运业务时，可关闭站区相应服务紧急处所但应对外公告。疏散通道、紧急出口、消防车通道等有专人管理，无堵塞。

（5）进入站台的作业车辆及移动小机具、小推车不影响旅客乘降，不堵塞通道；停放在指定位置，与列车平行，有制动措施；行驶或移动时，不与本站台的列车同时移动，不侵入安全线，速度不超过10千米/小时。无非作业车辆进入站台。

（6）安全使用电源，不违规使用电源、电器。

（7）工作人员均须通过生产作业、消防、电器、电气化、卫生防疫、劳动人身等安全培训，特定岗位工作人员按规定通过相应岗位安全培训。安全培训有计划，有记载，有考核。

（8）发生旅客人身伤害、突发疾病或接受列车移交的伤、病人员时，及时联系医疗机构；造成旅客死亡或涉及违法犯罪的，及时报告（通知）公安机关。

四、设备设施

（1）基础设施设备符合设计规范，定期维护，作用良好，无违规改造和改变用途情况。

① 有售票处、公安制证处、候车室、补票处、高铁快件营业场所、天桥或地道、

站台、风雨棚、围墙（栅栏）等基础设施，地面硬化平整，房屋、风雨棚、天桥、地道无渗漏，墙面、天花板无开裂、翘起、脱落，扶手、护栏、隔断、门窗牢固完好，楼梯踏步无缺损，独立进出站楼梯有行李坡道。

② 有通风、照明、广播、供水、排水、防寒、防暑、空调等设备设施。

（2）图形标志符合标准，齐全醒目，位置恰当，安装牢固，内容规范，信息准确。

① 有位置标志、导向标志、平面示意图、信息板等引导标志，指引准确。站台两端各设有一个站名牌，进出站地道围栏、无障碍电梯、广告牌、垃圾箱（桶）、基本站台栅栏等站台设施设有便于列车内旅客以正常视角快速识别的站名标志。各站台设有出站方向标志。

② 根据各服务处所和服务设备设施的功能、用途设置揭示揭挂，采取电子显示屏、公告栏等方式公布规章文电摘抄、旅客乘车安全须知、客运杂费收费标准、客运服务质量规范摘要、高铁快件办理范围等服务信息。

③ 电子显示引导系统信息显示及时，每屏信息的显示时间适当，便于旅客阅读。

④ 售票处、候车区（室）、出站检票处和补票处设有儿童票标高线。

⑤ 售票窗口、自动售（取）票机、自动检票机前设置黄色“一米线”，宽度10厘米。

⑥ 采用中、英文；少数民族自治地区车站可按规定增加当地通用的民族语言文字。

⑦ 办理动车组列车旅客乘降业务的普速车站，设有动车组旅客专用的售票窗口、候车室，相关标志含有“和谐号”、CRH图标、图形符号内容三个基本元素，“和谐号”的字体为隶书、加粗，字号大于标志中的其他文字；高铁快件营业场所相关标志含有“高铁快递”“CRHE”图标和高铁图形符号内容三个基本元素。

（3）旅客服务系统运行稳定可靠，自动检票、导向、广播、时钟、查询、求助、监控等旅客服务设备设施齐全，状态良好。

① 有管理平台，采用“铁路局集中控制、大站集中控制、车站独立控制”模式，有用户管理和安全保密制度。

② 售票处、候车区、站台有时钟，显示时间准确。

③ 广播覆盖各服务处所，具备无线小区广播和分区广播功能；音箱（喇叭）设备设置合理，音响效果清晰。

④ 有电子显示引导系统，满足温度环境使用要求，室外显示屏具有防雨、防湿、防寒、防晒、防尘等性能。

• 特大、大型车站进站大厅（集散厅）设置进站显示屏，显示车次、始发站、终到站、开车时刻、候车区（检票口）、状态等发车信息。

• 候车区内设置候车引导屏，显示车次、始发站、终到站、开车时刻、检票口、状态等信息。

• 检票口处设置进站检票屏，显示车次、终到站、开车时刻、站台、状态等信息。

• 天桥、地道内设置进、出站通道屏，显示当前到发列车车次、始发站、终到站、站台、到开时刻、编组前后顺位等信息。

• 站台设置站台屏，显示当前车次、始发站、终到站、实际开点（终到站为到点）、列车前后顺位编组、引导提示等信息。

• 出站口外侧设置出站屏，显示到达车次、始发站、到达时刻、站台、状态等信息。

待机状态显示站名、安全提示、欢迎词等信息。

⑤ 售票处、候车区有自助查询终端，内容完整、准确。

⑥ 视频监控系统覆盖车站各服务处所，具备自动录像功能。录像资料留存时间不少于 15 天，涉及旅客人身伤害、扰乱车站公共秩序等重要的视频资料为一年。

⑦ 特大、大型车站候车等场所能为旅客提供无线互联网接入服务。

（4）售票设施设备满足生产需要，作用良好。

① 售票窗口配备桌椅、计算机、制票机、居民身份证阅读器、双向对讲器、窗口屏、保险柜、验钞机等售票设备及具有录像、拾音、录音功能的监控设备，发售学生票、残疾军人票的窗口配备学生优惠卡、残疾军人证的识读器，退票、改签窗口配备二维码扫描仪，电子支付窗口配备 POS 机。

• 在窗口正上方设置窗口屏，显示窗口号、窗口功能、工作时间或状态等信息。

• 有对外显示屏，同步显示售票员操作的售票信息。

• 设置工号牌或采用电子显示屏，显示售票人员姓名、工号、本人正面二英寸工作服彩色白底照片等信息。

② 有剩余票额信息显示屏，及时、正确显示日期、车次、始发站、终到站、开车时刻、各席别剩余票额等售票信息。

③ 配备自动售、取票机，自动售票机具备现金或银行卡支付功能。

④ 补票处邻近出站检票闸机，配备桌椅、计算机、制票机、保险柜、验钞机、学生优惠卡识读器等售票设备和衡器，有防盗、报警设施。

⑤ 有存放票据、现金的处所和设备，具备防潮、防鼠、防盗、监控和报警功能。

（5）候车区布局合理，方便旅客。

① 配备适量座椅，摆放整齐，不影响旅客通行。

② 设有问讯处（服务台、遗失物品招领处），位置适当，标志醒目，配备信息终端和存放服务资料、备品的设备。

③ 设有饮水处，配备电开水器，有加热、保温标志，水质符合国家标准要求。可开启箱盖的电开水器加锁，箱盖与箱体无间隙。

④ 设有卫生间，厕位适量。有通风换气和洗手池、干手器等盥洗设备，能正常使用。厕位间设置挂钩。

⑤ 电梯正常启用，作用良好。安全标志醒目，遇故障、维修时有停止使用等提示，操作人员持证上岗（仅操作停止、启动、调整方向的除外）。

⑥ 省会城市所在地高铁特大、大型车站为商务座旅客设置独立的贵宾候车区，其他车站提供候车区域。

⑦ 检票口设自动检票通道和人工检票通道，配备自动检票机。已检票区域与候车区有围栏，封闭良好。

（6）实施车站全封闭实名制验证的，设有相对独立的验证口、验证区域、验证通道和复位口，并配备验证设备。

(7) 高铁快件营业场所外有机动车作业场地和停车位。办理窗口有桌椅、计算机、制票机、扫描枪，使用行包信息系统，配有电子衡器和装卸搬运机具，电子支付窗口配备POS机。有施封钳等包装工具；有专用箱、集装袋、锁等包装材料。高铁快件作业场地分区合理，有防火、防爆、防盗、防水、防鼠设备。

(8) 站台设有响铃设备，作用良好；地面标示站台安全线或安装安全门（屏蔽门），内侧铺设提示盲道；安全线内侧或安全门（屏蔽门）左侧设置上下车指示线标志，位置准确，醒目易识；设置的座椅、垃圾箱（桶）、广告灯箱等设施设备安装牢固，不影响旅客通行。

(9) 给水站按规定设置水井、水栓，给水系统作用良好，水源保护、水质符合国家标准。按规定办理吸污作业的车站有吸污设备。

(10) 客运人员每人配置手持电台，其他岗位按需配备，作用良好，具备录音功能。站台客运人员手持电台具备与司机通话功能。

(11) 有设备管理制度和设备登记台账。有巡视检查、维护保养记录。发生故障立即报告，及时维修，影响旅客使用时设有提示。

五、文明服务

(1) 仪容整洁，上岗着装统一，干净平整。

① 头发干净整齐，颜色自然，不理奇异发型、不剃光头。男性两侧鬓角不得超过耳垂底部，后部不长于衬衣领，不遮盖眉毛、耳朵，不烫发，不留胡须；女性发不过肩，刘海长不遮眉，短发不短于两寸。

② 面部、双手保持清洁，指甲修剪整齐，长度不超过指尖2毫米，身体外露部位无文身。女性淡妆上岗，保持妆容美观，不浓妆艳抹，不使用彩色指甲油染指甲。

③ 换装统一，衣扣拉链整齐。着裙装时，丝袜统一，无破损。系领带时，衬衣束在裙子或裤子内。外露的皮带为黑色。佩戴的外露饰物款式简洁，限手表一只、戒指一枚，女性还可佩戴发夹、发箍或头花及一副直径不超过3毫米的耳钉。不歪戴帽子，不挽袖子和卷裤脚，不敞胸露怀，不赤足穿鞋，不穿尖头鞋、拖鞋、露趾鞋，鞋跟高度不超过3.5厘米，跟径不小于3.5厘米。

④ 佩戴职务标志（售票员除外）。胸章牌（长方形职务标志）戴于左胸口袋上方正中，下边沿距口袋1厘米处（无口袋的戴于相应位置），包含单位、姓名、职务、工号等内容。菱形臂章佩戴在上衣左袖肩下四指处。按规定应佩戴制帽的，在执行职务时戴上制帽，帽徽在制帽折沿上方正中。

(2) 表情自然，态度和蔼，用语文明，举止得体，庄重大方。

① 使用普通话，表达准确，口齿清晰。服务语言表达规范、准确，使用“请、您好、谢谢、对不起、再见”等服务用语。对旅客、货主称呼恰当，统称为“旅客们”“各位旅客”“旅客朋友”，单独称为“先生、女士、小朋友、同志”等。

② 旅客问讯时，面向旅客站立（售票员、封闭式问讯处工作人员办理业务时除外），目视旅客，有问必答，回答准确，解释耐心。遇有失误时，向旅客表示歉意。对旅客的配合与支持，表示感谢。

③ 坐立、行走姿态端正，步伐适中，轻重适宜。在旅客多的地方先示意后通行；旅客迎面走来时，主动让路，面向旅客侧身让行，不与旅客抢行。列队出（退）勤时，按规定线路行走，步伐一致。多人行走时，两人成排，三人成列。

④ 立岗姿势规范，精神饱满。站立时，挺胸收腹，两肩平衡，身体自然挺直，双臂自然下垂，手指并拢贴于裤线上，脚跟靠拢，脚尖略向外张呈“V”形。女性可双手四指并拢，交叉相握，右手叠放在左手之上，自然垂于腹前；左脚靠在右脚内侧，夹角为45°。

⑤ 迎送列车时，足踏安全线，不侵入安全线外，面向列车方向目迎目送，以列车进入站台开始，开出站台为止。办理交接时行举手礼，右手五指并拢平展，向内上方举手至帽檐右侧边沿，小臂成45°角。

⑥ 清理卫生时，清扫工具不触碰旅客及携带物品。挪动旅客物品时，征得旅客同意。需要踩踏座席时，戴鞋套或使用垫布。占用洗脸间洗漱时，礼让旅客。

⑦ 不高声喧哗、嬉笑打闹、勾肩搭背，不在旅客面前吃食物、吸烟、剔牙齿和进行其他不文明、不礼貌的动作，不对旅客评头论足，接班前和工作中不食用异味食品。

（3）站容整洁，环境舒适。

① 干净整洁，窗明地净，物见本色。

• 地面干净、无垃圾；玻璃透明、无污渍；墙壁无污渍、涂鸦。电梯、扶手、护栏、座椅、台面、危险品检查仪、危险品处置台等处无积尘、污渍。卫生间通风良好，干净、无异味，地面无积水，便池无积便、积垢，洗手池清洁、无污垢。饮水处地面无积水，饮水机表面清洁、无污渍，沥水槽无残渣。站台、天桥、地道等地面无积水、积冰、积雪，股道无杂物。

• 各服务处所设置适量的垃圾箱（桶），外皮清洁，内配的垃圾袋的材质符合国家标准、厚度不小于0.025毫米，无破损、渗漏，每日消毒一次。垃圾车外表无明显污垢，垃圾不散落，污水不外溢。垃圾及时清运，储运密闭化，固定通道，日产日清。

• 保洁工具定点隐蔽存放。设有供保洁作业使用的水、电设施和存放保洁机具、清扫工具的处所。

• 由具备资质的专业保洁企业保洁，使用专业保洁机具和清洁工具，清洗剂符合环保要求，不腐蚀、污染设备备品。保洁人员须经过保洁专业知识和铁路安全知识培训，持证上岗。墙壁、玻璃、隔断、护栏等2米以下的部位每日保洁，2米以上的部位及顶、棚等设施定期保洁。车站对保洁作业有检查，有考核。

② 通风良好，温度适宜，空气质量符合国家规定。室内温度冬季18～20℃、夏季26～28℃。高寒地区站房进出口处有门斗和风幕（防寒挡风门帘）。

③ 照明充足，售票处、问讯处（服务台）、高铁快件营业场所照明照度不低于150勒克斯，候车区照明照度不低于100勒克斯，站台、天桥及进出站地道照明照度不低于50勒克斯。

④ 各服务处所按规定开展“消毒、杀虫、灭鼠”工作，蚊、蝇、蟑螂等病媒昆虫指数及鼠密度符合国家规定。

⑤ 服务备品齐全完整，质地良好，符合国家环保规定。卫生间配有卫生纸、芳香

球、洗手液（皂）、擦手纸（干手器），坐便器配一次性坐便垫圈，及时补充。落客平台、站台设置的垃圾箱（桶）上有烟灰盒。分设照明开关，使用节能灯具，根据自然光照度及时开启或关闭照明。用水处有节水宣传揭示。

（4）广播语音清晰，音量适宜，用语规范，内容准确，播放及时。

① 通告列车运行情况、检票等信息，进行禁止携带危险品进站上车、旅行安全常识、公共卫生和候车区禁止吸烟等宣传。

② 使用普通话。少数民族自治地区车站可根据需要增加当地通用的民族语言播音。特大、大型车站使用普通话和英语双语播报客运作业信息，中型车站可增加英语播报客运作业信息。

③ 采用自动语音合成方式，日常重点内容播音录音化。

（5）全面服务，重点照顾。

① 无需求无干扰。配备自动售（取）票机、自动检票机、电子显示屏等服务设备，通过广播、揭示揭挂、电子显示等方式宣传服务设备的使用方法，方便旅客自助服务。

② 有需求有服务。售票处、候车区公布中国铁路客户服务中心客户服务电话（区号＋电话号码），特大、大型车站设有服务品牌，受理旅客咨询、求助、投诉，专人负责，及时回应。实行首问首诉负责制，旅客问讯时，有问必答，回答准确；对旅客提出的问题不能解决时，指引到相应岗位，并做好解释工作。接听电话时，先向旅客通报单位和工号。

③ 重点关注，优先照顾，保障重点旅客服务。

• 按规范设置无障碍设施设备。售票厅设无障碍售票窗口。特大、大型车站候车室设有重点旅客候车区和特殊重点旅客服务点（可与问讯处、服务台等合设），位置醒目、便于寻找，并配备轮椅、担架等辅助器具；特大型车站内设相对封闭的哺乳区；在检票口附近等方便的区域设置黄色标志的重点旅客候车专座。卫生间设无障碍厕所。设有无障碍电梯，能正常使用。盲道畅通、无障碍。

• 重点旅客优先购票、优先进站、优先检票上车。

• 根据需求为特殊重点旅客提供帮助，有服务，有交接，有通报。

④ 尊重民族习俗和宗教信仰。少数民族自治地区车站可按规定在图形标志中增加当地通用的民族语言文字，可根据需要增加当地通用的民族语言播音。

⑤ 旅客在站内遗失物品时，帮助（或广播）查找；收到旅客遗失物品及时登记、公告，登记内容完整，保管措施妥当，处置措施合法。

六、客运组织

1. 售票

（1）提供窗口、自动售（取）票机、铁路客票代售点等多种售票渠道，售票网点布局合理，管理规范。

① 售票窗口和自动售（取）票机设置、开放的数量适应客流量，日常窗口排队不超过20人。

② 办理售票、退票、改签、换票、取票、挂失补办、中转签证等业务，发售学生

票、残疾军人票等各种特殊车票，支持现金、银行卡等支付方式。

(2) 在售票处的醒目位置公布售票时间和停售时间，开窗时间不晚于本站首趟列车开车前 1 小时，关窗时间不早于本站最后一趟列车办理客运业务后 30 分钟。工作时间内暂停售票时设有提示。用餐或交接班时间实行错时暂停售票。

(3) 自动售（取）票机及时补充票据、零钞和凭条。设备故障等异常状况处置及时。

(4) 票据、现金妥善保管，票面完整、清晰。票据填写规范，内容准确、无涂改，按规定加盖站名戳和名章。

2. 进站、候车、检票组织

(1) 按规定实行实名制验证，核验车票、有效身份证件原件、旅客的一致性。无法实施全封闭实名制验证的，在检票口组织验证。验证与检票分离的车站对热门车次在检票口进行二次验证。

(2) 秩序良好，通道畅通，日常旅客排队进站、等候安检时间不超过 5 分钟。

(3) 候车室（区）旅客可视范围内有客运人员，及时巡视、解答旅客咨询、妥善处置异常情况。特大、大型车站设有值班站长。贵宾候车区按规定配备专职服务员及验票终端等服务设备，提供免费小食品、饮品、报刊等服务。

(4) 开始、停止检票时间的设置适应客流量和站场条件，进站口有提前停止检票时间的提示。开始检票或列车到站前，通告车次、停靠站台等检票信息。

(5) 自动检票机通道和人工检票通道正常启用，通道数量适应客流情况，并设有商务座旅客快速检票通道。设两侧检票口的，对长编组、重联动车组列车同时开启。按照先重点、后团体、再一般的原则，引导旅客通过自动检票机、人工检票通道分别排队等候、检票进站，宣传自动检票机的使用方法，提醒旅客拿好车票或身份证，防止尾随。具备居民身份证自动识读检票条件的自动检票机正常启用。人工检票口核验车票和其他乘车凭证，对车票加剪。

(6) 对无票、日期车次不符、减价不符、票证人不一致等人员按规定拒绝进站、乘车。

(7) 停止检票前，通告候车室，确保无旅客漏乘；停止检票时，关闭检票口，通告候车室和站台。

3. 站台组织

(1) 站台客运人员提前到岗，检查引导屏状态和显示内容、站台及股道情况。

(2) 按站台车厢位置标志在站台安全线或屏蔽门内组织旅客排队等候，有序乘降。铃响时巡视站台。

(3) 办理站车交接，短编组动车组列车在 4、5 号车厢之间；长编组动车组列车在 8、9 号车厢之间；重联动车组列车在列车运行方向前组第 7、8 号车厢之间。

(4) 开车时间前 30 秒打响开车铃，铃声时长 10 秒。同一站台有两趟动车组列车同时进行乘降作业时，有宣传，有引导，无误乘。站台一侧邻靠线路有动车组列车通过时，另一侧停止旅客乘降或设防护栏防护。

4. 出站组织

（1）出站检票人员提前到岗，检查自动检票机、出站显示屏状态和内容。

（2）引导旅客通过自动检票机和人工检票通道检票出站，具备居民身份证自动识读检票条件的自动检票机正常启用。人工检票口核对车票及其他乘车凭证，对未加剪的车票补剪，秩序良好，防止尾随。

（3）对违章乘车旅客及违章携带品正确处理，票款收付准确。

（4）列车出站后督促旅客及时出站，站台、通道无滞留人员。

（5）换乘客流大的车站根据需要设置站内换乘流线，配备相应的设备和引导标志。

5. 高铁快件作业

（1）设置承运、交付办理窗口，提供托运单、高铁快件快递单和必要的填写用具。

（2）承运高铁快件及时准确，品名相符，实名验证，逐件安检，正确检斤、制票，唱收唱付。“站到站”和“站到门”高铁快件按到站和服务产品正确分拣、装箱。

（3）装卸、搬运高铁快件轻搬轻放，堆码整齐。装车时，合理计划，按方案装载，站、车认真核对、准确交接，装车完毕及时信息确认，做到不逾期、不破损、不丢失。

（4）运输过程中发生高铁快件包装松散、破损时，有记录，有交接。

（5）到站卸车提前到位，立岗接车，准确交接。集装件外包装、施封破损或集装件短少的，凭客运记录或现场检查，核实现状，办理交接。

（6）到达高铁快件核对票据，妥善保管，及时通知，正确交付。“站到站”和“站到门”集装件双人拆箱，一箱一清。对无法交付的高铁快件按规定处理。

（7）认真处理站间运输高铁快件差错，发生高铁快件损失比照行李包裹损失处理有关规定执行，先赔付，后定责。

（8）作业区无闲杂人员出入，无非高铁快件工作人员查找、搬运高铁快件。发现非工作人员持集装件出站时当场制止。

（9）高铁快件装卸人员须经过装卸作业知识、技能和铁路安全知识培训，持证上岗。

6. 列车给水、吸污作业

（1）给水站根据给水方案配备给水人员，防护用具齐全，按指定线路提前到指定位置接送车，有人防护，同去同回。

（2）按规定程序及时上水，始发列车辆辆满水，中途站按给水方案补水，有注水口的挡板锁闭，水管回卷到位（管头插入上水井内）。吸污站按规定进行吸污作业，保持作业清洁。作业完毕，向站台客运人员报告。

7. 应急处置

（1）遇恶劣天气、列车停运、大面积晚点、启动热备车底、突发大客流、设备故障、客票（服）系统故障、火灾爆炸、重大疫情、食物中毒、作业车辆（设备）坠入站台、旅客人身伤害等非正常情况时，及时启动应急预案，掌握售票、候车、旅客滞留、高铁快件等情况，维持站内秩序，准确通报信息，做好咨询、解释、安抚等善后工作。

① 列车晚点15分钟以上时，根据调度通报，公告列车晚点信息，说明晚点原因、晚点时间，广播公告每次间隔不超过30分钟，电子显示屏实时显示公告信息。按规定办理退票、改签或提供免费饮、食品，协调市政交通衔接。

② 遇列车在车站空调失效时，站车共同组织；必要时，组织旅客下车、换乘其他列车或疏散到车站安全处所。到站按规定退还票价差额。

③ 遇车底变更时，车站按车底变更计划调整席位，组织旅客换乘，告知列车，并按规定办理改签、退票。

④ 遇售票、检票系统故障时，组织维护部门进行故障排查，按规定启用应急售票、换票程序，组织人工办理检票。

⑤ 遇列车故障途中需更换车底时，在车站换乘的，由客调通知换乘站、高铁快件到站，由换乘站组织集装件换车。在区间换乘的，集装件不换至救援车，由故障车所在地铁路局根据救援方案一并安排随车运送至动车所所在地高铁车站，动车所所在地高铁车站编制客运记录并安排最近车次运送至到站。

（2）有应急预案培训和演练，有记录，有结果，有考核。

（3）春、暑运等客流高峰时期，换票、验证、安检、进站等处所设有快速（绿色）通道。

七、商业、广告经营

（1）站内商业场所的位置、面积、业态布局要统一规划，不占用旅客候车空间，不影响旅客乘降流线；统一标志，统一服务内容，统一服务标准，有商业经营管理规范，对经营行为有检查，有考核。

（2）经营单位持有效经营许可证，经营行为规范，明码标价，文明售货，提供发票。不出售禁止或限量携带的商品，不出售影响运输安全的商品，不出售无生产单位、无生产日期、无保质期、过期、变质及口香糖等严重影响环境卫生的食品。提供代搬行李等服务时，不能诱导旅客消费。

（3）餐饮食品经营场所环境卫生符合要求，用具清洁，消毒合格，生熟分开。销售散装熟食品时，有防蝇、防尘措施，不徒手接触食品。

（4）站内广告设置场所、位置、面积、形式统一规划，广告设施安全牢固，形式规范，内容健康，与车站环境相协调。不挤占、遮挡图形标志、业务揭示、安全宣传等客运服务信息，不影响客运服务功能，不影响安全。旅客通道内安装的广告牌使用嵌入式灯箱，突出墙面部分不超过200毫米，棱角部位采取打磨、倒角处理。除围墙、栅栏外，无直接涂写、张贴式广告。广播系统不发布音频广告。播放视频时不得外放声音。

八、基础管理

（1）管理制度健全，有考核，有记载。定期分析安全和服务质量状况，有具体整改措施。

（2）业务资料配置到位，内容修改及时、正确。

(3) 各工种按岗位责任各负其责，相互协作，落实作业标准。

(4) 业务办理符合规定，票据、台账、报表填写规范、清晰。营运进款结算准确，票据、现金入柜加锁，及时解款。

(5) 定期召开站区结合部协调会，有监督，有检查，有考核。

(6) 定期开展职业技能培训，培训内容适应岗位要求，评判准确。

九、人员素质

(1) 身体健康，五官端正，持有效健康证明。新职人员具备高中（职高、中专）及以上文化程度。

(2) 持有效上岗证，经过岗前安全、技术业务培训合格。客运值班员、售票值班员、客运计划员、综控室操作人员从事客运服务工作满 2 年。综控室操作人员具备广播员资质。

(3) 熟练使用本岗位相关设备设施，熟知本岗位业务知识和职责，掌握本岗位应急处置作业流程，具备应对突发事件的能力。

任务二　高铁小型车站服务质量规范

【技能目标】

能了解高铁小型车站服务质量规范的基本要求；

能解读与高铁小型车站服务质量相关的术语和定义；

能对高铁小型车站进行客运安全管理；

能合理使用高铁小型车站的设备设施；

能按高铁小型车站服务质量规范的要求为旅客提供标准化服务；

能根据高铁小型车站服务质量规范对车站的售票、安检等各个环节进行质量考核。

【知识点】

高铁小型车站服务质量规范的基本要求；

与高铁小型车站服务质量相关的术语和定义；

高铁小型车站客运安全管理规范；

高铁小型车站设备设施使用规范；

高铁小型车站文明服务规范；

高铁小型车站客运组织规范。

【相关知识】

一、规范的基本要求

高铁小型车站服务质量规范对中国铁路总公司所属铁路运输企业的高铁小型车站旅客运输服务提出了质量要求。办理动车组列车客运业务的二、三等普速车站，其动车组列车和普速旅客列车旅客共用区域及实行物理隔离的动车组列车旅客专用售票窗口、候车室、检票口、站台等区域的管理、作业和服务比照高铁小型车站服务质量规范执行。

二、术语和定义

1. 高铁小型车站

高铁小型车站指办理动车组列车客运业务，建筑规模为小型的高速铁路（含客运专线）车站。

2. 普速车站

普速车站指办理普速旅客列车客运业务的车站。

3. 动车组列车

动车组列车指由若干带动力和不带动力的车辆以固定编组组成、两端设有司机室的一组列车。

4. 普速旅客列车

普速旅客列车指运送旅客或行包、邮件的非动车组列车。

5. 重点旅客

重点旅客指老、幼、病、残、孕旅客。特殊重点旅客是指依靠辅助器具才能行动等需特殊照顾的重点旅客。

6. 照度（平面照度）

照度（平面照度）指单位面积的光通量，单位为勒克斯（lx）。

三、客运安全

（1）安全制度健全有效，安全管理职责明确，能满足安全生产需要。

① 有安全生产责任制、安全检查和安全质量考核、劳动安全、消防管理、食品安全、设施设备、安检查危、实名验证、结合部、现金票据安全、站台作业车辆安全、旅客人身伤害处理等管理制度和办法。

② 有旅客候车、乘降、进出站、高铁快件保管和装卸等安全防范措施。

③ 与保洁、商业、物业、广告、安检、高铁快件等结合部有安全协议。

④ 有恶劣天气、列车停运、大面积晚点、启动热备车底、突发大客流、设备故障、客票（服）系统故障、火灾爆炸、重大疫情、食物中毒、作业车辆（设备）坠入站台、

旅客人身伤害等非正常情况下的应急预案。

（2）安全设备设施配备齐全到位，作用良好。

① 按规定配备危险品检查仪、安全门、危险品处置台、手持金属探测器、防爆罐等安全检查设施设备，显示器满足查验不同危险品的需求。危险品检查仪、安全门、危险品处置台、防爆罐设在旅客进站流线、高铁快件营业场所适当位置，不影响旅客通行。危险品检查仪延长端适当。

② 按规定配备消防设备、器材，定期检测维护，合格有效。

③ 应急照明系统覆盖进出站、候车、售票、站台、天桥、地道等处所，状态良好。

④ 备有喇叭、手持应急照明灯具、应急车次牌、隔离设施等应急物品，定点存放。有食品储备或定点食品供应商联系供应机制。

⑤ 安全标志使用正确，位置恰当，便于辨识。电梯、天桥、地道口、楼梯踏步、站台有引导、安全标志。落地玻璃前有防撞装置和警示图形标志。

⑥ 电梯、天桥、楼梯悬空侧按规定设置防护装置，高度不低于 1.7 米。

（3）执行安全检查规定。

① 配备安检人员，担负引导、值机、手检、处置等职责。

② 旅客均须通过安全门和手持金属探测器的检查，所有携带品均须通过行李安检仪的检查。

③ 安检人员持证上岗，佩戴标志。

④ 对检查发现和列车移交的危险物品、违禁品按规定处理。

（4）站区实行封闭式管理，旅客进出站乘降有序，站内无闲杂人员。进出站通道流线清晰，有管理措施。站台两端设置防护栅栏并有“禁止通行”标志。夜间不办理客运业务时，可关闭站区相应服务处所，但应对外公告。疏散通道、紧急出口、消防车通道等有专人管理，无堵塞。

（5）进入站台的作业车辆及移动小机具、小推车不影响旅客乘降，不堵塞通道；停放在指定位置，与列车平行，有制动措施；行驶或移动时，不与本站台的列车同时移动，不侵入安全线，速度不超过 10 千米/时。无非作业车辆进入站台。

（6）安全使用电源，不违规使用电源、电器。

（7）工作人员均须通过生产作业、消防、电器、电气化、卫生防疫、劳动人身等安全培训，特定岗位工作人员按规定通过相应岗位安全培训。安全培训有计划，有记载，有考核。

（8）发生旅客人身伤害、突发疾病或接受列车移交的伤、病人员时，及时联系医疗机构；造成旅客死亡或涉及违法犯罪的，及时报告（通知）公安机关。

四、设备设施

（1）基础设施设备符合设计规范，定期维护，作用良好，无违规改造和改变用途情况。

① 有售票处、公安制证处、候车室、补票处、高铁快件营业场所、天桥或地道、站台、风雨棚、围墙（栅栏）等基础设施，地面硬化平整，房屋、风雨棚、天桥、地道无渗漏，墙面、天花板无开裂、翘起、脱落，扶手、护栏、隔断、门窗牢固完好，楼

梯踏步无缺损，独立进出站楼梯有行李坡道。

② 有通风、照明、广播、供水、排水、防寒、防暑等设备设施。

（2）图形标志符合标准，齐全醒目，位置恰当，安装牢固，内容规范，信息准确。

① 有位置标志、导向标志、信息板等引导标志，指引准确。站台两端各设有一个站名牌，进出站地道围栏、无障碍电梯、广告牌、垃圾箱（桶）、基本站台栅栏等站台设施设有便于列车内旅客以正常视角快速识别的站名标志。各站台设有出站方向标志。

② 根据各服务处所和服务设备设施的功能、用途设置揭示揭挂，采取电子显示屏、公告栏等方式公布规章文电摘抄、旅客乘车安全须知、客运杂费收费标准、客运服务质量标准摘要、高铁快件办理范围等服务信息。

③ 电子显示引导系统信息显示及时，每屏信息的显示时间适当，便于旅客阅读。

④ 售票处、候车区（室）、出站检票处和补票处设有儿童票标高线。

⑤ 售票窗口、自动售（取）票机、自动检票机前设置黄色“一米线”，宽度 10 厘米。

⑥ 采用中、英文；少数民族自治地区车站可按规定增加当地通用的民族语言文字。

⑦ 办理动车组列车旅客乘降业务的普速车站，设有动车组旅客专用的售票窗口、候车室，相关标志含有“和谐号”、CRH 图标、图形符号内容三个基本元素，“和谐号”的字体为隶书、加粗，字号大于标志中的其他文字；高铁快件营业场所相关标志含有“高铁快递”“CRHE”图标和高铁图形符号内容三个基本元素。

（3）旅客服务系统运行稳定可靠，自动检票、导向、广播、时钟、查询、求助、监控等旅客服务设备设施齐全，状态良好。

① 有应急操作平台，有用户管理和安全保密制度。

② 售票处、候车区、站台有时钟，显示时间准确。

③ 广播覆盖各服务处所；音箱（喇叭）设备设置合理，音响效果清晰。

④ 有电子显示引导系统，满足温度环境使用要求，室外显示屏具有防雨、防湿、防寒、防晒、防尘等性能。

• 候车区内设置候车引导屏，显示车次、始发站、终到站、开车时刻、检票口、状态等信息。

• 检票口处设置进站检票屏，显示车次、终到站、开车时刻、站台、状态等信息。

• 天桥、地道内设置进、出站通道屏，显示当前到发列车车次、始发站、终到站、站台、到开时刻、编组前后顺位等信息。

• 站台设置站台屏，显示当前车次、始发站、终到站、实际开点（终到站为到点）、列车前后顺位编组、引导提示等信息。

• 出站口外侧设有出站屏的，显示到达车次、始发站、到达时刻、站台、状态等信息。

• 待机状态显示站名、安全提示、欢迎词等信息。

⑤ 视频监控系统覆盖车站各服务处所，具备自动录像功能。录像资料留存时间不少于 15 天，涉及旅客人身伤害、扰乱车站公共秩序等重要的视频资料为一年。

（4）售票设施设备满足生产需要，作用良好。

① 售票窗口配备桌椅、计算机、制票机、居民身份证阅读器、双向对讲器、窗口屏、保险柜、验钞机等售票设备及具有录像、拾音、录音功能的监控设备，发售学生票、残疾军人票的窗口配备学生优惠卡、残疾军人证的识读器，退票、改签窗口配备二维码扫描仪，电子支付窗口配备 POS 机。

• 在窗口正上方设置窗口屏，显示窗口号、窗口功能、工作时间或状态等信息。

• 有对外显示屏，同步显示售票员操作的售票信息。

• 设置工号牌或采用电子显示屏，显示售票人员姓名、工号、本人正面二英寸工作服彩色白底照片等信息。

② 有剩余票额信息显示屏，及时、正确显示日期、车次、始发站、终到站、开车时刻、各席别剩余票额等售票信息。

③ 配备自动售、取票机，自动售票机具备现金或银行卡支付功能。

④ 补票处邻近出站检票闸机，配备桌椅、计算机、制票机、保险柜、验钞机、学生优惠卡识读器等售票设备和衡器，有防盗、报警设施。

⑤ 有存放票据、现金的处所和设备，具备防潮、防鼠、防盗、监控和报警功能。

（5）候车区布局合理，方便旅客。

① 配备适量座椅，摆放整齐，不影响旅客通行。

② 设有饮水处，配备电开水器，有加热、保温标志，水质符合国家标准要求。可开启箱盖的电开水器加锁，箱盖与箱体无间隙。

③ 设有卫生间，厕位适量。有通风换气和洗手池等盥洗设备，能正常使用。厕位间设置挂钩。

④ 电梯正常启用，作用良好。安全标志醒目，遇故障、维修时有停止使用等提示，操作人员持证上岗（仅操作停止、启动、调整方向的除外）。

⑤ 检票口设自动检票通道和人工检票通道，配备自动检票机。已检票区域与候车区有围栏，封闭良好。

（6）实施车站全封闭实名制验证的，设有相对独立的验证口、验证区域、验证通道和复位口，并配备验证设备。

（7）高铁快件营业场所外有机动车作业场地和停车位。办理窗口有桌椅、计算机、制票机、扫描枪，使用行包信息系统，配有电子衡器和装卸搬运机具，电子支付窗口配备 POS 机。有施封钳等包装工具；有专用箱、集装袋、锁等包装材料。高铁快件作业场地分区合理，有防火、防爆、防盗、防水、防鼠设备。

（8）站台设有响铃设备，作用良好；地面标示站台安全线或安装安全门（屏蔽门），内侧铺设提示盲道；安全线内侧或安全门（屏蔽门）左侧设置上下车指示线标志，位置准确，醒目易识；设置的座椅、垃圾箱（桶）、广告灯箱等设施设备安装牢固，不影响旅客通行。

（9）客运人员每人配置手持电台，其他岗位按需配备，作用良好，具备录音功能。站台客运人员手持电台具备与司机通话功能。

（10）有设备管理制度和设备登记台账。有巡视检查、维护保养记录。发生故障立即报告，及时维修，影响旅客使用时设有提示。

五、文明服务

（1）仪容整洁，上岗着装统一，干净平整。

① 头发干净整齐、颜色自然，不理奇异发型，不剃光头。男性两侧鬓角不得超过耳垂底部，后部不长于衬衣领，不遮盖眉毛、耳朵，不烫发，不留胡须；女性发不过肩，刘海长不遮眉，短发不短于两寸。

② 面部、双手保持清洁，指甲修剪整齐，长度不超过指尖 2 毫米，身体外露部位无文身。女性淡妆上岗，保持妆容美观，不浓妆艳抹，不使用彩色指甲油染指甲。

③ 换装统一，衣扣拉链整齐。着裙装时，丝袜统一，无破损。系领带时，衬衣束在裙子或裤子内。外露的皮带为黑色。佩戴的外露饰物款式简洁，限手表一只、戒指一枚，女性还可佩戴发夹、发箍或头花及一副直径不超过 3 毫米的耳钉。不歪戴帽子，不挽袖子和卷裤脚，不敞胸露怀，不赤足穿鞋，不穿尖头鞋、拖鞋、露趾鞋，鞋跟高度不超过 3.5 厘米，跟径不小于 3.5 厘米。

④ 佩戴职务标志（售票员除外）。胸章牌（长方形职务标志）戴于左胸口袋上方正中，下边沿距口袋 1 厘米处（无口袋的戴于相应位置），包含单位、姓名、职务、工号等内容。菱形臂章佩戴在上衣左袖肩下四指处。按规定应佩戴制帽的，在执行职务时戴上制帽，帽徽在制帽折沿上方正中。

（2）表情自然，态度和蔼，用语文明，举止得体，庄重大方。

① 使用普通话，表达准确，口齿清晰。服务语言表达规范、准确，使用“请、您好、谢谢、对不起、再见”等服务用语。对旅客、货主称呼恰当，统称为“旅客们”“各位旅客”“旅客朋友”，单独称为“先生、女士、小朋友、同志”等。

② 旅客问讯时，面向旅客站立（售票员、封闭式问讯处工作人员办理业务时除外），目视旅客，有问必答，回答准确，解释耐心。遇有失误时，向旅客表示歉意。对旅客的配合与支持，表示感谢。

③ 坐立、行走姿态端正，步伐适中，轻重适宜。在旅客多的地方先示意后通行；旅客迎面走来时，主动让路，面向旅客侧身让行，不与旅客抢行。列队出（退）勤时，按规定线路行走，步伐一致。多人行走时，两人成排，三人成列。

④ 立岗姿势规范，精神饱满。站立时，挺胸收腹，两肩平衡，身体自然挺直，双臂自然下垂，手指并拢贴于裤线上，脚跟靠拢，脚尖略向外张呈“V”形。女性可双手四指并拢，交叉相握，右手叠放在左手之上，自然垂于腹前；左脚靠在右脚内侧，夹角为 45°。

⑤ 迎送列车时，足踏安全线，不侵入安全线外，面向列车方向目迎目送，以列车进入站台开始，开出站台为止。办理交接时行举手礼，右手五指并拢平展，向内上方举手至帽檐右侧边沿；小臂成 45°角。

⑥ 清理卫生时，清扫工具不触碰旅客及携带物品。挪动旅客物品时，征得旅客同意。需要踩踏座席时，戴鞋套或使用垫布。占用洗脸间洗漱时，礼让旅客。

⑦ 不高声喧哗、嬉笑打闹、勾肩搭背，不在旅客面前吃食物、吸烟、剔牙齿和出

现其他不文明、不礼貌的动作，不对旅客评头论足，接班前和工作中不食用异味食品。

(3) 站容整洁，环境舒适。

① 干净整洁，窗明地净，物见本色。

• 地面干净、无垃圾；玻璃透明、无污渍；墙壁无污渍、涂鸦。电梯、扶手、护栏、座椅、台面、危险品检查仪、危险品处置台等处无积尘、污渍。卫生间通风良好，干净、无异味，地面无积水，便池无积便、积垢，洗手池清洁、无污垢。饮水处地面无积水，饮水机表面清洁、无污渍，沥水槽无残渣。站台、天桥、地道等地面无积水、积冰、积雪，股道无杂物。

• 各服务处所设置适量的垃圾箱（桶），外皮清洁，内配的垃圾袋的材质符合国家标准、厚度不小于0.025毫米，无破损、渗漏，每日消毒一次。垃圾车外表无明显污垢，垃圾不散落，污水不外溢。垃圾及时清运，日产日清。

• 保洁工具定点隐蔽存放。设有供保洁作业使用的水、电设施和存放保洁机具、清扫工具的处所。

由具备资质的专业保洁企业保洁，使用专业保洁机具和清洁工具，清洗剂符合环保要求，不腐蚀、污染设备备品。保洁人员须经过保洁专业知识和铁路安全知识培训，持证上岗。墙壁、玻璃、隔断、护栏等2米以下的部位每日保洁，2米以上的部位及顶、棚等设施定期保洁。车站对保洁作业有检查，有考核。

② 通风良好，温度适宜，空气质量符合国家规定。有空调的服务处所室内温度冬季18~20℃、夏季26~28℃；无空调的服务处所室内温度冬季不低于14℃，夏季超过28℃时使用电风扇。高寒地区站房进出口处有门斗和防寒挡风门帘（风幕）。

③ 照明充足，售票、高铁快件营业场所处照明照度不低于150勒克斯，候车区照明照度不低于100勒克斯，站台、天桥及进出站地道照明照度不低于50勒克斯。

④ 各服务处所按规定开展“消毒、杀虫、灭鼠”工作，蚊、蝇、蟑螂等病媒昆虫指数及鼠密度符合国家规定。

⑤ 服务备品齐全完整，质地良好，符合国家环保规定。卫生间配有卫生纸、芳香球、洗手液（皂），坐便器配一次性坐便垫圈，及时补充。分设照明开关，使用节能灯具，根据自然光照度及时开启或关闭照明。用水处有节水宣传揭示。

(4) 广播语音清晰，音量适宜，用语规范，内容准确，播放及时。

① 通告列车运行情况、检票等信息，进行禁止携带危险品进站上车、旅行安全常识、公共卫生和候车区禁止吸烟等宣传。

② 使用普通话。少数民族自治地区车站可根据需要增加当地通用的民族语言播音。可增加英语播报客运作业信息。

③ 采用自动语音合成方式，日常重点内容播音录音化。

(5) 全面服务，重点照顾。

① 无需求无干扰。配备自动售（取）票机、自动检票机、电子显示屏等服务设备，通过广播、揭示揭挂、电子显示等方式宣传服务设备的使用方法，方便旅客自助服务。

② 有需求有服务。售票处、候车区公布中国铁路客户服务中心客户服务电话（区号+电话号码），受理旅客咨询、求助、投诉。实行首问首诉负责制，旅客问讯时，有

问必答，回答准确；对旅客提出的问题不能解决时，指引到相应岗位，并做好解释工作。接听电话时，先向旅客通报单位和工号。

③ 重点关注，优先照顾，保障重点旅客服务。

• 按规范设置无障碍设施设备。售票厅设无障碍售票窗口。在检票口附近等方便的区域设置黄色标志的重点旅客候车专座。卫生间设无障碍厕所。如设有无障碍电梯或相关设备，须能正常使用。盲道畅通、无障碍。

• 重点旅客优先购票、优先进站、优先检票上车。根据需求为特殊重点旅客提供帮助，有服务，有交接，有通报。

④ 尊重民族习俗和宗教信仰。少数民族自治地区车站可按规定在图形标志中增加当地通用的民族语言文字，可根据需要增加当地通用的民族语言播音。

⑤ 旅客在站内遗失物品时，帮助（或广播）查找；收到旅客遗失物品及时登记、公告，登记内容完整，保管措施妥当，处置措施合法。

六、客运组织

1. 售票

（1）提供窗口、自动售（取）票机等多种售票渠道，布局合理，管理规范。

① 售票窗口和自动售（取）票机设置、开放的数量适应客流量，日常窗口排队不超过 20 人。

② 办理售票、退票、改签、换票、取票、挂失补办、中转签证等业务，发售学生票、残疾军人票等各种特殊车票，支持现金、银行卡等支付方式。

（2）在售票处的醒目位置公布售票时间和停售时间，开窗时间不晚于本站首趟列车开车前 1 小时，关窗时间不早于本站最后一趟列车办理客运业务后 30 分钟。工作时间内暂停售票时设有提示。用餐或交接班时间实行错时暂停售票。

（3）自动售（取）票机及时补充票据、零钞和凭条。设备故障等异常状况处置及时。

（4）票据、现金妥善保管，票面完整、清晰。票据填写规范，内容准确、无涂改，按规定加盖站名戳和名章。

2. 进站、候车、检票组织

（1）按规定实行实名制验证，核验车票、有效身份证件原件、旅客的一致性。无法实施全封闭实名制验证的，在检票口组织验证。

（2）秩序良好，通道畅通，日常旅客排队进站、等候安检时间不超过 5 分钟。

（3）候车室（区）旅客可视范围内有客运人员，及时巡视、解答旅客咨询、妥善处置异常情况。

（4）开始、停止检票时间的设置适应客流量和站场条件，进站口有提前停止检票时间的提示。开始检票或列车到站前，通告车次、停靠站台等检票信息。

（5）自动检票机通道和人工检票通道正常启用，通道数量适应客流情况，并提供商务座旅客快速检票进站服务。引导旅客通过自动检票机、人工检票通道分别排队等候、检票进站，提醒旅客拿好车票或身份证，防止尾随。具备居民身份证自动识读检票条件的自动检票机正常启用。人工检票口核验车票和其他乘车凭证，对车票加剪。

(6) 对无票、日期车次不符、减价不符、票证人不一致等人员按规定拒绝进站、乘车。

(7) 停止检票前，通告候车室，确保无旅客漏乘；停止检票时，关闭检票口，通告候车室和站台。

3. 站台组织

(1) 站台客运人员提前到岗，检查引导屏状态和显示内容、站台及股道情况。

(2) 按站台车厢位置标志在站台安全线或屏蔽门内组织旅客排队等候，有序乘降。铃响时巡视站台。

(3) 办理站车交接，短编组动车组列车在4、5号车厢之间；长编组动车组列车在8、9号车厢之间；重联动车组列车在列车运行方向前组第7、8号车厢之间。

(4) 开车时间前30秒打响开车铃，铃声时长10秒。

(5) 同一站台有两趟动车组列车同时进行乘降作业时，有宣传，有引导，无误乘。站台一侧邻靠线路有动车组列车通过时，另一侧停止旅客乘降或设防护栏防护。

4. 出站组织

(1) 出站检票人员提前到岗，检查自动检票机、出站显示屏状态和内容。

(2) 引导旅客通过自动检票机和人工检票通道检票出站，具备居民身份证自动识读检票条件的自动检票机正常启用。人工检票口核对车票及其他乘车凭证，对未加剪的车票补剪，秩序良好，防止尾随。

(3) 对违章乘车旅客及违章携带品正确处理，票款收付准确。

(4) 列车出站后督促旅客及时出站，站台、通道无滞留人员。

5. 高铁快件作业

(1) 设置承运、交付办理窗口，提供托运单、高铁快件快递单和必要的填写用具。

(2) 承运高铁快件及时准确，品名相符，实名验证，逐件安检，正确检斤、制票，唱收唱付。“站到站”和“站到门”高铁快件按到站和服务产品正确分拣、装箱。

(3) 装卸、搬运高铁快件轻搬轻放，堆码整齐。装车时，合理计划，按方案装载，站、车认真核对、准确交接，装车完毕及时信息确认，做到不逾期、不破损、不丢失。

(4) 运输过程中发生高铁快件包装松散、破损时，有记录，有交接。

(5) 到站卸车提前到位，立岗接车，准确交接。集装件外包装、施封破损或集装件短少的，凭客运记录或现场检查，核实现状，办理交接。

(6) 到达高铁快件核对票据，妥善保管，及时通知，正确交付。“站到站”和“站到门”集装件双人拆箱，一箱一清。对无法交付的高铁快件按规定处理。

(7) 认真处理站间运输高铁快件差错，发生高铁快件损失比照行李、包裹损失处理有关规定执行，先赔付，后定责。

(8) 作业区无闲杂人员出入，无非高铁快件工作人员查找、搬运高铁快件。发现非工作人员持集装件出站时当场制止。

（9）高铁快件装卸人员须经过装卸作业知识、技能和铁路安全知识培训，持证上岗。

6. 应急处置

（1）遇恶劣天气、列车停运、大面积晚点、启动热备车底、突发大客流、设备故障、客票（服）系统故障、火灾爆炸、重大疫情、食物中毒、作业车辆（设备）坠入站台、旅客人身伤害等非正常情况时，及时启动应急预案，掌握售票、候车、旅客滞留、高铁快件等情况，维持站内秩序，准确通报信息，做好咨询、解释、安抚等善后工作。

① 列车晚点15分钟以上时，根据调度通报，公告列车晚点信息，说明晚点原因、晚点时间，广播公告每次间隔不超过30分钟，电子显示屏实时显示公告信息。按规定办理退票、改签或提供免费饮、食品，协调市政交通衔接。

② 遇列车在车站空调失效时，站车共同组织；必要时，组织旅客下车、换乘其他列车或疏散到车站安全处所。到站按规定退还票价差额。

③ 遇车底变更时，组织旅客换乘，按规定办理改签和退票。

④ 遇售票、检票系统故障时，组织维护部门进行故障排查，按规定启用应急售票、换票程序，组织人工办理检票。

⑤ 遇列车故障途中需更换车底时，在车站换乘的，由客调通知换乘站、高铁快件到站，由换乘站组织集装件换车。在区间换乘的，集装件不换至救援车，由故障车所在地铁路局根据救援方案一并安排随车运送至动车所所在地高铁车站，动车所所在地高铁车站编制客运记录并安排最近车次运送至到站。

（2）有应急预案培训和演练，有记录，有结果，有考核。

（3）春、暑运等客流高峰时期，换票、验证、安检、进站等处所设有快速（绿色）通道。

七、商业、广告经营

（1）站内商业场所的位置、面积、业态布局要统一规划，不占用旅客候车空间，不影响旅客乘降流线；统一标志，统一服务内容，统一服务标准。有商业经营管理规范，对经营行为有检查，有考核。

（2）经营单位持有效经营许可证，经营行为规范，明码标价，文明售货，提供发票。不出售禁止或限量携带的商品，不出售影响运输安全的商品，不出售无生产单位、无生产日期、无保质期、过期、变质及口香糖等严重影响环境卫生的食品。

（3）餐饮食品经营场所环境卫生符合要求，用具清洁，消毒合格，生熟分开。销售散装熟食品时，有防蝇、防尘措施，不徒手接触食品。

（4）站内广告设置场所、位置、面积、形式统一规划，广告设施安全牢固，形式规范，内容健康，与车站环境相协调。不挤占、遮挡图形标志、业务揭示、安全宣传等客运服务信息，不影响客运服务功能，不影响安全。旅客通道内安装的广告牌使用嵌入式灯箱，突出墙面部分不超过200毫米，棱角部位采取打磨、倒角处理。除围墙、栅栏外，无直接涂写、张贴式广告。广播系统不发布音频广告。播放视频时不得外放声音。

八、基础管理

（1）管理制度健全，有考核，有记载。定期分析安全和服务质量状况，有具体整改措施。

（2）业务资料配置到位，内容修改及时、正确。

（3）各工种按岗位责任各负其责，相互协作，落实作业标准。

（4）业务办理符合规定，票据、台账、报表填写规范、清晰。营运进款结算准确，票据、现金入柜加锁，及时解款。

（5）定期开展职业技能培训，培训内容适应岗位要求，评判准确。

九、人员素质

（1）身体健康，五官端正，持有效健康证明。新职人员具备高中（职高、中专）及以上文化程度。

（2）持有效上岗证，经过岗前安全、技术业务培训合格。客运值班员、售票值班员、应急操作平台操作人员从事客运服务工作满 2 年。

（3）熟练使用本岗位相关设备设施，熟知本岗位业务知识和职责，掌握本岗位应急处置作业流程，具备应对突发事件的能力。

任务三　普速大型车站服务质量规范

【技能目标】

能了解普速大型车站服务质量规范的基本要求；
能解读与普速大型车站服务质量相关的术语和定义；
能对普速大型车站进行客运安全管理；
能合理使用普速大型车站的设备设施；
能按普速大型车站服务质量规范的要求为旅客提供标准化服务；
能根据普速大型车站服务质量规范对车站的售票、安检等各个环节进行质量考核。

【知识点】

普速大型车站服务质量规范的基本要求；
与普速大型车站服务质量相关的术语和定义；
普速大型车站客运安全管理规范；
普速大型车站设备设施使用规范；
普速大型车站文明服务规范；

普速大型车站客运组织规范。

【相关知识】

一、基本规定

普速大型车站服务质量规范对中国铁路总公司所属铁路运输企业的普速大型车站旅客运输服务提出了质量要求。办理动车组列车客运业务的普速大型车站，其动车组列车和普速旅客列车旅客共用区域及实行物理隔离的动车组列车旅客专用售票窗口、候车室、检票口、站台等区域的管理、作业和服务比照适用高铁中型及以上车站服务质量规范，其他区域的管理、作业和服务执行普速大型车站服务质量规范。

二、术语和定义

1. 普速大型车站

普速大型车站指办理普速旅客列车客运业务的特、一等车站。

2. 动车组列车

动车组列车指由若干带动力和不带动力的车辆以固定编组组成、两端设有司机室的一组列车。

3. 普速旅客列车

普速旅客列车指运送旅客或行包、邮件的非动车组列车。

4. 重点旅客

重点旅客指老、幼、病、残、孕旅客。特殊重点旅客是指依靠辅助器具才能行动等需特殊照顾的重点旅客。

5. 照度（平面照度）

照度（平面照度）指单位面积的光通量，单位为勒克斯（lx）。

三、客运安全

（1）安全制度健全有效，安全管理职责明确，能满足安全生产需要。

① 有安全生产责任制、安全检查和安全质量考核、劳动安全、消防管理、食品安全、设施设备、安检查危、实名验证、结合部、现金票据安全、站台作业车辆安全、旅客人身伤害处理等管理制度和办法。

② 有旅客候车、乘降、进出站、行包保管和装卸等安全防范措施。

③ 与保洁、商业、物业、广告、安检、行包、邮政等结合部有安全协议。

④ 有恶劣天气、列车停运、大面积晚点、突发大客流、设备故障、客票（服）系统故障、火灾爆炸、重大疫情、食物中毒、作业车辆（设备）坠入站台、旅客人身伤害等非正常情况下的应急预案。

（2）安全设备设施配备齐全到位，作用良好。

① 按规定配备危险品检查仪、安全门、危险品处置台、手持金属探测器、防爆罐等安全检查设施设备，显示器满足查验不同危险品的需求。危险品检查仪、安全门、危险品处置台、防爆罐设在进站口旅客进站流线、行包房适当位置，不影响旅客通行。危险品检查仪延长端适当。

② 按规定配备消防设备、器材，定期检测维护，合格有效。

③ 应急照明系统覆盖进出站、候车、售票、站台、天桥、地道等处所，状态良好。

④ 备有喇叭、手持应急照明灯具、应急车次牌、隔离设施等应急物品，定点存放。有应急食品储备或定点食品供应商联系供应机制。

⑤ 安全标志使用正确，位置恰当，便于辨识。

⑥ 电梯、天桥、地道口、楼梯踏步、站台有引导、安全标志。落地玻璃前有防撞装置和警示图形标志。电梯、天桥、楼梯悬空侧按规定设置防护装置，高度不低于1.7米。

（3）执行安全检查规定。

① 配备安检人员，担负引导、值机、手检、处置等职责。开启的危险品检查仪数量满足旅客进站需求。

② 旅客均须通过安全门和手持金属探测器的检查，携带品均须通过行车安检仪的检查。安检口外开设的车站小件寄存处对寄存物品进行安全检查。

③ 安检人员持证上岗，佩戴标志。对检查发现和列车移交的危险物品、违禁品按规定处理。

（4）站区实行封闭式管理，旅客进出站乘降有序，站内无闲杂人员。进出站通道流线清晰，有管理措施。站台两端设置防护栅栏（行包、邮政作业端除外）并有“禁止通行”标志。疏散通道、紧急出口、消防车通道等有专人管理，无堵塞。

（5）进入站台的作业车辆及移动小机具、小推车不影响旅客乘降，不堵塞通道；停放在指定位置，与列车平行，有制动措施；行驶或移动时，不与本站台的列车同时移动，不侵入安全线，速度不超过10千米/小时。无非作业车辆进入站台。

（6）行包、邮政拖车的辆数，重车（含混编）不超过4辆，空车不超过5辆，混编时重车在前、空车在后。装载的货物高度距地面不超过2米，横向宽度不得超出车体两侧各0.2米，重量不超过2吨，堆码整齐，绳索捆牢，不致甩落。四周护栏拖车运行中侧向护栏锁闭。

（7）安全使用电源，不违规使用电源、电器。

（8）工作人员均须通过生产作业、消防、电器、电气化、卫生防疫、劳动人身等安全培训，特定岗位工作人员按规定通过相应岗位安全培训。安全培训有计划，有记载，有考核。

（9）发生旅客人身伤害、突发疾病或接受列车移交的伤、病人员时，及时联系医疗机构；造成旅客死亡或涉及违法犯罪的，及时报告（通知）公安机关。

四、设备设施

（1）基础设施设备符合设计规范，定期维护，作用良好，无违规改造和改变用途情况。

① 有售票处、公安制证处、候车室、补票处、行包房、天桥或地道、站台、风雨棚、围墙（栅栏）等基础设施，地面硬化平整，房屋、风雨棚、天桥、地道无渗漏，墙面、天花板无开裂、翘起、脱落，扶手、护栏、隔断、门窗牢固完好，楼梯踏步无缺损，独立进出站楼梯有行李坡道。

② 有通风、照明、广播、供水、排水、防寒、防暑、空调等设备设施。广播覆盖各服务处所，具备无线小区广播和分区广播功能；音箱（喇叭）设备设置合理，音响效果清晰。售票处、候车区、站台、行包房、广播室有时钟，显示时间准确。

③ 视频监控系统覆盖车站各服务处所，具备自动录像功能。录像资料留存时间不少于 15 天，涉及旅客人身伤害、扰乱车站公共秩序等重要的视频资料为一年。

（2）图形标志符合标准，齐全醒目，位置恰当，安装牢固，内容规范，信息准确。

① 有位置标志、导向标志、平面示意图、信息板等引导标志，指引准确。站台两端各设有一个站名牌，进出站地道围栏、无障碍电梯、广告牌、垃圾箱（桶）、基本站台栅栏等站台设施设有便于列车内旅客以正常视角快速识别的站名标志。各站台设有出站方向标志。

② 根据各服务处所和服务设备设施的功能、用途设置揭示揭挂，采取电子显示屏、公告栏等方式公布规章文电摘抄、旅客乘车安全须知、客运服务质量标准摘要、客运杂费收费标准等服务信息。

③ 售票处、候车区（室）、出站检票处和补票处设有儿童票标高线。

④ 售票窗口、自动售（取）票机前设置黄色“一米线”，宽度 10 厘米。

⑤ 采用中、英文；少数民族自治地区车站可按规定增加当地通用的民族语言文字。

（3）有电子显示引导系统，满足温度环境使用要求，室外显示屏具有防雨、防湿、防寒、防晒、防尘等性能，信息显示及时，每屏信息的显示时间适当，便于旅客阅读。

① 进站大厅（集散厅）设置进站显示屏，显示车次、始发站、终到站、开车时刻、候车区（检票口）、状态等发车信息。

② 候车区内设置候车引导屏，显示车次、始发站、终到站、开车时刻、检票口、状态等信息。

③ 检票口处设置进站检票屏，显示车次、终到站、开车时刻、站台、状态等信息。

④ 天桥、地道内设置进、出站通道屏，显示当前到发列车车次、始发站、终到站、站台、到开时刻、编组前后顺位等信息。

⑤ 站台设置站台屏，显示当前车次、始发站、终到站、实际开点（终到站为到点）、列车前后顺位编组、引导提示等信息。

⑥ 出站口外侧设置出站屏，显示到达车次、始发站、到达时刻、站台、状态等信息。

⑦ 待机状态显示站名、安全提示、欢迎词等信息。

（4）售票设施设备满足生产需要，作用良好。

① 售票窗口配备桌椅、计算机、制票机、居民身份证阅读器、双向对讲器、窗口

屏、保险柜、验钞机等售票设备及具有录像、拾音、录音功能的监控设备，发售学生票、残疾军人票的窗口配备学生优惠卡、残疾军人证的识读器，退票、改签窗口配备二维码扫描仪，电子支付窗口配备 POS 机。

• 在窗口正上方设置窗口屏，显示窗口号、窗口功能、工作时间或状态等信息。

• 有对外显示屏，同步显示售票员操作的售票信息。

• 设置工号牌或采用电子显示屏，显示售票人员姓名、工号、本人正面二英寸工作服彩色白底照片等信息。

② 有剩余票额信息显示屏，及时、正确显示日期、车次、始发站、终到站、开车时刻、各席别剩余票额等售票信息。

③ 配备自动售、取票机，自动售票机具备现金或银行卡支付功能。

④ 补票处邻近出站检票口，配备桌椅、计算机、制票机、保险柜、验钞机、学生优惠卡识读器等售票设备和衡器，有防盗、报警设施。

⑤ 有存放票据、现金的处所和设备，具备防潮、防鼠、防盗、监控和报警功能。

(5) 候车区布局合理，方便旅客。

① 配备适量座椅，摆放整齐，不影响旅客通行。

② 设有问讯处（服务台、遗失物品招领处），位置适当，标志醒目，配备信息终端和存放服务资料、备品的设备。

③ 设有饮水处，配备电开水器，有加热、保温标志，水质符合国家标准要求。可开启箱盖的电开水器或保温桶加锁，箱盖与箱体无间隙。

④ 设有卫生间，厕位适量。有通风换气及洗手池等盥洗设备，能正常使用。厕位间设置挂钩。

⑤ 电梯正常启用，作用良好。安全标志醒目，遇故障、维修时有停止使用等提示，操作人员持证上岗（仅操作停止、启动、调整方向的除外）。

⑥ 检票口设人工检票通道，已检票区域与候车区有围栏，封闭良好。

(6) 实施车站全封闭实名制验证的，设有相对独立的验证口、验证区域、验证通道和复位口，并配备验证设备。

(7) 行包房有机动车作业场地和停车位。办理窗口有桌椅、计算机、制票机，使用行包管理信息系统，配有电子衡器和装卸搬运机具，电子支付窗口配备 POS 机。有打包机、施封钳等包装工具；有编织带、纸箱、锁等包装材料；有封箱钉、打包带、铁锤、缝针等维修工具和施封材料。行包仓库有发送、中转、到达作业区域，根据品类划分鲜活物品、易腐物品、放射性物品等不同的存放区，方便存放和领取。有防火、防爆、防盗、防水、防鼠设备。

(8) 站台设有响铃设备，作用良好；地面标示站台安全线，内侧铺设提示盲道；设置的座椅、垃圾箱（桶）、广告灯箱等设施设备安装牢固，不影响旅客通行。

(9) 给水站按规定设置水井、水栓，给水系统作用良好，水源保护、水质符合国家标准。按规定办理吸污作业的车站有吸污设备。

(10) 客运人员每人配置手持电台，其他岗位按需配备，作用良好，具备录音功能。

(11) 有设备管理制度和设备登记台账。有巡视检查、维护保养记录。发生故障立即报告，及时维修，影响旅客使用时设有提示。

五、文明服务

(1) 仪容整洁，上岗着装统一，干净平整。

① 头发干净整齐、颜色自然，不理奇异发型，不剃光头。男性两侧鬓角不得超过耳垂底部，后部不长于衬衣领，不遮盖眉毛、耳朵，不烫发，不留胡须；女性发不过肩，刘海长不遮眉，短发不短于两寸。

② 面部、双手保持清洁，指甲修剪整齐，长度不超过指尖 2 毫米，身体外露部位无文身。女性淡妆上岗，保持妆容美观，不浓妆艳抹，不使用彩色指甲油染指甲。

③ 换装统一，衣扣拉链整齐。着裙装时，丝袜统一，无破损。系领带时，衬衣束在裙子或裤子内。外露的皮带为黑色。佩戴的外露饰物款式简洁，限手表一只、戒指一枚，女性还可佩戴发夹、发箍或头花及一副直径不超过 3 毫米的耳钉。不歪戴帽子，不挽袖子和卷裤脚，不敞胸露怀，不赤足穿鞋，不穿尖头鞋、拖鞋、露趾鞋，鞋跟高度不超过 3.5 厘米，跟径不小于 3.5 厘米。

④ 佩戴职务标志（售票员除外）。胸章牌（长方形职务标志）戴于左胸口袋上方正中，下边沿距口袋 1 厘米处（无口袋的戴于相应位置），包含单位、姓名、职务、工号等内容。菱形臂章佩戴在上衣左袖肩下四指处。按规定应佩戴制帽的，在执行职务时戴上制帽，帽徽在制帽折沿上方正中。

(2) 表情自然，态度和蔼，用语文明，举止得体，庄重大方。

① 使用普通话，表达准确，口齿清晰。服务语言表达规范、准确，使用“请、您好、谢谢、对不起、再见”等服务用语。对旅客、货主称呼恰当，统称为“旅客们”“各位旅客”“旅客朋友”，单独称为“先生、女士、小朋友、同志”等。

② 旅客问讯时，面向旅客站立（售票员、封闭式问讯处工作人员办理业务时除外），目视旅客，有问必答，回答准确，解释耐心。遇有失误时，向旅客表示歉意。对旅客的配合与支持，表示感谢。

③ 坐立、行走姿态端正，步伐适中，轻重适宜。在旅客多的地方先示意后通行；旅客迎面走来时，主动让路，面向旅客侧身让行，不与旅客抢行。列队出（退）勤时，按规定线路行走，步伐一致。多人行走时，两人成排，三人成列。

④ 立岗姿势规范，精神饱满。站立时，挺胸收腹，两肩平衡，身体自然挺直，双臂自然下垂，手指并拢贴于裤线上，脚跟靠拢，脚尖略向外张呈“V”形。女性可双手四指并拢，交叉相握，右手叠放在左手之上，自然垂于腹前；左脚靠在右脚内侧，夹角为 45°。

⑤ 迎送列车时，足踏安全线，不侵入安全线外，面向列车方向目迎目送，以列车进入站台开始，开出站台为止。办理交接时行举手礼，右手五指并拢平展，向内上方举手至帽檐右侧边沿，小臂成 45°角。

⑥ 清理卫生时，清扫工具不触碰旅客及携带物品。挪动旅客物品时，征得旅客同意。需要踩踏座席时，戴鞋套或使用垫布。占用洗脸间洗漱时，礼让旅客。

⑦ 不高声喧哗、嬉笑打闹、勾肩搭背，不在旅客面前吃食物、吸烟、剔牙齿和出

现其他不文明、不礼貌的动作，不对旅客评头论足，接班前和工作中不食用异味食品。

(3) 站容整洁，环境舒适。

① 干净整洁，窗明地净，物见本色。

• 地面干净、无垃圾；玻璃透明、无污渍；墙壁无污渍、涂鸦。电梯、扶手、护栏、座椅、台面、危险品检查仪、危险品处置台等处无积尘、污渍。卫生间通风良好，干净、无异味，地面无积水，便池无积便、积垢，洗手池清洁、无污垢。饮水处地面无积水，饮水机表面清洁、无污渍，沥水槽无残渣。站台、天桥、地道等地面无积水、积冰、积雪，股道无杂物。

• 各服务处所设置适量的垃圾箱（桶），外皮清洁，内配的垃圾袋的材质符合国家标准、厚度不小于0.025毫米，无破损、渗漏，每日消毒一次。垃圾车外表无明显污垢，垃圾不散落，污水不外溢。垃圾及时清运，储运密闭化，固定通道，日产日清。

• 保洁工具定点隐蔽存放。设有供保洁作业使用的水、电设施和存放保洁机具、清扫工具的处所。

• 由具备资质的专业保洁企业保洁，使用专业保洁机具和清洁工具，清洗剂符合环保要求，不腐蚀、污染设备备品。保洁人员须经过保洁专业知识和铁路安全知识培训，持证上岗。墙壁、玻璃、隔断、护栏等2米以下的部位每日保洁，2米以上的部位及顶、棚等设施定期保洁。车站对保洁作业有检查，有考核。

② 通风良好，温度适宜，空气质量符合国家规定。室内温度冬季18～20℃、夏季26～28℃。高寒地区站房进出口处有门斗和风幕（防寒挡风门帘）。

③ 照明充足，售票处、问讯处（服务台）、软席候车室照明照度不低于150勒克斯，候车区、行包营业厅照明照度不低于100勒克斯，站台、天桥及进出站地道照明照度不低于50勒克斯。

④ 各服务处所按规定开展“消毒、杀虫、灭鼠”工作，蚊、蝇、蟑螂等病媒昆虫指数及鼠密度符合国家规定。

⑤ 服务备品齐全完整，质地良好，符合国家环保规定。软席候车室卫生间配有卫生纸、芳香球、洗手液（皂）、擦手纸（干手器），坐便器配一次性坐便垫圈，及时补充。站台设置的垃圾箱（桶）上有烟灰盒。分设照明开关，使用节能灯具，根据自然光照度及时开启或关闭照明。用水处有节水宣传揭示。

(4) 广播语音清晰，音量适宜，用语规范，内容准确，播放及时。

① 通告列车运行情况、检票等信息，进行禁止携带危险品进站上车、旅行安全常识、公共卫生和候车区禁止吸烟等宣传。

② 使用普通话。少数民族自治地区车站可根据需要增加当地通用的民族语言播音。可增加英语播报客运作业信息。

③ 采用自动语音合成方式，日常重点内容播音录音化。

(5) 全面服务，重点照顾。

① 配备自动售（取）票机、电子显示屏等服务设备，通过广播、揭示揭挂、电子显示等方式宣传服务设备的使用方法，方便旅客自助服务。

② 售票处、候车区公布中国铁路客户服务中心客户服务电话（区号+电话号码），

设有服务品牌，受理旅客咨询、求助、投诉，专人负责，及时回应。实行首问首诉负责制，旅客问讯时，有问必答，回答准确；对旅客提出的问题不能解决时，指引到相应岗位，并做好耐心解释。接听电话时，先向旅客通报单位和工号。

③ 重点关注，优先照顾，保障重点旅客服务。

• 按规范设置无障碍设施设备。售票厅设无障碍售票窗口。进站验证口、安检口设重点旅客进站通道。候车室设有重点旅客候车区和特殊重点旅客服务点（可与问讯处、服务台等合设），位置醒目、便于寻找，并配备轮椅、担架等辅助器具；特等站内设相对封闭的哺乳区。卫生间设无障碍厕所。设有无障碍电梯，能正常使用。盲道畅通，无障碍。

• 重点旅客优先购票、优先进站、优先检票上车。

• 根据需求为特殊重点旅客提供帮助，有服务，有交接，有通报。

④ 尊重民族习俗和宗教信仰。少数民族自治地区车站可按规定在图形标志中增加当地通用的民族语言文字，可根据需要增加当地通用的民族语言播音。

⑤ 旅客在站内遗失物品时，帮助（或广播）查找；收到旅客遗失物品及时登记、公告，登记内容完整，保管措施妥当，处置措施合法。

六、客运组织

1. 售票

（1）提供窗口、自动售（取）票机、铁路客票代售点等多种售票渠道，售票网点布局合理，管理规范。

① 售票窗口和自动售（取）票机设置、开放的数量适应客流量，日常窗口排队不超过 20 人。

② 办理售票、退票、改签、换票、取票、挂失补办、中转签证等业务，发售学生票、残疾军人票等各种特殊车票，支持现金、银行卡等支付方式。

（2）在售票处的醒目位置公布售票时间和停售时间。工作时间内暂停售票时设有提示。用餐或交接班时间实行错时暂停售票。

（3）自动售（取）票机及时补充票据、零钞和凭条。设备故障等异常状况处置及时。

（4）票据、现金妥善保管，票面完整、清晰。票据填写规范，内容准确、无涂改，按规定加盖站名戳和名章。

2. 进站、候车、检票组织

（1）按规定实行实名制验证，核验车票、有效身份证件原件、旅客的一致性。无法实施全封闭实名制验证的，在检票口组织验证。验证与检票分离的车站对热门车次在检票口进行二次验证。

（2）秩序良好，通道畅通，按列车开行方向、车次组织旅客有序候车，提醒旅客对超重、超大等物品办理托运。日常旅客排队进站、等候安检时间不超过 5 分钟。

（3）候车室（区）旅客可视范围内有客运人员，及时巡视、解答旅客咨询、妥善处置异常情况。设有值班站长。

（4）开始、停止检票时间的设置适应客流量和站场条件，进站口有提前停止检票时间的提示。始发列车检票时间不晚于开车前 30 分钟。开始检票或列车到站前，通告车次、停靠站台等检票信息。

（5）检票通道数量适应客流情况。按照先重点、后团体、再一般旅客的原则组织旅客排队检票进站，确认车次、日期相符、车票有效、核验其他乘车凭证后加剪车票放行。

（6）对无票、日期车次不符、减价不符、票证人不一致等人员按规定拒绝进站、乘车。

（7）停止检票前，通告候车室，确保无旅客漏乘；停止检票时，关闭检票口，通告候车室和站台。

3. 站台组织

（1）站台客运人员提前到岗，检查引导屏状态和显示内容、站台及股道情况。

（2）组织旅客按车厢位置在站台安全线排队等候，列车停稳后先下后上、有序乘降。铃响时巡视站台。

（3）在列车中部办理站车交接。

（4）开车时间前打响开车铃。

（5）客流较大始发终到列车 1 人值乘多个车厢、需双开车门时，车站负责值守增开的车门。

（6）同一站台有两趟列车同时进行乘降作业时，有宣传，有引导，无误乘。

（7）站台一侧邻靠线路有动车组列车通过时，另一侧停止旅客乘降或设防护栏防护。

4. 出站组织

（1）出站检票人员提前到岗，检查出站显示屏状态和内容。

（2）引导旅客排队检票、有序出站，核对车票及其他乘车凭证，对未加剪的车票补剪，防止尾随。遇有大客流可敞开出口。

（3）对违章乘车旅客及违章携带品正确处理，票款收付准确。

（4）列车出站后督促旅客及时出站，站台、通道无滞留人员。

5. 行包作业

（1）设置承运、交付办理窗口，提供托运单和填写托运单的必要用具。

（2）承运行包及时准确，品名相符，正确检斤、制票，运、杂费收付无误，唱收唱付，不逾期、不破损、不丢失。

（3）承运限制运输的物品时，按规定查验相关的运输证明；需要押运的物品按规定办理押运手续。

（4）装卸、搬运行包轻搬轻放，大不压小、重不压轻、方不压圆，箭头向上、标签向外，堆码整齐。

（5）易碎物品、流质物品、放射性物品外包装上粘贴安全标志；运输过程中发生行包包装松散、破损及时修整，并有记录，有交接。

(6) 到达行包核对票据，妥善保管，及时通知，准确验货，正确交付，按规定期限保管。对无法交付的行包及时公告，按规定处理。

(7) 认真处理行包差错，发生行包事故先赔付，后定责。

(8) 仓库内无闲杂人员出入，无非行包工作人员查找、搬运行包。

(9) 行包代办网点布局合理，管理规范。行包代办点及时、准确、安全接取和送达行包，收费规范。

(10) 行包装卸单位具备相应资质；装卸人员须经过装卸作业知识、技能和铁路安全知识培训，持证上岗。

6. 列车给水、吸污作业

(1) 给水站根据给水方案配备给水人员，防护用具齐全，按指定线路提前到指定位置接送车，有人防护，同去同回。

(2) 按规定程序及时上水，始发列车辆辆满水，中途站按给水方案补水，水管回卷到位（管头插入上水井内）。吸污站按规定进行吸污作业，保持作业清洁。作业完毕，向站台客运人员报告。

7. 机车连挂

机车供电的始发列车不晚于开车前40分钟连挂机车。

8. 应急处置及客流高峰作业

(1) 遇恶劣天气、列车停运、大面积晚点、突发大客流、设备故障、客票（服）系统故障、火灾爆炸、重大疫情、食物中毒、作业车辆（设备）坠入站台、旅客人身伤害等非正常情况时，及时启动应急预案，掌握售票、候车及旅客滞留情况，维持站内秩序，准确通报信息，做好咨询、解释、安抚等善后工作。

① 列车晚点30分钟以上时，根据调度通报，公告列车晚点信息，说明晚点原因、晚点时间，广播公告每次间隔不超过30分钟，电子显示屏实时显示公告信息。按规定办理退票、改签，协调市政交通衔接。

② 遇列车在车站空调失效时，站车共同组织；必要时，组织旅客下车、换乘其他列车或疏散到车站安全处所。到站按规定退还票价差额。

③ 遇车底变更时，车站按车底变更计划调整席位，组织旅客换乘，告知列车，并按规定办理改签、退票。

④ 遇售票系统故障时，组织维护部门进行故障排查，按规定启用应急售票、换票程序。

(2) 有应急预案培训和演练，有记录，有结果，有考核。

(3) 春、暑运等客流高峰时期，换票、验证、安检、进站等处所设有快速（绿色）通道。根据情况，开设临时售票、候车场所，采取限时进站、异地候车、暂停商业营业等方式，满足客流需要。临时候车场所有饮用水供应、卫生间等设施设备，配备适量重点旅客座席。

七、商业、广告经营

（1）站内商业场所的位置、面积、业态布局要统一规划，不占用旅客候车空间，不影响旅客乘降流线；统一标志，统一服务内容，统一服务标准，有商业经营管理规范，对经营行为有检查，有考核。

（2）经营单位持有效经营许可证，经营行为规范，明码标价，文明售货，提供发票。不出售禁止或限量携带的商品，不出售影响运输安全的商品，不出售无生产单位、无生产日期、无保质期、过期、变质及口香糖等严重影响环境卫生的食品。提供休闲茶座、代搬行李、观光车送客等服务时，不能诱导旅客消费。站台售货车数量不得超过列车编组载客车辆辆数的1/2，不堵占车门、天桥、地道，不聚堆售货，不高声叫卖。

（3）餐饮食品经营场所环境卫生符合要求，用具清洁，消毒合格，生熟分开。销售散装熟食品时，有防蝇、防尘措施，不徒手接触食品。

（4）站内广告设置场所、位置、面积、形式统一规划，广告设施安全牢固，形式规范，内容健康，与车站环境相协调。不挤占、遮挡图形标志、业务揭示、安全宣传等客运服务信息，不影响客运服务功能，不影响安全。旅客通道内安装的广告牌使用嵌入式灯箱，突出墙面部分不超过200毫米，棱角部位采取打磨、倒角处理。除围墙、栅栏外，无直接涂写、张贴式广告。广播系统不发布音频广告。播放视频时不得外放声音。

八、基础管理

（1）管理制度健全，有考核，有记载。定期分析安全和服务质量状况，有具体整改措施。

（2）业务资料配置到位，内容修改及时、正确。

（3）各工种按岗位责任各负其责，相互协作，落实作业标准。

（4）业务办理符合规定，票据、台账、报表填写规范、清晰。营运进款结算准确，票据、现金入柜加锁，及时解款。

（5）定期召开站区结合部协调会，有监督，有检查，有考核。

（6）定期开展职业技能培训，培训内容适应岗位要求，评判准确。

九、人员素质

（1）身体健康，五官端正，持有效健康证明。新职人员具备高中（职高、中专）及以上文化程度。

（2）持有效上岗证，岗前安全、技术业务培训合格。客运值班员、售票值班员、客运计划员、广播员从事客运服务工作满2年。广播员具备广播员资质。

（3）熟练使用本岗位相关设备设施，熟知本岗位业务知识和职责，掌握本岗位应急处置作业流程，具备应对突发事件的能力。

任务四　普速中型车站服务质量规范

【技能目标】

能了解普速中型车站服务质量规范的基本要求；
能解读与普速中型车站服务质量相关的术语和定义；
能对普速中型车站进行客运安全管理；
能合理使用普速中型及以上车站的设备设施；
能按普速中型车站服务质量规范的要求为旅客提供标准化服务；
能根据普速中型车站服务质量规范对车站的售票、安检等各个环节进行质量考核。

【知识点】

普速中型车站服务质量规范的基本要求；
与普速中型车站服务质量相关的术语和定义；
普速中型车站客运安全管理规范；
普速中型车站设备设施使用规范；
普速中型车站文明服务规范；
普速中型车站客运组织规范。

【相关知识】

一、基本规范

普速中型车站服务质量规范对中国铁路总公司所属铁路运输企业的普速中型车站旅客运输服务提出了质量要求。办理动车组列车客运业务的普速中型车站，其动车组列车和普速旅客列车旅客共用区域及实行物理隔离的动车组列车旅客专用售票窗口、候车室、检票口、站台等区域的管理、作业和服务比照适用高铁小型车站服务质量规范，其他区域的管理、作业和服务执行普速中型车站服务质量规范。

二、术语和定义

1. 普速中型车站

普速中型车站指办理普速旅客列车客运业务的二、三等车站。

2. 动车组列车

动车组列车指由若干带动力和不带动力的车辆以固定编组组成、两端设有司机室的一组列车。

3. 普速旅客列车

普速旅客列车指运送旅客或行包、邮件的非动车组列车。

4. 重点旅客

重点旅客指老、幼、病、残、孕旅客。特殊重点旅客是指依靠辅助器具才能行动等需特殊照顾的重点旅客。

5. 照度（平面照度）

照度（平面照度）指单位面积的光通量，单位为勒克斯（lx）。

三、客运安全

（1）安全制度健全有效，安全管理职责明确，能满足安全生产需要。

① 有安全生产责任制、安全检查和安全质量考核、劳动安全、消防管理、食品安全、设施设备、安检查危、实名验证、结合部、现金票据安全、站台作业车辆安全、旅客人身伤害处理等管理制度和办法。

② 有旅客候车、乘降、进出站、行包保管和装卸等安全防范措施。

③ 与保洁、商业、物业、广告、安检、行包、邮政等结合部有安全协议。

④ 有恶劣天气、列车停运、大面积晚点、突发大客流、设备故障、客票系统故障、火灾爆炸、重大疫情、食物中毒、作业车辆（设备）坠入站台、旅客人身伤害等非正常情况下的应急预案。

（2）安全设备设施配备齐全到位，作用良好。

① 按规定配备危险品检查仪、安全门、危险品处置台、手持金属探测器、防爆罐等安全检查设施设备，显示器满足查验不同危险品的需求。危险品检查仪、安全门、危险品处置台、防爆罐设在进站口旅客进站流线、行包房适当位置，不影响旅客通行。危险品检查仪延长端适当。

② 按规定配备消防设备、器材，定期检测维护，合格有效。

③ 候车室、售票处、行包房、天桥、地道等处设置应急照明灯，连接电源，定期检查，作用良好。

④ 备有喇叭、手持应急照明灯具、应急车次牌、隔离设施等应急物品，定点存放。有应急食品储备或定点食品供应商联系供应机制。

⑤ 安全标志使用正确，位置恰当，便于辨识。电梯、天桥、地道口、楼梯踏步、站台有引导、安全标志。落地玻璃前有防撞装置和警示图形标志。

⑥ 电梯、天桥、楼梯悬空侧按规定设置防护装置，高度不低于1.7米。

（3）执行安全检查规定。

① 配备安检人员，担负引导、值机、手检、处置等职责。开启的危险品检查仪数量满足旅客进站需求。

② 旅客均须通过安全门和手持金属探测器的检查，携带品均须通过行李安检仪的检查。安检口外开设的车站小件寄存处对寄存物品进行安全检查。

③ 安检人员持证上岗，佩戴标志。

④ 对检查发现和列车移交的危险物品、违禁品按规定处理。

(4) 站区实行封闭式管理，旅客进出站乘降有序，站内无闲杂人员。进出站通道流线清晰，有管理措施。站台两端设有“禁止通行”标志。疏散通道、紧急出口、消防车通道等有专人管理，无堵塞。

(5) 进入站台的作业车辆及移动小机具、小推车不影响旅客乘降，不堵塞通道；停放在指定位置，与列车平行，有制动措施；行驶或移动时，不与本站台的列车同时移动，不侵入安全线，速度不超过 10 千米/小时。无非作业车辆进入站台。

(6) 行包、邮政拖车的辆数，重车（含混编）不超过 4 辆，空车不超过 5 辆，混编时重车在前、空车在后。装载的货物高度距地面不超过 2 米，横向宽度不得超出车体两侧各 0.2 米，重量不超过 2 吨，堆码整齐，绳索捆牢，不致甩落。四周护栏拖车运行中侧向护栏锁闭。

(7) 安全使用电源，不违规使用电源、电器。

(8) 工作人员均须通过生产作业、消防、电器、电气化、卫生防疫、劳动人身等安全培训，特定岗位工作人员按规定通过相应岗位安全培训。安全培训有计划，有记载，有考核。

(9) 发生旅客人身伤害、突发疾病或接受列车移交的伤、病人员时，及时联系医疗机构；造成旅客死亡或涉及违法犯罪的，及时报告（通知）公安机关。

四、设备设施

(1) 基础设施设备符合设计规范，定期维护，作用良好，无违规改造和改变用途情况。

① 有售票处、公安制证处、候车室、补票处、站台、围墙（栅栏）等基础设施，地面硬化平整，房屋、风雨棚、天桥、地道无渗漏，墙面、天花板无开裂、翘起、脱落，扶手、护栏、隔断、门窗牢固完好，楼梯踏步无缺损，独立进出站楼梯有行李坡道。办理行包业务的，有行包房。

② 有通风、照明、广播、供水、排水、防寒、防暑等设备设施。广播覆盖各服务处所；音箱（喇叭）设备设置合理，音响效果清晰。售票处、候车区、站台、行包房、广播室有时钟，显示时间准确。

③ 视频监控系统覆盖车站各服务处所，具备自动录像功能。录像资料留存时间不少于 15 天，涉及旅客人身伤害、扰乱车站公共秩序等重要的视频资料为一年。

(2) 图形标志符合标准，齐全醒目，位置恰当，安装牢固，内容规范，信息准确。

① 有位置标志、导向标志、平面示意图、信息板等引导标志，指引准确。站台两端各设有一个站名牌，进出站地道围栏、广告牌、垃圾箱（桶）、基本站台栅栏等站台设施设有便于列车内旅客以正常视角快速识别的站名标志。各站台设有出站方向标志。

② 根据各服务处所和服务设备设施的功能、用途设置揭示揭挂，采取电子显示屏、公告栏等方式公布规章文电摘抄、旅客乘车安全须知、客运服务质量标准摘要、客运杂费收费标准等服务信息。

③ 售票处、候车区（室）、出站检票处和补票处设有儿童票标高线。

④ 售票窗口前设置黄色“一米线”，宽度 10 厘米。

⑤ 采用中、英文；少数民族自治地区车站可按规定增加当地通用的民族语言文字。

(3) 有电子显示引导系统，满足温度环境使用要求，室外显示屏具有防雨、防湿、防寒、防晒、防尘等性能，信息显示及时，每屏信息的显示时间适当，便于旅客阅读。

① 候车区内设置候车引导屏，显示车次、始发站、终到站、开车时刻、检票口、状态等信息。

② 检票口处设置进站检票屏，显示车次、终到站、开车时刻、站台、状态等信息。

③ 天桥、地道内设有进、出站通道屏的，显示当前到发列车车次、始发站、终到站、站台、到开时刻、编组前后顺位等信息。

④ 站台设有站台屏的，显示当前车次、始发站、终到站、实际开点（终到站为到点）、列车前后顺位编组、引导提示等信息。

⑤ 出站口外侧设有出站屏的，显示到达车次、始发站、到达时刻、站台、状态等信息。

⑥ 待机状态显示站名、安全提示、欢迎词等信息。

(4) 售票设施设备满足生产需要，作用良好。

① 售票窗口配备桌椅、计算机、制票机、居民身份证阅读器、双向对讲器、窗口屏、保险柜、验钞机等售票设备及具有录像、拾音、录音功能的监控设备，发售学生票、残疾军人票的窗口配备学生优惠卡、残疾军人证的识读器，退票、改签窗口配备二维码扫描仪，电子支付窗口配备 POS 机。

- 在窗口正上方设置窗口屏，显示窗口号、窗口功能、工作时间或状态等信息。
- 设置工号牌或采用电子显示屏，显示售票人员姓名、工号、本人正面二英寸工作服彩色白底照片等信息。

② 有剩余票额信息显示屏，及时、正确显示日期、车次、始发站、终到站、开车时刻、各席别剩余票额等售票信息。

③ 补票处邻近出站检票口，配备桌椅、计算机、制票机、保险柜、验钞机、学生优惠卡识读器等售票设备和衡器，有防盗、报警设施。

④ 有存放票据、现金的处所和设备，具备防潮、防鼠、防盗、监控和报警功能。

(5) 候车区布局合理，方便旅客。

① 配备适量座椅，摆放整齐，不影响旅客通行。

② 设有问讯处（服务台、遗失物品招领处）的，位置适当，标志醒目，配备信息终端和存放服务资料、备品的设备。

③ 设有饮水处，配备电开水器，有加热、保温标志，水质符合国家标准要求。可开启箱盖的电开水器或保温桶加锁，箱盖与箱体无间隙。

④ 设有卫生间，厕位适量。有通风换气及洗手池等盥洗设备，能正常使用。厕位间设置挂钩。

⑤ 配备电梯的，正常启用，作用良好，安全标志醒目，遇故障、维修时有停止使用等提示，操作人员持证上岗（仅操作停止、启动、调整方向的除外）。

⑥ 检票口设人工检票通道，已检票区域与候车区隔离，封闭良好。

（6）实施车站全封闭实名制验证的，设有相对独立的验证口、验证区域、验证通道和复位口并配备验证设备。

（7）行包房有机动车作业场地和停车位。办理窗口有桌椅、计算机、制票机，使用行包管理信息系统，配有电子衡器和装卸搬运机具，电子支付窗口配备POS机。有打包机、施封钳等包装工具；有编织带、纸箱、锁等包装材料；有封箱钉、打包带、铁锤、缝针等维修工具和施封材料。行包仓库有发送、中转、到达作业区域，根据品类划分鲜活物品、易腐物品、放射性物品等不同的存放区，方便存放和领取。有防火、防爆、防盗、防水、防鼠设备。

（8）站台设有响铃设备，作用良好；地面标示站台安全线，内侧铺设提示盲道；设置的座椅、垃圾箱（桶）、广告灯箱等设施设备安装牢固，不影响旅客通行。

（9）给水站按规定设置水井、水栓，给水系统作用良好，水源保护、水质符合国家标准。

（10）客运人员每人配置手持电台，其他岗位按需配备，作用良好，具备录音功能。

（11）有设备管理制度和设备登记台账。有巡视检查、维护保养记录。发生故障立即报告，及时维修，影响旅客使用时设有提示。

五、文明服务

（1）仪容整洁，上岗着装统一，干净平整。

① 头发干净整齐、颜色自然，不理奇异发型，不剃光头。男性两侧鬓角不得超过耳垂底部，后部不长于衬衣领，不遮盖眉毛、耳朵，不烫发，不留胡须；女性发不过肩，刘海长不遮眉，短发不短于两寸。

② 面部、双手保持清洁，指甲修剪整齐，长度不超过指尖2毫米，身体外露部位无文身。女性淡妆上岗，保持妆容美观，不浓妆艳抹，不使用彩色指甲油染指甲。

③ 换装统一，衣扣拉链整齐。着裙装时，丝袜统一，无破损。系领带时，衬衣束在裙子或裤子内。外露的皮带为黑色。佩戴的外露饰物款式简洁，限手表一只、戒指一枚，女性还可佩戴发夹、发箍或头花及一副直径不超过3毫米的耳钉。不歪戴帽子，不挽袖子和卷裤脚，不敞胸露怀，不赤足穿鞋，不穿尖头鞋、拖鞋、露趾鞋，鞋跟高度不超过3.5厘米，跟径不小于3.5厘米。

④ 佩戴职务标志（售票员除外）。胸章牌（长方形职务标志）戴于左胸口袋上方正中，下边沿距口袋1厘米处（无口袋的戴于相应位置），包含单位、姓名、职务、工号等内容。菱形臂章佩戴在上衣左袖肩下四指处。按规定应佩戴制帽的，在执行职务时戴上制帽，帽徽在制帽折沿上方正中。

（2）表情自然，态度和蔼，用语文明，举止得体，庄重大方。

① 使用普通话，表达准确，口齿清晰。服务语言表达规范、准确，使用“请、您好、谢谢、对不起、再见”等服务用语。对旅客、货主称呼恰当，统称为“旅客们”“各位旅客”“旅客朋友”，单独称为“先生、女士、小朋友、同志”等。

② 旅客问讯时，面向旅客站立（售票员、封闭式问讯处工作人员办理业务时除外），目视旅客，有问必答，回答准确，解释耐心。遇有失误时，向旅客表示歉意。对

旅客的配合与支持，表示感谢。

③ 坐立、行走姿态端正，步伐适中，轻重适宜。在旅客多的地方先示意后通行；旅客迎面走过来时，主动让路，面向旅客侧身让行，不与旅客抢行。列队出（退）勤时，按规定线路行走，步伐一致。多人行走时，两人成排，三人成列。

④ 立岗姿势规范，精神饱满。站立时，挺胸收腹，两肩平衡，身体自然挺直，双臂自然下垂，手指并拢贴于裤线上，脚跟靠拢，脚尖略向外张呈“V”形。女性可双手四指并拢，交叉相握，右手叠放在左手之上，自然垂于腹前；左脚靠在右脚内侧，夹角为45°。

⑤ 迎送列车时，足踏安全线，不侵入安全线外，面向列车方向目迎目送，以列车进入站台开始，开出站台为止。办理交接时行举手礼，右手五指并拢平展，向内上方举手至帽檐右侧边沿，小臂成45°角。

⑥ 清理卫生时，清扫工具不触碰旅客及携带物品。挪动旅客物品时，征得旅客同意。需要踩踏座席时，戴鞋套或使用垫布。占用洗脸间洗漱时，礼让旅客。

⑦ 不高声喧哗、嬉笑打闹、勾肩搭背，不在旅客面前吃食物、吸烟、剔牙齿和出现其他不文明、不礼貌的动作，不对旅客评头论足，接班前和工作中不食用异味食品。

（3）站容整洁。

① 干净整洁，窗明地净，物见本色。

• 形地面干净、无垃圾；玻璃透明、无污渍；墙壁无污渍、涂鸦。电梯、扶手、护栏、座椅、台面、危险品检查仪、危险品处置台等处无积尘、污渍。卫生间通风良好，干净、无异味，地面无积水，便池无积便、积垢，洗手池清洁、无污垢。饮水处地面无积水，饮水机表面清洁、无污渍，沥水槽无残渣。站台、天桥、地道等地面无积水、积冰、积雪，股道无杂物。

• 各服务处所设置适量的垃圾箱（桶），外皮清洁，内配的垃圾袋的材质符合国家标准、厚度不小于0.025毫米，无破损、渗漏，每日消毒一次。垃圾车外表无明显污垢，垃圾不散落，污水不外溢。垃圾及时清运，日产日清。

• 保洁工具定点隐蔽存放。设有供保洁作业使用的水、电设施和存放清扫工具的处所。

• 车站对保洁作业有检查，有考核。保洁人员须经过保洁专业知识和铁路安全知识培训，持证上岗。清洗剂符合环保要求，不腐蚀、污染设备备品。墙壁、玻璃、隔断、护栏等2米以下的部位每日保洁，2米以上的部位及顶、棚等设施定期保洁。

② 通风良好，空气质量符合国家规定。有空调的服务处所室内温度冬季18～20℃、夏季26～28℃；无空调的服务处所室内温度冬季不低于14℃，夏季超过28℃时使用电风扇。高寒地区站房进出口处有防寒挡风门帘。

③ 照明充足，售票处、问讯处（服务台）、软席候车室照明照度不低于150勒克斯，候车区、行包营业厅照明照度不低于100勒克斯，站台、天桥及进出站地道照明照度不低于50勒克斯。

④ 各服务处所按规定开展“消毒、杀虫、灭鼠”工作，蚊、蝇、蟑螂等病媒昆虫指数及鼠密度符合国家规定。

⑤ 服务备品齐全完整，质地良好，符合国家环保规定。软席候车室卫生间配有卫生纸、芳香球、洗手液（皂）、擦手纸（干手器），坐便器配一次性坐便垫圈，及时补充。站台设置的垃圾箱（桶）上有烟灰盒。分设照明开关，使用节能灯具，根据自然光照度及时开启或关闭照明。用水处有节水宣传揭示。

(4) 广播语音清晰，音量适宜，用语规范，内容准确，播放及时。

① 通告列车运行情况、检票等信息，进行禁止携带危险品进站上车、旅行安全常识、公共卫生和候车区禁止吸烟等宣传。

② 使用普通话。少数民族自治地区车站可根据需要增加当地通用的民族语言播音。

③ 采用自动语音合成方式，日常重点内容播音录音化。

(5) 全面服务，重点照顾。

① 售票处、候车区公布中国铁路客户服务中心客户服务电话（区号+电话号码），受理旅客咨询、求助、投诉。实行首问首诉负责制，旅客问讯时，有问必答，回答准确；对旅客提出的问题不能解决时，指引到相应岗位并做好耐心解释。接听电话时，先向旅客通报单位和工号。

② 重点关注，优先照顾，保障重点旅客服务。

• 按规范设置无障碍设施设备。售票厅设无障碍售票窗口。检票口附近设置黄色标志的重点旅客候车专座。设有无障碍厕所、电梯或相关设备的，正常使用。设有盲道的，畅通无障碍。

• 重点旅客优先购票、优先进站、优先检票上车。

• 问讯处（服务台）配备轮椅、担架等辅助器具，根据需求为特殊重点旅客提供帮助，有服务，有交接，有通报。

③ 尊重民族习俗和宗教信仰。少数民族自治地区车站可按规定在图形标志中增加当地通用的民族语言文字，可根据需要增加当地通用的民族语言播音。

④ 旅客在站内遗失物品时，帮助（或广播）查找；收到旅客遗失物品及时登记、公告，登记内容完整，保管措施妥当，处置措施合法。

六、客运组织

1. 售票

(1) 提供窗口、铁路客票代售点等多种售票渠道，售票网点布局合理，管理规范。

① 售票窗口设置、开放的数量适应客流量，日常窗口排队不超过20人。

② 办理售票、退票、改签、换票、取票、挂失补办、中转签证等业务，发售学生票、残疾军人票等各种特殊车票，支持现金、银行卡等支付方式。

(2) 在售票处的醒目位置公布售票时间和停售时间。工作时间内暂停售票时设有提示。用餐或交接班时间实行错时暂停售票。

① 配备自动售（取）票机的，及时补充票据、零钞和凭条；设备故障等异常状况处置及时。

② 票据、现金妥善保管，票面完整、清晰。票据填写规范，内容准确、无涂改，按规定加盖站名戳和名章。

2. 进站、候车、检票组织

（1）按规定实行实名制验证，核验车票、有效身份证件原件、旅客的一致性。无法实施全封闭实名制验证的，在检票口组织验证。验证与检票分离的车站对热门车次在检票口进行二次验证。

（2）秩序良好，通道畅通，按列车开行方向、车次组织旅客有序候车，提醒旅客对超重、超大等物品办理托运。日常旅客排队进站、等候安检时间不超过5分钟。

（3）候车室（区）旅客可视范围内有客运人员，及时巡视、解答旅客咨询、妥善处置异常情况。

（4）开始、停止检票时间的设置适应客流量和站场条件，进站口有提前停止检票时间的提示。始发列车检票时间不晚于开车前30分钟。开始检票或列车到站前，通告车次、停靠站台等检票信息。

（5）检票通道数量适应客流情况。按照先重点、后团体、再一般旅客的原则组织旅客排队检票进站，确认车次、日期相符、车票有效、核验其他乘车凭证后加剪车票放行。

（6）对无票、日期车次不符、减价不符、票证人不一致等人员按规定拒绝进站、乘车。

（7）停止检票前，通告候车室，确保无旅客漏乘；停止检票时，关闭检票口，通告候车室和站台。

3. 站台组织

（1）站台客运人员提前到岗，检查站台、股道、站台引导屏等情况。组织旅客按车厢位置在站台安全线排队等候，列车停稳后先下后上、有序乘降。铃响时巡视站台。

（2）在列车中部办理站车交接。

（3）开车时间前打响开车铃。

（4）客流较大，始发终到列车1人值乘多个车厢、需双开车门时，车站负责值守增开的车门。

（5）同一站台有两趟列车同时进行乘降作业时，有宣传，有引导，无误乘。

（6）站台一侧邻靠线路有动车组列车通过时，另一侧停止旅客乘降或设防护栏防护。

4. 出站组织

（1）出站检票人员提前到岗，检查出站显示屏状态和内容。

（2）引导旅客排队检票、有序出站，核对车票及其他乘车凭证，对未加剪的车票补剪，防止尾随。遇有大客流可敞开出口。

（3）对违章乘车旅客及违章携带品正确处理，票款收付准确。

（4）列车出站后督促旅客及时出站，站台、通道无滞留人员。

5. 行包作业

（1）设有行包房的，设置承运、交付办理窗口，提供托运单和填写托运单的必要用具。

（2）承运行包及时准确，品名相符，正确检斤、制票，运杂费收付无误，唱收唱付，不逾期、不破损、不丢失。

（3）承运限制运输的物品时，按规定查验相关的运输证明；需要押运的物品按规定办理押运手续。

（4）装卸、搬运行包轻搬轻放，大不压小、重不压轻、方不压圆，箭头向上、标签向外，堆码整齐。

（5）易碎物品、流质物品、放射性物品外包装上粘贴安全标志；运输过程中发生行包包装松散、破损及时修整，并有记录，有交接。

（6）到达行包核对票据，妥善保管，及时通知，准确验货，正确交付，按规定期限保管。对无法交付的行包及时公告，按规定处理。

（7）认真处理行包差错，发生行包事故先赔付，后定责。

（8）仓库内无闲杂人员出入，无非行包工作人员查找、搬运行包。

（9）行包代办网点布局合理，管理规范。行包代办点及时、准确、安全接取和送达行包，收费规范。

（10）行包装卸单位具备相应资质；装卸人员须经过装卸作业知识、技能和铁路安全知识培训，持证上岗。

6. 列车给水作业

（1）给水站根据给水方案配备给水人员，防护用具齐全，按指定线路提前到指定位置接送车，有人防护，同去同归。

（2）按规定程序及时上水，始发列车辆辆满水，中途站按给水方案补水，水管回卷到位（管头插入上水井内）。作业完毕，向站台客运人员报告。

7. 机车连挂

机车供电的始发列车不晚于开车前40分钟连挂机车。

8. 应急处置及客流高峰作业

（1）遇恶劣天气、列车停运、大面积晚点、突发大客流、设备故障、客票系统故障、火灾爆炸、重大疫情、食物中毒、作业车辆（设备）坠入站台、旅客人身伤害等非正常情况时，及时启动应急预案，掌握售票、候车及旅客滞留情况，维持站内秩序，准确通报信息，做好咨询、解释、安抚等善后工作。

① 列车晚点30分钟以上时，根据调度通报，公告列车晚点信息，说明晚点原因、晚点时间，广播公告每次间隔不超过30分钟，电子显示屏实时显示公告信息。按规定办理退票、改签，协调市政交通衔接。

② 遇列车在车站空调失效时，站车共同组织；必要时，组织旅客下车、换乘其他列车或疏散到车站安全处所。到站按规定退还票价差额。

③ 遇车底变更时，组织旅客换乘，按规定办理改签、退票。

④ 遇售票系统故障时，组织维护部门进行故障排查，按规定启用应急售票、换票程序。

（2）有应急预案培训和演练，有记录，有结果，有考核。

（3）春、暑运等客流高峰时期，换票、验证、安检、进站等处所设有快速（绿色）通道。根据情况，开设临时售票、候车场所，采取限时进站、异地候车、暂停商业营业等方式，满足客流需要。临时候车场所有饮用水供应、卫生间等设施设备，配备适量重点旅客座席。

七、商业、广告经营

（1）站内商业场所的位置、面积、业态布局要统一规划，不占用旅客候车空间，不影响旅客乘降流线；有商业经营管理规范，对经营行为有检查，有考核。

（2）经营单位持有效经营许可证，经营行为规范，明码标价，文明售货，提供发票。不出售禁止或限量携带的商品，不出售影响运输安全的商品，不出售无生产单位、无生产日期、无保质期、过期、变质及口香糖等严重影响环境卫生的食品。提供休闲茶座、代搬行李等服务时，不能诱导旅客消费。站台售货车数量不得超过列车编组载客车辆辆数的1/2，不堵占车门、天桥、地道，不聚堆售货，不高声叫卖。

（3）餐饮食品经营场所环境卫生符合要求，用具清洁，消毒合格，生熟分开。销售散装熟食品时，有防蝇、防尘措施，不徒手接触食品。

（4）站内广告设置场所、位置、面积、形式统一规划，广告设施安全牢固，形式规范，内容健康，与车站环境相协调。不挤占、遮挡图形标志、业务揭示、安全宣传等客运服务信息，不影响客运服务功能，不影响安全。旅客通道内安装的广告牌使用嵌入式灯箱，突出墙面部分不超过200毫米，棱角部位采取打磨、倒角处理。除围墙、栅栏外，无直接涂写、张贴式广告。广播系统不发布音频广告。播放视频时不得外放声音。

八、基础管理

（1）管理制度健全，有考核，有记载。定期分析安全和服务质量状况，有具体整改措施。

（2）业务资料配置到位，内容修改及时、正确。

（3）各工种按岗位责任各负其责，相互协作，落实作业标准。

（4）业务办理符合规定，票据、台账、报表填写规范、清晰。营运进款结算准确，票据、现金入柜加锁，及时解款。

（5）定期开展职业技能培训，培训内容适应岗位要求，评判准确。

九、人员素质

（1）身体健康，五官端正，持有效健康证明。新职人员具备高中（职高、中专）及以上文化程度。

（2）持有效上岗证，经过岗前安全、技术业务培训合格。客运值班员、售票值班员、客运计划员、广播员从事客运服务工作满2年。广播员具备广播员资质。

（3）熟练使用本岗位相关设备设施，熟知本岗位业务知识和职责，掌握本岗位应急处置作业流程，具备应对突发事件的能力。

任务五　普速小型车站服务质量规范

【技能目标】

能了解普速小型车站服务质量规范的基本要求；
能解读与普速小型车站服务质量相关的术语和定义；
能对普速小型车站进行客运安全管理；
能合理使用普速小型车站的设备设施；
能按普速小型车站服务质量规范的要求为旅客提供标准化服务；
根据普速小型车站服务质量规范对车站的售票、安检等各个环节进行质量考核。

【知识点】

普速小型车站服务质量规范的基本要求；
与普速小型车站服务质量相关的术语和定义；
普速小型车站客运安全管理规范；
普速小型车站设备设施使用规范；
普速小型车站文明服务规范；
普速小型车站客运组织规范。

【相关知识】

一、基本规定

普速小型车站服务质量规范对中国铁路总公司所属铁路运输企业的普速小型车站旅客运输服务提出了质量要求。

二、术语和定义

1. 普速小型车站

普速小型车站指办理普速旅客列车客运业务的四、五等车站。

2. 普速旅客列车

普速旅客列车指运送旅客或行包、邮件的非动车组列车。

3. 动车组列车

动车组列车指由若干带动力和不带动力的车辆以固定编组组成、两端设有司机室的一组列车。

4. 重点旅客

重点旅客指老、幼、病、残、孕旅客。特殊重点旅客是指依靠辅助器具才能行动等需特殊照顾的重点旅客。

5. 照度（平面照度）

照度（平面照度）指单位面积的光通量，单位为勒克斯（lx）。

三、客运安全

（1）安全制度健全有效，安全管理职责明确，能满足安全生产需要。

① 有安全生产责任制、安全检查和安全质量考核、劳动安全、消防管理、食品安全、设施设备、安检查危、实名验证、结合部、现金票据安全、站台作业车辆安全、旅客人身伤害处理等管理制度和办法。

② 有旅客候车、乘降、进出站、行包保管和装卸等安全防范措施。与保洁、商业、物业、广告、安检、行包等结合部有安全协议。有恶劣天气、列车停运、大面积晚点、突发大客流、设备故障、客票系统故障、火灾爆炸、重大疫情、食物中毒、作业车辆（设备）坠入站台、旅客人身伤害等非正常情况下的应急预案。

（2）安全设备设施配备齐全到位，作用良好。

① 按规定配备危险品检查仪、安全门、危险品处置台、手持金属探测器、防爆罐等安全检查设施设备，显示器满足查验不同危险品的需求。危险品检查仪、安全门、危险品处置台、防爆罐设在进站口旅客进站流线、行包房适当位置，不影响旅客通行。危险品检查仪延长端适当。

② 按规定配备消防设备、器材，定期检测维护，合格有效。

③ 备有喇叭、手持应急照明灯具、应急车次牌、隔离设施等应急物品，定点存放。有应急食品储备或定点食品供应商联系供应机制。

④ 安全标志使用正确，位置恰当，便于辨识。天桥、地道口、楼梯踏步、站台有引导、安全标志。

⑤ 天桥、楼梯悬空侧按规定设置防护装置，高度不低于1.7米。

（3）执行安全检查规定。

① 旅客携带品、行包和站内小件寄存物品件件安全检查。

② 有安检人员，持证上岗，佩戴标志。

③ 对检查发现和列车移交的危险物品、违禁品按规定处理。

（4）重点时段实行封闭式管理，旅客进出站乘降有序，进出站通道流线清晰，有管理措施。

（5）进入站台的作业车辆及移动小机具、小推车不影响旅客乘降，不堵塞通道；停放在指定位置，与列车平行，有制动措施；行驶或移动时，不与本站台的列车同时移动，不侵入安全线，速度不超过10千米/小时。无非作业车辆进入站台。

（6）安全使用电源，不违规使用电源、电器。

(7) 工作人员均须通过生产作业、消防、电器、电气化、卫生防疫、劳动人身等安全培训，特定岗位工作人员按规定通过相应岗位安全培训。安全培训有计划，有记载，有考核。

(8) 发生旅客人身伤害、突发疾病或接受列车移交的伤、病人员时，及时联系医疗机构；造成旅客死亡或涉及违法犯罪的，及时报告（通知）公安机关。

四、设备设施

(1) 基础设施设备符合设计规范，定期维护，作用良好，无违规改造和改变用途的情况。

① 有售票处、公安制证处、候车室、补票处、站台、围墙（栅栏）等基础设施，地面硬化平整，房屋、风雨棚、天桥、地道无渗漏，墙面、天花板无开裂、翘起、脱落，扶手、护栏、隔断、门窗牢固完好，楼梯踏步无缺损。办理行包业务的，有行包房。

② 有通风、照明、供水、排水、防寒、防暑等设备设施。售票处、候车区、行包房有时钟，显示时间准确。

(2) 图形标志符合标准，齐全醒目，位置恰当，安装牢固，内容规范，信息准确。

① 有位置标志、导向标志、信息板等引导标志，指引准确。站台两端各设有一个站名牌，进出站地道围栏、广告牌、垃圾箱（桶）、基本站台栅栏等站台设施设有便于列车内旅客以正常视角快速识别的站名标志。各站台设有出站方向标志。

② 根据各服务处所和服务设备设施的功能、用途设置揭示揭挂，采取电子显示屏、公告栏等方式公布规章文电摘抄、旅客乘车安全须知、客运服务质量标准摘要、客运杂费收费标准等服务信息。

③ 售票处、候车区（室）、出站检票处和补票处设有儿童票标高线。

④ 售票窗口前设置黄色“一米线”，宽度10厘米。

⑤ 采用中文；少数民族自治地区车站可按规定增加当地通用的民族语言文字。

(3) 设置电子显示引导系统的，满足温度环境使用要求，室外显示屏具有防雨、防湿、防寒、防晒、防尘等性能，信息显示及时，每屏信息的显示时间适当，便于旅客阅读。待机状态显示站名、安全提示、欢迎词等信息。

(4) 售票设施设备满足生产需要，作用良好。

① 售票窗口配备桌椅、计算机、制票机、居民身份证阅读器、保险柜、验钞机等售票设备及具有录像、拾音、录音功能的监控设备，发售学生票、残疾军人票的窗口配备学生优惠卡、残疾军人证的识读器，退票、改签窗口配备二维码扫描仪，电子支付窗口配备POS机。设置工号牌或采用电子显示屏，显示售票人员姓名、工号、本人正面二英寸工作服彩色白底照片等信息。

② 补票处邻近出站检票口，配备桌椅、计算机、制票机、保险柜、验钞机、学生优惠卡识读器等售票设备和衡器，有防盗、报警设施。

③ 有存放票据、现金的处所和设备，具备防潮、防鼠、防盗、监控和报警功能。

(5) 候车区布局合理，方便旅客。

① 配备适量座椅，摆放整齐，不影响旅客通行。

② 设有饮水处，水质符合国家标准要求。饮水处有节水宣传揭示。可开启箱盖的电开水器或保温桶加锁，箱盖与箱体无间隙。

③ 设置卫生间的，厕位适量；有通风换气和洗手池等盥洗设备，能正常使用。厕位间设置挂钩。

④ 检票口设人工检票通道，已检票区域与候车区隔离，封闭良好。

(6) 实施车站全封闭实名制验证的，设有相对独立的验证口、验证区域、验证通道和复位口，并配备验证设备。

(7) 设置行包房的，有机动车作业场地和停车位。办理窗口有桌椅、计算机、制票机，使用行包管理信息系统，配有电子衡器和装卸搬运机具，电子支付窗口配备 POS 机。有打包机、施封钳等包装工具；有编织带、纸箱、锁等包装材料；有封箱钉、打包带、铁锤、缝针等维修工具和施封材料。行包仓库有发送、中转、到达作业区域，根据品类划分鲜活物品、易腐物品、放射性物品等不同的存放区，方便存放和领取。有防火、防爆、防盗、防水、防鼠设备。

(8) 站台设有响铃设备或配备口笛，作用良好；地面标示站台安全线。

(9) 客运人员每人按需配备手持电台，作用良好。

(10) 有设备管理制度和设备登记台账。有巡视检查、维护保养记录。发生故障立即报告，及时维修，影响旅客使用时设有提示。

五、文明服务

(1) 仪容整洁，上岗着装统一，干净平整。

① 头发干净整齐、颜色自然，不理奇异发型，不剃光头。男性两侧鬓角不得超过耳垂底部，后部不长于衬衣领，不遮盖眉毛、耳朵，不烫发，不留胡须；女性发不过肩，刘海长不遮眉，短发不短于两寸。

② 面部、双手保持清洁，指甲修剪整齐，长度不超过指尖 2 毫米，身体外露部位无文身。女性淡妆上岗，保持妆容美观，不浓妆艳抹，不使用彩色指甲油染指甲。

③ 换装统一，衣扣拉链整齐。着裙装时，丝袜统一，无破损。系领带时，衬衣束在裙子或裤子内。外露的皮带为黑色。佩戴的外露饰物款式简洁，限手表一只、戒指一枚，女性还可佩戴发夹、发箍或头花及一副直径不超过 3 毫米的耳钉。不歪戴帽子，不挽袖子和卷裤脚，不敞胸露怀，不赤足穿鞋，不穿尖头鞋、拖鞋、露趾鞋，鞋跟高度不超过 3.5 厘米，跟径不小于 3.5 厘米。

④ 佩戴职务标志（售票员除外）。胸章牌（长方形职务标志）戴于左胸口袋上方正中，下边沿距口袋 1 厘米处（无口袋的戴于相应位置），包含单位、姓名、职务、工号等内容。菱形臂章佩戴在上衣左袖肩下四指处。按规定应佩戴制帽的，在执行职务时戴上制帽，帽徽在制帽折沿上方正中。

(2) 表情自然，态度和蔼，用语文明，举止得体，庄重大方。

① 使用普通话，表达准确，口齿清晰。服务语言表达规范、准确，使用“请、您好、谢谢、对不起、再见”等服务用语。对旅客、货主称呼恰当，统称为“旅客们”“各位旅客”“旅客朋友”，单独称为“先生、女士、小朋友、同志”等。

② 旅客问讯时，面向旅客站立（售票员、封闭式问讯处工作人员办理业务时除

外），目视旅客，有问必答，回答准确，解释耐心。遇有失误时，向旅客表示歉意。对旅客的配合与支持，表示感谢。

③ 坐立、行走姿态端正，步伐适中，轻重适宜。在旅客多的地方先示意后通行；旅客迎面走过来时，主动让路，面向旅客侧身让行，不与旅客抢行。列队出（退）勤时，按规定线路行走，步伐一致。多人行走时，两人成排，三人成列。

④ 立岗姿势规范，精神饱满。站立时，挺胸收腹，两肩平衡，身体自然挺直，双臂自然下垂，手指并拢贴于裤线上，脚跟靠拢，脚尖略向外张呈“V”形。女性可双手四指并拢，交叉相握，右手叠放在左手之上，自然垂于腹前；左脚靠在右脚内侧，夹角为45°。

⑤ 迎送列车时，足踏安全线，不侵入安全线外，面向列车方向目迎目送，以列车进入站台开始，开出站台为止。办理交接时行举手礼，右手五指并拢平展，向内上方举手至帽檐右侧边沿，小臂成45°角。

⑥ 清理卫生时，清扫工具不触碰旅客及携带物品。挪动旅客物品时，征得旅客同意。需要踩踏座席时，戴鞋套或使用垫布。占用洗脸间洗漱时，礼让旅客。

⑦ 不高声喧哗、嬉笑打闹、勾肩搭背，不在旅客面前吃食物、吸烟、剔牙齿和出现其他不文明、不礼貌的动作，不对旅客评头论足，接班前和工作中不食用异味食品。

（3）站容整洁。

① 干净整洁，窗明地净，物见本色。

• 地面干净、无垃圾；玻璃透明、无污渍；墙壁无污渍、涂鸦。扶手、护栏、座椅、台面、危险品检查仪、危险品处置台等处无积尘、污渍。卫生间通风良好，干净、无异味，地面无积水，便池无积便、积垢，洗手池清洁、无污垢。饮水处地面无积水。站台、天桥、地道等地面无积水、积冰、积雪，股道无杂物。

• 各服务处所设置适量的垃圾箱（桶），外皮清洁，内配的垃圾袋的材质符合国家标准、厚度不小于0.025毫米，无破损、渗漏，每日消毒一次。垃圾车外表无明显污垢，垃圾不散落，污水不外溢。垃圾及时清运，日产日清。

• 保洁工具定点隐蔽存放。设有供保洁作业使用的水、电设施和存放清扫工具的处所。

• 车站对保洁作业有检查，有考核。保洁人员须经过保洁专业知识和铁路安全知识培训，持证上岗。清洗剂符合环保要求，不腐蚀、污染设备备品。墙壁、玻璃、隔断、护栏等2米以下的部位每日保洁，2米以上的部位及顶、棚等设施定期保洁。

② 通风良好，空气质量符合国家规定。有空调的服务处所室内温度冬季18～20℃、夏季26～28℃；无空调的服务处所室内温度冬季不低于14℃，夏季超过28℃时使用电风扇。高寒地区站房进出口处有防寒挡风门帘。

③ 主要服务场所照明充足，售票处照明照度不低于150勒克斯，候车区、行包营业厅照明照度不低于100勒克斯，站台、天桥及进出站地道照明照度不低于50勒克斯。

④ 各服务处所按规定开展“消毒、杀虫、灭鼠”工作，蚊、蝇、蟑螂等病媒昆虫指数及鼠密度符合国家规定。

（4）配备广播设备的，广播音箱（喇叭）设备设置合理，音响效果清晰，音量适宜，用语规范，内容准确，播放及时。

① 通告列车运行情况、检票等信息，进行禁止携带危险品进站上车、旅行安全常识、公共卫生和候车区禁止吸烟等宣传。

② 使用普通话。少数民族自治地区车站可根据需要增加当地通用的民族语言播音。

③ 采用自动语音合成方式，日常重点内容播音录音化。

（5）全面服务，重点照顾。

① 售票处、候车区公布中国铁路客户服务中心客户服务电话（区号 + 电话号码），受理旅客咨询、求助、投诉。实行首问首诉负责制，旅客问讯时，有问必答，回答准确；对旅客提出的问题不能解决时，指引到相应岗位，并做好耐心解释。接听电话时，先向旅客通报单位和工号。

② 重点旅客优先购票、优先进站、优先检票上车。根据需求为特殊重点旅客提供帮助，有服务，有交接，有通报。检票口附近设置黄色标志的重点旅客候车专座。设置盲道的，畅通无障碍。

③ 尊重民族习俗和宗教信仰。少数民族自治地区车站可按规定在图形标志中增加当地通用的民族语言文字；配备广播设备的，可根据需要增加当地通用的民族语言播音。

④ 旅客在站内遗失物品时，帮助（或广播）查找；收到旅客遗失物品及时登记、公告，登记内容完整，保管措施妥当，处置措施合法。

六、客运组织

1. 售票

（1）售票窗口的设置、开放适应客流量，办理售票、退票、改签、换票、取票、挂失补办、中转签证等业务，发售学生票、残疾军人票等各种特殊车票，支持现金、银行卡等支付方式。

（2）在售票处的醒目位置公布售票时间和停售时间。开窗时间不晚于列车开车前1小时，关窗时间不早于列车办理客运业务后30分钟。工作时间内暂停售票时设有提示。用餐或交接班时间实行错时暂停售票。

（3）票据、现金妥善保管，票面完整、清晰。票据填写规范，内容准确、无涂改，按规定加盖站名戳和名章。

2. 进站、候车、检票组织

（1）按规定实行实名制验证，核验车票、有效身份证件原件、旅客的一致性。无法实施全封闭实名制验证的，在检票口组织验证。

（2）秩序良好，通道畅通，按列车开行方向、车次组织旅客有序候车。

（3）候车室（区）旅客可视范围内有客运人员，及时巡视、解答旅客咨询、妥善处置异常情况。

（4）开始、停止检票时间的设置适应客流量和站场条件，进站口有提前停止检票时间的提示。开始检票或列车到站前，通告车次、停靠站台等检票信息。

（5）检票通道数量适应客流情况，组织旅客排队检票进站，确认车次、日期相符、车票有效、核验其他乘车凭证后加剪车票放行。

（6）对无票、日期车次不符、减价不符、票证人不一致等人员按规定拒绝进站、乘车。

（7）停止检票前，通告候车室，确保无旅客漏乘；停止检票时，关闭检票口，通告候车室和站台。

3. 站台组织

（1）站台客运人员提前到岗，检查站台、股道等情况。

（2）组织旅客按车厢位置在站台安全线排队等候，列车停稳后先下后上、有序乘降。铃（口笛）响时巡视站台。

（3）在列车中部办理站车交接。

（4）开车时间前打响开车铃或吹响口笛。

（5）同一站台有两趟列车同时进行乘降作业时，有宣传，有引导，无误乘。

4. 出站组织

（1）出站检票人员提前到岗。

（2）引导旅客排队检票、有序出站，核对车票及其他乘车凭证，对未加剪的车票补剪，防止尾随。

（3）对违章乘车旅客及违章携带品正确处理，票款收付准确。

（4）列车出站后督促旅客及时出站，站台、通道无滞留人员。

5. 行包作业

（1）设有行包房的，设置承运、交付办理窗口，提供托运单和填写托运单的必要用具。

（2）承运行包及时准确，品名相符，正确检斤、制票，运杂费收付无误，唱收唱付，不逾期、不破损、不丢失。

（3）承运限制运输的物品时，按规定查验相关的运输证明；需要押运的物品按规定办理押运手续。

（4）装卸、搬运行包轻搬轻放，大不压小、重不压轻、方不压圆，箭头向上、标签向外，堆码整齐。

（5）易碎物品、流质物品、放射性物品外包装上粘贴安全标志；运输过程中发生行包包装松散、破损及时修整，并有记录，有交接。

（6）到达行包核对票据，妥善保管，及时通知，准确验货，正确交付，按规定期限保管。对无法交付的行包及时公告，按规定处理。

（7）认真处理行包差错，发生行包事故先赔付，后定责。

（8）仓库内无闲杂人员出入，无非行包工作人员查找、搬运行包。

（9）行包代办网点布局合理，管理规范。行包代办点及时、准确、安全接取和送达行包，收费规范。

（10）行包装卸单位具备相应资质；装卸人员须经过装卸作业知识、技能和铁路安全知识培训，持证上岗。

6. 应急处置及客流高峰作业

（1）遇恶劣天气、列车停运、大面积晚点、突发大客流、设备故障、客票系统故障、火灾爆炸、重大疫情、食物中毒、作业车辆（设备）坠入站台、旅客人身伤害等非正常情况时，及时启动应急预案，掌握售票、候车及旅客滞留情况，维持站内秩序，准确通报信息，做好咨询、解释、安抚等善后工作。

① 列车晚点30分钟以上时，根据调度通报，公告列车晚点信息，说明晚点原因、晚点时间；配备广播设备的，广播公告每次间隔不超过30分钟。按规定办理退票、改签，协调市政交通衔接。

② 遇列车在车站空调失效时，站车共同组织；必要时，组织旅客下车、换乘其他列车或疏散到车站安全处所。到站按规定退还票价差额。

③ 遇车底变更时，组织旅客换乘，按规定办理改签、退票。

④ 遇售票系统故障时，组织维护部门进行故障排查，按规定启用应急售票、换票程序。

（2）有应急预案培训和演练，有记录，有结果，有考核。

（3）春、暑运等客流高峰时期，换票、验证、安检、进站等处所设有快速（绿色）通道。

七、商业、广告经营

（1）站内商业场所的位置、面积、业态布局要统一规划，不占用旅客候车空间，不影响旅客乘降流线；有商业经营管理规范，对经营行为有检查，有考核。

（2）经营单位持有效经营许可证，经营行为规范，明码标价，文明售货，提供发票。不出售禁止或限量携带的商品，不出售影响运输安全的商品，不出售无生产单位、无生产日期、无保质期、过期、变质及口香糖等严重影响环境卫生的食品。提供休闲茶座、代搬行李等服务时，不能诱导旅客消费。站台售货车数量不得超过列车编组载客车辆辆数的1/2，不堵占车门、天桥、地道，不聚堆售货，不高声叫卖。

（3）餐饮食品经营场所环境卫生符合要求，用具清洁，消毒合格，生熟分开。销售散装熟食品时，有防蝇、防尘措施，不徒手接触食品。

（4）站内广告设置场所、位置、面积、形式统一规划，广告设施安全牢固，形式规范，内容健康，与车站环境相协调。不挤占、遮挡图形标志、业务揭示、安全宣传等客运服务信息，不影响客运服务功能，不影响安全。旅客通道内安装的广告牌使用嵌入式灯箱，突出墙面部分不超过200毫米，棱角部位采取打磨、倒角处理。除围墙、栅栏外，无直接涂写、张贴式广告。广播系统不发布音频广告。播放视频时不得外放声音。

八、基础管理

（1）管理制度健全，有考核，有记载。定期分析安全和服务质量状况，有具体整改措施。

（2）业务资料配置到位，内容修改及时、正确。

（3）各工种按岗位责任各负其责，相互协作，落实作业标准。

（4）业务办理符合规定，票据、台账、报表填写规范、清晰。营运进款结算准确，票据、现金入柜加锁，及时解款。

（5）定期开展职业技能培训，培训内容适应岗位要求，评判准确。

九、人员素质

（1）身体健康，五官端正，持有效健康证明。新职人员具备高中（职高、中专）及以上文化程度。

（2）持有效上岗证，经过岗前安全、技术业务培训合格。客运值班员、售票值班员从事客运服务工作满2年。

（3）熟练使用本岗位相关设备设施，熟知本岗位业务知识和职责，掌握本岗位应急处置作业流程，具备应对突发事件的能力。

项目四

铁路车站客运标识系统规范

任务一　铁路车站客运标识设计要求

【技能目标】

能了解铁路车站客运标识的分类；
能掌握铁路车站客运标识的设计原则；
能掌握铁路车站客运标识各元素的技术要求；
能了解点位编号的命名原则；
能掌握铁路车站客运标识要素及组合的技术要求。

【知识点】

铁路车站客运标识的分类；
铁路车站客运标识的设计原则；
铁路车站客运标识各元素的技术要求；
点位编号的命名原则；
铁路车站客运标识要素及组合的技术要求。

【相关知识】

一、铁路车站客运标识的分类

铁路车站客运标识根据承载信息内容的不同，分为定位标识、导向标识、服务标识、警示标识、站名大字五种类型。

1. 定位标识

定位标识是表示车站功能区域所在位置的标识，包括售票处、进站口、检票口、公安值班室、客运值班室、出站口、补票处、卫生间、饮用水、无障碍电梯、综合服务台、站台等。

2. 导向标识

导向标识是为帮助旅客到达各目的地而进行路线方向指引的标识，其承载着引导旅客到达目的地的功能。

3. 服务标识

服务标识是为旅客提供客运车站服务信息的标识，使旅客能清晰地了解车站整体结构和功能布局，各类设备设施位置关系，使用流程和操作方法等。服务标识包括购票须知、安全须知、安检须知、客运杂费收费标准、退改签规则、平面示意图、功能布局图、街区道路图、儿童标高线、“一米线”等。

4. 警示标识

警示标识是表示某种行为被禁止或起提醒作用的标识。警示标识按照功能分为禁止和提示两种类型。

1）禁止类警示标识

禁止类警示标识是明确禁止旅客的某种行为的标识，如“禁止躺卧”“禁止通行”“禁止倚靠”“禁止吸烟”等。

2）提示类警示标识

提示类警示标识是提示旅客需要注意的标识，如“小心站台间隙”“当心烫伤”“当心滑倒”“当心触电”“当心碰头”“当心夹手”等。

5. 站名大字

站名大字是使旅客能够明确识别所处铁路客运车站名称的标识，其设置在站房主体建筑顶部。

二、铁路车站客运标识的设计原则

为了向旅客提供准确、快捷、便利、明晰的信息服务，铁路车站客运标识的设计与使用要遵循以下原则。

1. 标识本体的醒目性

标识在站内的设置要显而易见，避免遮挡，方便旅客快速辨识。

2. 标识信息的易辨性

标识内容信息要主次分明，清晰明了，符合视觉要求及阅读习惯。

3. 标识布局的合理性

标识位置、形式、数量、设置方式要根据旅客流线和建筑空间效果的要求合理选择。

4. 标识系统的整体性

标识系统要整体规划，须与建筑结构、装修和服务设备设施有机融合，以发挥综合效应。标识材质、形式、规格、色彩要与建筑空间效果相协调。

5. 传递信息的连续性

站内标识的设置要充分考虑旅客流线，合理布局，通过标识之间的前后呼应、信息的关联匹配及连续设置等方式，实现信息持续传递。

三、铁路车站客运标识各要素的技术要求

1. 色彩

1）定位标识

（1）进站流线定位标识。

进站流线定位标识是表示进站流线上的车站功能区域所在位置的名称标识，如进站口、售票处（自动售票）、检票口等，版面基准色采用蓝色，信息（含图形符号）采用白色。

进站流线定位标识示例如图 4－1 所示。

图 4－1　进站流线定位标识示例

（2）出站流线定位标识。

出站流线定位标识是表示出站流线上的车站功能区域所在位置的名称标识，如出站口等，版面基准色采用绿色，信息（含图形符号）采用白色。

出站流线定位标识示例如图 4－2 所示。

图 4－2　出站流线定位标识示例

（3）站台上的车厢定位标识。

站台上的车厢定位标识是站台上用于告知旅客所持车票票面显示车厢的上车位置的标识。根据列车编组、动车组重联情况，以及运行方向，车厢定位标识的色彩构成分为以下几种形式。

① 正向运行、大编组或重联动车车厢定位标识的版面基准色采用黄色，信息采用黑色。

正向运行、大编组或重联动车车厢定位标识示例如图 4－3 所示。

② 正向运行、短编组动车车厢定位标识的版面基准色采用蓝色，信息采用白色。

正向运行、短编组动车车厢定位标识示例如图 4－4 所示。

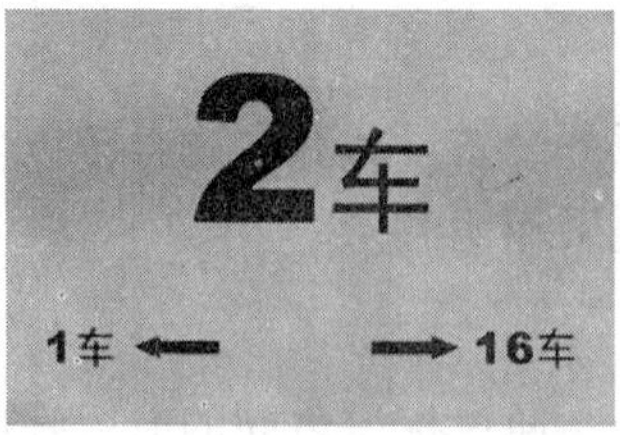

图4－3 正向运行、大编组或重联动车车厢定位标识示例

图4－4 正向运行、短编组动车车厢定位标识示例

③ 反向运行、大编组或重联动车车厢定位标识的版面基准色采用绿色，信息采用黑色。

反向运行、大编组或重联动车车厢定位标识示例如图4－5所示。

④ 反向运行、短编组动车车厢定位标识的版面基准色采用紫色，信息采用白色。

反向运行、短编组动车车厢定位标识示例如图4－6所示。

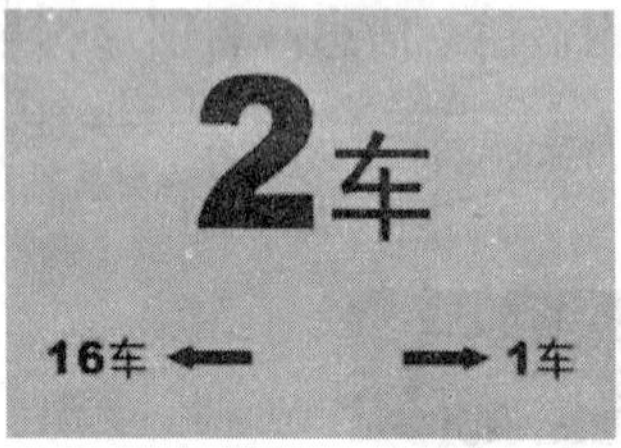

图4－5 反向运行、大编组或重联动车车厢定位标识示例

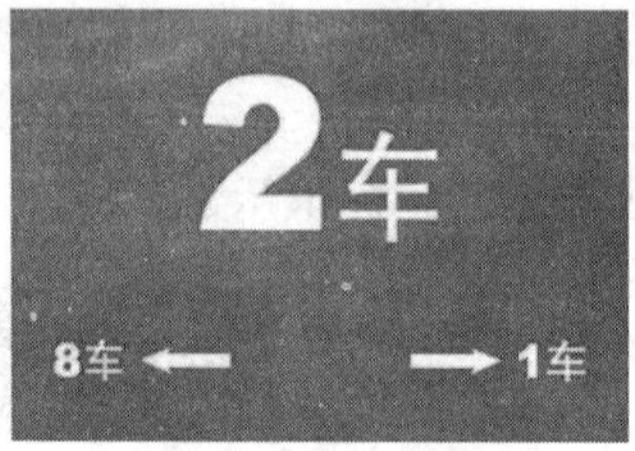

图4－6 反向运行、短编组动车车厢定位标识示例

(4) 出站通道内的站台定位标识建议采用金色。

出站通道内的站台定位标识示例如图4－7所示。

图4－7 出站通道内的站台定位标识示例

(5) 其他服务设施定位标识。

其他服务设施定位标识起告知旅客客运值班室、公安值班室、补票处、卫生间、饮用水处、无障碍电梯等设施设备位置的作用。其他服务设施定位标识的版面基准色采用灰色，信息（含图形符号）采用白色。

其他服务设施定位标识示例如图4－8所示。

图4－8 其他服务设施定位标识示例

2）导向标识

（1）进站流线导向标识。

进站流线导向标识是对旅客进入车站购票、乘车进行方向指引的标识，其版面基准色采用蓝色，信息（含图形及方向符号）采用白色。

进站流线导向标识示例如图 4 – 9 所示。

图 4 – 9　进站流线导向标识示例

（2）出站流线导向标识。

出站流线导向标识是对旅客下车、检票出站进行方向指引的标识，其版面基准色采用绿色，信息（含图形及方向符号）采用白色。

出站流线导向标识示例如图 4 – 10 所示。

图 4 – 10　出站流线导向标识示例

（3）综合信息导向标识。

综合信息导向标识的版面基准色与标识设置区域主流线色彩一致，如：候车区内综合信息导向标识的色彩与进站流线导向标识的色彩一致；出站通道廊内综合信息导向标识的色彩与出站流线导向标识的色彩一致。枢纽型车站出站通道廊内综合信息导向标识的版面基准色也可采用灰色。

综合信息导向标识示例如图 4 – 11 所示。

图 4 – 11　综合信息导向标识示例

3）服务标识

（1）服务标识主要包括购票须知、安检须知、安全须知、街区道路图、功能布局图等。其版面基准色采用灰色，信息采用白色。

服务标识示例如图 4 – 12 所示。

（2）儿童标高线标识。

儿童标高线标识的版面基准色采用灰色，信息采用白色和红色。

儿童标高线标识如图 4－13 所示。

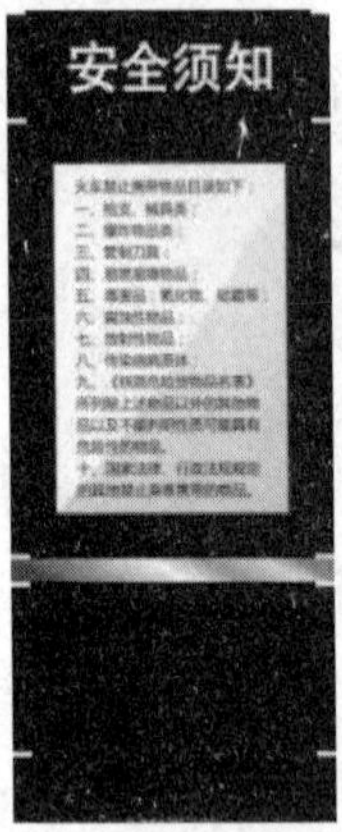

图 4－12　服务标识示例

图 4－13　儿童标高线标识

（3）售票处和检票口的旅客等待“一米线”标识的版面基准色采用黄色，信息采用黑色。

“一米线”标识如图 4－14 所示。

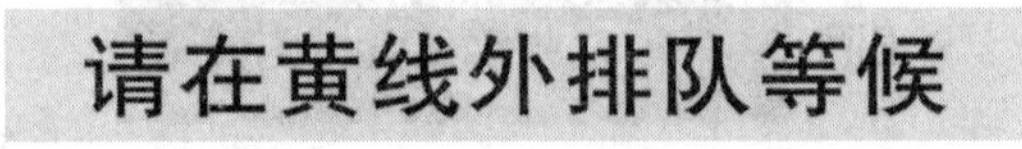

图 4－14　“一米线”标识

4）警示标识

（1）禁止类标识。

禁止类标识可以结合安装位置和建筑装饰的风格确定版面基准色，建议采用铝板原色，信息采用黑色，图形符号颜色按相关国家标准执行。

警示标识示例如图 4－15 所示。

图 4－15　警示标识示例

（2）提示类标识。

提示类标识可以结合安装位置和建筑装饰的风格确定版面基准色，建议采用铝板原色，信息采用黑色，图形符号颜色按相关国家标准执行。

提示类标识示例如图 4－16 所示。

图 4－16　提示类标识示例

5）站名大字

站名大字采用红色。

站名大字示例如图 4－17 所示。

图 4－17　站名大字示例

2. 字体

铁路车站客运标识的中文字体采用汉仪中黑简体，英文和数字字体采用 Arial 体，站名大字采用方正隶书_GBK。

铁路车站客运标识字体说明如图 4－18 所示。

图 4－18　铁路车站客运标识字体说明

站名大字字体说明如图 4－19 所示。

图 4－19　站名大字字体说明

3. 方向符号

铁路车站客运标识采用方向符号指引旅客行进方向。

1）基本规定

在导向要素中，方向符号应使用最新国家标准中规定的图形。方向符号的角标仅用于箭头图形的定位，在实际使用中并不显现。实际使用中，方向符号不带有边线或独立的衬底色。

铁路车站客运标识的方向符号示例如图 4－20 所示。

2）尺寸

如图 4－21 所示，a 为角标所处范围的正方形边长。方向符号可等比例放大。

3）排列顺序

综合引导信息内存在多个方向的信息指引时，方向符号使用的顺序依次为向前（向上）、向左上（向左前）、向左、向左下、向下、向右上（向右前）、向右、向右下。

综合引导信息的方向符号使用顺序示例如图 4 – 22 所示。

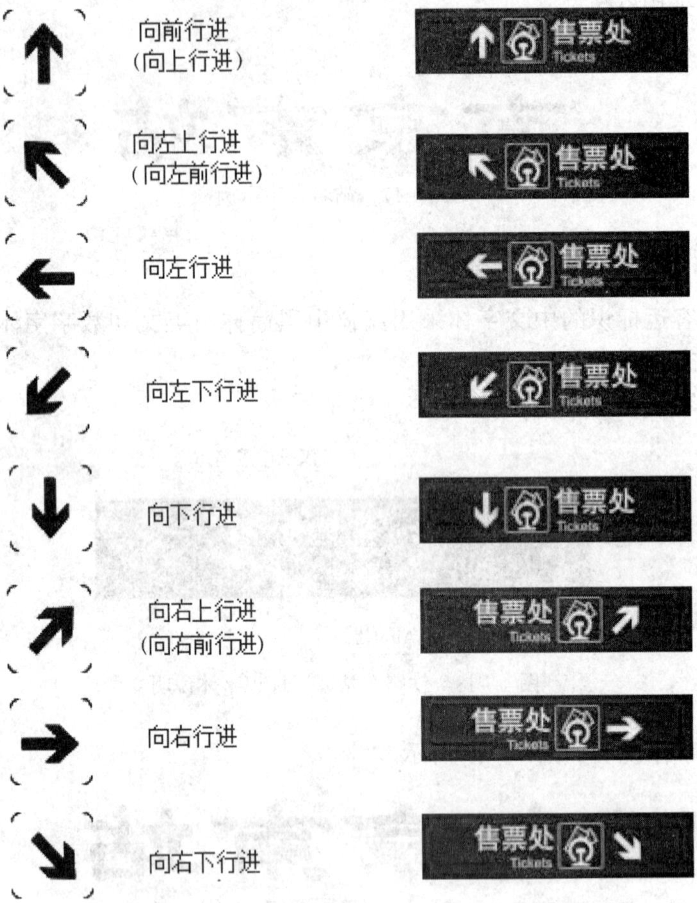

图 4 – 20　铁路车站客运标识的方向符号示例

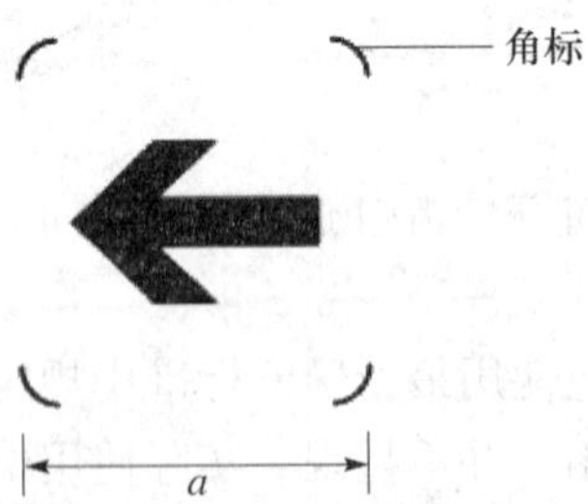

图 4 – 21　方向符号尺寸示意图

4. 图形符号

铁路车站客运标识系统通过图形符号为旅客提供直观的服务信息。

1）尺寸

图形符号的符号区域为图形符号边线内侧的正方形区域或符号衬底色形成的正方形区域。如图 4 – 23 所示，图形符号的符号区域的四角为圆角，其边长为图形符号尺寸

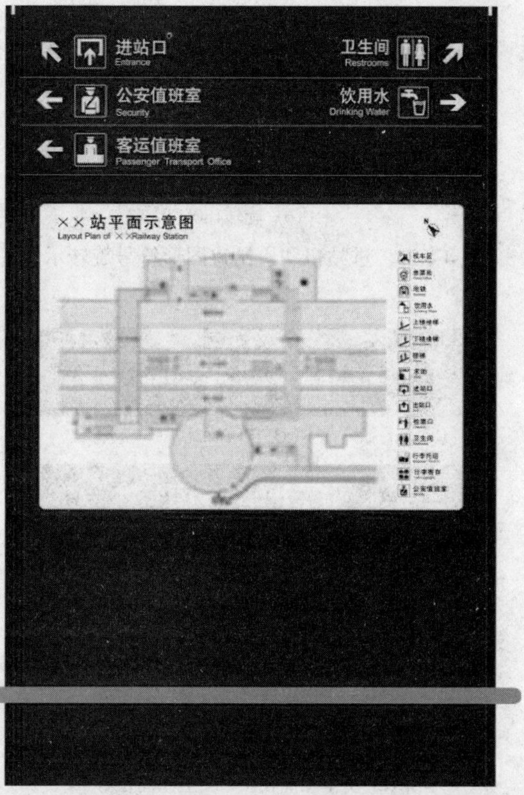

图 4－22　综合引导信息的方向符号使用顺序示例

(用字母 a 表示)。在符号区域内不应添加文字等其他标识元素。在使用边线形成符号区域时，图形符号边线的线宽不应小于 $0.015a$，且不应大于 $0.03a$。

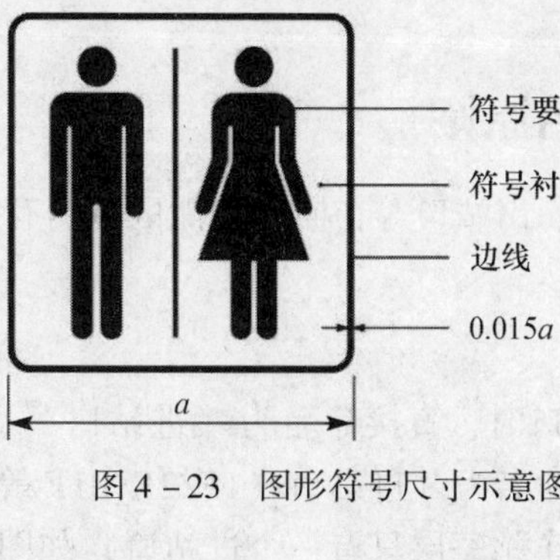

图 4－23　图形符号尺寸示意图

2）旋转与翻转

（1）进站口和出站口图形符号应用于导向标识时，图形符号要跟随方向符号的方向旋转 90°或 180°。进站口和出站口图形符号旋转示例如图 4－24 所示。

（2）内、外立面出站口标识如图 4－25 所示。

（3）如图 4－26 所示，卫生间图形符号要根据男、女卫生间的实际位置进行镜像调整。

(a) 旋转90°

(b) 旋转180°

图 4－24　进站口和出站口图形符号旋转示例

(a) 内立面

(b) 外立面

图 4－25　内、外立面出站口标识

(a) 男卫生间在左，女卫生间在右

(b) 女卫生间在左，男卫生间在右

图 4－26　卫生间图形符号镜像调整

四、点位编号的命名原则

当进站口、售票处、站台、出站口等在同一功能区域内有多个点位时，各点位的标识应进行唯一性编号。

1. 进站口

(1) 当车站只有一个进站口时，直接命名为"进站口"(英文为 Entrance)；多层车站每层只有一个进站口时，命名为"进站口 (1F/2F/B1F 等)"。

进站口编号命名示意图 (车站每层只有一个进站口) 如图 4－27 所示。

进站口标识 (车站每层只有一个进站口) 如图 4－28 所示。

(2) 当车站有多个进站口时，以主站房一侧或者客流主要来源方向进站口为起点顺时针编号，如车站为多层，按此原则分层接序编号。命名时要考虑方向和楼层，将其作为辅助信息纳入进站口命名。

进站口编号命名示意图 (车站每层有多个进站口) 如图 4－29 所示。

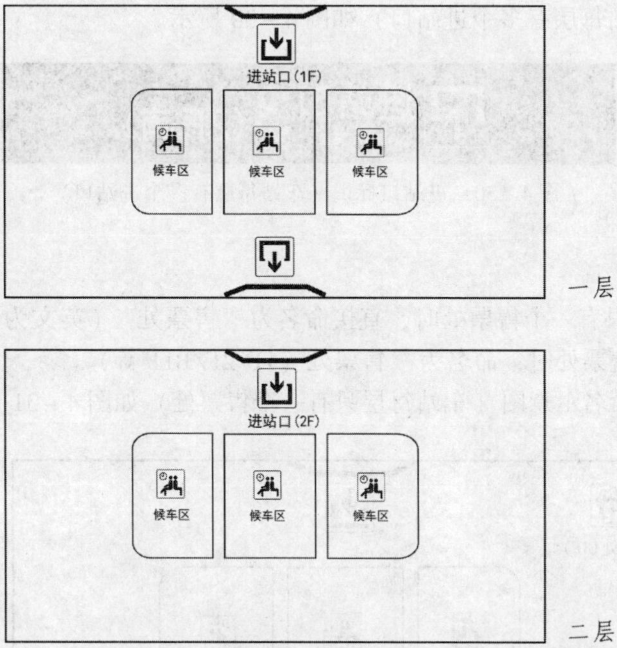

图 4－27　进站口编号命名示意图（车站每层只有一个进站口）

图 4－28　进站口标识（车站每层只有一个进站口）

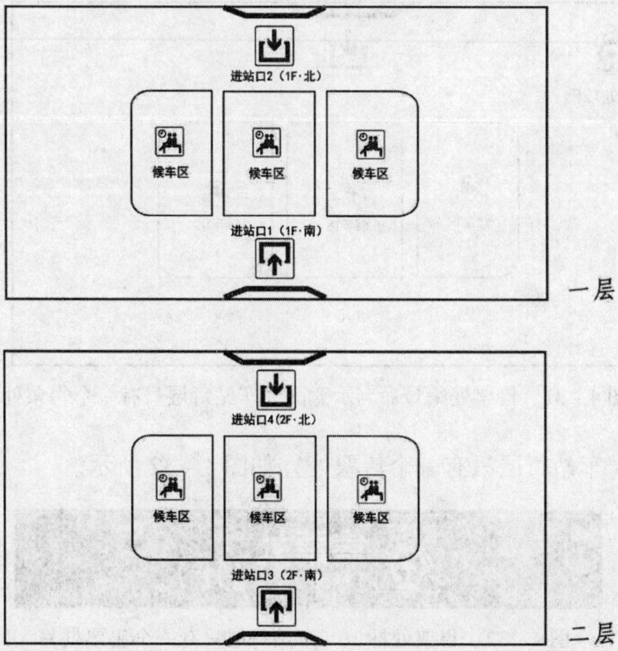

图 4－29　进站口编号命名示意图（车站每层有多个进站口）

进站口标识（车站每层有多个进站口）如图 4－30 所示。

图 4－30 进站口标识（车站每层有多个进站口）

2. 售票处

（1）当车站只有一个售票处时，直接命名为“售票处”（英文为 Tickets）；多层车站每层只有一个售票处时，命名为“售票处（1F/2F/B1F 等）”。

售票处编号命名示意图（车站每层只有一个售票处）如图 4－31 所示。

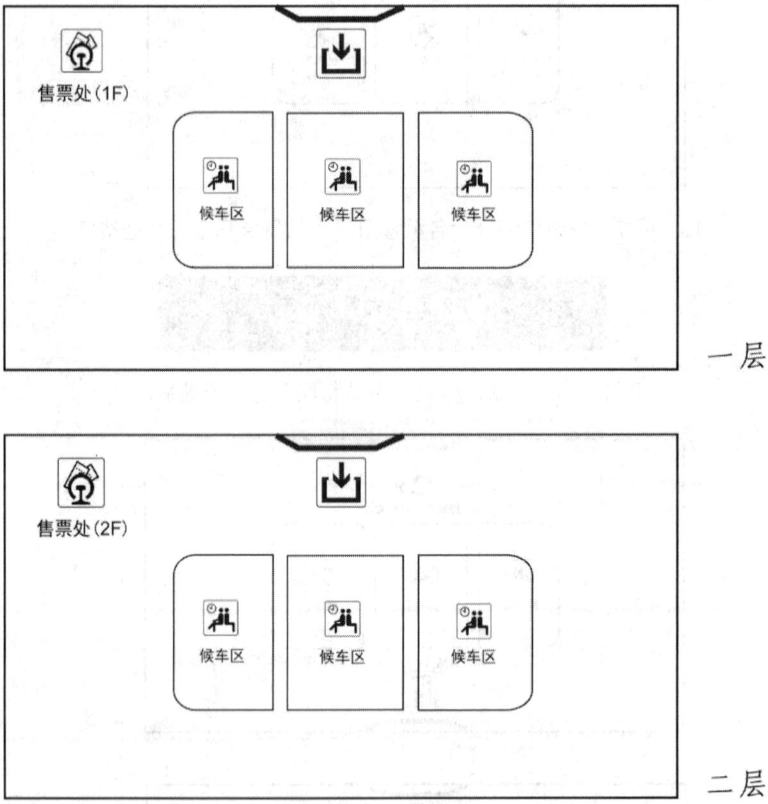

图 4－31 售票处编号命名示意图（车站每层只有一个售票处）

售票处标识（车站每层只有一个售票处）如图 4－32 所示。

图 4－32 售票处标识（车站每层只有一个售票处）

（2）当车站有多个售票处时，以主站房一侧或者客流主要来源方向售票处为起点顺时针编号，如车站为多层，按此原则分层接序编号。命名时要考虑方向和楼层，将其作为辅助信息纳入售票处命名。

售票处编号命名示意图（车站每层有多个售票处）如图 4－33 所示。

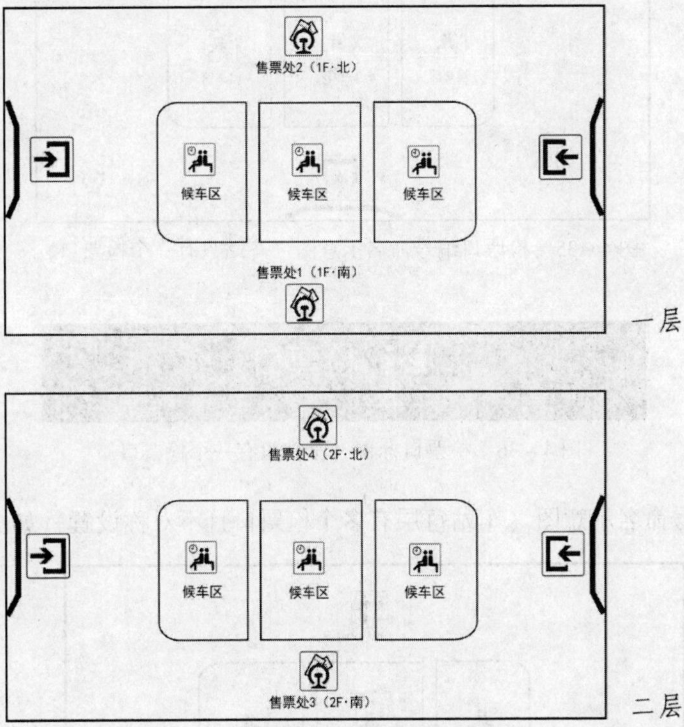

图 4－33　售票处编号命名示意图（车站每层有多个售票处）

售票处标识（车站每层有多个售票处）如图 4－34 所示。

图 4－34　售票处标识（车站每层有多个售票处）

3. 检票口

（1）当车站只有一个检票口时，直接命名为“检票口”（英文为 Check in）；多层车站每层只有一个检票口时，命名为“检票口（1F/2F/B1F 等）”。

检票口编号命名示意图（车站只有一个检票口）如图 4－35 所示。

检票口标识（车站只有一个检票口）如图 4－36 所示。

（2）当车站有多个检票口且不对称设置时，从进入或靠近 1 站台的检票口为起点顺时针编号，如车站为多层，按此原则分层接序编号。命名时要考虑楼层，将其作为辅助信息纳入检票口命名。

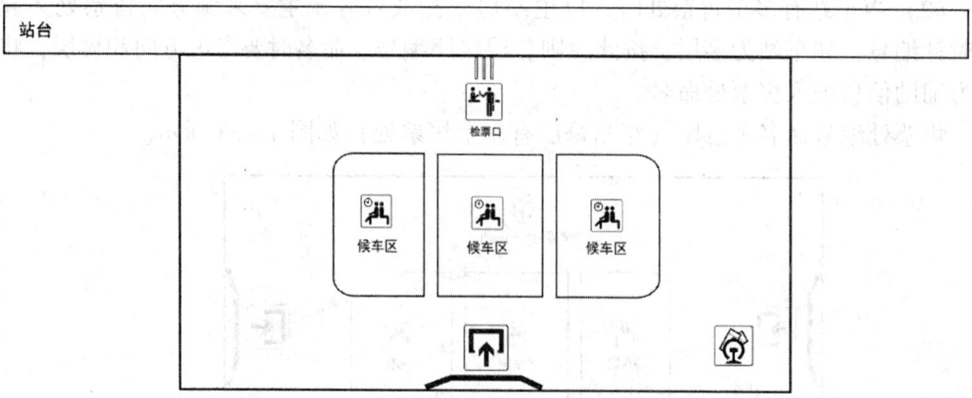

图 4－35　检票口编号命名示意图（车站只有一个检票口）

图 4－36　检票口标识（车站只有一个检票口）

检票口编号命名示意图（车站每层有多个检票口且不对称设置）如图 4－37 所示。

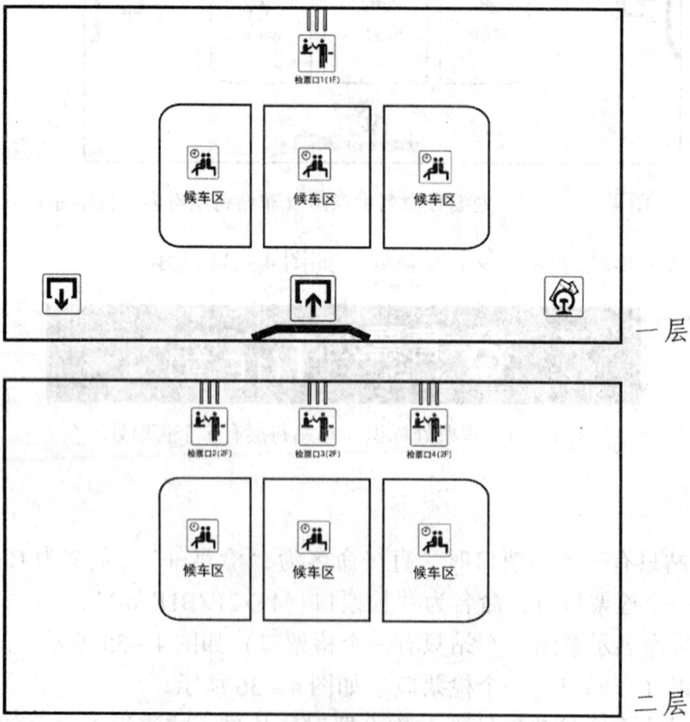

图 4－37　检票口编号命名示意图（车站每层有多个检票口且不对称设置）

检票口标识（车站每层有多个检票口且不对称设置）如图 4－38 所示。

图 4－38　检票口标识（车站每层有多个检票口且不对称设置）

(3）当车站有多个检票口且对称设置时，从进入或靠近 1 站台的检票口开始顺序编号，原则上检票口编号与站台编号一一对应，如“检票口 1A/1B”等。

检票口编号命名示意图（车站有多个检票口且对称设置）如图 4－39 所示。

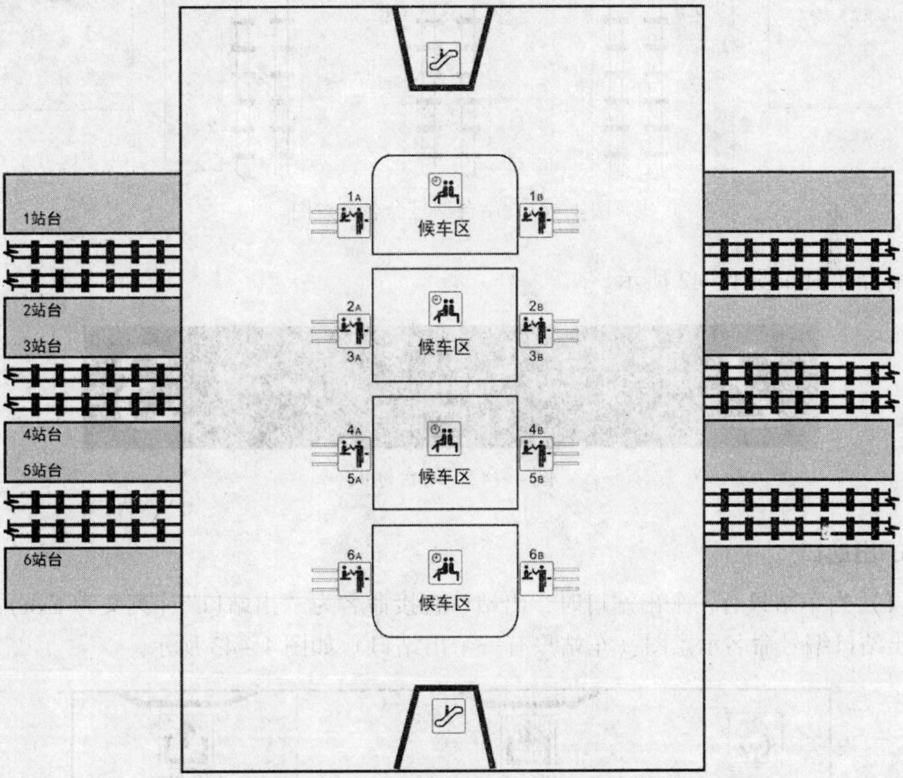

图 4－39　检票口编号命名示意图（车站有多个检票口且对称设置）

检票口标识（车站有多个检票口且对称设置）如图 4－40 所示。

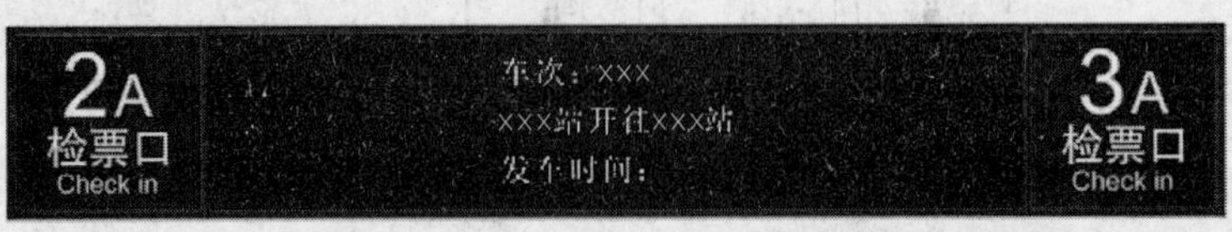

图 4－40　检票口标识（车站有多个检票口且对称设置）

4. 站台

当车站有多个站台时，站台标识应根据站台编号命名。站台编号从基本站台起始（基本站台编为 1 站台），其他站台的编号按照距离基本站台的远近依次排列。如设有两个基本站台，主站房一侧或者客流主要来源方向的站台定义为1站台。

站台编号命名示意图如图4－41所示。

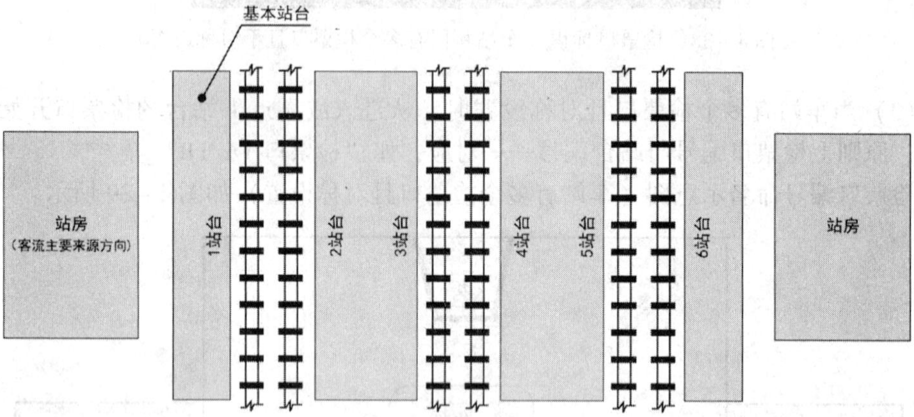

图4－41　站台编号命名示意图

站台标识如图4－42所示。

图4－42　站台标识

5. 出站口

（1）当车站只有一个出站口时，出站口直接命名为“出站口”（英文为Exit）。出站口编号命名示意图（车站只有一个出站口）如图4－43所示。

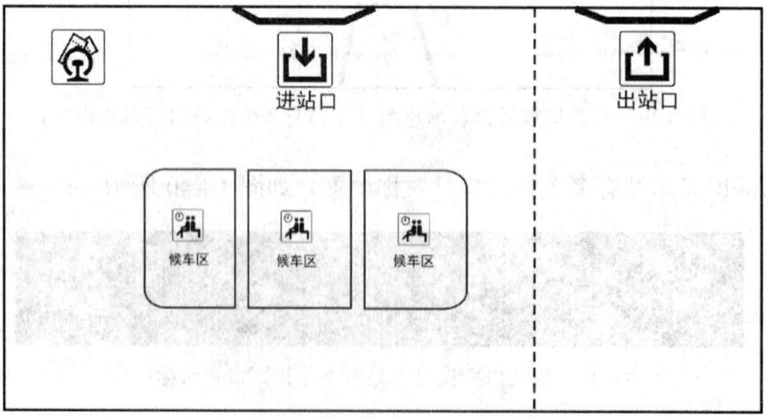

图4－43　出站口编号命名示意图（车站只有一个出站口）

出站口标识（车站只有一个出站口）如图4－44所示。

（2）当车站有多个出站口时，以1站台或靠近1站台的出站口为起点顺时针编号。

图 4－44　出站口标识（车站只有一个出站口）

命名时要考虑方向，将其作为辅助信息纳入出站口命名。

出站口编号命名示意图（车站有多个出站口）如图 4－45 所示。

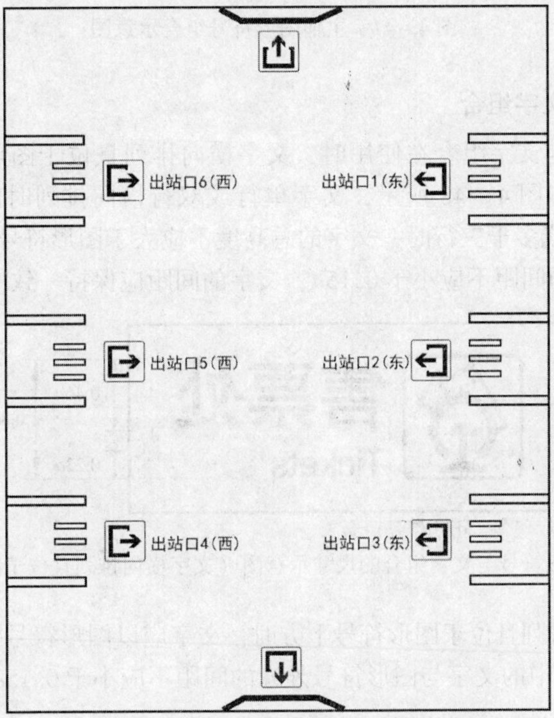

图 4－45　出站口编号命名示意图（车站有多个出站口）

出站口标识（车站有多个出站口）如图 4－46 所示。

图 4－46　出站口标识（车站有多个出站口）

五、标识组合的技术要求

1. 主辅图形符号组合

图形符号可由一个主图形符号和若干辅助图形符号组合构成，辅助图形符号对主图形符号的含义起到补充说明作用。辅助图形符号应位于主图形符号的右侧，主图形符号与辅助图形符号共用边缘线，两个符号间使用竖线分隔。分隔线的两端不应与符号边线相接，分割线的线宽应不小于符号边线线宽。

主辅图形符号组合示意图如图 4－47 所示。

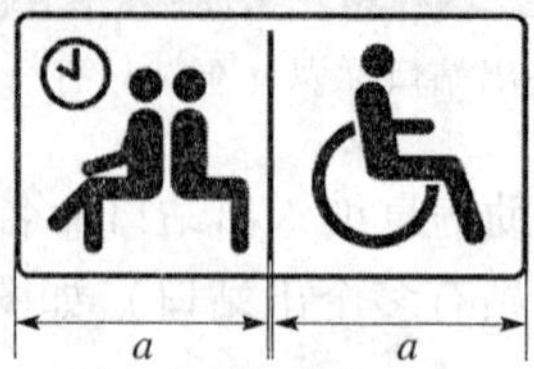

图 4－47 主辅图形符号组合示意图

2. 图形符号与文字组合

（1）图形符号与文字组合在使用时，文字横向排列且位于图形符号一侧，文字应与图形符号对齐。如图 4－48 所示，文字单行或双行横向排列时的高度（含行间距）是 0.8a，文字三行或多于三行时，文字的总高度不应大于图形符号尺寸 a。组合中的文字与图形符号外缘的间距不应小于 0.15a，文字的间距应保持一致。

图 4－48 图形符号与文字组合的尺寸示意图（文字横向排列且位于图形符号一侧）

（2）文字横向排列且位于图形符号下方时，文字应以图形符号为参照居中对齐。如图 4－49 所示，组合中的文字与图形符号外缘的间距不应小于 0.15a。

图 4－49 图形符号与文字组合的尺寸示意图（文字横向排列且位于图形符号下方）

（3）文字纵向排列且位于图形符号下方时，文字应与图形符号对齐。如图 4－50 所示，中文从上至下排列，英文按横向排列顺时针旋转 90°所得结果的样式进行排列；同时使用中文与英文时，中文应位于英文的右侧。

（4）如标识中需要加入少数民族文字，可根据国家或地方政府出台的有关文件要求进行版面设计。

图 4－50　图形符号与文字组合的尺寸示意图（文字纵向排列且位于图形符号下方）

3. 图形符号与图形符号组合

如图 4－51 所示，图形符号与图形符号组合使用时，各图形符号应具有相同的符号尺寸 a；图形符号间的距离不应小于 0.15a。图形符号与另一图形符号附带的文字相邻时，其间距应等于或小于 0.3a，但须大于另一图形符号与其附带的文字的间距。

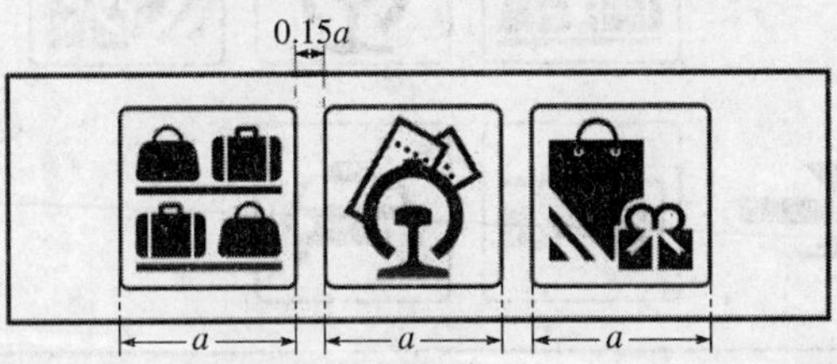

（a）图形符号不附带文字

（b）图形符号附带文字

图 4－51　图形符号与图形符合组合的尺寸示意图

4. 图形符号与方向符号组合

（1）如图 4－52 所示，图形符号与方向符号组合在一起使用时，图形符号与方向符号外缘的距离不应小于 0.15a。方向符号的尺寸等于图形符号中图形的尺寸。图形符号、方向符号、文字、数字等标识要素组合使用时，图形符号与方向符号要相邻布置。

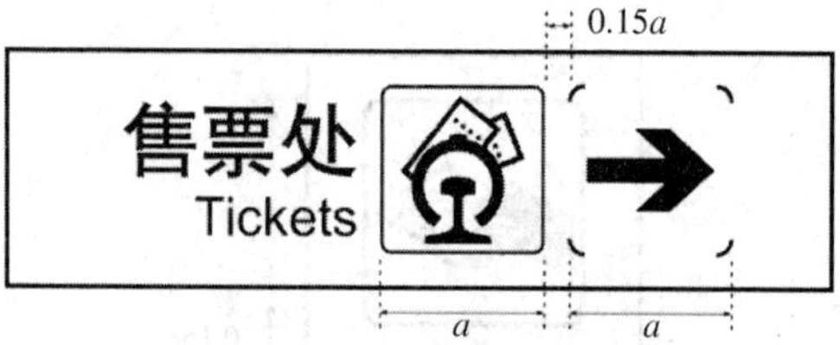

图 4－52 图形符号与方向符号组合的尺寸示意图

（2）如图 4－53 所示，同一版面中，多个图形符号与方向符号组合使用时（同一行），应使用与标识版面齐高的竖线分隔。

图 4－53 多个图形符号与方向符号组合（位于同一行）示例

（3）如图 4－54 所示，同一版面中，多个图形符号与方向符号组合使用（分行）时，行与行之间的空白间隔宽度不应小于组内相邻图形符号的间距，且不应大于 0. 3a。

图 4－54 多个图形符号与方向符号组合使用（分行）示例

5. 图形符号与数字组合

如图 4－55 所示，数字作为编号出现在标识版面中时，数字的高度为图形符号的 0. 9 倍。两个及两个以上的数字为并列关系时，两两之间用符号“▪”居中分隔。表示一个数字范围时，数字之间用符号“▬”居中分隔。

符号“▪”：为正方形，边长应为数字符号笔画宽度的 1. 2 倍。

符号“▬”：为长方形，长宽比为 3∶1，宽度与数字符号的笔画宽度保持一致。

6. 图形符号与版面的关系

如图 4－56 所示，版面横向排列时，图形符号与版面上下边界的最小间距为 0. 2a，左右边界的最小间距为 0. 25a，版面边界与标识各要素的间距不应小于标识各组成要素间的距离。

(a) 数字为并列关系

(b) 两个数字表示一个数字范围

图4-55　图形符号与数字组合示例

图4-56　图形符号与版面的关系的示意图

7. 文字、数字与版面的关系

文字、数字与版面的关系的示意图如图4-57所示。

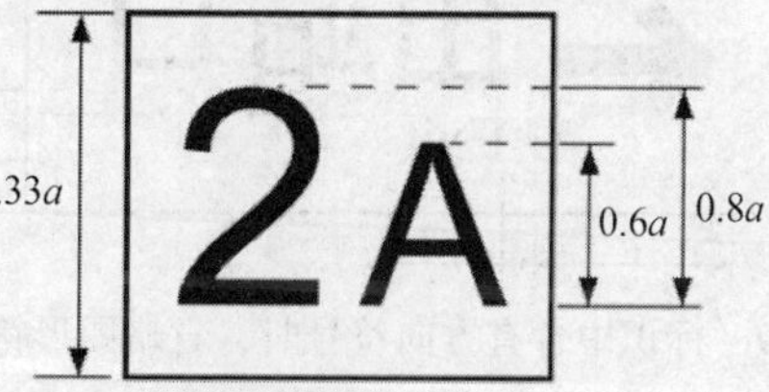

(a) 版面中只有英文与数字

(b) 版面中只有中文与英文

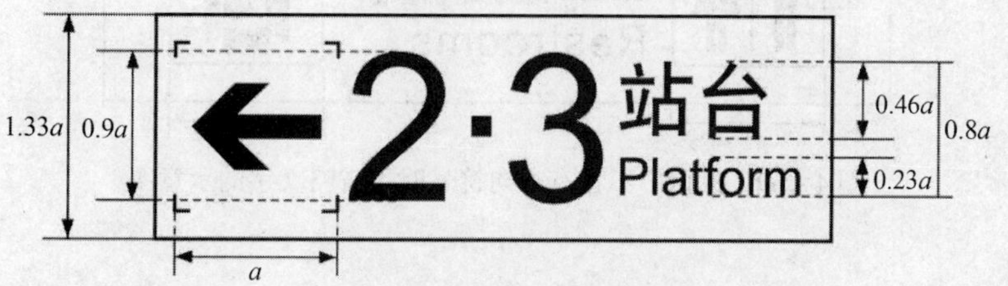

(c) 版面中同时有中文、英文和数字

图4-57　文字、数字与版面的关系的示意图

8. 特殊版面

（1）如图 4 – 58 所示，在版面尺寸允许的情况下，同一版面在设置主要信息的同时，可设置次要信息。次要信息图形符号的边长为主要信息图形符号边长 a 的 0.5 ~ 0.7 倍。

图 4 – 58　主要信息与次要信息尺寸关系示意图

（2）当标识受到建筑结构或安装位置的限制，版面无法同时承载所有标识要素时，标识可省略图形符号或文字。

① 如图 4 – 59 所示，当标识中含有方向符号时，优先省略图形符号。

图 4 – 59　标识中含有方向符号时，省略图形符号的示意图

② 如图 4 – 60 所示，当标识中不含有方向符号时，优先省略文字。

图 4 – 60　标识中不含有方向符号时，省略文字的示意图

任务二　铁路车站客运标识系统安装、设置要求

【技能目标】

能了解标识的安装要求；
能掌握不同站型的不同区域的标识布点方案；
能掌握不同站型的不同区域的标识技术要求。

【知识点】

标识的安装要求；
不同站型的不同区域的标识布点方案；
不同站型的不同区域的标识技术要求。

【相关知识】

一、标识的安装要求

标识根据安装形式可分为镶嵌、吊挂、悬挑、落地、立柱、贴附、动静结合等多种类别。不同类别的标识的安装都要确保使用安全。

1. 镶嵌类标识的安装

镶嵌类标识嵌入于建筑物表面，此类标识多以单面灯箱的形式出现，主要应用于站房外立面、售票区、候车区、出站区等场所。

（1）标识镶嵌在站房外立面。

镶嵌在站房外立面的标识的示意图如图4－61所示。

图4－61　镶嵌在站房外立面的标识的示意图

镶嵌在站房外立面的标识的工艺图如图 4－62 所示。

(a) 正视图

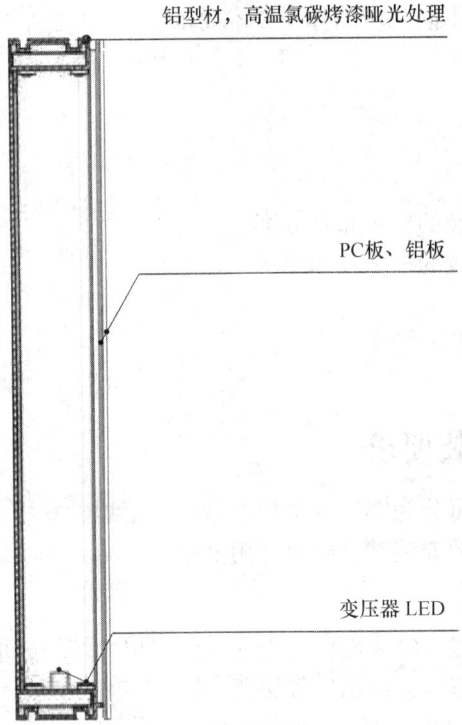

(b) 剖面图

图 4－62　镶嵌在站房外立面的标识的工艺图

(2) 标识镶嵌在站房内立面。

镶嵌在站房内立面的标识的示意图如图 4－63 所示。

镶嵌在站房内立面的标识的工艺图如图 4－64 所示。

2. 吊挂类标识的安装

吊挂类标识安装于建筑物的顶部，从上垂挂下来，主要安装于进出站通道、站台等位置。

(1) 标识吊挂于站台。

吊挂于站台的标识的示意图如图 4－65 所示。

吊挂于站台的标识的工艺图如图 4－66 所示。

图 4－63　镶嵌在站房内立面的标识的示意图

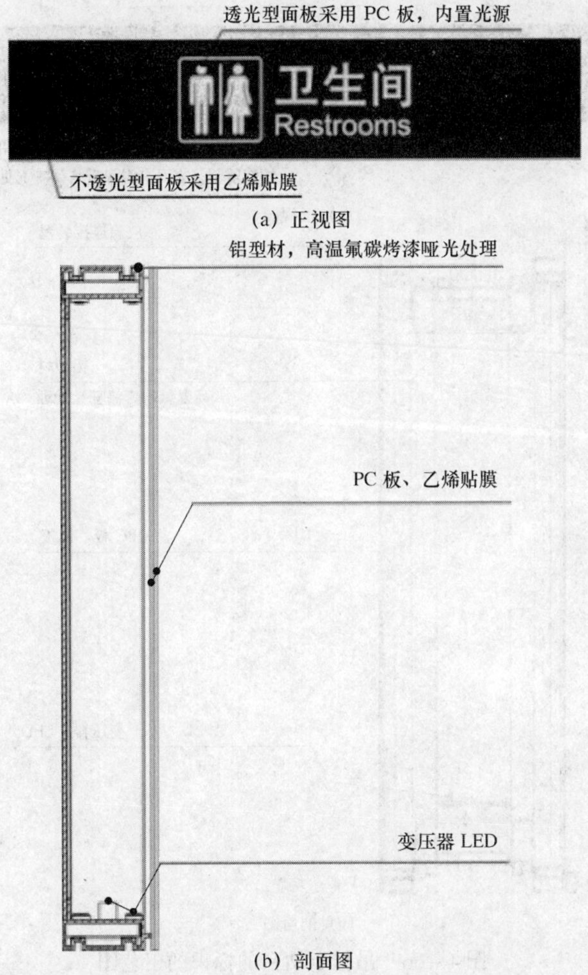

（a）正视图

（b）剖面图

图 4－64　镶嵌在站房内立面的标识的工艺图

图4－65　吊挂于站台的标识的示意图

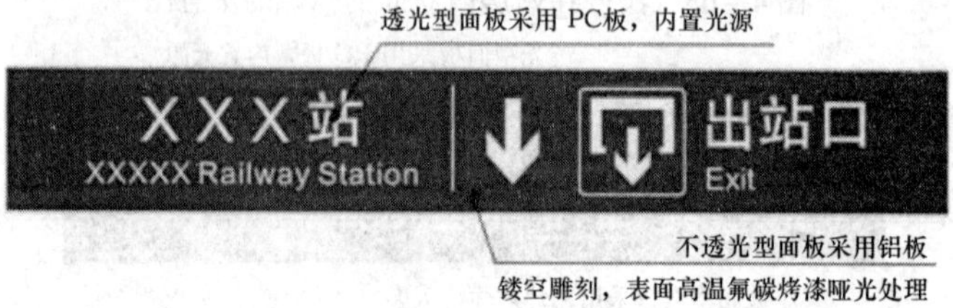

（a）正视图

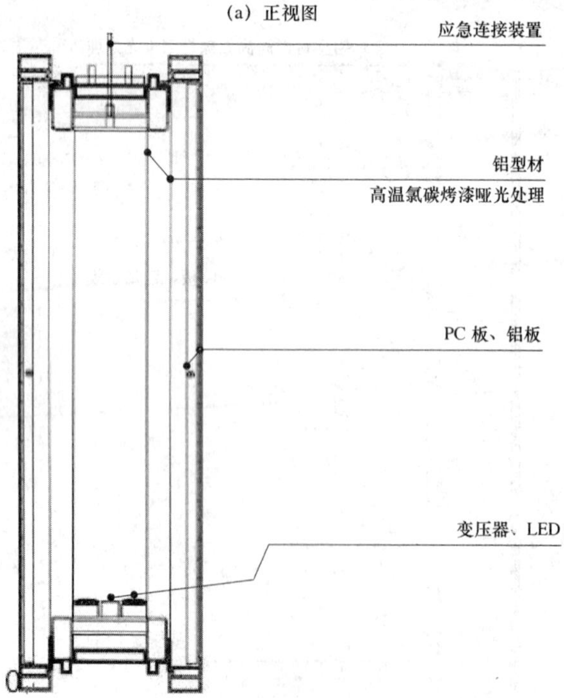

（b）剖面图

图4－66　吊挂于站台的标识的工艺图

（2）标识吊挂于站房。

吊挂于站房的标识的示意图如图 4－67 所示。

图 4－67　吊挂于站房的标识的示意图

吊挂于站房的标识的工艺图如图 4－68 所示。

（a）正视图

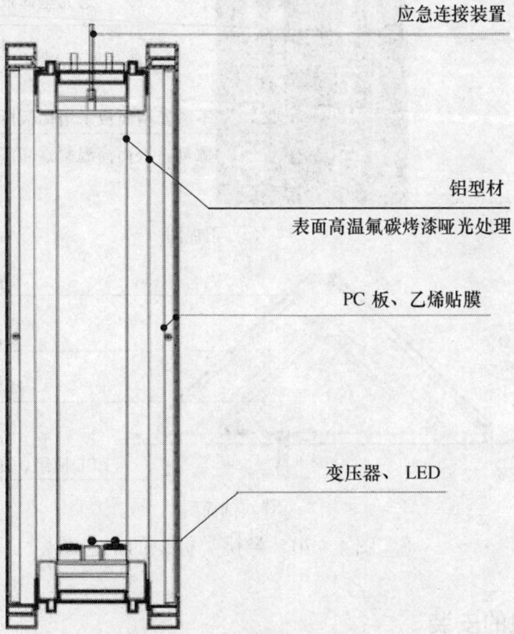

（b）剖面图

图 4－68　吊挂于站房的标识的工艺图

3. 悬挑类标识的安装

悬挑类标识垂直安装于建筑物墙体立面，主要安装于检票口、进出站通道等位置。悬挑类标识的示意图如图 4 –69 所示。

图 4 –69　悬挑类标识的示意图

悬挑类标识的工艺图如图 4 –70 所示。

(a) 正视图

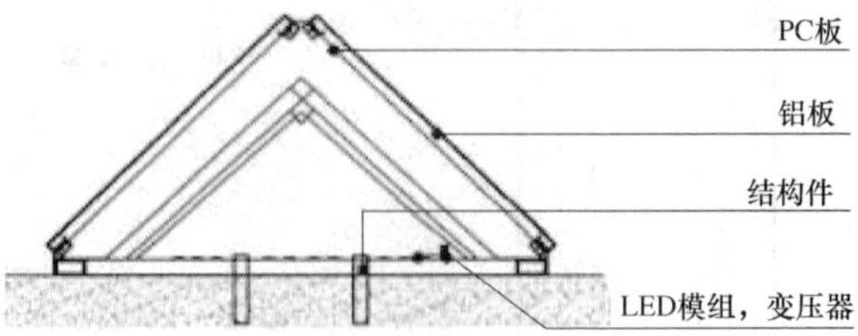

(b) 剖面图

图 4 –70　悬挑类标识的工艺图

4. 落地类标识的安装

落地类标识整体垂直于地面，分为单面和双面两类，主要安装于售票处、候车区、检票口，以及客流密集的路口、出入口等位置。

(1) 检票信息落地标识。

检票信息落地标识的示意图如图 4－71 所示。

图 4－71　检票信息落地标识的示意图

检票信息落地标识的工艺图如图 4－72 所示。

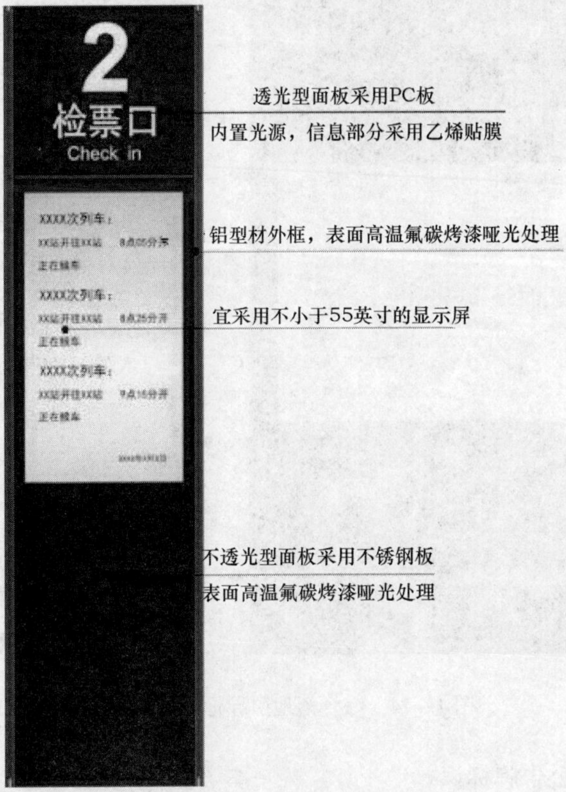

图 4－72　检票信息落地标识的工艺图

（2）综合落地引导标识。

综合落地引导标识的示意图如图 4－73 所示。

图 4－73　综合落地引导标识的示意图

综合落地引导标识的工艺图如图 4－74 所示。

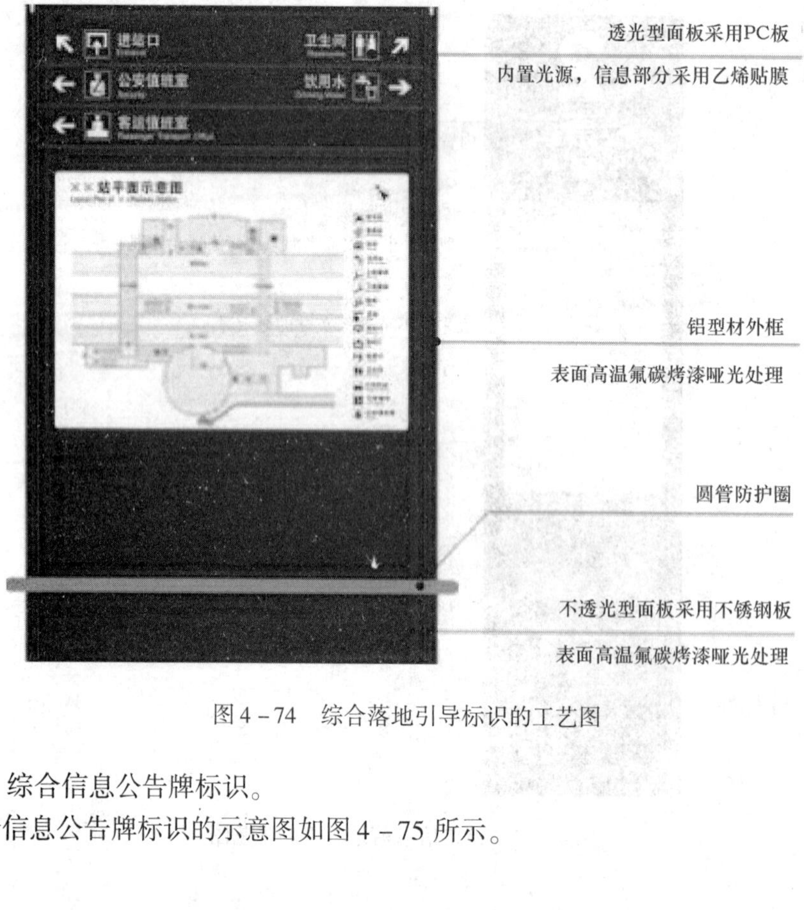

图 4－74　综合落地引导标识的工艺图

（3）综合信息公告牌标识。

综合信息公告牌标识的示意图如图 4－75 所示。

图 4－75　综合信息公告牌标识的示意图

综合信息公告牌标识的工艺图如图 4－76 所示。

图 4－76　综合信息公告牌标识的工艺图

（4）出站区落地标识。

出站区落地标识的示意图如图 4－77 所示。

出站区落地标识的工艺图如图 4－78 所示。

图 4－77　出站区落地标识的示意图

图 4－78　出站区落地标识的工艺图

(5) 站台站名落地标识。

站台站名落地标识的示意图如图 4－79 所示。

站台站名落地标识的工艺图如图 4－80 所示。

图 4－79　站台站名落地标识的示意图

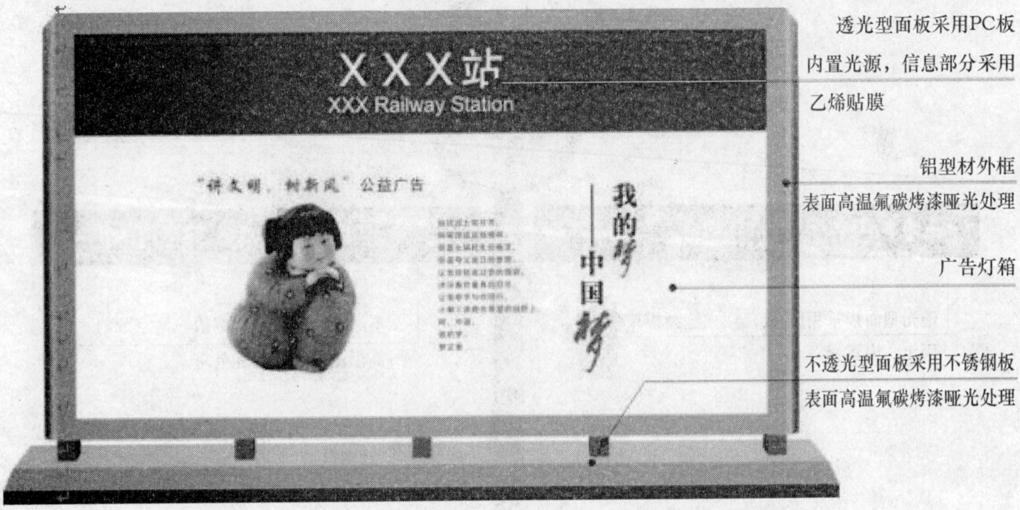

图 4－80　站台站名落地标识的工艺图

5. 立柱类标识的安装

立柱类标识以单杆立地的形式承载引导信息，可以与时钟设备结合设置，主要安装于候车区等位置。

立柱类标识的示意图如图 4－81 所示。

立柱类标识的工艺图如图 4－82 所示。

图 4-81　立柱类标识的示意图

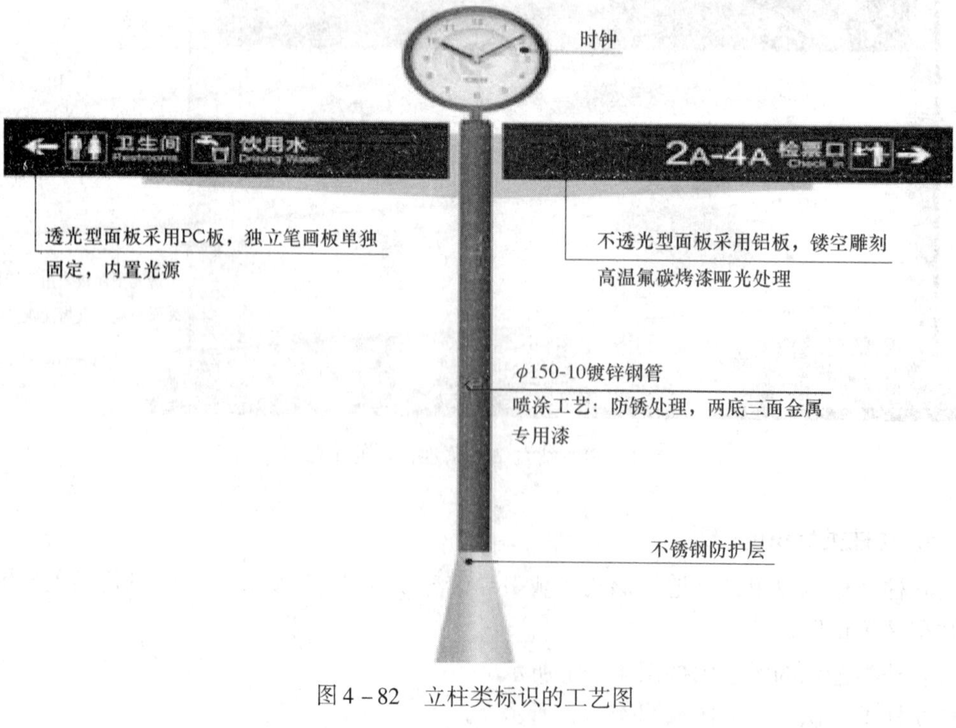

图 4-82　立柱类标识的工艺图

6. 贴附类标识的安装

贴附类标识附着于建筑物表面，主要安装于售票处、候车区、进出站通道、站台等位置。

（1）铝板丝印贴附标识。

铝板丝印贴附标识的示意图如图 4－83 所示。

图 4－83　铝板丝印贴附标识的示意图

（2）铝板氧化金贴附标识。

铝板氧化金贴附标识的示意图如图 4－84 所示。

图 4－84　铝板氧化金贴附标识的示意图

铝板氧化金贴附标识的工艺图如图 4－85 所示。

图 4－85　铝板氧化金贴附标识的工艺图

（3）不锈钢贴附标识。

不锈钢贴附标识的示意图如图 4－86 所示。

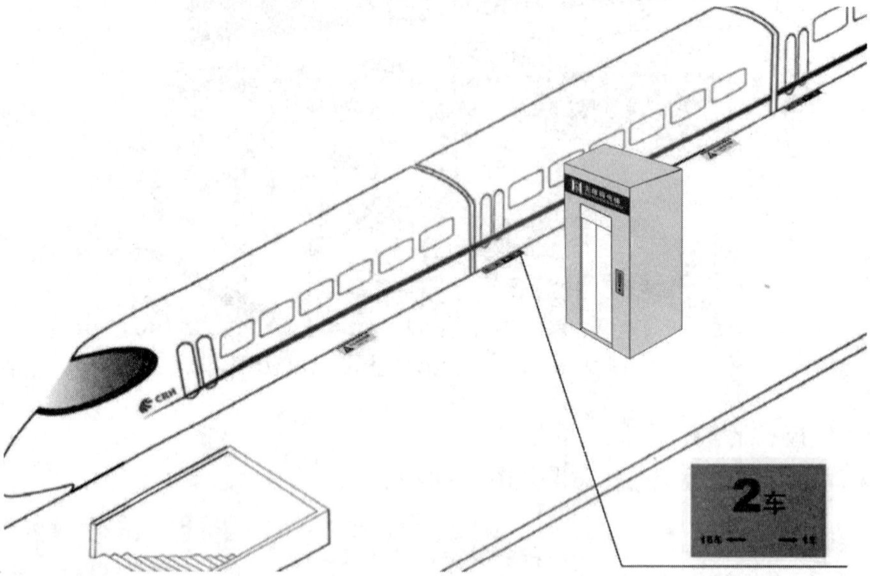

图 4－86　不锈钢贴附标识的示意图

不锈钢贴附标识的工艺图如图 4－87 所示。

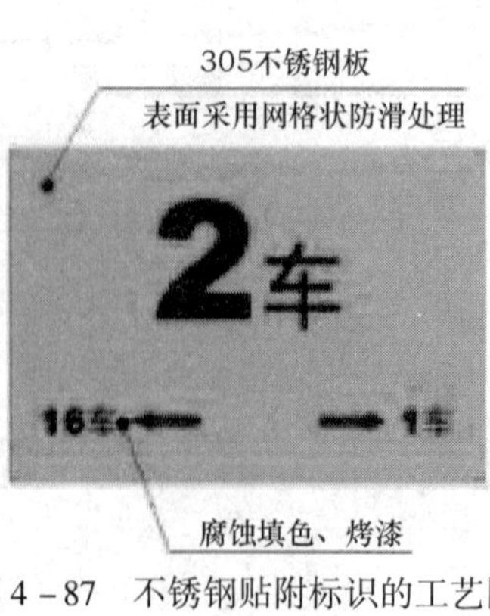

图 4－87　不锈钢贴附标识的工艺图

（4）乙烯贴膜贴附标识。

乙烯贴膜贴附标识的示意图如图 4－88 所示。

乙烯贴膜贴附标识的工艺图如图 4－89 所示。

图 4－88　乙烯贴膜贴附标识的示意图

图 4－89　乙烯贴膜贴附标识的工艺图

7. 动静结合类标识的安装

动静结合类标识将静态标识与动态显示屏结合，以镶嵌或吊挂的形式呈现动、静态信息，主要安装于检票口、进出站通道、站台、出站口等位置。

动静结合类标识的示意图如图 4－90 所示。

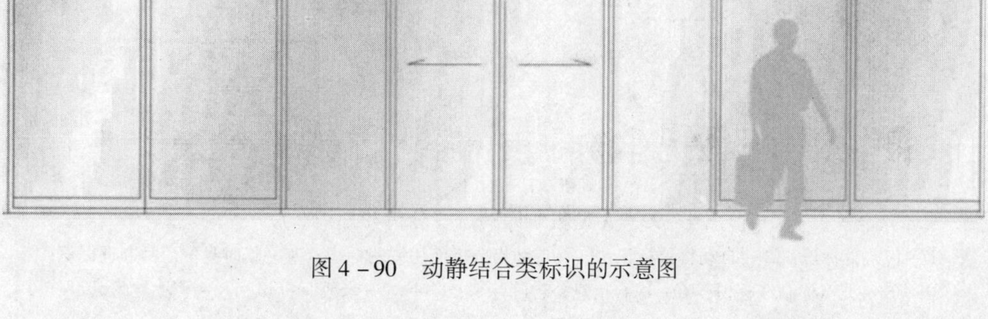

图 4－90　动静结合类标识的示意图

动静结合类标识的工艺图如图4－91所示。

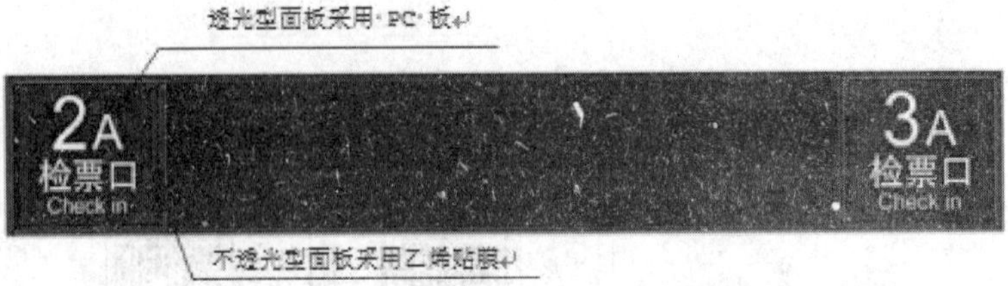

图4－91 动静结合类标识的工艺图

动态显示屏与静态标识的光源及电源应分别独立设置。

二、标识布点方案及标识布点技术要求

铁路车站客运业务从旅客流线上来看，可分为售票、进站、候车、检票、登乘、下车、出站等几个作业环节，这些作业环节分别对应若干功能区域，下面结合车站客运标识设置的特点将车站划分为售票区、进站区、安检区、候车区、检票区、进出站通道、站台区、出站区8个区域，每个区域按不同的站型分别进行标识布点方案及技术要求的介绍。

1. 售票区

售票区作为铁路车站为旅客提供购票服务的区域，根据其在站房内的位置，一般可分为A、B两种类型。在站房外立面独立设置售票处的为A型售票区；在站房内与候车区连通的区域设置售票处的为B型售票区，旅客经过进站口安检后可到达此区域购买车票。

售票区应设置售票处名称、售票窗口类型（自动售票、改签、退票、临时身份证明办理等）、购票须知、儿童标高线、“一米线”，以及必要的警示等标识。

1）A型售票区

（1）流线分析与标识布点。

A型售票区的流线分析与标识布点如图4－92所示。

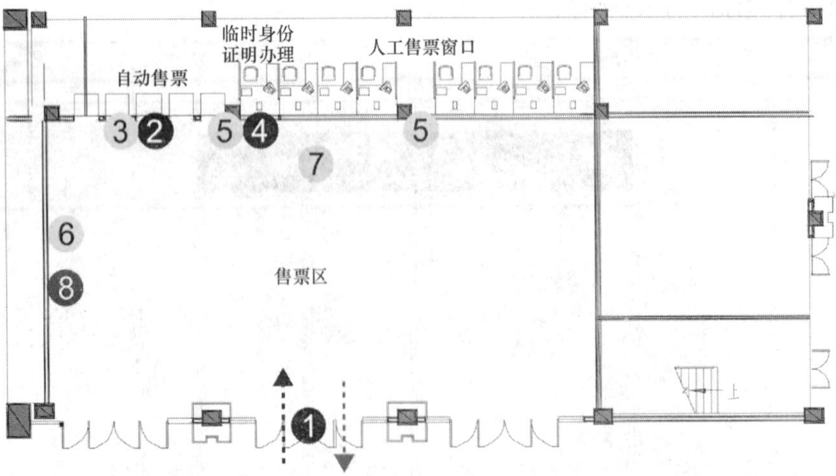

图4－92 A型售票区的流线分析与标识布点

①—售票处标识；②—自动售票标识；③—自动售票机使用说明标识；④—临时身份证明办理标识；⑤—儿童标高线标识；⑥—综合信息公告牌标识；⑦—“一米线”标识；⑧—警示类标识

（2）标识实现效果。

A 型售票区标识的实现效果如图 4－93 所示。

(a) 外部效果

(b) 内部效果

图 4－93　A 型售票区标识的实现效果

2）B 型售票区

（1）流线分析与标识布点。

B 型售票区的流线分析与标识布点如图 4－94 所示。

（2）标识实现效果。

B 型售票区标识的实现效果如图 4－95 所示。

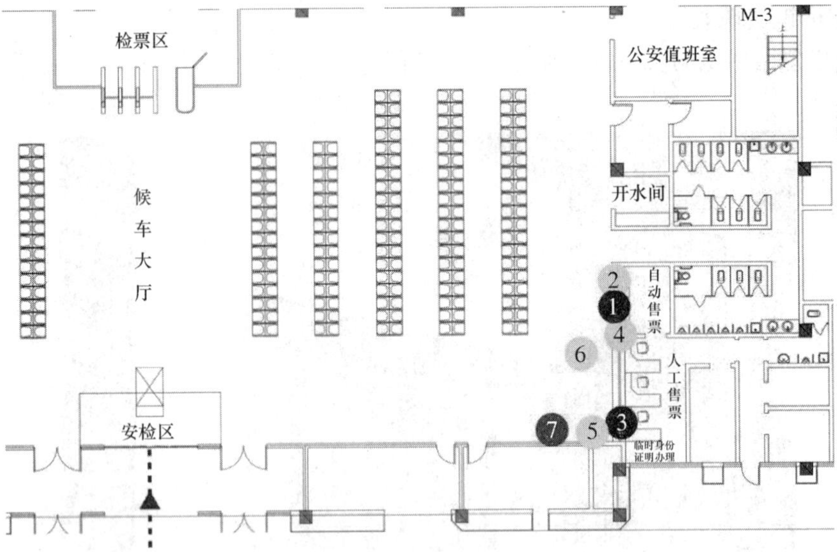

图 4－94　B 型售票区的流线分析与标识布点

①—自动售票标识；②—自动售票机使用说明标识；③—临时身份证明办理标识；④—儿童标高线标识；⑤—综合信息公告牌标识；⑥—“一米线”标识；⑦—警示类标识

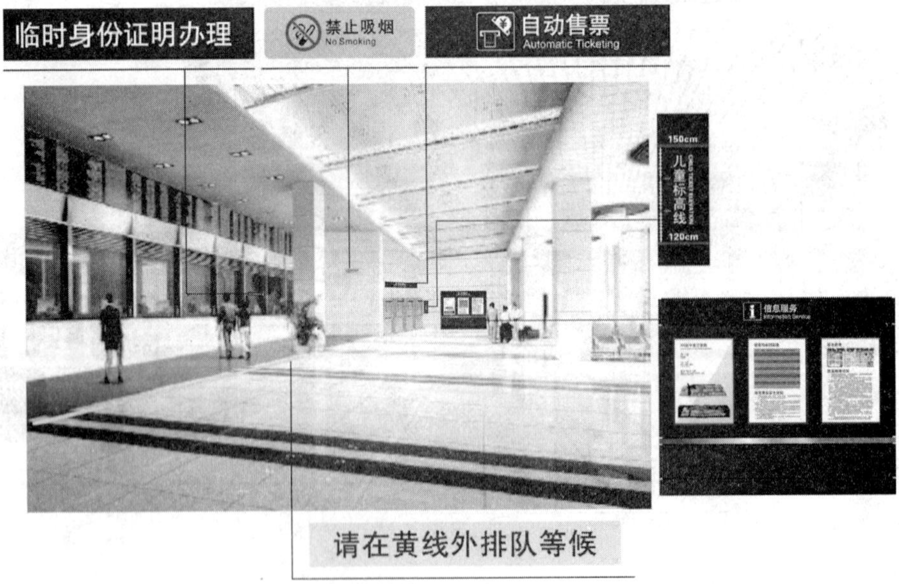

图 4－95　B 型售票区标识的实现效果

3）技术要求

（1）售票处标识，设光源，设置在售票处门头处。

（2）自动售票标识，无光源，设置在自动售票机上方，长度根据实际售票机配置数量进行设定。当铁路自动售票机与其他交通方式自动售票机设置在同一处时，信息内容可改用“铁路自动售票”。

自动售票标识如图 4－96 所示。

图 4－96　自动售票标识

若售票区域仅设置自动售（取）票机，标识参照售票处设置，信息内容为“自动售票处”。

自动售票处标识如图 4－97 所示。

图 4－97　自动售票处标识

（3）自动售票机使用说明标识，设置在自动售票机周边，可根据房屋建筑特点及自动售票机数量来设计规格与样式。

（4）临时身份证明办理标识，无光源，设置在临时身份证明办理窗口处，尺寸可根据窗口实际尺寸调整。如窗口上方设有窗口条屏，可不设置此标识。

临时身份证明办理标识如图 4－98 所示。

图 4－98　临时身份证明办理标识

（5）儿童标高线标识，无光源，设置在人工售票窗口及自动售票机附近的墙面。

（6）综合信息公告牌标识，设光源，设置在售票处内，可根据售票厅空间和布局对箱体的高度、宽度及 LED 屏进行调整，预留接入客服系统的条件。

综合信息公告牌标识如图 4－99 所示。

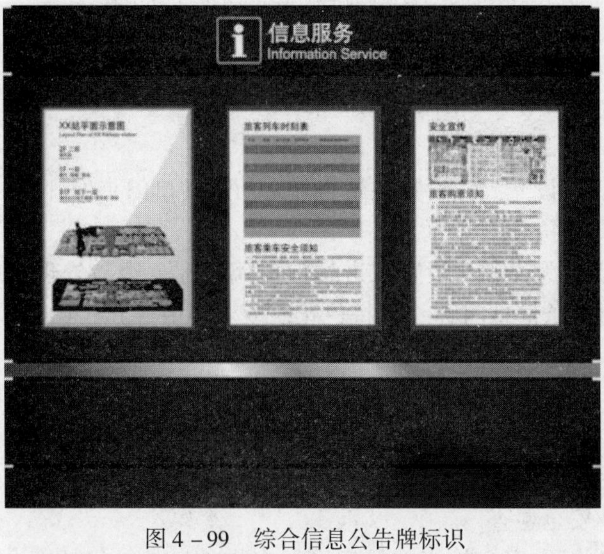

图 4－99　综合信息公告牌标识

(7)“一米线”(请在黄线外排队等候)标识，无光源，设置在人工售票窗口及自动售票机前方一米处的地面上。

(8)警示类标识，无光源，设置在售票区域，标识尺寸可根据墙面装饰材料规格等比例调整。

2. 进站区

进站区作为指引旅客进入车站的区域，其主要承担进站口引导、实名验证/安全检查、旅客分流三项功能。

1)进站口引导

起进站口引导功能的标识设置在进站口的外立面，告知旅客进站口位置及相关辅助信息。起进站口引导功能的标识主要有以下几种：进站口标识，根据需要可设置辅助信息；进站玻璃大门上张贴的防撞条标识；进站口内侧(候车室一侧)设置的出口标识。

(1)流线分析与标识布点。

进站区的流线分析与标识布点如图4-100所示。

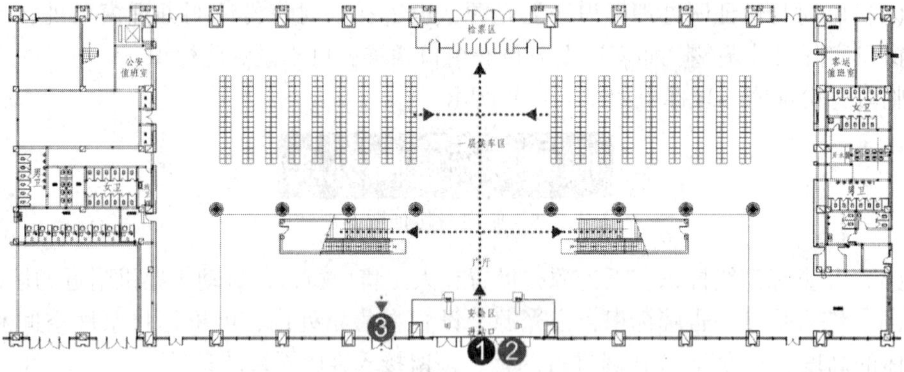

图4-100 进站区的流线分析与标识布点

①—进站口标识；②—防撞条标识；③—出口标识

(2)标识实现效果。

进站区标识的实现效果如图4-101所示。

(3)技术要求。

① 进站口标识，设光源，设置在站房外立面进站口门头处。

进站口标识如图4-102所示。

② 防撞条标识，无光源，设置在进站口玻璃门上，磨砂处理，可结合地域特点和民族文化来设置防撞条信息内容(如特色花纹或欢迎语等)。

防撞条标识如图4-103所示。

③ 出口标识，无光源，设置在进站口内侧(候车室一侧)门头处，标识尺寸结合车站客运组织及旅客流线设置。

出口标识如图4-104所示。

2)实名验证/安全检查

提示进行实名验证/安全检查的标识设置在进站口处，包括安全须知标识、“一米

(a) 外部效果

(b) 内部效果

图 4－101　进站区标识的实现效果

图 4－102　进站口标识

图 4－103　防撞条标识

图 4－104　出口标识

线”标识、验票验证（车票复位）标识等，这些标识告知旅客进行实名制验证及安全检查，引导旅客有序等候。

（1）中小型车站实名验证/安全检查流线分析与标识布点。

中小型车站实名验证/安全检查流线分析与标识布点如图 4－105 所示。

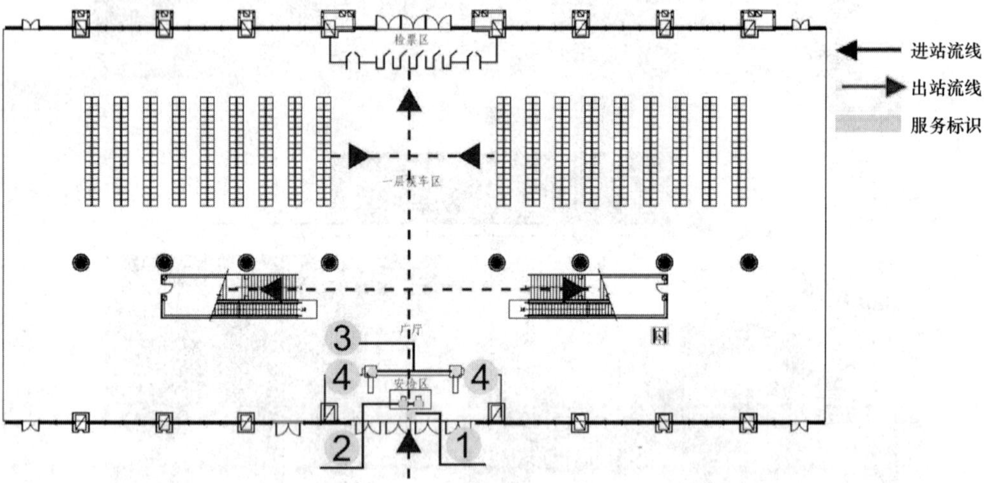

图 4－105　中小型车站实名验证/安全检查流线分析与标识布点

①—“一米线”标识；②—验票验证（车票复位）标识；③—安检要求标识；④—安全须知标识

（2）大型车站实名验证/安全检查流线分析与标识布点。

大型车站实名验证/安全检查流线分析与标识布点如图 4－106 所示。

（3）标识实现效果。

实名验证/安全检查区域标识的实现效果如图 4－107 所示。

（4）技术要求。

① “一米线”标识，无光源，设置在实名验票台前方一米处的地面上。

② 验票验证（车票复位）标识，无光源，设置在实名验票、车票复位处。

验票验证（车票复位）标识如图 4－108 所示。

③ 安检要求标识，无光源，设置在安检仪上，配备不锈钢基座。

安检要求标识如图 4－109 所示。

④ 安全须知标识，设光源，按综合信息公告牌标识工艺制作，设置在安全检查入口处。

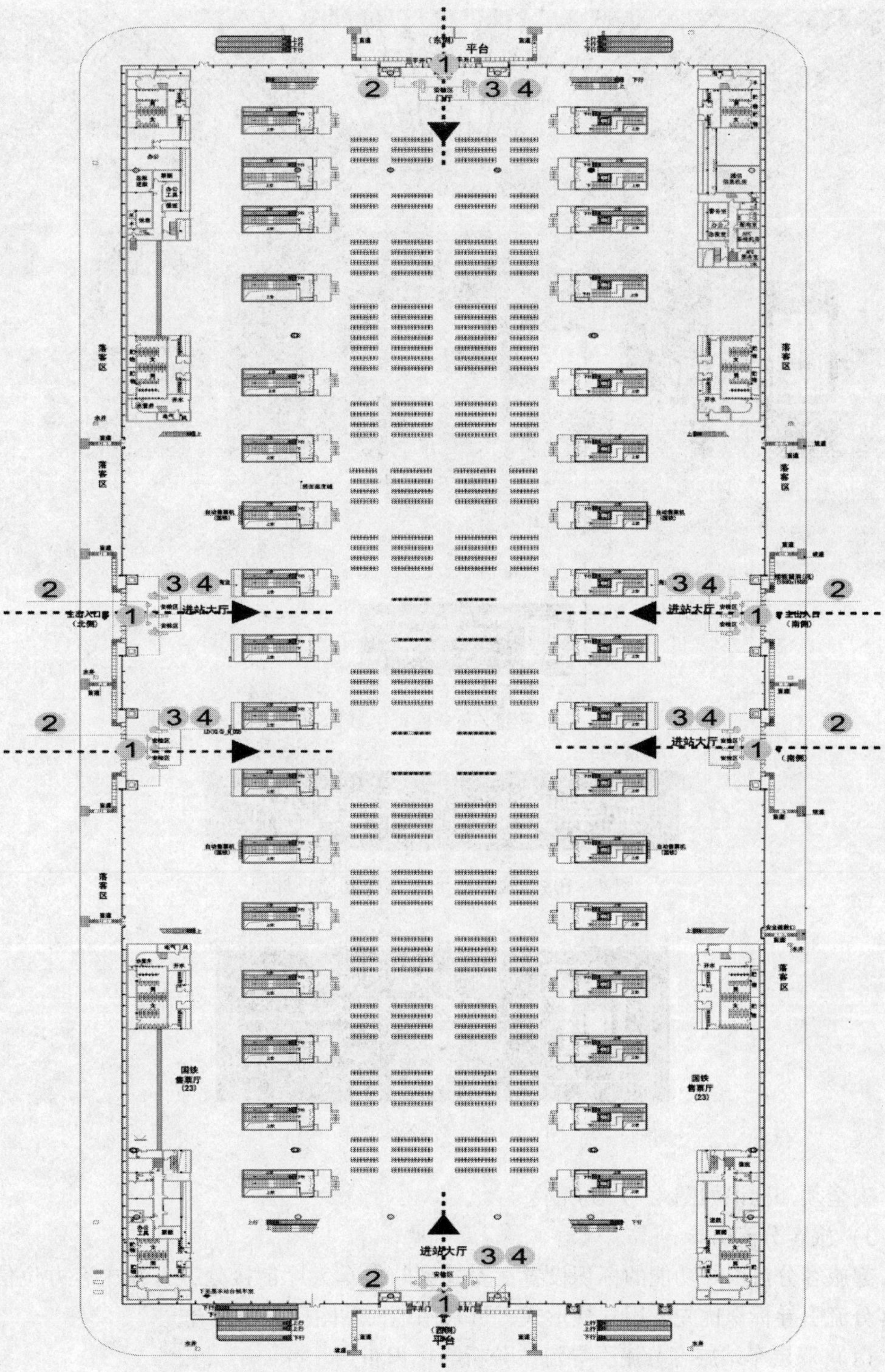

图 4－106　大型车站实名验证/安全检查流线分析与标识布点

①—“一米线”标识；②—验票验证（车票复位）标识；③—安检要求标识；④—安全须知标识

图 4－107 实名验证/安全检查区域标识的实现效果

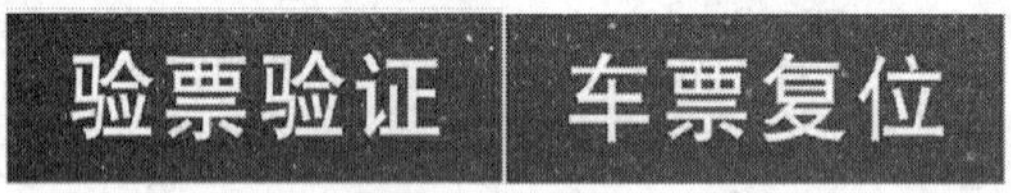

图 4－108 验票验证（车票复位）标识

图 4－109 安检要求标识

安全须知标识如图 4－110 所示。

3）旅客分流引导

起旅客分流引导功能的标识设置在安检区与候车大厅衔接处，告知旅客方位信息。旅客分流引导标识优先采用立柱形式，可采用地面贴附标识作为补充。

(1) 双层车站旅客分流引导流线分析与标识布点。

双层车站旅客分流引导流线分析与标识布点如图 4－111 所示。

(2) 大型枢纽车站旅客分流引导流线分析与标识布点。

大型枢纽车站旅客分流引导流线分析与标识布点如图 4－112 所示。

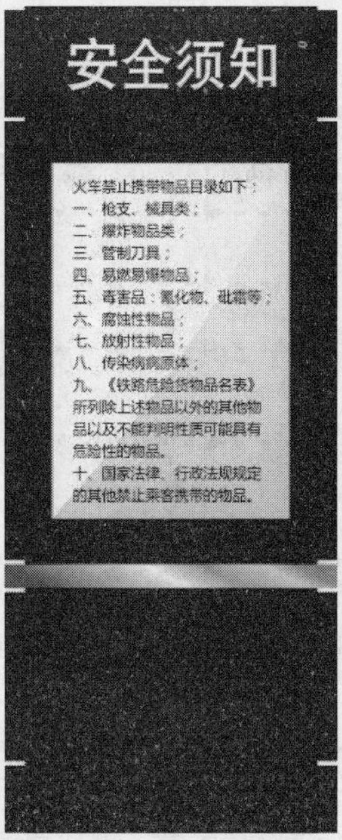

图 4－110　安全须知标识

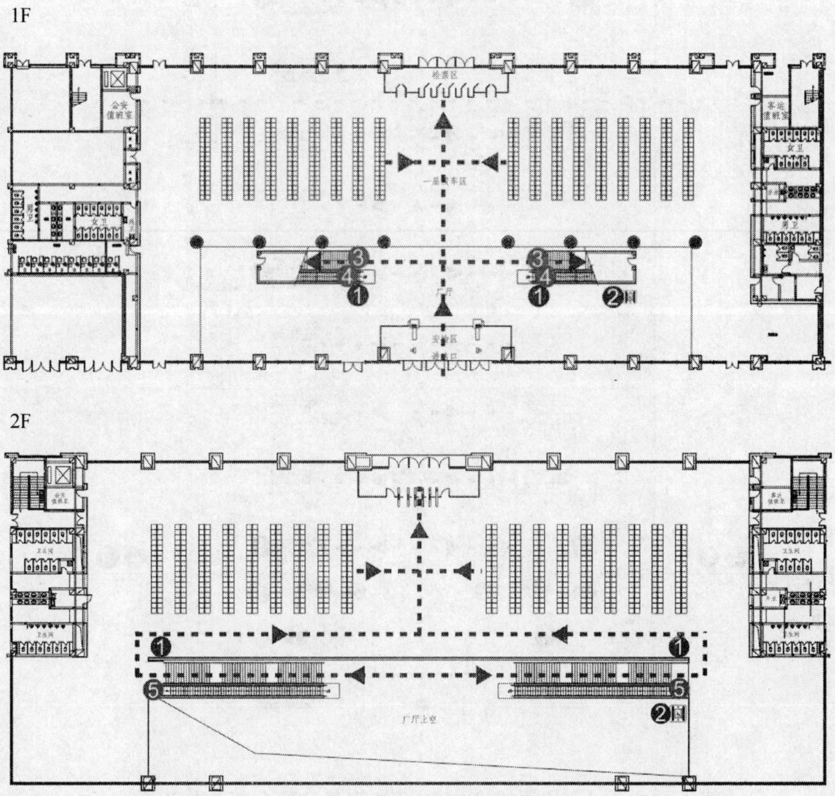

图 4－111　双层车站旅客分流引导流线分析与标识布点

①—分流引导标识；②—无障碍电梯标识；③—“小心台阶”标识；④—电扶梯警示标识；⑤—“禁止停留”标识

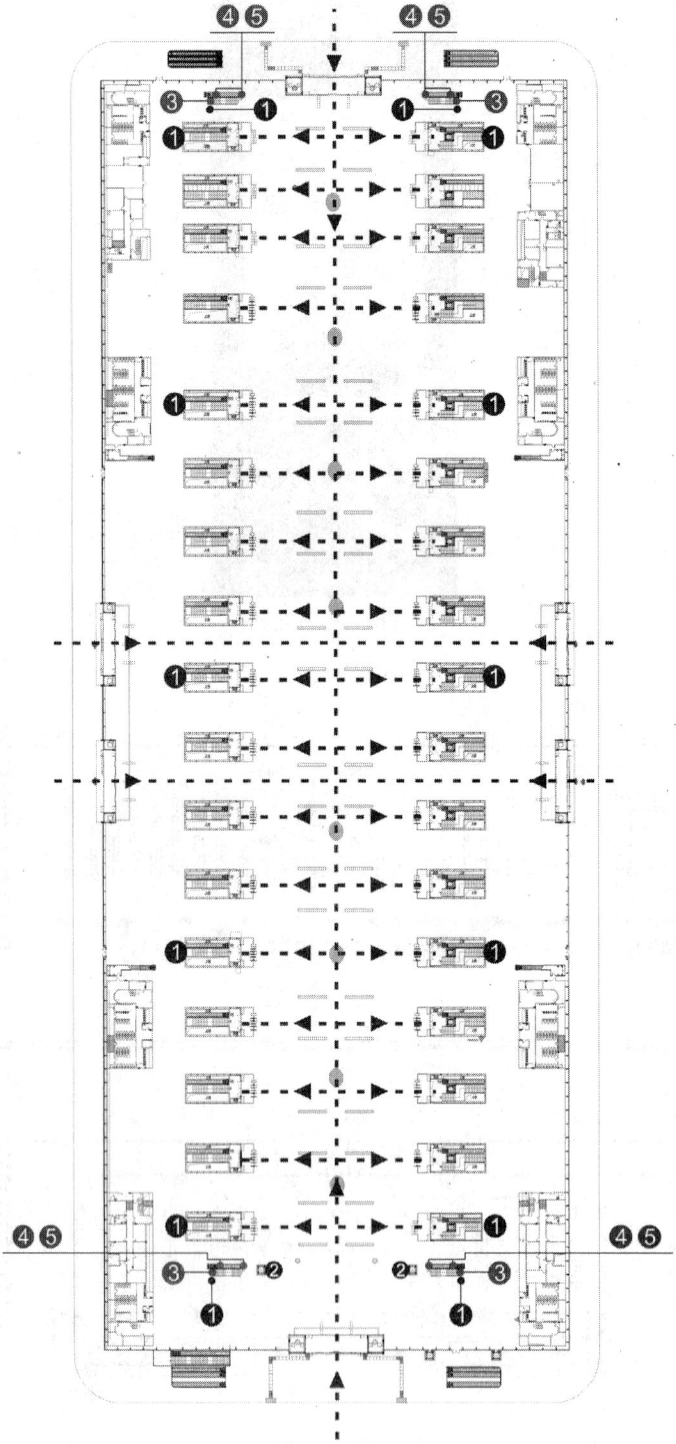

图 4－112　大型枢纽车站旅客分流引导流线分析与标识布点

①—分流引导标识；②—无障碍电梯标识；③—“小心台阶”标识；④—电扶梯警示标识；⑤—“禁止停留”标识

(3) 标识实现效果。

旅客分流引导标识的实现效果如图 4－113 所示。

(a) 实现效果1

(b) 实现效果2

图 4－113　旅客分流引导标识的实现效果

(4) 技术要求。

① 分流引导标识，设光源，设置在楼梯、扶梯等分流处，根据车站需求有综合落地式和立柱式两种选择。

综合落地式的分流引导标识如图 4－114 所示。

立柱式的分流引导标识如图 4－115 所示。

② 无障碍电梯标识，设光源，设置在无障碍电梯进出口处。电梯内须设置乘梯须知标识（无障碍电梯），乘梯须知标识（无障碍电梯）无光源，底色采用黄色和透明白色，用于提示旅客正确使用无障碍电梯。

无障碍电梯标识如图 4－116 所示。

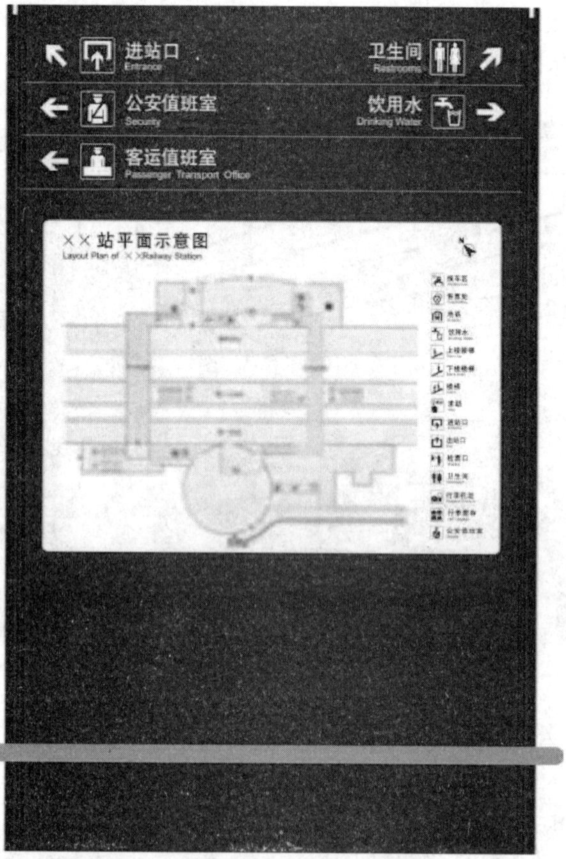

图 4－114 综合落地式的分流引导标识

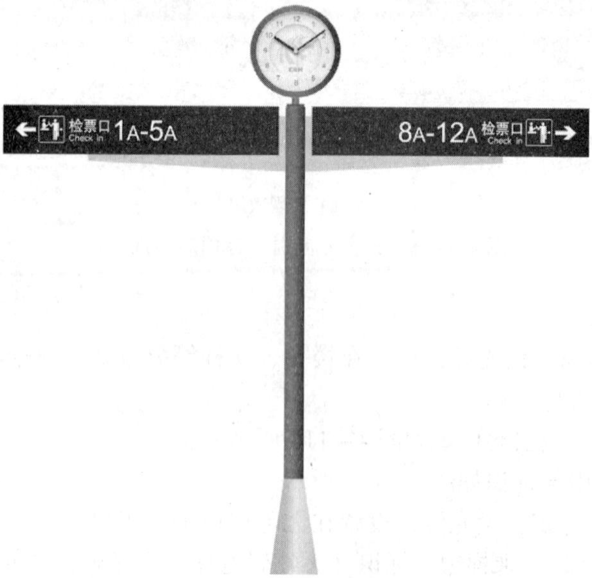

图 4－115 立柱式的分流引导标识

图 4－116　无障碍电梯标识

乘梯须知标识（无障碍电梯）如图 4－117 所示。

图 4－117　乘梯须知标识（无障碍电梯）

③“小心台阶”标识，无光源，设置在上下楼梯台阶处，与楼梯台阶立面同高。“小心台阶”标识如图 4－118 所示。

图 4－118　“小心台阶”标识

④ 电扶梯警示标识，无光源，设置在电扶梯入口和侧面，用于提示旅客正确使用电扶梯，具体包括请站稳扶好标识、乘梯须知标识（电扶梯）、紧急停止按钮标识、当心碰头标识。

- “请站稳扶好”标识如图 4－119 所示。

图 4－119　“请站稳扶好”标识

- 乘梯须知标识（电扶梯）如图 4－120 所示。
- 紧急停止按钮标识如图 4－121 所示。
- “当心碰头”标识如图 4－122 所示。

⑤“禁止停留”标识，无光源，设置在电扶梯出口处地面。

“禁止停留”标识如图 4－123 所示。

图 4－120　乘梯须知标识（电扶梯）

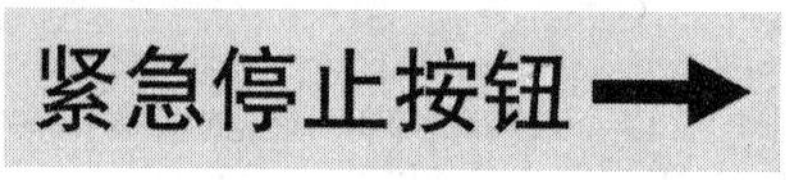

图 4－121　紧急停止按钮标识

图 4－122　“当心碰头”标识

图 4－123　“禁止停留”标识

3. 候车区

候车区标识为候车区域内等候乘车的旅客提供信息服务，同时引导旅客进入正确的检票区域检票乘车。候车区标识应准确告知旅客卫生间、饮用水、客运和公安值班室等处所的位置，应根据旅客流线和站房结构设置相关的导向标识，以及必要的服务和警示标识，大中型车站还应设置综合服务台。候车区根据车站规模和结构形式可分为 A、B、C 三种类型。类型 A 为单层小型车站候车区，类型 B 为双层中小型车站候车区，类型 C 为大型枢纽车站候车区。

1）类型 A

（1）流线分析与标识布点。

单层小型车站候车区流线分析与标识布点如图 4－124 所示。

（2）标识实现效果。

单层小型车站候车区标识的实现效果如图 4－125 所示。

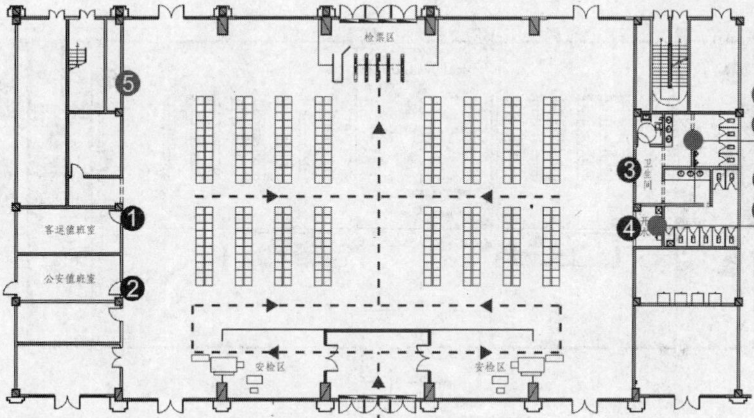

图 4－124　单层小型车站候车区流线分析与标识布点

①—客运值班室标识；②—公安值班室标识；③—卫生间标识；④—饮用水标识；⑤—“禁止吸烟”标识；⑥—“当心滑倒”标识；⑦—“请勿乱扔废弃物”标识；⑧—非饮用水标识；⑨—“当心烫伤”标识

图 4－125　单层小型车站候车区标识的实现效果

2）类型 B

（1）流线分析与标识布点。

双层中小型车站候车区流线分析与标识布点如图 4－126 所示。

（2）标识实现效果。

双层中小型车站候车区标识的实现效果如图 4－127 所示。

3）类型 C

（1）流线分析与标识布点。

大型枢纽车站候车区流线分析与标识布点如图 4－128 所示。

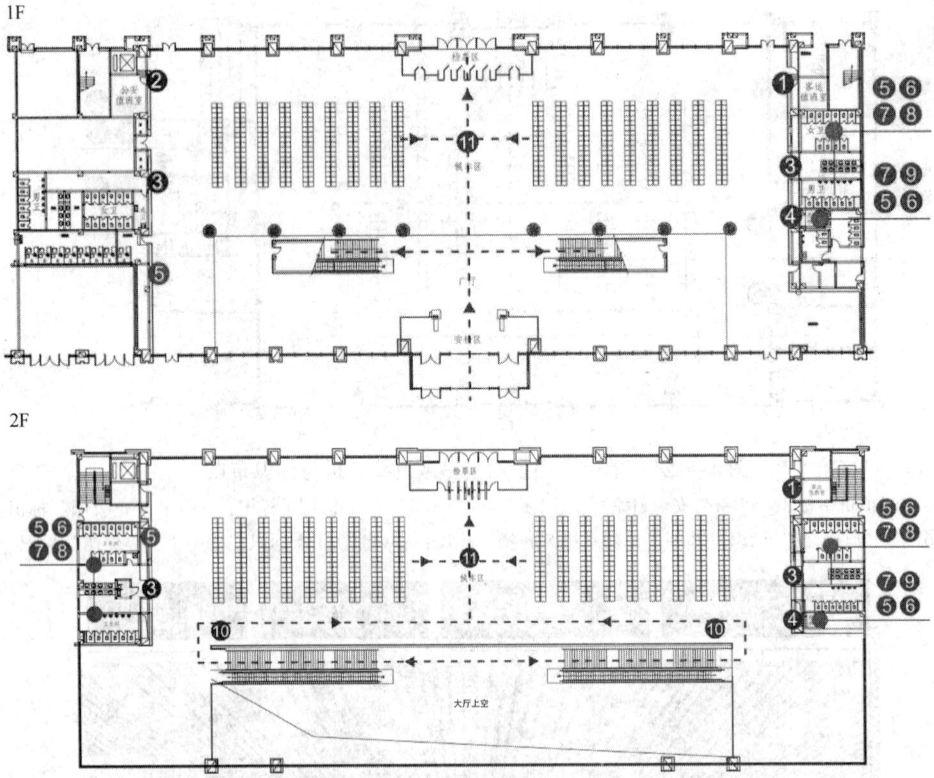

图 4－126 双层中小型车站候车区流线分析与标识布点

①—客运值班室标识；②—公安值班室标识；③—卫生间标识；④—饮用水标识；⑤—“禁止吸烟”标识；⑥—“当心滑倒”标识；⑦—“请勿乱扔废弃物”标识；⑧—非饮用水标识；⑨—“当心烫伤”标识；⑩—分流引导标识；⑪—综合服务台标识

图 4－127 双层中小型车站候车区标识的实现效果

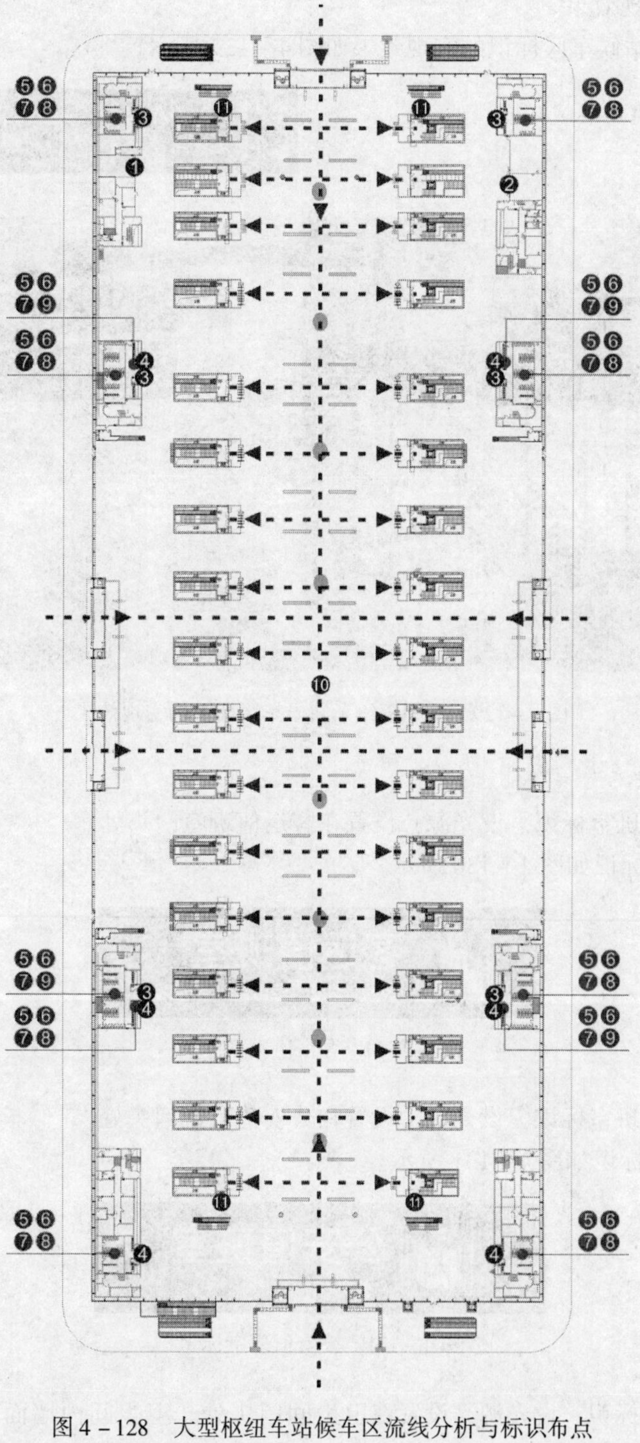

图 4－128　大型枢纽车站候车区流线分析与标识布点

①—客运值班室标识；②—公安值班室标识；③—卫生间标识；④—饮用水标识；⑤—“禁止吸烟”标识；⑥—“当心滑倒”标识；⑦—“请勿乱扔废弃物”标识；⑧—非饮用水标识；⑨—“当心烫伤”标识；⑩—综合服务台；⑪—贴附综合引导标识

（2）标识实现效果。

大型枢纽车站候车区标识的实现效果如图 4－129 所示。

图 4－129 大型枢纽车站候车区标识的实现效果

4）技术要求

（1）客运值班室标识，设光源，设置在客运值班室门头处。

客运值班室标识如图 4－130 所示。

图 4－130 客运值班室标识

（2）公安值班室标识，设光源，设置在公安值班室门头处。

公安值班室标识如图 4－131 所示。

图 4－131 公安值班室标识

（3）卫生间标识，设光源，设置在卫生间门头处。卫生间内墙面或门上设置立体图标，立体图标无光源。

卫生间标识如图 4－132 所示。

卫生间内墙面或门上设置的立体图标如图 4－133 所示。

图 4－132 卫生间标识

图 4－133 卫生间内墙面或门上设置的立体图标

车站可根据卫生间功能需求设置其他相关标识（如洗手液标识、烘手器标识等）。

（4）饮用水标识，设光源，设置在饮水处门头处。

饮用水标识如图 4－134 所示。

图 4－134 饮用水标识

（5）“禁止吸烟”标识，无光源，设置在候车大厅、卫生间的墙面上，标识尺寸可根据墙面装饰材料规格等比例调整。

（6）“当心滑倒”标识，无光源，设置在卫生间、饮水处内，标识尺寸可根据墙面装饰材料规格等比例调整。

“当心滑倒”标识如图 4－135 所示。

图 4－135 “当心滑倒”标识

（7）“请勿乱扔废弃物”标识，无光源，设置在卫生间内，标识尺寸可根据墙面装饰材料规格等比例调整。

“请勿乱扔废弃物”标识如图 4－136 所示。

图 4－136 “请勿乱扔废弃物”标识

（8）非饮用水标识，无光源，设置在卫生间洗手台处，标识尺寸可根据墙面装饰材料规格等比例调整。

非饮用水标识如图 4－137 所示。

图 4－137　非饮用水标识

（9）“当心烫伤”标识，无光源，设置在饮水处内，标识尺寸可根据墙面装饰材料规格等比例调整。

“当心烫伤”标识如图 4－138 所示。

图 4－138　“当心烫伤”标识

（10）分流引导标识，设光源，设置在楼梯、扶梯处，根据车站需求可选择采用综合落地式或立柱式。

（11）综合服务台，设置在候车区内。其规格与样式可根据站内空间环境及建筑装饰风格进行设计。

综合服务台如图 4－139 所示。

图 4－139　综合服务台

（12）贴附综合引导标识，无光源，设置在候车大厅内，标识尺寸根据设置位置的空间进行设定。

贴附综合引导标识如图 4－140 所示。

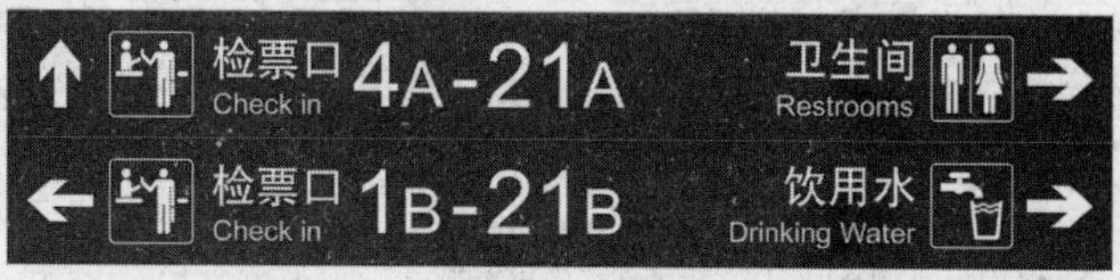

图 4－140　贴附综合引导标识

4. 进站检票区

进站检票区标识为候车旅客提供检票口信息服务，引导旅客进入正确的检票口检票乘车。进站检票区标识应设置检票口位置、儿童标高线、“一米线”等标识，引导旅客有序检票乘车。

进站检票区可分为 A、B 两种类型，类型 A 为中小型车站进站检票区、类型 B 为大型枢纽站进站检票区。

1）类型 A

（1）流线分析与标识布点。

中小型车站进站检票区流线分析与标识布点如图 4－141 所示。

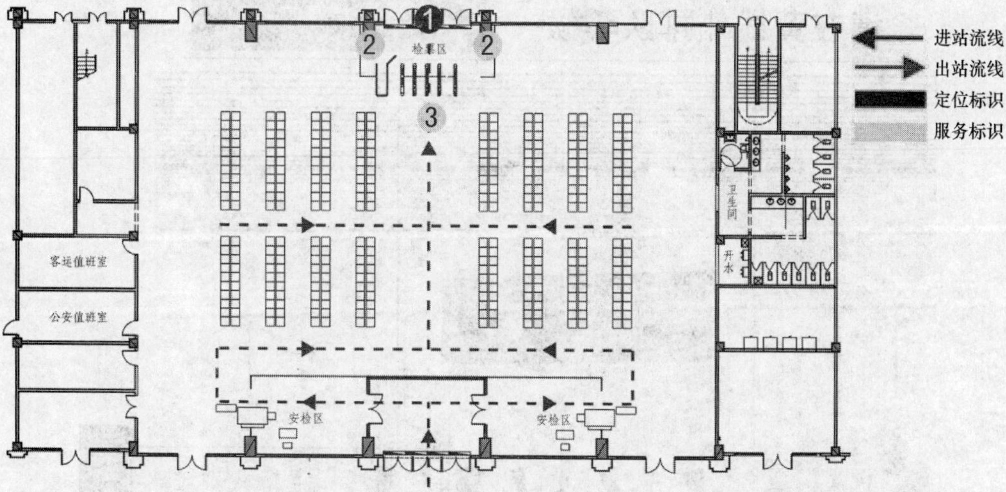

图 4－141　中小型车站进站检票区流线分析与标识布点

①—镶嵌式检票口标识；②—儿童标高线标识；③—“一米线”标识

（2）标识实现效果。

中小型车站进站检票区标识的实现效果如图 4－142 所示。

2）类型 B

（1）流线与标识布点。

大型枢纽站进站检票区流线与标识布点如图 4－143 所示。

(a) 实现效果1

(b) 实现效果2

图 4－142　中小型车站进站检票区标识的实现效果

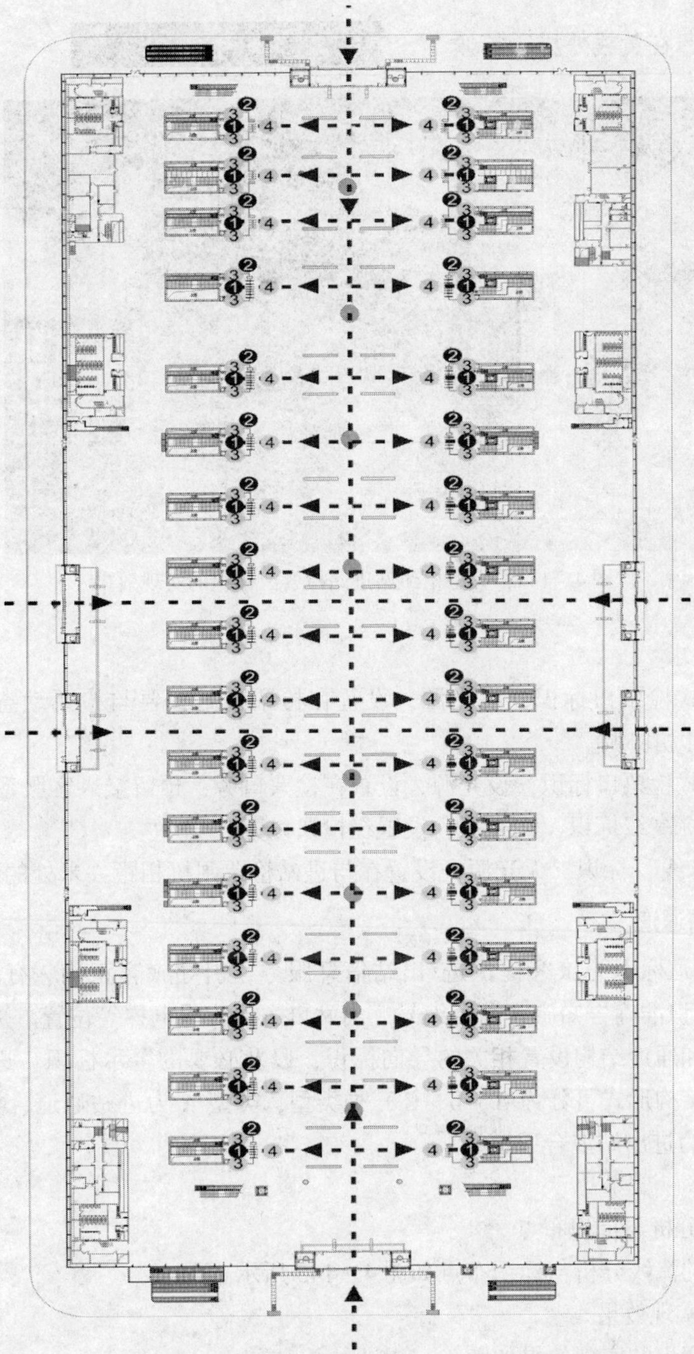

图 4－143　大型枢纽站进站检票区流线与标识布点

①—镶嵌式检票口标识；②—落地式检票口标识；③—儿童标高线标识；④—“一米线”标识

（2）标识实现效果。

大型枢纽站进站检票区标识的实现效果如图 4－144 所示。

图 4－144 大型枢纽站进站检票区标识的实现效果

3）技术要求

（1）镶嵌式检票口标识，设光源，设置在检票口处，要与检票动态显示屏宽度、高度及门头尺寸相协调。

（2）落地式检票口标识，设光源，设置在检票口旁，预留接入客服系统的条件。

（3）儿童标高线标识，无光源，设置在检票口旁。

（4）“一米线”标识，无光源，设置在与进站检票闸机相距一米处的地面上。

5. 进/出站通道

进/出站通道标识为旅客提供进/出站信息服务，引导旅客正确、有序地进/出站。进/出站通道标识准确告知旅客站台编号、出站口、无障碍电梯等位置。进/出站通道应根据旅客流线和通道结构设置相关的导向标识，以及必要的警示标识。进/出站通道根据车站规模和结构形式可分为 A、B、C 三种类型，类型 A 为进站通道、类型 B 为出站通道、类型 C 为进出站混合通道。

1）类型 A

（1）流线分析与标识布点。

进站通道的流线分析与标识布点如图 4－145 所示。

（2）标识实现效果。

进站通道标识的实现效果如图 4－146 所示。

2）类型 B

（1）流线分析与标识布点。

出站通道的流线分析与标识布点如图 4－147 所示。

（2）标识实现效果。

出站通道标识的实现效果如图 4－148 所示。

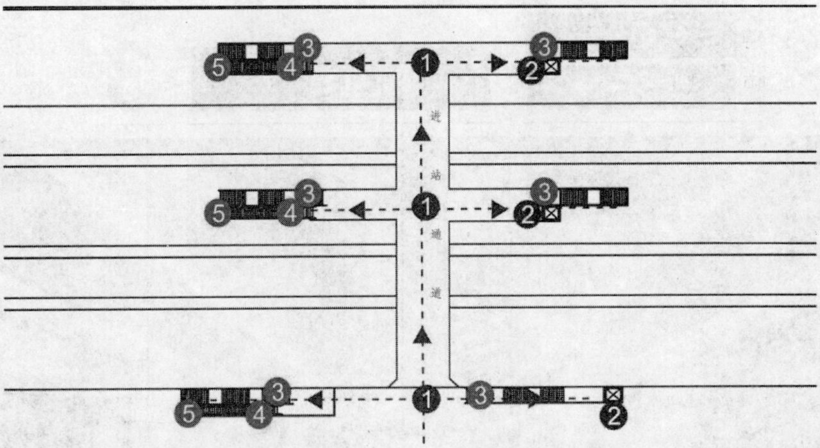

图 4－145　进站通道的流线分析与标识布点

①—站台指引标识；②—无障碍电梯标识；③—“小心台阶”标识；④—电扶梯警示标识；⑤—“禁止停留”标识

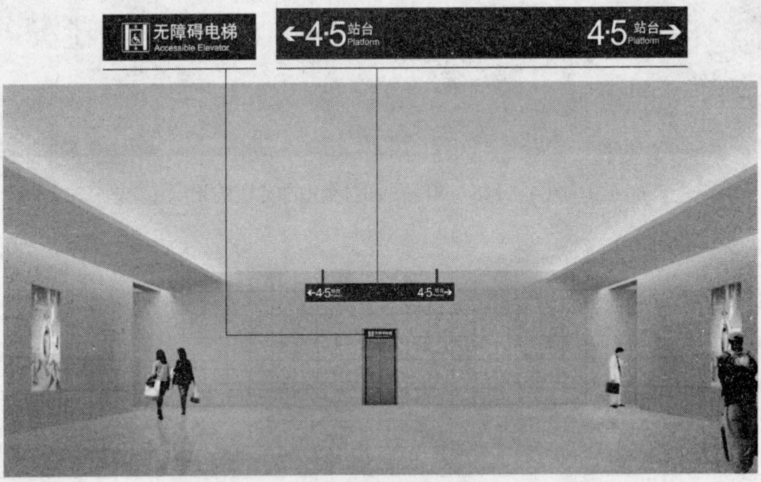

图 4－146　进站通道标识的实现效果

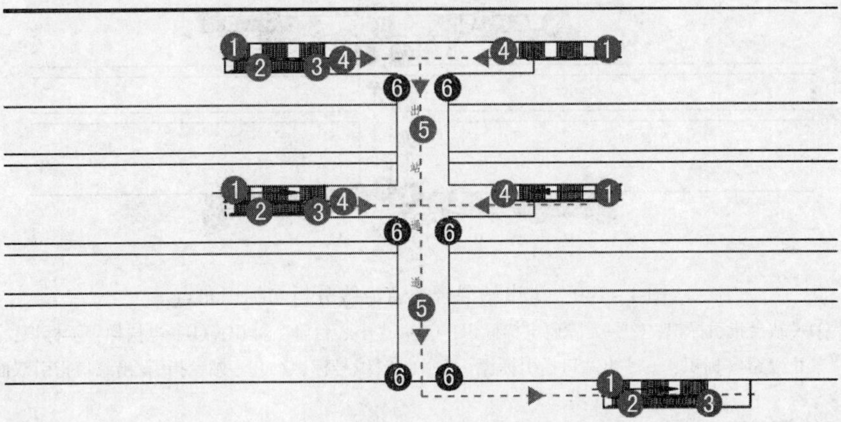

图 4－147　出站通道的流线分析与标识布点

①—“小心台阶”标识；②—电扶梯警示标识；③—“禁止停留”标识；④、⑤—出站口指引标识；⑥—站台编号标识

图 4－148　出站通道标识的实现效果

3）类型 C

（1）流线分析与标识布点。

进出站混合通道流线分析与标识布点如图 4－149 所示。

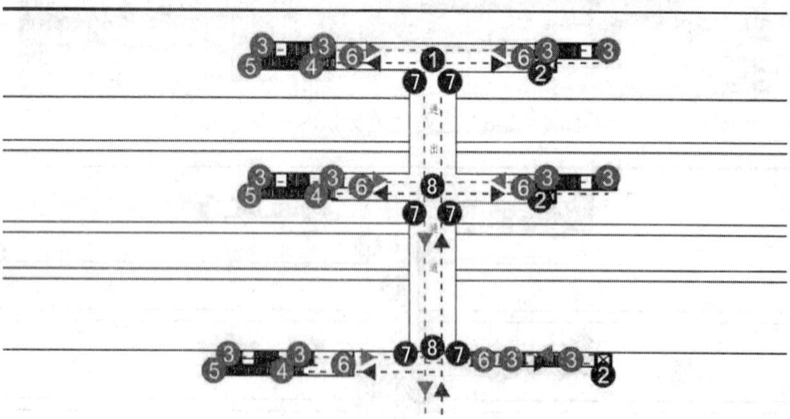

图 4－149　进出站混合通道流线分析与标识布点

①—站台指引标识；②—无障碍电梯标识；③—“小心台阶”标识；④—电扶梯警示标识；⑤—“禁止停留”标识；⑥—出站口指引标识；⑦—站台编号标识；⑧—站台指引/出站口指引双面标识

（2）标识实现效果。

进出站混合通道标识的实现效果如图 4－150 所示。

图 4－150　进出站混合通道标识的实现效果

4）技术要求

（1）站台指引标识，设光源，设置在进站通道内，静态标识与动态显示屏高度一致。

站台指引标识如图 4－151 所示。

图 4－151　站台指引标识

（2）无障碍电梯标识，设光源，设置在无障碍电梯进出口处。电梯内须设置乘梯须知标识（无障碍电梯）。乘梯须知标识（无障碍电梯）无光源，底色采用黄色和透明白色，用于提示旅客正确使用无障碍电梯。

（3）“小心台阶”标识，无光源，设置在上下楼梯台阶处，与楼梯台阶立面同高。

（4）电扶梯警示标识，无光源，设置在电扶梯入口和侧面，用于提示旅客正确使用电扶梯，具体包括请站稳扶好标识、乘梯须知标识（电扶梯）、紧急停止按钮标识、当心碰头标识等。

(5)“禁止停留”标识，无光源，设置在电扶梯出口处的地面上。

(6)出站口指引标识，设光源，设置在出站通道楼梯入口处。原则上采用吊挂式安装，若不满足吊挂安装条件可以采用贴附式安装。

(7)站台编号标识，无光源，设置在出站通道楼梯入口处的墙面上。

(8)站台指引/出站口指引双面标识，设光源，设置在进出站混合通道流线上。

站台指引/出站口指引双面标识如图 4－152 所示。

图 4－152　站台指引/出站口指引双面标识

6. 站台区

站台标识为旅客提供登乘和下车出站的信息服务。站台标识应准确告知旅客站名、站台编号，引导旅客出站，根据旅客流线和中转换乘需要设置相关的导向标识及必要的警示标识。站台根据车站规模和结构形式可分为四种类型，类型 A 为单柱雨棚站台、类型 B 为双柱雨棚站台、类型 C 为单双柱结合雨棚站台、类型 D 为无柱雨棚站台。

1）类型 A

(1)流线分析与标识布点。

单柱雨棚站台的流线分析与标识布点如图 4－153 所示。

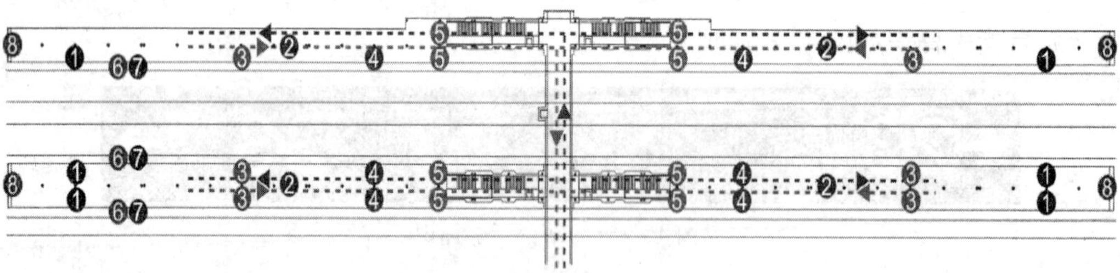

图 4－153　单柱雨棚站台的流线分析与标识布点

①、②—站名标识；③—站名/出站引导标识；④—站台编号标识；⑤—出站指引标识；⑥—“小心站台间隙”标识；⑦—车厢位置标识；⑧—“禁止通行”标识

(2)标识实现效果。

单柱雨棚站台标识的实现效果如图 4－154 所示。

图 4－154　单柱雨棚站台标识的实现效果

2）类型 B

(1) 流线分析与标识布点。

双柱雨棚站台的流线分析与标识布点如图 4－155 所示。

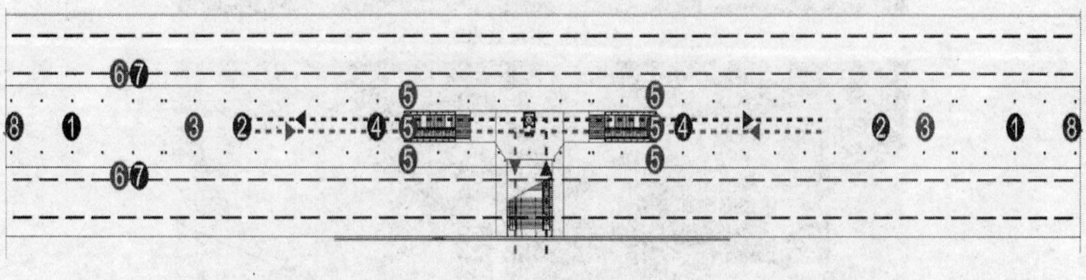

图 4－155　双柱雨棚站台的流线分析与标识布点

①、②—站名标识；③—站名/出站引导标识；④—站台编号标识；⑤—出站指引标识；
⑥—“小心站台间隙”标识；⑦—车厢位置标识；⑧—“禁止通行”标识

(2) 标识实现效果。

双柱雨棚站台标识的实现效果如图 4－156 所示。

(a) 实现效果1

(a) 实现效果2

(a) 实现效果3

图 4－156　双柱雨棚站台标识的实现效果

若双柱雨棚间距不满足动静结合安装条件，站台编号可单独安装。

3）类型 C

（1）流线分析与标识布点。

单双柱结合雨棚站台流线分析与标识布点如图 4 – 157 所示。

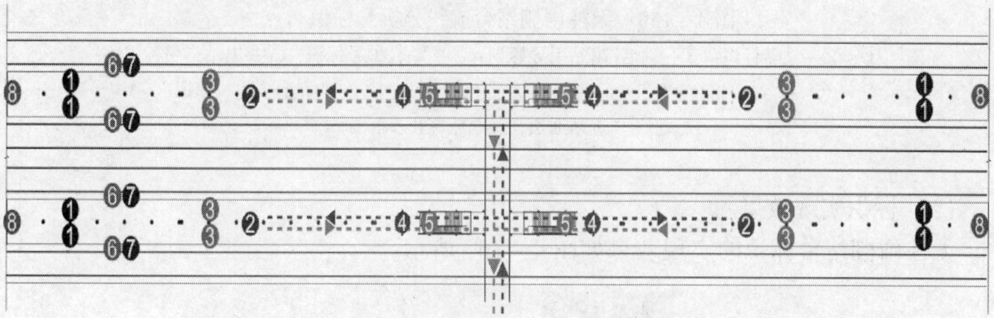

图 4 – 157　单双柱结合雨棚站台流线分析与标识布点

①、②—站名标识；③—站名/出站引导标识；④—站台编号标识；⑤—出站指引标识；⑥—“小心站台间隙”标识；⑦—车厢位置标识；⑧—“禁止通行”标识

（2）标识实现效果。

单双柱结合雨棚站台标识的实现效果如图 4 – 158 所示。

图 4 – 158　单双柱结合雨棚站台标识的实现效果

4）类型 D

（1）流线分析与标识布点。

无柱雨棚站台流线分析与标识布点如图 4 – 159 所示。

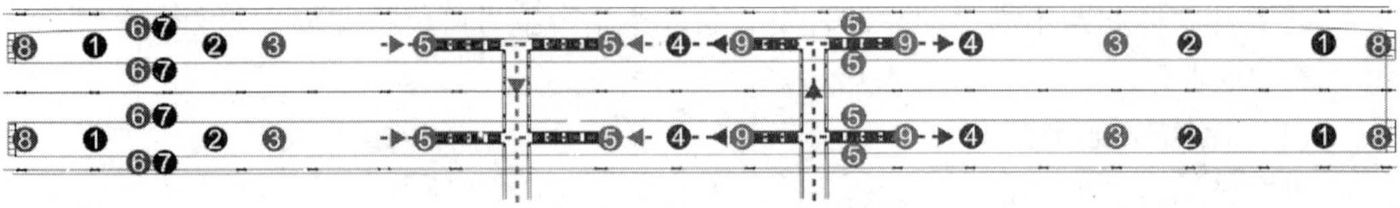

图 4 - 159　无柱雨棚站台流线分析与标识布点

①、②—站名标识；③—站名/出站引导标识；④—站台编号标识；⑤—出站指引标识；
⑥— "小心站台间隙" 标识；⑦—车厢位置标识；⑧— "禁止通行" 标识；
⑨— "进站通道，出站旅客止步" 标识

（2）标识实现效果。

无柱雨棚站台标识的实现效果如图 4 - 160 所示。

图 4 - 160　无柱雨棚站台标识的实现效果

5）技术要求

（1）站名标识（图 4 - 153、4 - 155、4 - 157、4 - 159 中的点位①），设光源，设置在站台端头，标识高度与同站台的动态显示屏一致，标识下沿距地面高度与动态显示屏保持一致。

站名标识（图 4 - 153、4 - 155、4 - 157、4 - 159 中的点位①）如图 4 - 161 所示。

（2）站名标识（图 4 - 153、4 - 155、4 - 157、4 - 159 中的点位②），设光源，采用落地式平行于股道安装。

图 4－161　站名标识（图 4－153、4－155、4－157、4－159 中的点位①）

站名标识（图 4－153、4－155、4－157、4－159 中的点位②）如图 4－162 所示。

图 4－162　站名标识（图 4－153、4－155、4－157、4－159 中的点位②）

（3）站名/出站引导标识，设光源，按旅客出站流线设置于站台，标识高度与同站台的动态显示屏一致，标识下沿距地面高度与动态显示屏保持一致。

站名/出站引导标识如图 4－163 所示。

图 4－163　站名/出站引导标识

（4）站台编号标识，设光源，设置在站台进站楼梯口附近，静态标识与动态显示屏高度一致，高度与宽度比例为 1:1，特殊情况下，站台编号可单独设置。

站台编号标识如图 4－164 所示。

（5）出站指引标识，设光源，按旅客出站流线连续设置于站台上，标识高度与同站台动态显示屏一致，标识下沿距地面高度与动态显示屏保持一致。

(a) 单站台

(b) 双站台

图 4－164 站台编号标识

出站指引标识如图 4－165 所示。

(a) 无站名

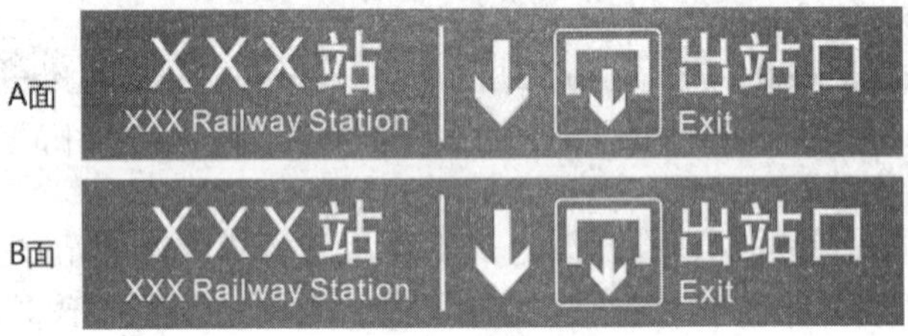

(b) 有站名

图 4－165 出站指引标识

如图 4－166 所示，当标识版面排不下时，可省略出站口图形符号。

图 4－166 出站指引标识（省略出站口图形符号）

（6）“小心站台间隙”标识，无光源，根据站台地面选择适当材质，保证标识牢固不翘角、不卷边，表面要进行防滑处理并具有反光效果。

“小心站台间隙”标识如图 4－167 所示。

图 4－167　“小心站台间隙”标识

（7）车厢位置标识，无光源，设置在站台白色安全线外侧的地面上，采用地胶及不锈钢螺丝固定方式安装于站台地面。站台上如设置安全（屏蔽）门，须结合安全（屏蔽）门进行车厢位置标识的设置。

车厢位置标识如图 4－168 所示。

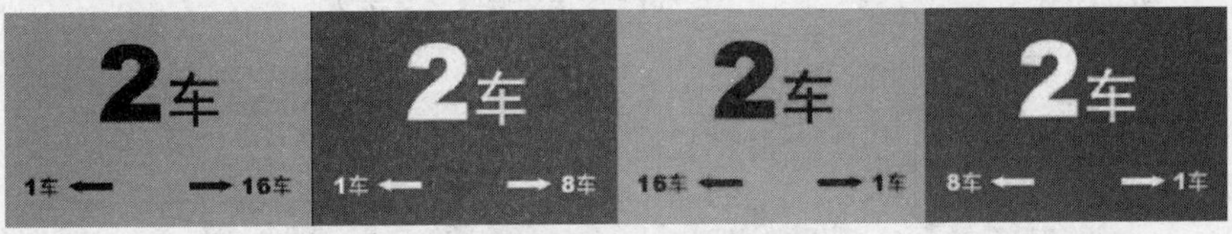

图 4－168　车厢位置标识

（8）“禁止通行”标识，无光源，设置在站台两端，与站台端头防护栏杆焊接在一起。“禁止通行”标识如图 4－169 所示。

图 4－169　“禁止通行”标识

（9）“进站通道，出站旅客止步”标识，无光源，进出站通道分开使用时，设置在站台进站楼梯入口处，原则上与所设置楼梯台阶立面同高同宽。

“进站通道，出站旅客止步”标识如图 4－170 所示。

图 4－170　“进站通道，出站旅客止步”标识

7. 出站区

出站区标识为旅客提供出站信息，引导旅客快速出站。出站区标识应准确告知旅客出站口、补票处、卫生间等位置，同时应根据旅客流线和站房结构设置相关的导向标识及必要的服务和警示类标识。出站区根据车站规模和结构形式可分为 A、B 两种类型。类型 A 为中小型车站出站区，类型 B 为大型枢纽车站出站区。

1）类型 A

（1）流线分析与标识布点。

中小型车站出站区流线分析与标识布点如图 4－171 所示。

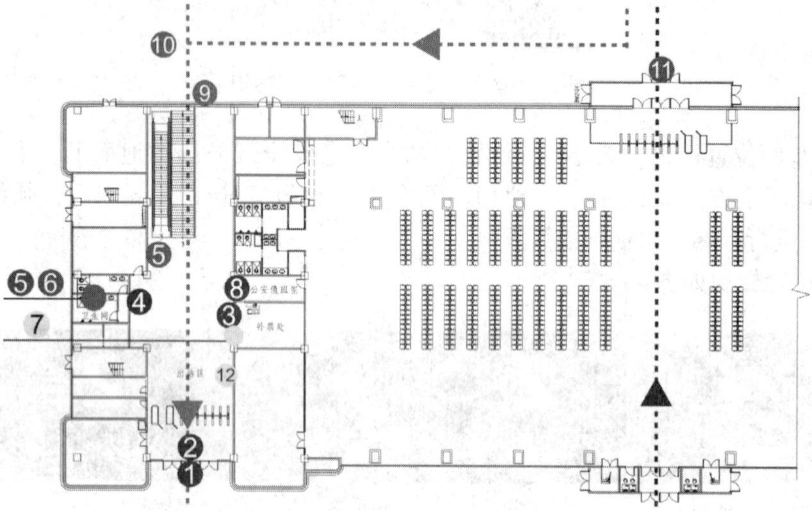

图 4－171　中小型车站出站区流线分析与标识布点

①、②—出站口标识；③—补票处标识；④—卫生间标识；⑤—“禁止吸烟”标识；⑥—“当心滑倒”标识；⑦—儿童标高线标识；⑧—公安值班室标识；⑨、⑩—出站引导标识；⑪—旅客止步/出站引导标识；⑫—出站区落地标识

（2）标识实现效果。

中小型车站出站区标识的实现效果如图 4－172 所示。

图 4－172　中小型车站出站区标识的实现效果

2）类型 B

(1) 流线分析与标识布点。

大型枢纽车站出站区流线分析与标识布点如图 4－173 所示。

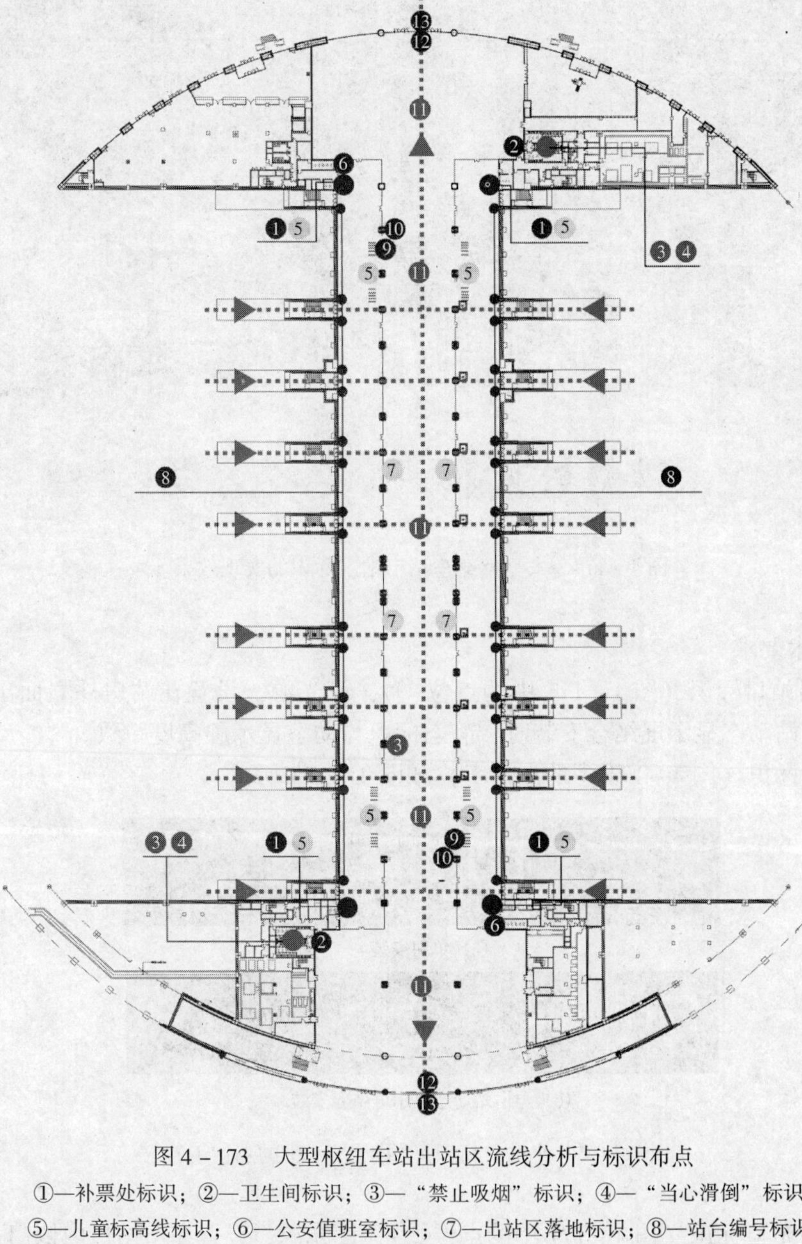

图 4－173　大型枢纽车站出站区流线分析与标识布点

①—补票处标识；②—卫生间标识；③—“禁止吸烟”标识；④—“当心滑倒”标识；⑤—儿童标高线标识；⑥—公安值班室标识；⑦—出站区落地标识；⑧—站台编号标识；⑨—出站口双面标识；⑩—出站口悬挑标识；⑪—综合吊挂标识；⑫—出站通道廊内立面出口标识；⑬—出站通道廊外立面入口标识

(2) 标识实现效果。

大型枢纽车站出站区标识的实现效果如图 4－174 所示。

图4－174 大型枢纽车站出站区标识的实现效果

3）技术要求

（1）出站口标识（图4－171中的点位①），设光源，设置在站房外立面出站口门头处。与出站动态显示屏结合安装时，静态标识与动态显示屏高度一致。

出站口标识（图4－171中的点位①）如图4－175所示。

(a) 单独安装

(b) 与出站动态显示屏结合安装

图4－175 出站口标识（图4－171中的点位①）

（2）出站口标识（图4－171中的点位②），设光源，设置在出站口内侧门头处。

出站口标识（图4－171中的点位②）如图4－176所示。

（3）补票处标识，设光源，设置在补票处窗口或者门头的侧面墙上，标识尺寸可根据空间环境调整。

补票处标识如图 4－177 所示。

图 4－176　出站口标识（图 4－171 中的点位②）

图 4－177　补票处标识

（4）卫生间标识，设光源，设置在卫生间进出口侧面墙上，标识尺寸可根据空间环境调整。

卫生间标识如图 4－178 所示。

（5）“禁止吸烟”标识，无光源，设置在出站通道或卫生间内的墙面上，标识尺寸可根据墙面装饰材料规格等比例调整。

（6）“当心滑倒”标识，无光源，设置在卫生间内，标识尺寸可根据墙面装饰材料规格等比例调整。

（7）儿童标高线标识，无光源，设置在补票处补票窗口侧面墙上。

（8）公安值班室标识，设光源，设置在公安值班室门头侧面墙上，标识尺寸可根据空间环境调整。

公安值班室标识如图 4－179 所示。

图 4－178　卫生间标识

图 4－179　公安值班室标识

（9）出站引导标识，设光源，设置在出站区旅客行进中的拐弯处，根据出站流线及建筑结构，可采用悬挑或吊挂两种安装方式。

出站引导标识如图 4－180 所示。

（10）旅客止步/出站引导标识，设光源，设置在检票口靠近站台一侧门头处。

旅客止步/出站引导标识如图 4－181 所示。

（11）出站区落地标识，设光源，设置在出站口附近或者出站通道廊内，可根据出站区空间和布局对箱体的高度、宽度进行调整。

(a) 纵向排列　　(b) 横向排列

图 4－180　出站引导标识

图 4－181　旅客止步/出站引导标识

出站区落地标识如图 4－182 所示。

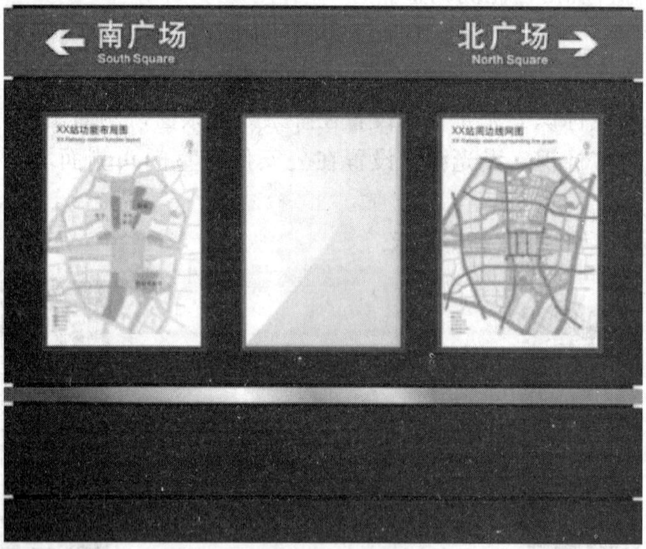

图 4－182　出站区落地标识

(12) 站台编号标识，无光源，设置在出站通道楼梯口处墙面。

(13) 出站口双面标识（图 4－173 中的点位⑨），设光源，设置在出站检票闸机上方，A 面与 B 面尺寸一致，A 面静态标识与动态显示屏高度一致。

出站口双面标识如图 4－183 所示。

图 4－183　出站口双面标识

（14）出站口悬挑标识，设光源，设置在出站通道廊垂直于出站口侧面的柱子上，标识尺寸可根据空间环境调整。

出站口悬挑标识如图 4－184 所示。

图 4－184　出站口悬挑标识

（15）综合吊挂标识，设光源，设置在出站通道廊内。

综合吊挂标识如图 4－185 所示。

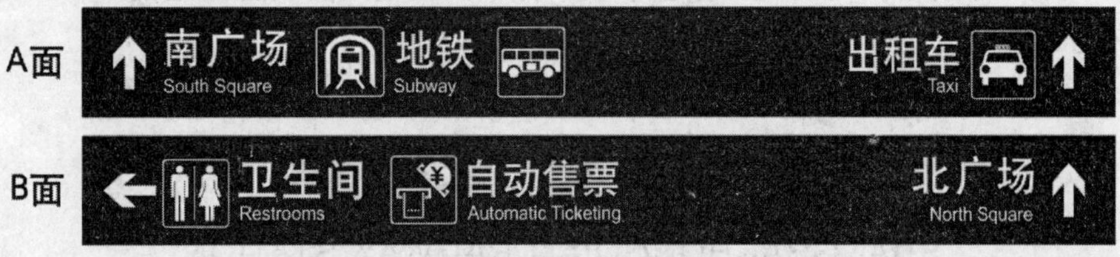

图 4－185　综合吊挂标识

（16）出站通道廊内立面出口标识，设光源，设置在出站通道廊端部门头处。

出站通道廊内立面出口标识如图 4－186 所示。

图 4－186　出站通道廊内立面出口标识

（17）出站通道廊外立面入口标识，设光源，设置在出站通道廊入口门头处。

出站通道廊外立面入口标识如图 4－187 所示。

图 4－187　出站通道廊外立面入口标识

8. 站名大字

1）设置位置

站名大字原则上设置在站房主体建筑顶部。

2）设置内容

站名大字的内容为铁路客运车站的中文名称，必要时可在中文名称下方增加铁路客运车站的英文名称。站名大字中设有少数民族文字时，可根据国家或地方政府出台的有关文件要求进行排版设计。

3）技术要求

① 站名大字设光源，每个笔画单独设置光源与电源；

② 灯箱侧板红色氟碳烤漆处理，灯箱背板灰色氟碳烤漆处理；

③ 采用立体字形式，字体外观平整光滑、色泽均匀、照明柔和，每个独立笔画底部设置泄水孔；

④ 站名大字各字安装于同一竖直平面，每个独立笔画要设置固定钢架，固定钢架隐藏在笔画后方。

站名大字示意图如4－188所示。

图4－188 站名大字示意图

延伸阅读

阅读材料1

铁路车站部分图形符号

序号	图形符号	对应文字	使用说明
1		售票处	表示出售火车票的场所
2		补票处	表示查、补火车票的场所

续表

序号	图形符号	对应文字	使用说明
3		检票口	表示铁路火车站检票的位置
4		信息服务	表示提供信息服务的场所
5		男/男卫生间	表示男性卫生间
6		女/女卫生间	表示女性卫生间
7		卫生间	表示男女卫生间内分别设有无障碍设施
8		卫生间	表示卫生间内设有单独的无障碍卫生间

续表

序号	图形符号	对应文字	使用说明
9		行李托运、提取	表示办理行李托运和提取的位置
10		行包房	表示提供行李包裹等服务的场所
11		饮用水	表示提供可饮用水的场所或位置
12		VIP 候车室	表示提供 VIP 服务的候车场所
13		客运值班室	表示铁路客运人员的执勤或办公的场所
14		公安值班室	表示安全保卫人员的执勤或办公的场所
15		便捷换乘	表示铁路客运车站内引导旅客便捷换乘的标识

续表

序号	图形符号	对应文字	使用说明
16		小心站台间隙	表示站台边缘的警示标识
17		旅客止步	表示该处不允许进入、通行或穿越
18		禁止通行	表示该处禁止进入、通行或穿越

项目五

铁路列车客运规章运用

任务一　铁路旅客列车服务质量规范

【技能目标】

能按照劳动安全作业标准完成客运作业；
能完成动车组列车乘务作业；
能完成空调列车乘务作业；
能完成非空调列车乘务作业。

【知识点】

列车乘务人员劳动安全作业标准；
动车组列车服务质量规范；
空调列车服务质量规范；
非空调列车服务质量规范。

【相关知识】

一、列车乘务人员劳动安全作业标准

列车乘务人员在始发站和途中要整队上岗、换班，严格执行自控、互控制度。

列车乘务人员要做到铃响站安全线，铃停喊号上车。认真执行停开、动关、锁、四门瞭望制度，实行互检，防止车门漏锁。值乘中严格执行四个一制度（即坚守岗位一刻不离，作业程序一项不漏，标准化作业一项不简化，文明用语一字不差）。

列车乘务员不准在列车运行过程中乘降；列车停止后不能抢上抢下；不准在列车运行中开边门（列车乘务员遇紧急情况需开车门时，仅允许探出头部）；不准在列车运行中摘挂方向牌；禁止携带危险品上车；不准会车时在两车列之间互相抛掷物品；禁止在列车运行中开门处理故障；禁止在茶炉、锅炉室内放置可燃物品，人离加锁。

列车乘务员不准在运行中开车门扫垃圾、倒灰；严禁从车窗往外抛递杂物及攀登车顶作业；列车乘务员不准在运行中开车门乘凉（餐车侧门要挂好安全栏杆，栏杆高度不低于 1 米）；禁止将笨重物品和车辆配件工具箱放在行李架上；配电室内严禁堆放杂物。

出库客车的消防器材、车门锁必须设备齐全，作用良好。列车乘务人员在冬季要及时清扫通过台、车梯的冰雪。列车乘务人员对列车上出售或旅客自带的硬包装饮、食品（如白酒瓶、啤酒瓶、罐头瓶和玻璃瓶等包装的饮、食品），必须做好安全宣传工作，并采取安全措施，防止乘客向车外抛掷伤人。列车乘务员在列车运行时登高作业，应站稳抓牢，防止发生意外。

二、动车组列车服务质量规范

（一）相关术语和定义

1. 动车组列车

动车组列车指运行时速在 200 km 及以上，由若干带动力和不带动力的车辆以固定编组组成并且两端设有司机室的一组列车。

2. 旅客

旅客持有铁路有效乘车凭证的人和同行的免费乘车儿童。根据铁路货物运输合同押运货物的人视为旅客。

3. 重点旅客

重点旅客指老、幼、病、残、孕旅客。特殊重点旅客是指依靠辅助器具才能行动等需特殊照顾的重点旅客。

4. 客运记录

客运记录指在旅客或行李、包裹运输过程中因特殊情况，承运人与旅客、托运人、收货人之间需记载某种事项或车站与列车之间办理业务交接的文字凭证。

（二）安全规范

（1）防火防爆、人身安全、食品安全、现金票据、结合部等安全管理制度健全有效。

(2) 出、入动车所前，由车辆、客运人员对上部服务设施状态进行检查，办理一次性交接；运行途中，发现上部服务设施故障时，客运乘务人员应立即向列车长报告，并通知随车机械师共同确认、处理。

(3) 各车厢灭火器、紧急制动阀（手柄或按钮）、烟雾报警器、应急照明灯、防火隔断门、紧急门锁、紧急破窗锤、气密窗、厕所紧急呼叫按钮及车门防护网（带）、应急梯、紧急用渡板、应急灯、手电筒、扩音器等安全设施设备配置齐全，作用良好，定位放置。乘务人员知位置、知性能、会使用。

(4) 安全使用电源，正确使用电器设备。电器元件安装牢固，接线及插座无松动，按钮开关、指示灯作用良好。不乱接电源和增加电器设备，不超过允许负载。配电室（箱）、电气控制柜锁闭，不堆放物品。不用水冲刷车内地板、连接处和车内电器设备。

(5) 餐车配置的微波炉、电烤箱、咖啡机等厨房电器符合规定的数量、规格、额定功率，规范使用，使用中不离开操作区域，用后及时断电、清洁。

(6) 执行以下车门管理制度。

① 列车到站停稳后，司机或随车机械师开启车门，并监控车门开启状态。开车前，列车长（重联时为运行方向前组列车长）确认站方开车铃声结束，旅客乘降、高铁快件和餐车物品装卸完毕后，通知司机或随车机械师关闭车门。

② CRH_5 型动车组列车停靠低站台时，到站前乘务人员提前锁闭辅助板指示锁并打开翻板，开车后及时将翻板及辅助板指示锁复位。

③ 餐车上货门仅供餐车售货人员补充商品、餐料时使用，无旅客乘降。

④ 列车运行中，车门、气密窗锁闭状态良好。检查人员应定期巡视，保持通道畅通，发现车门未锁闭或锁闭状态不良时，指派专人看守并及时通知随车机械师处理。

(7) 安全标志设置齐全、规范，符合标准。乘务人员应采用广播、视频、图形标志、服务指南等方式，宣传安全常识和车辆设备设施的使用方法，提示旅客遵守安全乘车规定。

(8) 运行中做好安全宣传和防范，车内秩序、环境良好，无闲杂人员随车叫卖、捡拾、讨要。发现可能损坏车辆设施和影响安全、文明的行为及时制止。

(9) 全列各处所禁止吸烟，加强禁烟宣传，发现吸烟行为及时劝阻，并由公安机关依法查处。

(10) 行李架、大件行李存放处物品摆放平稳、牢固、整齐。大件行李放在大件行李存放处，不占用席（铺）位，不堵塞通道。锐器、易碎品、杆状物品及重物等放在座（铺）位下面或大件行李存放处。衣帽钩限挂衣帽、服饰等轻质物品。使用小桌板不超过承重范围。

(11) 认为旅客携带品可疑及发现无人认领的物品时，配备乘警的列车通知乘警到场处理；未配备乘警的列车由列车长处理。对危险品做好登记、保管及现场处置，并交前方停车站（公安部门）处理。

(12) 发现行为、神情异常旅客时，应重点关注，配备乘警的列车通知乘警到场处理；未配备乘警的列车由列车长处理，情形严重时交列车运行前方停车站处理。

(13) 旅客受伤、生病时，提供协助，通过广播寻求医护人员帮助。情形严重的，报告客运调度。

(14) 乘务人员进出车站和动车所（客技站）时走指定通道，通过线路时走天桥、人行地道，走平交道时做到“一停二看三通过”，不横越线路，不钻平底，不跨越车钩，不与运行中的机车车辆抢行，进出车站时集体列队。

(15) 乘务人员在接班前充分休息，保持精力充沛，不在班前、班中、折返站饮酒。

(三) 设备设施

(1) 车辆设备设施齐全，符合动车组出所质量标准。

① 乘务员室、监控室、多功能室、洗脸间、厕所、电气控制柜、备品柜、储藏柜、清洁柜、衣柜、大件行李存放处、软卧会客室等不挪作他用或改变用途。其中多功能室用于照顾重点旅客。

② 车辆外观整洁，内外部油漆无剥落、褪色、流坠；车内顶棚不漏水，内外墙板及车内地板无破损、无塌陷、不鼓泡；渡板及各部位压条、压板、螺栓不松动、无翘起；脚蹬安装牢固，无腐蚀破损；手把杆无破损、松动；各部位金属部件无锈蚀。

③ 广播、空调、电茶炉、饮水机、照明灯具、电子显示屏、电视机、车载视频监控终端、控制面板、电源插座、车门、端门、儿童票标高线、地板、车窗、翻板、站台补偿器、窗帘、座椅、脚蹬、小桌板、靠背网兜、茶桌、座席号牌、衣帽钩、行李架、垃圾箱、洗手盆、水龙头、梳妆台、面镜、便器、洗手液盒、一次性坐便垫盒、卫生纸盒、擦手纸盒、婴儿护理台、镜框、洗脸间门帘、干手器，商务座车小吧台、呼唤应答器、阅读灯、软卧车铺位号牌、包房号牌、卧铺栏杆、扶手、呼叫按钮、沙发、报刊栏、餐车侧门、餐桌、吧台、冰箱、展示柜、微波炉、电烤箱、售货车等服务设备设施齐全，作用良好，正常使用，外观整洁，故障、破损及时修复。

④ 车厢通过台外端门框旁设儿童票标高线。儿童票标高线宽 10 mm、长 100 mm，距地板面分别为 1.2 m 和 1.5 m，以上缘为限，距内端门框约 100 mm。

(2) 车内各种服务图形标志型号一致，位置统一，安装牢固，齐全醒目，符合规定。

(3) 车厢外部的电子显示屏显示列车运行区间、车次、车厢顺号等信息，车内电子显示屏显示列车运行区间、车次、车厢顺号、停站、运行速度、温度、中国铁路客户服务中心客户服务电话（区号 + 电话号码）、安全提示等信息，显示及时、准确。

(四) 服务备品

(1) 服务备品符合国家环保规定，质量符合要求，色调与车内环境相协调。

(2) 服务备品齐全，干净整洁，定位摆放。布制品、易耗备品准备充足，保证使用。布制备品按规定的时间使用和换洗，有启用时间（年、月）标识。

① 软卧车（含高级软卧车）包房内有被套、被芯、枕套、枕芯、床单、垫毯、卧铺套、靠背套、茶几布、一次性拖鞋、衣架、不锈钢果皮盘、带盖垃圾桶、热水瓶、积

水盘、面纸盒及服务指南、免费读物。软卧车备有托盘、热水瓶和一次性硬质塑料水杯。

② 软卧代座车包房内有卧铺套、靠背套、不锈钢果皮盘。软卧代座车包房门框上原铺位号牌处有座席号牌。软卧代座车备有热水瓶和一次性硬质塑料水杯。

③ 商务座车提供小毛巾，就餐时提供餐巾纸、牙签，提供有耳塞、靠垫、鞋套、一次性拖鞋、清洁袋和专项服务项目单、服务指南、免费读物。商务座车还备有防寒毯、耳机、眼罩、托盘、热水瓶和一次性硬质塑料水杯。

④ 特、一、二等座车有清洁袋、免费读物和服务指南，放置在座椅靠背袋内或其他指定位置，特、一、二等座车有座椅套、头枕片，特、一等座车座椅还配有头枕。电茶炉配有纸杯架的，有一次性纸杯。乘务组备有热水瓶、耳塞和一次性硬质塑料水杯。

⑤ 餐车有座椅套，有售货车、托盘、热水瓶、一次性硬质塑料水杯，还备有餐巾纸、牙签。

⑥ 洗脸间有洗手液、擦手纸（或干手器）。

⑦ 厕所内有芳香盒和水溶性好的卫生纸、擦手纸，坐便器有一次性坐便垫圈，小便池内放置芳香球。

(3) 贴身卧具（被套、床单、枕套）和头枕片干燥、清洁、平整，无污渍、无破损，已使用的与未使用的折叠整齐，分别装袋保管。卧具袋防水、耐磨、干净、无破损。贴身卧具与其他布质备品分类洗涤；洗涤、存储、装运及更换不落地、无污染。

(4) 卧车垫毯、被芯、枕芯等非贴身卧具备品干燥、清洁，无污渍、无破损，定期晾晒。被芯、枕口先加装包裹套，再使用被套、枕套。包裹套定期清洗，保持干燥整洁。

(5) 布制备品定位存放在储物（藏）柜内。无储物（藏）柜或储物（藏）柜容量不足的，软卧车定位放置在 3、7、11 号卧铺下。

(6) 有厕所专用清扫工具，与车内清扫工具分开定位存放在清洁柜内；无清洁柜的定位隐蔽存放。商务座、特等座、一等座车厢不存放清洁工具。清扫工具、清洁剂材质符合相关规定。

(7) 清洁袋质地、规格符合规定，具有防水、承重性能。

(8) 每标准编组车底配备 2 辆垃圾小推车，垃圾小推车、垃圾箱（桶）内用垃圾袋，垃圾袋符合国家标准，印有使用单位标志，与垃圾箱（桶）规格匹配，厚度不小于 0.025 mm。

(9) 列车配有票剪、补票机、站车客运信息无线交互系统手持终端和 GSM－R 通信设备，乘务人员配置手持电台。设备电量充足，作用良好。站车客运信息无线交互系统手持终端在始发前登录，途中及时更新信息。

（五）整备作业

1. 出库标准

(1) 车厢内外各部位整洁，窗明几净，四壁无尘，物见本色。

① 外车皮、站台补偿器、窗门框及玻璃、扶手无污渍。

② 天花板（顶棚）、板壁、边角、地板、连接处、灯罩、座椅（铺位）、空调口、通风口、电茶炉、靠背袋网兜等部位保持洁净、无尘、无垢、无杂物。

③ 热水瓶、果皮盘、垃圾箱（桶）、洗脸间内外洁净。

④ 餐车橱、柜、箱干净，无异味，分类标志清晰，商品、餐饮品和备品等分类定位放置。

⑤ 厕所无积便、积垢、异味，地面干净、无杂物，污物箱内污物排尽。

(2) 深度保洁结合检修计划安排在白天作业，范围包括车厢天花板、板壁、遮阳板（窗帘）灯罩、连接处、车梯、商务座椅表面、座椅（铺位）缝隙、座椅扶手及旋转器卡槽、小桌板、脚踏板、暖气罩缝隙、洗手液盒、车厢边角，以及电茶炉、饮水机内部。

(3) 布制品、消耗品和保洁工具等服务备品配备齐全，定位放置，定型统一。

① 卧具叠放整齐，摆放统一，床单、头枕片、座席套、茶几布等铺设平整，干净整洁。

② 清洁袋、洗手液、卫生纸、擦手纸、一次性坐便垫圈、服务指南、免费读物、商务座专项服务单等备品补足配齐，定位放置。服务指南中含有旅客须知、乘车安全须知、本车型的设备设施介绍、主要停靠站公交信息、客运服务质量标准摘要及本趟列车销售的商品价目表、菜单。

③ 垃圾小推车等保洁工具及售货车等备品定位放置，不影响旅客使用空间。

④ 可旋转式座椅转向列车运行方向。

⑤ 定期进行“消、杀、灭”，蚊、蝇、蟑螂等病媒昆虫指数及鼠密度符合国家规定。

2. 途中标准

(1) 使用垃圾小推车和专用工具适时进行保洁，保持车内整洁。旅客下车后及时恢复车容。

① 各处所地面墩扫及时，保持干燥、干净；台面、桌面、面镜擦抹及时，保持干净、无水渍。

② 洗脸（手）池、电茶炉沥水盘清理、擦抹及时，无污渍、无残渣、无堵塞、无积水；垃圾车、垃圾箱（桶）、清洁袋、靠背袋网兜、果皮盘清理及时，确保无残渣；厕所畅通、无污物、无异味，按规定吸污。

③ 餐车餐桌、吧台、工作台、微波炉及各橱、箱、柜保持洁净。

(2) 清洁袋、洗手液、卫生纸、擦手纸、一次性坐便垫圈等备品补充及时；卧具被污染须及时更换。

(3) 垃圾装袋、封口、无渗漏，定位放置，在指定站定点投放；不向车外扫倒垃圾、抛扔杂物。

3. 终到标准

列车到达终到站时，车内无垃圾、污水、粪便、异味。垃圾装袋、封口、无渗漏，到站定点投放。

4. 到站立即折返标准

（1）站台侧车外皮、门框、车窗干净，无污物、无积尘。

（2）车内地面清洁，行李架、大件行李存放处、扶手及座椅（铺位）、窗台上和靠背网兜内干净整洁；垃圾箱（桶）内无垃圾、无异味。

（3）热水瓶、果皮盘内外洁净，垃圾箱（桶）洗脸间四周洁净。

（4）餐车橱、柜、箱干净，无异味，分类标志清晰，商品、餐饮品和备品等分类定位放置。

（5）洗脸间、厕所面镜洁净，洗脸（手）池、便器无污物、无异味，电茶炉沥水盘洁净。

（6）布制品、消耗品和保洁工具等服务备品配备齐全，定位放置，定型统一。

① 卧具叠放整齐，摆放统一，床单、头枕片、座席套、茶几布等铺设平整，干净整洁。

② 清洁袋、洗手液、卫生纸、擦手纸、一次性坐便垫圈、服务指南、免费读物、商务座专项服务单等备品补足配齐，定位放置。

③ 保洁工具、售货车等备品定位放置，不影响旅客使用空间。

（7）可旋转式座椅转向列车运行方向。

（六）文明服务

（1）仪容整洁，着装统一，整齐规范。

① 头发干净整齐、颜色自然，不理奇异发型、不剃光头。男性两侧鬓角不得超过耳垂底部，后部不长于衬衣领，不遮盖眉毛、耳朵，不烫发，不留胡须；女性发不过肩，刘海长不遮眉，短发不短于两寸。

② 面部、双手保持清洁，身体外露部位无文身。指甲修剪整齐，长度不超过指尖 2 mm，不使用彩色指甲油染指甲。

③ 女性淡妆上岗，唇线与口红的颜色一致；眉毛修剪整齐，眉笔和眼线为黑色或深棕色；眼影的颜色与制服一致；使用清香、淡雅型香水。工作中保持妆容美观，端庄大方。补妆在洗手间或乘务间进行。不浓妆艳抹。

④ 换装统一，衣扣拉链整齐。着裙装时，丝袜统一，无破损。系领带时，衬衣束在裙子或裤子内。外露的皮带为黑色。佩戴的外露饰物款式简洁，限手表一只、戒指一枚，女性还可佩戴发夹、发箍或头花及一副直径不超过 3 mm 的耳钉。不歪戴帽子，不挽袖子和卷裤脚，不敞胸露怀，不赤足穿鞋，不穿尖头鞋、拖鞋、露趾鞋，鞋跟高度不超过 3.5 cm，跟径不小于 3.5 cm。

⑤ 佩戴职务标志。胸章牌（长方形职务标志）戴于左胸口袋上方正中，下边沿距口袋 1 cm 处（无口袋的戴于相应位置），包含单位、姓名、职务、工号等内容。菱形臂章佩戴在上衣左袖肩下四指处。按规定应佩戴制帽的工作人员，在执行职务时戴上制帽，帽徽在制帽折沿上方正中。除列车长外，其他客运乘务人员在车厢内作业时可不戴制帽。

⑥ 餐车加热、供应餐食时，服务人员戴口罩、手套；女性穿围裙。

(2) 表情自然，态度和蔼，用语文明，举止得体，庄重大方。

① 使用普通话，表达准确，口齿清晰。服务语言表达规范、准确，使用“请”“您好”“谢谢”“对不起”“再见”等服务用语。对旅客、货主称呼恰当，统称为“旅客们”“各位旅客”“旅客朋友”，单独称为“先生”“女士”“小朋友”“同志”等。

② 旅客问讯时，面向旅客站立（工作人员办理业务时除外），目视旅客，有问必答，回答准确，解释耐心。遇有失误时，向旅客表示歉意。对旅客的配合与支持，表示感谢。

③ 坐立、行走姿态端正，步伐适中，轻重适宜。在旅客多的地方，先示意，后通行；旅客迎面走过来时，要主动侧身面向旅客让行，不与旅客抢行。列队出（退）勤（乘）时，按规定线路行走，步伐一致，箱（包）在同一侧。

④ 立岗姿势规范，精神饱满。站立时，挺胸收腹，两肩平衡，身体自然挺直，双臂自然下垂，手指并拢贴于裤线上，脚跟靠拢，脚尖略向外张呈“V”形。女性可双手四指并拢，交叉相握，右手叠放在左手之上，自然垂于腹前；左脚靠在右脚内侧，夹角为45°。

⑤ 列车进出站时，在车门口立岗，从列车进入站台开始，开出站台为止，面向站台行注目礼。办理交接时行举手礼，右手五指并拢平展，向内上方举手至帽檐右侧边沿，小臂成45°角。

⑥ 清理卫生时，清扫工具不触碰旅客及携带物品。挪动旅客物品时，征得旅客同意。需要踩踏座席、铺位时，带鞋套或使用垫布。占用洗脸间洗漱时，礼让旅客。清洁厕所时，作业人员戴保洁专用手套。

⑦ 夜间作业、行走、交谈、开关门要轻。进包房先敲门，离开时应倒退出包房。

⑧ 不高声喧哗、嬉笑打闹、勾肩搭背，不在旅客面前做吃东西、吸烟、剔牙齿等不文明、不礼貌的动作，不对旅客评头论足，接班前和工作中不食用异味食品。餐车对旅客供餐时，不在餐车逗留、闲谈、占用座席、陪客人就餐。

⑨ 客运乘务人员进出车厢时，面向旅客鞠躬致谢。

(3) 温度适宜，环境舒适。

① 通风系统作用良好，车内空气清新，质量符合国家标准。始发前对车厢进行预冷、预热，车内温度保持冬季18～20℃，夏季26～28℃。

② 车内照明符合规定。夜间运行（22:00—7:00）时，座车关闭半夜灯；始发、终到站和客流量大的停站，以及列车途经地区与北京时间存在时差时自行调整。

③ 广播视频。

- 广播常播内容录音化。使用普通话播音，经停少数民族自治地区车站的列车可根据需要增加当地通用的民族语言播音。进出香港的列车可增加粤语播音。直通列车可增加使用英语播报客运作业信息。

- 广播语音清晰，音量适宜，用语准确，不干扰旅客正常休息。自动广播系统播报正确，视频系统性能良好，使用正常。始发前开启广播视频系统播放节目，播放内容符合相关规定并定期更新。

- 广播、视频内容以方便旅行生活为主，介绍宣传安全常识和车辆设备设施的使用方法，提示旅客遵守安全乘车规定，播报前方停站、到站信息等内容，适当插播文艺娱乐、文明礼仪、沿线风光、民俗风情、餐食供应、广告等节目。

（4）用水供应。

① 饮用水保证供应，途中上水站按规定上水。使用饮水机的备有足量桶装水。

② 列车始发后为旅客送开水，途中有补水服务；售货车配热水瓶，利用售货时为有需求的旅客提供补水服务。

（5）运行途中，厕所吸污时或未供电时锁闭厕所，其他时间不锁厕所。厕所锁闭时，为特殊情况急需使用厕所的旅客提供方便。

（6）公共区域的电源插座要保证符合标示电压范围的小型电器能正常使用。

（7）通过图形符号、电子显示、广播、视频、服务指南等方式宣传旅客运输服务信息及客运服务质量标准摘要，引导旅客自助服务。

（8）卧具终点站收取，贴身卧具一客一换。到站前提醒卧车旅客做好下车准备，不干扰其他旅客。夜间运行，卧车乘务员在边凳值岗，并定时巡视车厢。始发后和夜间客运乘务人员须核对铺位。列车剩余铺位在列车办公席或指定位置公开发售并公布手续费收费标准。

（9）发现旅客遗失物品妥善保管，设法归还失主，无法归还时编制客运记录交站处理。无法判明旅客下车站时交列车终到站处理。

（10）根据旅客乘坐列车等级和席别提供相应服务。

① 商务座车配有专职人员，专职人员主动介绍专项服务项目，提供饮品、餐食、小食品、小毛巾、耳塞等服务。

饮品有茶水、饮料，品种不少于6种，茶水全程供应。

逢供餐时间的，免费供应餐食。供餐时间为：早餐8:00以前，正餐11:30—13:00、17:30—19:00。

正餐以冷链为主，配速溶汤，分量适中，可另行配备面点、菜品、佐餐料包等。品种不少于3种，配有清真餐食，定期调整。

选用非油炸类点心，蜜饯、坚果等无壳、无核、无皮、无骨的休闲小食品，品种不少于6种，采用独立小包装。

②“G”字头跨局动车组特、一等座车提供饮品、小食品等服务，全程提供送水服务。

（11）全面服务，重点照顾。

① 无需求，不干扰。通过广播、电子显示等方式宣传服务设备的使用方法，方便旅客自助服务。有需求，有服务。在各车厢电子显示屏公布中国铁路客户服务中心客户服务电话（区号+电话号码），实行首问首诉负责制。受理旅客咨询、求助、投诉，及时回应，热情处置，有问必答，回答准确；对旅客提出的问题不能解决时，指引到相应岗位并做好耐心解释。

② 重点关注，优先照顾，保障重点旅客服务。

● 按规范设置无障碍厕所、座椅、专用座席等设施设备，确保这些设施设备作用良好。对重点旅客做到“三知三有”（知座席、知到站、知困难，有登记、有服务、有交接)，为有需求的特殊重点旅客联系到站提供担架、轮椅等辅助器具，及时办理站车交接。

• 尊重民族习俗和宗教信仰。经停少数民族自治地区车站的列车可按规定在图形标志中增加当地通用的民族语言文字，可根据需要增加当地通用的民族语言播音。

（七）应急处置

（1）火灾爆炸、重大疫情、食物中毒、空调失效、设备故障和列车大面积晚点、停运、变更径路、启用热备车底等非正常情况下的应急处置预案健全有效，预案内容分工明确，流程清晰。日常组织培训，定期组织演练，培训演练有记录、有结果、有考核。

（2）配备照明灯、扩音器等应急物品，电量充足，性能良好。灾害多发季节增备餐料、易于保质的食品、饮用水和应急药品。

（3）遇火灾爆炸、重大疫情、食物中毒、空调失效、设备故障和列车大面积晚点、停运、变更径路、启用热备车底等非正常情况时，及时启动应急预案，掌握车内旅客人数及到站情况，维持车内秩序，准确通报信息，做好咨询、解释、安抚、生活保障等善后工作。

① 列车晚点 15 min 以上时，列车长根据调度、本段派班室（值班室）或车站的通报，向旅客公告列车晚点信息，说明晚点原因、晚点时间。广播每次间隔不超过 30 min，可利用电子显示屏实时显示。

② 遇列车空调故障，有条件的，将旅客疏散到空调状态良好的车厢；需开启车门通风的，在车门安装防护网，有专人防护。在停车站，开启站台一侧车门；在途中，开启运行方向左侧车门。运行途中劝阻旅客不在连接处停留，临时停车严禁旅客下车。在站停车须组织旅客下车时，站车共同组织。按规定做好旅客到站退还票价差额时的站车交接。

③ 热备车底的乘务人员、随车备品和服务用品同步配置到位。遇启用热备车底时，做好宣传解释，配合车站共同组织旅客换乘其他列车，或者按照车站通报的席位调整计划，组织旅客调整席位，按规定做好站车交接。

④ 遇变更径路时，做好宣传解释，组织不同径路的旅客下车，按规定做好站车交接。

⑤ 车门故障无法自动开启时，手动开启车门，并通知随车机械师处理；无法关闭时，由专人看守并通知随车机械师处理。使用车门紧急解锁拉手后，及时复位。

⑥ 发生烟火报警时，随车机械师、列车长和乘警根据司机通知立即到报警车厢查实确认，查看指定车厢的客室、卫生间，随车机械师重点查看电气设备。若发生客室或设备火情，列车长或随车机械师立即通知司机按规定实施制动停车，并启动应急预案进行处理；若确认因吸烟等非火情导致烟火报警时，由随车机械师做好恢复处理，乘警依法调查，并向旅客通告。

⑦ 旅客受到人身伤害或突发疾病时，积极采取救助措施，按规定办理站车交接，客运乘务员不下车参与处理。必要时可请求在前方所在地有医疗条件的车站临时停车处理。

（八）列车经营

1. 餐饮经营

（1）餐饮经营符合有关审批、安全规定，证照齐全有效。食品经营单位的食品安全管理制度健全。

（2）餐车销售的饮、食品符合国家有关规定。销售的商品质价相符，明码标价，一货一签，价签有“CRH”标志，提供发票。餐车、车厢明显位置、售货车、服务指南内有商品价目表和菜单，无变相卖座和只收费不服务情况。

（3）餐车整洁美观，展示柜布置富有艺术感，与就餐环境相协调；厨房保持清洁，各种用具定位摆放。商品、售货车等不堵通道，不占用旅客使用空间。售货车内外清洁，定位放置，有制动装置和防撞胶条。

（4）商品柜、冰箱、吧台、橱柜不随意放置私人物品（乘务员随乘携带的餐食等定位存放）。餐食、商品在餐车储藏柜、冰箱内定位放置，不占用旅客使用空间。

（5）餐车配置的微波炉、电烤箱、咖啡机等厨房电器符合规定的数量、规格和额定功率。

（6）经营行为规范，文明售货，不捆绑销售商品。非专职售货人员不从事商品销售等经营活动。餐车实行不间断营业，并提供订、送餐服务。销售人员不在车内高声叫卖，频繁穿梭，销售过程中主动避让旅客。夜间运行时，不得进入卧车销售，座车可根据情况适当延长或提前销售时间，但不得超过 1 h。

（7）有高、中、低不同价位的预包装饮用水、盒饭等饮、食品供应，2 元预包装饮用水和 15 元盒饭不断供（2017 年年初取消 15 元盒饭不断供的规定）。尊重外籍旅客和少数民族旅客的饮食习惯。盒饭以冷链为主，热链为辅，常温链仅做应急备用，有清真餐食。

（8）商品有检验、签收制度，采购、包装、贮存、加工、运输、销售符合食品卫生安全要求。

（9）不出售无生产单位、生产日期、保质期和过期、变质，以及口香糖、方便面等严重影响列车环境卫生的食品。超过保质期限的食品单独存放，回收销毁。

一次性餐饮用具符合国家卫生及环保要求。

2. 广告经营规范

广告发布的内容、形式、位置等符合有关规范，布局合理，安装牢固，内容健康，与列车环境协调，不挤占铁路图形标志、业务揭示、安全宣传等客运服务内容或位置，不影响安全和服务功能，不损伤车辆设备设施。

（九）高铁快件

（1）高铁快件集装件按装载方案指定位置码放。码放在车厢内最后一排座椅后的空隙处时，不影响座椅后倾，高度不超过座椅；需中途换向的列车，不使用最后一排座椅后的空隙处存放集装件。利用高铁进行物品运输时，可使用纸箱、集装袋等集装容器；高铁快件集装件可码放在大件行李处、通过台、车厢过道及座椅间隔处等位置，但不码放在座椅上；单节车厢装载的集装件总重量不超过列车允许载重量（二等座车厢标记定员乘以 80 kg）。

（2）列车乘务人员在运行途中巡视、检查高铁快件集装件码放、外包装、施封等状况。发现高铁快件集装件短少或外包装、施封破损立即报告列车长。短少的，列车长确认后，组织查找，上报运行所在局客调；破损的，会同乘警或其他列车乘务人员共同检查，并拍照留存（含可视的内装高铁快件）。开具客运记录，并通知到站。

（3）遇列车故障途中需更换车底时，列车长报告高铁快件装载情况。在车站换乘更换乘务组的，救援车乘务组确认集装件换车情况，并办理交接。在区间换乘的，集装件不换至救援车。故障车乘务组随故障车返回的，由故障车乘务组负责途中看管，与动车所所在地高铁车站办理交接。故障车乘务组随救援车继续担当乘务的，铁路局安排专人与乘务组办理集装件交接。

（十）人员素质

（1）身体健康，五官端正，持有效健康证明。

（2）具备高中（职高、中专）及以上文化程度，保洁人员可适当降低要求。

（3）经过岗前安全、技术业务培训，持有效上岗证上岗。从事餐饮服务的人员有卫生知识培训合格证明。广播员有一定文字编写水平，经过广播业务、技能培训并取得合格证书。

（4）列车长从事列车乘务工作满 2 年。列车值班员从事列车乘务工作满 1 年。列车长、商务座、软卧列车员能够使用简单英语为相关旅客服务。

（5）熟练使用本岗位相关设备设施，熟知本岗位业务知识和职责，掌握担当列车沿途停站和时刻，沿线长大隧道、桥梁、渡海等线路概况，以及上水、吸污、垃圾投放等作业情况。熟悉本岗位相关应急处置流程，具备应对突发事件的能力。

（十一）基础管理

（1）管理制度健全，有考核、有记载。定期分析安全和服务质量状况，有整改措施。

（2）按规定配置业务资料，内容修改及时、正确。除携带铁路电报、客运记录、车内补票移交报告外，车上不携带其他纸质资料台账。

（3）各工种在列车长的领导下，按岗位责任各负其责，相互协作，落实作业标准，有监督，有检查，有考核。

（4）业务办理符合规定，票据、台账、报表填写规范，填写内容准确、完整、清晰。配备保险柜，营运进款结算准确，票据、现金及时入柜加锁，到站按规定解款。

（5）客运乘务人员配备统一乘务箱（包），集中定位摆放；洗漱用具、茶杯等定位摆放。

（6）库内保洁作业纳入动车所一体化作业管理，动车所满足一体化吸污、保洁等整备作业条件。

(7) 备品柜、储藏柜按车辆设计功能使用，备品定位摆放。单独配置的备品柜与车身固定在一起，并与车内环境相协调。

(8) 定期开展职业技能培训，培训内容适应岗位要求，评判准确。

三、空调列车服务质量规范

(一) 相关术语和定义

1. 普速旅客列车

普速旅客列车是指运送旅客或行包、邮件的非动车组列车。

2. 重点旅客

重点旅客是指老、幼、病、残、孕旅客。特殊重点旅客是指依靠辅助器具才能行动等需特殊照顾的重点旅客。

(二) 安全规范

(1) 防火防爆、人身安全、食品安全、现金票据、结合部等安全管理制度健全有效。

(2) 列车始发前及途中，客运、车辆、公安等人员按照职责分工分别对列车上部设备设施进行检查，发现问题各自填入“三乘检查记录”并通知车辆人员处置，涉及行车、人身安全的及时采取临时处置措施。列车终到前，已经修复的在“三乘检查记录”上标记并由“三乘”签字确认后（若丢失或人为造成的客服设施损坏，列车长填写“客统－36”），交车辆乘务员。

(3) 各车厢灭火器、紧急制动阀、人力制动机、紧急破窗锤、灭火毯、防毒面具、应急手电筒、扩音器等安全设备设施配齐配全，作用良好，定位放置。乘务人员知位置、知性能、会使用。

① 各车厢紧急制动阀有包封，印有“危险勿动”警示标志；紧急制动阀手柄施封良好，压力表指示正常。

② 人力制动机施封良好，制动、缓解方向指示标志清晰，无遮挡。

③ 灭火器安放牢固，便于取用，不搭挂物品；确保在有效期内，压力符合规定，标牌齐全清晰，施封完好。

④ 紧急破窗锤标注“消防专用”标志，安放牢固，便于取用。

⑤ 餐车厨房配备 2 条灭火毯，灭火毯装袋、定位存放于靠近炉灶第一个储藏柜内并保持干燥。

⑥ 行李车、邮政车和发电车配备 2 套防烟毒面具，包装完好，配件齐全。

⑦ 封闭式洗脸间、厕所防护栏安装牢固，防护栏栏杆之间及栏杆与窗框之间间隙不大于 150 mm。

(4) 正确使用电器设备，安全用电。电器元件安装牢固，接线及插座无松动，紧急断电按钮施封良好，按钮开关、指示灯作用良好；不乱接电源和增加电器设备，不超过允许负载。配电室（箱）人离锁闭，门锁良好，配电箱、控制箱内及上部不得放置物品；可燃物品不得贴靠电采暖装置。不用水冲刷地板、墙板、电器设备。

(5) 定期对餐车炉灶（台面）、器具进行油垢清理。餐车炉灶台面一餐一清；炉灶墙壁、抽油烟机、排烟罩和烟道的表面可见部位一趟一清。

(6) 电气化厨房设备在明显位置粘贴操作说明和安全操作规程，使用前确认电源控制柜技术状态良好，操作时按规定使用电磁炉、电炸炉、电烤箱、微波炉、电冰箱、蒸饭箱等电器设备，无人操作设备时关闭电源。灶台上保持干燥、清洁，不放导磁体。不使用电磁炉油炸食品。不带电清洁和用水冲刷电气设备，不自行拆卸电气设备。电气化餐车电炸锅内油面高于1/4油锅深度，最高油面高度不超过油位警告标志，油温设定值严禁超过200℃。

非电气化餐车按规定检查蒸饭锅炉水位（压）表、水温表，检验水阀状况，确保不漏水、不缺水。煤箱盖安装牢固，无松动、脱落、变形。炉灰先用水浸灭后再装袋处置。终到因故甩下的餐车彻底排净锅炉内的积水。列车运行中，使用前进方向第一个燃煤炉灶油炸食物，用油量不超过容器的1/3。

(7) 执行车门管理制度。

① 车门管理做到停开、动关、锁，出站台四门检查瞭望。车站开车铃声结束、旅客乘降完毕后上车放下脚踏板，在车门口值守做好关门准备，车动关闭车门；进站提前到岗，确认站台，试开车门（塞拉门除外），停稳开门，卡牢翻板，无旅客从背面车门下车。试开车门时开启车门缝隙不超过10厘米，确认车门状态良好后立即关闭。始发、终到客流较大时双开车门组织乘降，一人值乘多个车厢时，由车站负责值守增开的车门。

② 列车运行中，载客车厢连接端门不锁闭，车门及餐车厨房边门、走廊边门、厨房后门锁闭；行李车、发电车、邮政车端门锁闭，但与车厢连接端门锁闭后可用列车通用钥匙打开。到站前、开车后疏通通道。列车站停期间，按照值乘范围锁闭相应车厢端门。

③ 列车首节车辆前部、尾节车辆后部设有外端门、防护栏和“禁止通行”标志，外端门在列车运行中须锁闭。餐车后厨边门窗户不是内翻可开启式的，边门外加装防护栏并加锁固定牢固。列车首尾载客车厢侧门和端门运行中锁闭，在内端门设置“旅客止步”标志。有运转车长作业的，侧门和内端门由其负责管理，无旅客通行。

④ 临时停车时做好宣传，加强巡视，确保车门锁闭，严禁旅客上下车，未经列车长统一组织不准开启车门。列车启动后四门检查瞭望。

⑤ 停站立岗时，面向旅客放行方向立岗（高站台时不背对车厢连接处立岗），做好安全宣传，验票上车，重点帮扶，安全乘降。

⑥ 高站台乘降作业时，站停时间超过4分钟时，车门口与站台间使用安全踏板，组织乘降的车门与相邻车厢间空隙处设置警示带。安全踏板制作轻巧牢固，安放平稳，定位放置。警示带印有反光材料制作的“当心坠落、注意安全”字样，设置方式、位置统一。临时双开车门组织乘降时，增开的车门可不设置安全踏板和警示带。

⑦ 安全标志和揭示揭挂设置齐全，有铁路旅客乘车安全、旅行须知、客运服务质量标准摘要；车门有“禁止携带危险品”标志，塞拉门还有“禁止倚靠”标志；客室

相应位置有“禁止吸烟”“请勿向窗外扔东西”“当心烫伤”“当心夹手”“请勿触摸”“禁止通行”“旅客止步”等安全标志。安全标志和揭示揭挂设置位置合理，内容准确，规格统一，符合标准。

⑧ 运行中做好安全宣传和防范工作，车内秩序、环境良好，无闲杂人员随车叫卖、捡拾、讨要。发现可能损坏车辆设施和影响安全、文明的行为及时制止。

⑨ 车厢内禁止吸烟，加强禁烟宣传，发现禁烟区吸烟行为及时劝阻，并由公安机关依法查处。允许吸烟的处所有“吸烟处”标志和安全注意事项告知揭示，配备烟灰盒。

⑩ 行李架物品摆放平稳、牢固、整齐。大件行李妥善放置，不占用席（铺）位，不堵塞通道。锐器、易碎品、杆状物品及重物等放在座（铺）位下面。衣帽钩限挂衣帽、服饰等轻质物品。

⑪ 认为旅客携带品可疑及发现无人认领的物品时，配备乘警的列车通知乘警到场处理；未配备乘警的列车由列车长处理，对危险品做好登记、保管及现场处置，并交前方停车站（公安部门）处理。

⑫ 发现行为、神情异常旅客时，重点关注，配备乘警的列车通知乘警到场处理；未配备乘警的列车由列车长处理，情形严重时交列车运行前方停车站处理。

⑬ 旅客受伤、生病时，提供协助，必要时通过广播寻求医护人员帮助；情形严重的，报告客运调度。

⑭ 乘务人员进出车站和客技站时走指定通道，通过线路时走天桥、人行地道，走平交道时做到“一停二看三通过”，不横越线路，不钻爬车底，不跨越车钩，不与运行中的机车车辆抢行。进出车站时集体列队。

⑮ 乘务人员在接班前充分休息，保持精力充沛，不在班前、班中、折返站饮酒。

（三）设备设施

（1）车辆设备设施齐全，符合客车出库质量标准。

① 列车办公席、乘务员室、行李员办公室、广播室，备品柜、清洁柜、工具室（柜）、洗脸间、厕所等设施齐全，作用良好，正常使用，不挪作他用或改变用途。

② 车辆外观整洁，内外部油漆无剥落、褪色、流坠；车内顶棚不漏水，内外墙板及车内地板无破损、无塌陷、不鼓泡；渡板及各部位压条、压板、螺栓不松动、无翘起；脚蹬安装牢固，无腐蚀破损；手把杆无破损、松动。各部位金属部件无锈蚀。

③ 各门、翻板及簧、锁、门止、碰头、卡销配件齐全，不松动，作用良好。车窗锁及窗帘盒滑道、窗帘杆、毛巾杆、挂钩齐全，作用良好。门窗玻璃无破损，密封条完整，不透气、透尘、不漏水，无脱落。车内各车门处有防挤手装置，配置齐全，作用良好。

④ 暖气片（罩、管）、座席、卧铺（及吊带）、扶手、梯子、行李架、梳妆台、面镜、茶桌、餐桌、抽屉、衣帽钩、毛巾杆（架）、镜框、书报架、温度计齐全良好，无松动。座席及卧铺布面无破损。包房号牌、座（铺）位号牌，以及各室、柜、箱、开关等服务标牌齐全清晰。

⑤ 载客车厢通过台内端门框旁设儿童票标高线。儿童票标高线宽 10 毫米、长 100 毫米，距地板面分别为 1.2 米和 1.5 米，以上缘为限，距内端门框 100 毫米。

⑥ 电茶炉安装牢固，炉体无变形、破损，管系各阀无漏水，排水管畅通、无堵塞，过滤器洁净，液位显示清晰。

⑦ 给排水装置配件齐全，作用良好，不漏水。车厢水位表（液位仪）显示准确。配有加热装置的，加热装置作用良好，正常启用。盥洗设备齐全，作用良好，安装牢固，无裂损。

⑧ 厕所便器、卫生纸盒、冲水装置作用良好，便器（斗）冲水均匀，无外喷。集便式厕所配有垃圾箱（桶）。

⑨ 灯具、灯罩完整清洁，无松动、裂损、变形，灯带、卡子齐全；顶灯光色一致。各电气开关、电源插座齐全，作用良好，无烧损。餐车厨房排气扇、电动水泵及电气化厨房电器作用良好，配线不外露。

⑩ 车载视频监控终端设施设备作用良好，外观整洁，安装牢固，发生故障、破损，及时修复。

⑪ 空调设备配件齐全，作用良好，安装牢固，运转正常。

⑫ 广播系统作用良好，音量控制器能正常使用。

⑬ 餐车冰箱作用良好，有隔水板。厨房地面有沥水设施。

（2）车内各种服务图形标志型号一致、位置统一，安装牢固，齐全醒目，符合规定。

（3）车厢有列车运行区间牌、内外顺号（牌）等标志，文字清晰、准确，无破损、卷边、褪色。电子显示屏显示及时、准确。

（4）每节车厢的垃圾箱不少于一个，垃圾箱与垃圾袋配套使用。内嵌式垃圾箱正常启用，不封闭或挪作他用，内胆采用不锈钢材质，与箱体内壁间隙不超过 1 厘米，箱体四壁封闭，垃圾投放进口有漏斗。外置式垃圾箱有盖，放置位置不占用通道或影响其他服务设施使用。

（5）单双管客车混编时，在全列制动机试验前，集便式厕所锁闭，开车后启用；当运行途中因列车管压力下降被迫停车时，按照相关规范的要求，将集便式厕所适当锁闭。

（四）服务备品

（1）服务备品符合国家环保规定，质量符合要求，色调与车内环境相协调。

（2）服务备品齐全，干净整洁，定位摆放。布制品、易耗备品准备充足。布制备品按规定的时间使用和换洗，有启用时间（年、月）标志。

① 软卧车（含高级软卧车）使用遮光帘和纱帘；厕所配有大盘卷筒卫生纸，坐便器配有一次性坐便垫圈；洗脸间有洗手液（皂）、垃圾桶；走廊有地毯，边座有套；包房内有被套、被芯、枕套、枕芯、床单、垫毯、卧铺套、靠背套、茶几布、一次性拖鞋、衣架、不锈钢果皮盘、带盖垃圾桶、热水瓶和积水盘；高级软卧车包房内还有面巾纸盒；乘务员室备有托盘、热水瓶（根据需要增配防倒架）和一次性硬质塑料水杯。

② 软座车使用遮光帘和纱帘；坐便器配有一次性坐便垫圈；有座席套、头靠套（头枕片）、果皮盘；乘务员室备有热水瓶（根据需要增配防倒架）。

③ 硬卧车使用遮光帘；厕所配有大盘卷筒卫生纸，坐便器配有一次性坐便垫圈。有卧铺套、被套、被芯、枕套、枕芯、床单、垫毯和边座套，每格有不锈钢果皮盘、热水瓶（根据需要增配防倒架）。

④ 硬座车使用遮光帘；有果皮盘；有座席套、头靠套（片）；乘务员室备有热水瓶（根据需要增配防倒架）。

⑤ 餐车有售货（饭）车、热水瓶、一次性硬质塑料水杯；使用遮光帘和纱帘；台面有台布，座椅有套。餐、茶、酒具等器皿规格统一，花色一致，齐全无破损。备有调味品容器、牙签盅、餐巾纸、餐具、托盘、席位牌。

（3）贴身卧具（被套、床单、枕套）和头靠套干燥、清洁、平整，无污渍、无破损；已使用的与未使用的折叠整齐，分别装袋保管。卧具袋防水、耐磨，干净，无破损。贴身卧具与其他布制备品分类洗涤；洗涤、存储、装运及更换不落地、无污染。可使用独立包装的贴身卧具供途中、折返更换。

（4）卧车垫毯、被芯、枕芯等非贴身卧具备品干燥、清洁，无污渍、无破损，定期晾晒。被芯、枕芯先加装包裹套，再使用被套、枕套。包裹套定期清洗，保持干燥整洁。

（5）布制备品定位存放在备品柜内。无备品柜或备品柜容量不足的，硬卧车定位放置在4、5、18、19号卧铺下，软卧车定位放置在3、7、11号卧铺下。

（6）有厕所专用清扫工具，与车内清扫工具分开定位放置在清洁柜内，无清洁柜的定位隐蔽存放。

（7）载客车厢配备安全踏板和警示带，定位存放。

（8）垃圾箱（桶）与垃圾袋配套使用，垃圾袋符合国家标准，印有使用单位标志，与垃圾箱（桶）规格匹配，厚度不小于0.025毫米。餐车厨房配备专用垃圾袋，厚度不小于0.04毫米。

（9）列车配有票剪、补票机、站车客运信息无线交互系统手持终端；列车长和首尾车厢、列车办公席等重点岗位客运乘务人员配置手持电台。设备电量充足，作用良好。站车客运信息无线交互系统手持终端在始发前登录，途中及时更新信息。

（五）整备作业

1. 出库标准

（1）车厢内外各部位整洁，窗明几净，四壁无尘，物见本色。

① 车外皮、车梯、翻板内外、窗门框及玻璃、扶手均保持干净、无污渍。

② 天花板（顶棚）、板壁、边角、地板、连接处、灯罩、座椅（铺位）、暖气罩、空调口、通风口、电茶炉等部位保持洁净、无尘、无垢、无杂物。

③ 热水瓶、果皮盘、垃圾箱（桶）、洗脸间内外洁净。

④ 餐车橱、柜、箱干净，无异味，分类标志清晰，餐料、商品、备品和餐、炊具等分类定位放置。

⑤ 厕所无积便、积垢、异味，地面干净、无杂物，便器排污管及内边沿无积垢。集便式厕所污物箱内污物排尽。

（2）布制品、消耗品和清扫工具等服务备品配备齐全，定位放置，定型统一。

① 卧具叠放整齐，摆放统一，床单、头枕套、座席套、茶几布等铺设平整，干净整洁。窗帘、纱帘悬挂整齐，定型统一，美观大方，无脱扣。

② 洗手液、卫生纸、面巾纸、一次性坐便垫圈等服务备品补足配齐，定位放置。

③ 清扫工具、活动顺号、安全踏板、警示带等备品定位放置，不影响旅客使用空间。

④ 办公席、乘务员室各种资料、备品定位摆放，干净整齐。

⑤ 定期进行“消、杀、灭”，蚊、蝇、蟑螂等病媒昆虫指数及鼠密度符合国家规定。

2. 途中标准

（1）各处所清扫及时，保持整洁。

① 各处所地面墩扫及时，保持干燥、干净；台面、桌面、面镜擦抹及时，保持干净、无水渍；中途站擦扶手，低站台停车时擦翻板扶手。

② 洗脸（手）池、电茶炉沥水盘、餐车洗碗池清理、擦抹及时，确保无污渍、无残渣、无堵塞、无积水；果皮盘、垃圾箱（桶）清理及时，确保无残渣；厕所畅通、无污物、无异味，集便式厕所按规定吸污。

③ 餐车餐桌、吧台、厨房地面和工作台，以及各橱、箱、柜保持洁净。厨房垃圾使用专用垃圾袋收纳，与列车其他垃圾分类管理。

（2）洗手液、卫生纸、面巾纸、一次性坐便垫圈等备品补充及时；卧具被污染须及时更换。

（3）垃圾装袋、封口、无渗漏，定位放置，在指定站定点投放；不向车外扫倒垃圾、抛扔杂物。

3. 终到标准

列车到达终到站时，车内无垃圾、无污水、无粪便。垃圾装袋、封口、无渗漏，到站定点投放。

4. 到站立即折返标准

（1）车厢地面、通过台、连接处、行李架、扶手及座椅（铺位）、暖气罩、边角等部位干净整洁，通风口、电茶炉下、洗脸间下等隐蔽处所无积垢、无杂物。垃圾箱（桶）内无垃圾、无异味。

（2）果皮盘、热水瓶内外洁净；垃圾箱（桶）、洗脸间四周洁净。

（3）餐车橱、柜、箱干净，无异味，分类标志清晰，餐料、商品、备品和餐、炊具等分类定位放置。

（4）洗脸间、厕所面镜洁净，洗脸（手）池、便器无污物、无异味。电茶炉沥水盘洁净。

（5）布制品、消耗品和清扫工具等服务备品配备齐全，定位放置，定型统一。

① 卧具叠放整齐，摆放统一，床单、头枕套、座席套、茶几布等铺设平整，干净整齐。窗帘、纱帘悬挂整齐，定型统一，美观大方，无脱扣。

② 洗手液（皂）、卫生纸、面巾纸、一次性坐便垫圈、垃圾袋等服务备品补足配齐，定位放置。

③ 清扫工具、活动顺号、安全踏板、警示带等备品定位放置，不影响旅客使用空间。

④ 办公席、乘务员室各种资料、备品定位摆放，干净整齐。

（六）文明服务

（1）仪容整洁，着装统一，整齐规范。

① 头发干净整齐、颜色自然，不理奇异发型、不剃光头。男性两侧鬓角不得超过耳垂底部，后部不长于衬衣领，不遮盖眉毛、耳朵，不烫发，不留胡须；女性发不过肩，刘海长不遮眉，短发不短于两寸。

② 面部、双手保持清洁，身体外露部位无文身。指甲修剪整齐，长度不超过指尖2毫米，不使用彩色指甲油染指甲。女性淡妆上岗，保持妆容美观，不浓妆艳抹。

③ 换装统一，衣扣拉链整齐。着裙装时，丝袜统一，无破损。系领带时，衬衣束在裙子或裤子内。外露的皮带为黑色。佩戴的外露饰物款式简洁，限手表一只、戒指一枚，女性还可佩戴发夹、发箍或头花及一副直径不超过3毫米的耳钉。不歪戴帽子，不挽袖子和卷裤脚，不敞胸露怀，不赤足穿鞋，不穿尖头鞋、拖鞋、露趾鞋，鞋跟高度不超过3.5厘米，跟径不小于3.5厘米。

④ 佩戴职务标志。胸章牌（长方形职务标志）戴于左胸口袋上方正中，下边沿距口袋1厘米处（无口袋的戴于相应位置），包含单位、姓名、职务、工号等内容。菱形臂章佩戴在上衣左袖肩下四指处。按规定应佩戴制帽的工作人员，在执行职务时戴上制帽，帽徽在制帽折沿上方正中。除列车长外，其他客运乘务人员在车厢内作业时可不戴制帽。

⑤ 餐车工作人员作业时着工作服，戴工作帽（女性戴三角巾）和围裙。

（2）表情自然，态度和蔼，用语文明，举止得体，庄重大方。

① 使用普通话，表达准确，口齿清晰。服务语言表达规范、准确，使用“请、您好、谢谢、对不起、再见”等服务用语。对旅客、货主称呼恰当，统称为“旅客们”“各位旅客”“旅客朋友”，单独称为“先生、女士、小朋友、同志”等。

② 旅客问讯时，面向旅客站立（列车办公席工作人员办理业务时除外），目视旅客，有问必答，回答准确，解释耐心。遇有失误时，向旅客表示歉意。对旅客的配合与支持，表示感谢。

③ 坐立、行走姿态端正，步伐适中，轻重适宜。在旅客多的地方，先示意后通行；旅客迎面走过来时，要主动侧身面向旅客让行，不与旅客抢行。列队出（退）勤（乘）时，按规定线路行走，步伐一致，箱（包）在同一侧。

④ 立岗姿势规范，精神饱满。站立时，挺胸收腹，两肩平衡，身体自然挺直，双臂自然下垂，手指并拢贴于裤线上，脚跟靠拢，脚尖略向外张呈“V”形。女性可双手

四指并拢，交叉相握，右手叠放在左手之上，自然垂于腹前；左脚靠在右脚内侧，夹角为45°。

⑤ 列车进出站时，在车门口立岗，从列车进入站台开始，开出站台为止，面向站台行注目礼，办理交接时行举手礼，右手五指并拢平展，向内上方举手至帽檐右侧边沿，小臂成45°角。

⑥ 清理卫生时，清扫工具不触碰旅客及携带物品。挪动旅客物品时，征得旅客同意。需要踩踏座席、铺位时，带鞋套或使用垫布。占用洗脸间洗漱时，礼让旅客。

⑦ 夜间作业、行走、交谈、开关门要轻。进包房先敲门，离开时，应倒退出包房。

⑧ 不高声喧哗、嬉笑打闹、勾肩搭背，不在旅客面前做吃东西、吸烟、剔牙齿等不文明、不礼貌的动作，不对旅客评头论足，接班前和工作中不食用异味食品。餐车对旅客供餐时，不在餐车逗留、闲谈、占用座席、陪客人就餐。

（3）温度适宜，环境舒适。

① 车厢内空气质量符合国家标准。发电车供电的空调客车须在列车始发前1小时，机车供电的空调客车须在列车始发前40分钟完成机车连挂和供电，对车厢进行预冷或预热；车内温度保持冬季18～20℃，夏季26～28℃。

② 车内照明符合规定。夜间运行（22:00—7:00）时，硬卧车关闭顶灯、开启地灯，软、硬座车关闭半夜灯；始发、终到站和客流量大的停站，以及列车途经地区与北京时间存在时差时自行调整。列车终到后供电时间不少于30分钟；入库期间以及使用发电车或具备地面电源供电的折返停留列车供电时间不少于4小时，停留不足4小时的不间断供电。

③ 广播视频。

• 广播常播内容录音化。使用普通话播音，经停少数民族自治地区车站的列车可根据需要增加当地通用的民族语言播音。进出香港的列车可增加粤语播音。直通列车可增加使用英语播报客运作业信息。

• 广播语音清晰，音量适宜，用语准确，内容丰富，更新及时，形式多样，健康活泼，不干扰旅客正常休息。视频播放画面清晰，外放声音不得影响列车广播的正常播放，且音量不得高于30分贝。

• 广播及集中控制的视频播放时间为7:00—12:30、15:00—21:30。列车在7:00以前或21:30之后始发或终到的，或者根据季节、昼夜变化情况，可以提前或顺延30～60分钟广播，其他时间只能播报应急广播。途经地区与北京时间存在时差时，可适当调整。

• 广播内容以方便旅行生活为主。始发前，播放旅客引导、行李摆放提示、列车情况介绍，以及禁止携带危险品、禁止吸烟等内容。运行中，播放列车设施设备、旅客安全须知、旅行常识、旅行生活知识、治安法制宣传、卫生健康、餐售经营等宣传及前方停站、到站信息预播报等内容，适当插播文艺娱乐、文明礼仪、地方概况、沿线风光、民俗风情、广告等节目。

• 列车停站信息预、播报及时。执行"一站三报"，即开车后预告下一到站站名和时刻；到站前（不晚于到站前10分钟）再次通报；停稳后第三次播报。开车后、到站前硬座车厢乘务员在车厢两头分别通报。

（4）用水供应。

① 始发开车前，电茶炉水开，清空热水瓶存水；开车后及时为热水瓶注水，途中为有需求的旅客供水。

② 车厢不间断供水。上水站到站前、开车后分别核记水位刻度，确认上水情况。

（5）列车渡海，以及运行在市区、长大隧道、大桥和站停3分钟及以上的停车站锁闭厕所；中途停车站提前5分钟、终到站提前10分钟锁闭厕所。集便式厕所吸污时或未供电时锁闭厕所，其他时间不锁厕所。厕所锁闭时，为特殊情况急需使用厕所的旅客提供方便。

（6）公共区域的电源插座要保证符合标示电压范围的小型电器能正常使用。

（7）在始发站根据车站通知、在中途站列车停稳后打开车门组织旅客乘降；开车铃响，面向列车，足踏安全线，铃止登车，做到行动迅速，作业统一。遇有高寒、高温、雨雪天气或在办理客运业务的中间站长时间停靠时，列车长与车站确认没有旅客乘降后，可统一组织乘务员提前上车，保留正对车站放行通道的车门开放，其余车门暂时关闭，乘务员在车门口立岗。

（8）除一站直达列车外，卧车及时为上车旅客更换卧铺牌，到站前30分钟为旅客更换车票，及时提醒旅客做好下车准备，不干扰其他旅客。卧车贴身卧具一客一换，卧具终点站收取。夜间运行，卧车乘务员在边凳值岗，定时巡视车厢。始发后和进入夜间运行前，客运乘务人员对卧车核对铺位，对座车进行旅客去向登记。

（9）列车剩余铺位在列车办公席或指定位置公开发售并公布手续费收费标准。

（10）发现旅客遗失物品妥善保管，设法归还失主，无法归还时编制客运记录交站处理。无法判明旅客下车站时交列车终到站处理。

（11）全面服务，重点照顾。

① 全面做好基本服务。

• 各车厢公布中国铁路客户服务中心客户服务电话（区号+电话号码）。

• 实行首问首诉负责制。受理旅客咨询、求助、投诉，及时回应，热情处置，有问必答，回答准确；对旅客提出的问题不能解决时，指引到相应岗位，并做好耐心解释。

② 保障重点旅客服务。

• 按规范设置无障碍厕所、座椅、专用座席等设施设备，确保这些设施设备作用良好。

• 对重点旅客做到“三知三有”（知座席、知到站、知困难，有登记、有服务、有交接），优先为重点旅客办理卧铺、安排座席；为有需求的特殊重点旅客联系到站提供担架、轮椅等辅助器具，及时办理站车交接。

• 尊重民族习俗和宗教信仰。经停少数民族自治地区车站的列车可按规定在图形标志中增加当地通用的民族语言文字，可根据需要增加当地通用的民族语言播音。

（七）应急处理

（1）火灾爆炸、重大疫情、食物中毒、空调失效、设备故障和列车大面积晚点、停运、变更径路、变更车底等非正常情况下的应急处置预案健全有效，预案内容分工明确，流程清晰。日常组织培训，定期组织演练，培训演练有记录，有结果，有考核。

（2）配备照明灯、扩音器等应急物品，电量充足，性能良好。灾害多发季节增备餐料、易于保质的食品、饮用水和应急药品。

（3）遇火灾爆炸、重大疫情、食物中毒、空调失效、设备故障和列车大面积晚点、停运、变更径路、变更车底等非正常情况时，及时启动应急预案，掌握车内旅客人数及到站情况，维持车内秩序，准确通报信息，做好咨询、解释、安抚、生活保障等善后工作。

① 列车晚点 30 分钟以上时，列车长根据调度、本段派班室（值班室）或车站的通报，向旅客公告列车晚点信息，说明晚点原因、晚点时间。广播每次间隔不超过 30 分钟，有条件的可利用电子显示屏实时显示。

② 遇列车空调故障，有条件的，将旅客疏散到空调状态良好的车厢，必要时采取开窗通风措施。在站停车须组织旅客下车时，站车共同组织。按规定做好旅客到站退还票价差额时的站车交接。

③ 遇车底变更时，做好宣传解释，配合车站共同组织旅客换乘其他列车，或者按照车站通报的席位调整计划组织旅客调整席位，按规定做好站车交接。

④ 遇变更径路时，做好宣传解释，组织不同径路的旅客下车，按规定做好站车交接。

⑤ 旅客受到人身伤害或突发疾病时，积极采取救助措施，按规定办理站车交接。必要时可请求在前方所在地有医疗条件的车站临时停车处理。

（八）列车经营

（1）餐车经营。

① 经营证照齐全有效，经营项目、收费价格公开，无变相卖座和只收费不服务情况；提供发票。

② 储藏室（柜）、冰箱、吧台、橱柜等处所不随意放置私人物品。餐料、商品在餐车储藏柜、冰箱内等处所定位放置，不占用旅客使用空间。

③ 食品加工用具（刀、板、墩、盆、桶等）有生熟标记，并按标记使用。冰箱按原料、半成品、成品分别存放，并有标记、垫布、盖布。

④ 厨房有防蝇、防尘、灭鼠措施。

⑤ 有符合要求的清洗设备和消毒药品，炊、餐、茶、酒具洁净、消毒合格。

⑥ 销售无包装直接食用的食品时有防蝇、防尘措施，加盖保洁、不徒手接触食品。

⑦ 厨房前门悬挂印有“非工作人员禁止入内”字样的挡帘。除检查等情况，非餐车工作人员不进入餐车厨房。餐车刀具和锅铲等可移动铁器专人管理，定位隐蔽存放，使用完毕后及时归位。

（2）商品经营。

① 销售的商品质价相符，明码标价，一货一签，提供发票。

② 非专职售货人员不从事商品销售等经营活动，专职售货人员不得超过 4 人（不含餐车）。

（3）经营行为规范，文明售货，不捆绑销售商品。售货（饭）人员不在车内高声叫卖、频繁穿梭，销售过程中主动避让旅客。夜间运行时，不得进入卧车销售，座车可根据情况适当延长或提前销售时间，但不得超过1小时。

（4）售货（饭）车美观整洁，四周有防撞胶带（条），制动装置作用良好，有经营单位审定的价目表。列车编组14辆以上时，售货（饭）车总数不超过4辆，不足14辆的不超过3辆。双层客车可使用规格统一、洁净、无害塑料筐（箱）代替售货车，总数不超过4个。一节车厢内经营的售货（饭）车不超过1辆，经营过程中人车不得分离。非经营期间，售货（饭）车定位制动存放。

（5）有高、中、低不同价位的预包装饮用水、盒饭等饮、食品供应。尊重外籍旅客和少数民族旅客的饮食习惯。

（6）商品柜、储藏室、蔬菜柜、吧台橱柜（陈列柜）加锁，不放置私人物品；商品、餐料定位放置，不占用通道和旅客使用空间。

（7）商品有检验、签收制度，采购、保管、加工、运输、销售符合食品卫生安全要求。

（8）不出售无生产单位、生产日期、保质期和过期、变质，以及口香糖等严重影响列车环境卫生的食品。

（9）一次性餐饮用具符合国家卫生及环保要求。

（10）广告经营规范。广告发布的内容、形式、位置等符合有关规范，布局合理，安装牢固，内容健康，与列车环境协调，不挤占铁路图形标志、业务揭示、安全宣传等客运服务内容或位置，不影响安全和服务功能，不损伤车辆设备设施。

（九）行包

（1）行李车办公室有遮光帘，有站名牌、货位示意图和隔离带（网）和《押运人员须知》；货仓有“严禁烟火”安全标志，地面有隔水板。

（2）执行行包运输方案，监督行包装卸，使用规定印章办理站车交接。

（3）行李车货仓保持干净，留有安全通道，保证货物装卸和人员正常通行，货物堆码平稳、牢固、整齐，不堵塞车门，不超载、偏载、超限。贵重品、密件入柜加锁。

（4）及时、正确填写台账资料，及时向前方站做好预报。

（5）行李车内无违章运输物品，无闲杂人员，货仓拉门加明锁。对押运人员查验车票，告知注意事项并进行登记。

（十）人员素质

（1）身体健康，五官端正，持有效健康证明。

（2）新职人员具备高中（职高、中专）及以上文化程度。软卧列车员能够使用简单英语为相关旅客服务。

（3）经过岗前安全、技术业务培训，持有效上岗证上岗。从事餐饮服务的人员有卫生知识培训合格证明。广播员有一定文字编写水平，经过广播业务、技术培训并取得合格证书。列车乘务班组有经过红十字救护知识培训合格的人员。

(4) 列车长从事列车乘务工作满 2 年。列车值班员、列车行李员、广播员（含兼职）从事列车乘务工作满 1 年。

(5) 熟练使用本岗位相关设备设施，熟知本岗位业务知识和职责，掌握担当列车沿途停站和时刻，沿线长大隧道、桥梁、渡海等线路概况，以及上水、吸污、垃圾投放等作业情况。熟悉本岗位相关应急处置流程，具备应对突发事件的能力。

(十一) 基础管理

(1) 管理制度健全，有考核、有记载。定期分析安全和服务质量状况，有整改措施。

(2) 按规定配置业务资料，内容修改及时、正确。

(3) 各工种在列车长的领导下，按岗位责任各负其责，相互协作，落实作业标准，有监督，有检查，有考核。

(4) 业务办理符合规定，票据、台账、报表填写规范，填写内容准确、完整、清晰。配备保险柜，营运进款结算准确，票据、现金及时入柜加锁，到站按规定解款。

(5) 宿营车整齐有序，管理规范，乘务员休息铺位定位管理，有定位图，客运、公安、检车等乘务人员每两人轮流使用一个铺位（日勤人员除外），不在乘务人员休息区安排旅客。硬卧宿营车旅客与乘务人员休息区之间有挡帘，印有“旅客止步 请勿喧哗”字样。乘务人员铺位每格有挡帘。宿营车端门有“保持安静”字样。

(6) 客运乘务人员配备统一乘务箱（包），集中在宿营车定位摆放；洗漱用具、茶杯、衣帽鞋等定位摆放。

(7) 库内保洁作业纳入客技站一体化作业管理。客技站有客运备品存放、人员休息和看车值班等场所，具备向列车提供上下水、照明、用电、上下卧具等作业条件。

(8) 定期开展职业技能培训，培训内容适应岗位要求。

四、非空调列车服务质量规范

(一) 安全规范

(1) 防火防爆、人身安全、食品安全、现金票据、结合部等安全管理制度健全有效。

(2) 列车始发前及途中，客运、车辆、公安等人员按照职责分工分别对列车上部设备设施进行检查，发现问题各自填入“三乘检查记录”并通知车辆人员处置，涉及行车、人身安全的及时采取临时处置措施。列车终到前，已经修复的在“三乘检查记录”上标记并由“三乘”签字确认后（若丢失或人为造成的客服设施损坏，列车长填写“客统 - 36”），交车辆乘务员。

(3) 各车厢灭火器、紧急制动阀、人力制动机、紧急破窗锤、灭火毯、防毒面具、应急手电筒、扩音器等安全设备设施配齐配全，作用良好，定位放置。乘务人员知位置、知性能、会使用。

① 各车厢紧急制动阀有包封，印有“危险勿动”警示标志；紧急制动阀手柄施封

良好，压力表指示正常。

② 人力制动机施封良好，制动、缓解方向指示标志清晰，无遮挡。

③ 灭火器安放牢固，便于取用，不搭挂物品；确保在有效期内，压力符合规定，标牌齐全清晰，施封完好。

④ 紧急破窗锤标注“消防专用”标志，安放牢固，便于取用。

⑤ 餐车厨房配备2条灭火毯，灭火毯装袋、定位存放于靠近炉灶第一个储藏柜内并保持干燥。

⑥ 行李车、邮政车各配备2套防烟毒面具，包装完好，配件齐全。

⑦ 封闭式洗脸间、厕所防护栏安装牢固，防护栏栏杆之间及栏杆与窗框之间间隙不大于150毫米。25型客车下拉上开式车窗开启范围在100～150毫米。

(4) 正确使用电器设备，安全用电。电器元件安装牢固，接线及插座无松动，紧急断电按钮施封良好，按钮开关、指示灯作用良好；不乱接电源和增加电器设备，不超过允许负载。配电室（箱）人离锁闭，门锁良好，配电室（箱）、控制柜（箱）内及上部不放置物品。不用水冲刷地板、墙板、电器设备。

(5) 定期对餐车炉灶（台面）、器具进行油垢清理。餐车炉灶台面一餐一清；炉灶墙壁、抽油烟机、排烟罩和烟道的表面可见部位一趟一清。

(6) 蒸饭锅炉、取暖锅炉和茶炉水位（压）、水温符合规定，验水阀、水循环状况良好，不缺水，排烟系统完整、通畅。炉灰先用水浸灭晾凉后再装袋处置。采暖期内，处于点火状态的独立采暖锅炉入库停留时派人看火，终到因故甩下的客车彻底熄灭炉火、清理炉灰，排净水暖管系、温水箱和炉内的积水。停用时清除杂物，封闭炉室。列车运行中，使用前进方向第一个燃煤炉灶油炸食物，用油量不超过容器的1/3。

(7) 执行车门管理制度。

① 车门管理做到停开、动关、锁，出站台四门检查瞭望。车站开车铃声结束、旅客乘降完毕后上车放下脚踏板，在车门口值守做好关门准备，车动关闭车门；进站提前到岗，确认站台，试开车门，停稳开门，卡牢翻板，无旅客从背面车门下车。试开车门时开启车门缝隙不超过10厘米，确认车门状态良好后立即关闭。始发、终到客流较大时双开车门组织乘降，一人值乘多个车厢时，由车站负责值守增开的车门。

② 列车运行中，载客车厢连接端门不锁闭，车门及餐车厨房边门、走廊边门、厨房后门锁闭；行李车、发电车、邮政车端门锁闭，但与车厢连接端门锁闭后可用列车通用钥匙打开。到站前、开车后疏通通道。列车站停期间，按照值乘范围锁闭相应车厢端门。

③ 列车首节车辆前部、尾节车辆后部设有外端门、防护栏和“禁止通行”标志，外端门在列车运行中须锁闭。餐车后厨边门窗户不是内翻可开启式的，边门外加装防护栏并加锁固定牢固。列车首尾载客车厢侧门和端门运行中锁闭，在内端门设置“旅客止步”标志。有运转车长作业的，侧门和内端门由其负责管理，无旅客通行。

④ 临时停车时做好宣传，加强巡视，确保车门锁闭，严禁旅客上下车，未经列车长统一组织不准开启车门。列车启动后四门检查瞭望。

⑤ 停站立岗时，面向旅客放行方向立岗（高站台时不背对车厢连接处立岗），做好

安全宣传，验票上车，重点帮扶，安全乘降。

⑥ 高站台乘降作业时，站停时间超过 4 分钟时，车门口与站台间使用安全踏板，组织乘降的车门与相邻车厢间空隙处设置警示带。安全踏板制作轻巧牢固，安放平稳，定位放置。警示带印有反光材料制作的“当心坠落、注意安全”字样，设置方式、位置统一。临时双开车门组织乘降时，增开的车门可不设置安全踏板和警示带。

(8) 安全标志和揭示揭挂设置齐全，有铁路旅客乘车安全、旅行须知、客运服务质量标准摘要；车门有“禁止携带危险品”标志，客室相应位置有“禁止吸烟”“请勿向窗外扔东西”“当心烫伤”“当心夹手”“请勿触摸”“禁止通行”“旅客止步”“禁止倚靠”等安全标志。安全标志和提示揭挂设置位置合理，内容准确，规格统一，符合标准。

(9) 运行中做好安全宣传和防范工作，车内秩序、环境良好，无闲杂人员随车叫卖、捡拾、讨要。发现可能损坏车辆设施和影响安全、文明的行为及时制止。

(10) 车厢内禁止吸烟，加强禁烟宣传，发现禁烟区吸烟行为及时劝阻，并由公安机关依法查处。允许吸烟的处所有“吸烟处”标志和安全注意事项告知揭示，配备烟灰盒。

(11) 不出售玻璃、陶瓷、金属等硬质包装（易拉罐除外）商品，有禁止向车外抛物的安全宣传。发现旅客自带硬质包装的食品、饮品，登记旅客的座位号、到站及硬质包装食品、饮品种类和数量，及时回收旅客废弃的硬质包装物，统一保管，随垃圾定点投放。

(12) 行李架物品摆放平稳、牢固、整齐。大件行李妥善放置，不占用席（铺）位，不堵塞通道。锐器、易碎品、杆状物品及重物等放在座（铺）位下面。衣帽钩限挂衣帽、服饰等轻质物品。

(13) 认为旅客携带品可疑及发现无人认领的物品时，配备乘警的列车通知乘警到场处理；未配备乘警的列车由列车长处理，对危险品做好登记、保管及现场处置，并交前方停车站（公安部门）处理。

(14) 发现行为、神情异常旅客时，重点关注，配备乘警的列车通知乘警到场处理；未配备乘警的列车由列车长处理，情形严重时交列车运行前方停车站处理。

(15) 旅客受伤、生病时，提供协助，必要时通过广播寻求医护人员帮助；情形严重的，报告客运调度。

(16) 乘务人员进出车站和客技站时走指定通道，通过线路时走天桥、人行地道，走平交道时做到“一停二看三通过”，不横越线路，不钻爬车底，不跨越车钩，不与运行中的机车车辆抢行。进出车站时集体列队。

(17) 乘务人员在接班前充分休息，保持精力充沛，不在班前、班中、折返站饮酒。

(二) 设备设施

(1) 车辆设备设施齐全，符合客车出库质量标准。

① 列车办公席、乘务员室、行李员办公室、广播室，备品柜、清洁柜、工具室（柜）、洗脸间、厕所及茶炉室、锅炉室等设施齐全，作用良好，正常使用，不挪作他

用或改变用途。

② 车辆外观整洁，车辆内、外部油漆无剥落、褪色、流坠；车内顶棚不漏水，内外墙板及车内地板无破损、无塌陷、不鼓泡；渡板及各部位压条、压板、螺栓不松动、无翘起；脚蹬安装牢固，无腐蚀破损；手把杆无破损、松动。各部位金属部件无锈蚀。

③ 各门、翻板及簧、锁、门止、碰头、卡销配件齐全，不松动，作用良好。车窗锁及窗帘盒滑道、窗帘杆、毛巾杆、挂钩齐全，作用良好。门窗玻璃无破损，密封条完整，不透气、不透尘、不漏水，无脱落。车内各车门处有防挤手装置，配置齐全，作用良好。

④ 暖气片（罩、管）、座席、卧铺（及吊带）、扶手、梯子、行李架、梳妆台、面镜、茶桌、餐桌、抽屉、衣帽钩、毛巾杆（架）、镜框、书报架、温度计齐全良好，无松动。座席及卧铺布面无破损。包房号牌、座（铺）位号牌，以及各室、柜、箱、开关等服务标牌齐全清晰。

⑤ 载客车厢通过台内端门框旁设儿童票标高线。儿童标票高线宽 10 毫米、长 100 毫米，距地板面分别为 1.2 米和 1.5 米，以上缘为限，距内端门框 100 毫米。

⑥ 采暖锅炉、茶炉、餐车炉灶配件齐全，作用良好，定检不过期；温度表、水位表显示准确；管系各阀无漏水或结冻，排水管畅通；烟筒及防火隔热装置完整。煤箱盖安装牢固，无松动、脱落、变形。

⑦ 给排水装置配件齐全，作用良好，不漏水。车厢水位表（液位仪）显示准确。盥洗设备齐全，作用良好，安装牢固，无裂损。

⑧ 厕所便器、卫生纸盒、冲水装置作用良好，便斗冲水均匀。

⑨ 灯具、灯罩完整清洁，无松动、裂损、变形，灯带、卡子齐全；顶灯光色一致。各电气开关、电源插座齐全，作用良好，无烧损。餐车厨房排气扇作用良好，配线不外露。

⑩ 夏季软卧、宿营车安装单元式空调，其他车厢有电风扇，配件齐全，作用良好，安装牢固，运转正常。

⑪ 广播系统作用良好，音量控制器能正常使用。

⑫ 餐车冰箱作用良好，有隔水板。厨房地面有沥水设施。

（2）车内各种服务图形标志型号一致、位置统一，安装牢固，齐全醒目，符合规定。

（3）车厢有列车运行区间牌、内外顺号（牌）等标志，文字清晰、准确，无破损、卷边、褪色。

（4）每节车厢的垃圾箱不少于一个，垃圾箱与垃圾袋配套使用。内嵌式垃圾箱正常启用，不封闭或挪作他用，内胆采用不锈钢材质，与箱体内壁间隙不超过 1 厘米，箱体四壁封闭，垃圾投放进口有漏斗。外置式垃圾箱有盖，放置位置不占用通道或影响其他服务设施使用。

（三）服务备品

（1）服务备品等符合国家环保规定，质量符合要求，色调与车内环境相协调。

（2）服务备品齐全，干净整洁，定位摆放。布制品、易耗备品准备充足。布制备品按规定的时间使用和换洗，有启用时间（年、月）标志。

① 软卧车使用遮光帘和纱帘；厕所配有大盘卷筒卫生纸，坐便器配有一次性坐便垫圈；洗脸间有洗手液（皂）、垃圾桶；走廊有地毯，边座有套。包房内有被套、被芯、枕套、枕芯、床单、垫毯、卧铺套、靠背套、茶几布、一次性拖鞋、衣架、果皮盘、带盖垃圾桶、热水瓶和积水盘；乘务员室备有托盘、热水瓶（根据需要增配防倒架）和一次性硬质塑料水杯。

② 软座车使用遮光帘和纱帘；坐便器配有一次性坐便垫圈；有座席套、头靠套(头枕片)、果皮盘；乘务员室备有热水瓶（根据需要增配防倒架)。

③ 硬卧车使用遮光帘；坐便器配有一次性坐便垫圈；有被套、被芯、枕套、枕芯、床单、垫毯，每格有果皮盘、热水瓶（根据需要增配防倒架)。

④ 硬座车使用遮光帘；有果皮盘；有保温桶并加锁；乘务员室备有热水瓶（根据需要增配防倒架)。

⑤ 餐车有售货（饭）车、热水瓶、一次性水杯；使用遮光帘和纱帘；台面有台布，座椅有套。餐、茶、酒具等器皿规格统一，花色一致，齐全无破损。备有调味品容器、牙签盅、餐巾纸、餐具、托盘、席位牌。

(3) 贴身卧具（被套、床单、枕套）和头靠套干燥、清洁、平整，无污渍、无破损；已使用的与未使用的折叠整齐，分别装袋保管。卧具袋防水、耐磨、干净、无破损。贴身卧具与其他布制备品分类洗涤；洗涤、存储、装运及更换不落地、无污染。可使用独立包装的贴身卧具供途中、折返更换。

(4) 卧车垫毯、被芯、枕芯等非贴身卧具备品干燥、清洁、无污渍、无破损，定期晾晒。被芯、枕芯先加装包裹套，再使用被套、枕套。包裹套定期清洗，保持干燥整洁。

(5) 布制备品定位存放在备品柜内。无备品柜或备品柜容量不足的，硬卧车定位放置在4、5、18、19号卧铺下，软卧车定位放置在3、7、11号卧铺下。

(6) 有厕所专用清扫工具，与车内清扫工具分开定位放置在清洁柜内，无清洁柜的定位隐蔽存放。

(7) 载客车厢配备安全踏板和警示带，定位存放。

(8) 垃圾箱（桶）与垃圾袋配套使用，垃圾袋符合国家标准，印有使用单位标志，与垃圾箱（桶）规格匹配，厚度不小于0.025毫米。餐车厨房配备专用垃圾袋，厚度不小于0.04毫米。

(9) 列车配有票剪、补票机、站车客运信息无线交互系统手持终端；列车长和首尾车厢、列车办公席等重点岗位的客运乘务人员配置手持电台。设备电量充足，作用良好。站车客运信息无线交互系统手持终端在始发前登录，途中及时更新信息。

(四) 整备

1. 出库标准

(1) 车厢内外各部位整洁，窗明几净，四壁无尘，物见本色。

① 车外皮、车梯、翻板内外、窗门框及玻璃、扶手干净、无污渍。

② 天花板（顶棚）、板壁、边角、地板、连接处、灯罩、风扇、座椅（铺位）、暖气罩、茶炉间等部位保持洁净、无尘、无垢、无杂物。

③ 热水瓶、果皮盘、垃圾箱（桶）、洗脸间内外洁净。

④ 餐车橱、柜、箱干净，无异味，分类标志清晰，餐料、商品、备品和餐、炊具等分类定位放置。

⑤ 厕所无积便、积垢、异味，地面干净、无杂物，便器排污管及内边沿无积垢。

（2）布制品、消耗品和清扫工具等服务备品配备齐全，定位放置，定型统一。

① 卧具叠放整齐，摆放统一，床单、头枕套、座席套、茶几布等铺设平整，干净整洁。窗帘、纱帘悬挂整齐，定型统一，美观大方，无脱扣。

② 洗手液、卫生纸、一次性坐便垫圈等服务备品补足配齐，定位放置。

③ 清扫工具、活动顺号、安全踏板、警示带等备品定位放置，不影响旅客使用空间。

④ 办公席、乘务员室各种资料、备品定位摆放，干净整齐。定期进行“消、杀、灭”，蚊、蝇、蟑螂等病媒昆虫指数及鼠密度符合国家规定。

2. 途中标准

（1）各处所清扫及时，保持整洁卫生。

① 各处所地面墩扫及时，保持干燥、干净；台面、桌面、面镜擦抹及时，保持干净、无水渍；中途站擦扶手，低站台停车时擦翻板扶手。

② 洗脸（手）池、餐车洗碗池清理、擦抹及时，确保无污渍、无残渣、无堵塞、无积水；果皮盘、垃圾箱（桶）清理及时，确保无残渣；厕所畅通无污物、无异味。

③ 餐车餐桌、厨房地面和工作台，以及各橱、箱、柜保持洁净。厨房垃圾使用专用垃圾袋收纳，与列车其他垃圾分类管理。

（2）洗手液、卫生纸、一次性坐便垫圈、垃圾袋等备品补充及时；卧具被污染须及时更换。

（3）垃圾装袋、封口、无渗漏，定位放置，在指定站定点投放；不向车外扫倒垃圾、抛扔杂物。

3. 终到标准

列车到达终到站时，车内无垃圾、无污水、无粪便。垃圾装袋、封口、无渗漏，到站定点投放。

4. 到站立即折返标准

（1）车厢地面、通过台、连接处、行李架、扶手及座椅（铺位）、暖气罩、边角等部位干净整洁，通风口、洗脸间下等隐蔽处所无积垢、无杂物。垃圾箱（桶）内无垃圾、无异味。

（2）果皮盘、热水瓶内外洁净；垃圾箱（桶）、洗脸间四周洁净。

（3）餐车橱、柜、箱干净，无异味，分类标志清晰，餐料、商品、备品和餐、炊具等分类定位放置。

（4）洗脸间、厕所面镜洁净，洗脸（手）池、便器无污物、无异味。

（5）布制品、消耗品和清扫工具等服务备品配备齐全，定位放置，定型统一。

• 卧具叠放整齐，摆放统一，床单、头枕套、座席套、茶几布等铺设平整，干净整洁。窗帘、纱帘悬挂整齐，定型统一，美观大方，无脱扣。

• 洗手液（皂）、卫生纸、一次性坐便垫圈、垃圾袋等服务备品补足配齐，定位放置。

• 清扫工具、活动顺号、安全踏板、警示带等备品定位放置，不影响旅客使用空间。

• 办公席、乘务员室各种资料、备品定位摆放，干净整齐。

（五）文明服务

（1）仪容整洁，着装统一，整齐规范。

① 头发干净整齐、颜色自然，不理奇异发型、不剃光头。男性两侧鬓角不得超过耳垂底部，后部不长于衬衣领，不遮盖眉毛、耳朵，不烫发，不留胡须；女性发不过肩，刘海长不遮眉，短发不短于两寸。

② 面部、双手保持清洁，身体外露部位无文身。指甲修剪整齐，长度不超过指尖2毫米，不使用彩色指甲油染指甲。女性淡妆上岗，保持妆容美观，不浓妆艳抹。

③ 换装统一，衣扣拉链整齐。着裙装时，丝袜统一，无破损。系领带时，衬衣束在裙子或裤子内。外露的皮带为黑色。佩戴的外露饰物款式简洁，限手表一只、戒指一枚，女性还可佩戴发夹、发箍或头花及一副直径不超过3毫米的耳钉。不歪戴帽子，不挽袖子和卷裤脚，不敞胸露怀，不赤足穿鞋，不穿尖头鞋、拖鞋、露趾鞋，鞋跟高度不超过3.5厘米，跟径不小于3.5厘米。

④ 佩戴职务标志，胸章牌（长方形职务标志）戴于左胸口袋上方正中，下边沿距口袋1厘米处（无口袋的戴于相应位置），包含单位、姓名、职务、工号等内容。菱形臂章佩戴在上衣左袖肩下四指处。按规定应佩戴制帽的工作人员，在执行职务时戴上制帽，帽徽在制帽折沿上方正中。除列车长外，其他客运乘务人员在车厢内作业时可不戴制帽。

⑤ 餐车工作人员作业时着工作服，戴工作帽（女性戴三角巾）和围裙。

（2）表情自然，态度和蔼，用语文明，举止得体，庄重大方。

① 使用普通话，表达准确，口齿清晰。服务语言表达规范、准确，使用“请、您好、谢谢、对不起、再见”等服务用语。对旅客、货主称呼恰当，统称为“旅客们”“各位旅客”“旅客朋友”，单独称为“先生、女士、小朋友、同志”等。

② 旅客问讯时，面向旅客站立（列车办公席工作人员办理业务时除外），目视旅客，有问必答，回答准确，解释耐心。遇有失误时，向旅客表示歉意。对旅客的配合与支持，表示感谢。

③ 坐立、行走姿态端正，步伐适中，轻重适宜。在旅客多的地方，先示意后通行；旅客迎面走过来时，要主动侧身面向旅客让行，不与旅客抢行。列队出（退）勤（乘）时，按规定线路行走，步伐一致，箱（包）在同一侧。

④ 立岗姿势规范，精神饱满。站立时，挺胸收腹，两肩平衡，身体自然挺直，双臂自然下垂，手指并拢贴于裤线上，脚跟靠拢，脚尖略向外张呈“V”形。女性可双手四指并拢，交叉相握，右手叠放在左手之上，自然垂于腹前；左脚靠在右脚内侧，夹角为45°。

⑤ 列车进出站时，在车门口立岗，从列车进入站台开始，开出站台为止，面向站台行注目礼，办理交接时行举手礼，右手五指并拢平展，向内上方举手至帽檐右侧边

沿，小臂成45°角。

⑥ 清理卫生时，清扫工具不触碰旅客及其携带物品。挪动旅客物品时，征得旅客同意。需要踩踏座席、铺位时，带鞋套或使用垫布。占用洗脸间洗漱时，礼让旅客。

⑦ 夜间作业、行走、交谈、开关门要轻。进包房先敲门，离开时，应倒退出包房。

⑧ 不高声喧哗、嬉笑打闹、勾肩搭背，不在旅客面前做吃东西、吸烟、剔牙齿等不文明、不礼貌的动作，不对旅客评头论足，接班前和工作中不食用异味食品。餐车对旅客供餐时间，不在餐车逗留、闲谈、占用座席、陪客人就餐。

（3）温度适宜，环境舒适。

① 车厢内空气质量符合国家标准。运行途中，车内温度冬季不低于14℃；夏季超过28℃时，使用电风扇。夏季启用单元式空调的车厢，始发前1小时对车厢进行预冷，车内温度保持26～28℃。

② 车内照明符合规定。夜间运行（22:00—7:00）时，硬卧车关闭顶灯、开启地灯，软、硬座车关闭半夜灯；始发、终到站和客流量大的停站，以及列车途经地区与北京时间存在时差时自行调整。列车终到后供电时间不少于30分钟。

③ 广播视频。

• 广播常播内容录音化。使用普通话播音，经停少数民族自治地区车站的列车可根据需要增加当地通用的民族语言播音。

• 广播语音清晰，音量适宜，用语准确，内容丰富，更新及时，形式多样，健康活泼，不干扰旅客正常休息。视频播放画面清晰，外放声音不得影响列车广播的正常播放，且音量不得高于30分贝。

• 广播及集中控制的视频播放时间为7:00—12:30、15:00—21:30。列车在7:00以前或21:30之后始发或终到的，或者根据季节、昼夜变化情况，可以提前或顺延30～60分钟广播，其他时间只能播报应急广播。途径地区与北京时间存在时差时，可适当调整。

• 广播内容以方便旅行生活为主。始发前，播放旅客引导、行李摆放提示、列车情况介绍，以及禁止携带危险品、禁止吸烟等内容。运行中，播放列车设施设备、旅客安全须知、旅行常识、旅行生活知识、治安法制宣传、卫生健康、餐售经营等宣传及前方停站、到站信息预播报等内容，适当插播文艺娱乐、文明礼仪、地方概况、沿线风光、民俗风情、广告等节目。

• 列车停站信息预、播报及时。执行“一站三报”，即开车后预播告下一到站站名和时刻；到站前（不晚于到站前10分钟）再次通报；停稳后第三次播报。开车后、到站前硬座车厢乘务员在车厢两头分别通报。

（4）用水供应。

① 列车编组按硬座车每三辆、卧铺车每四辆编挂不少于一辆茶炉车；热水瓶、保温桶始发开车前灌满开水，途中及时供水。

② 车厢不间断供水。上水站到站前、开车后分别核记水位刻度，确认上水情况。

（5）列车渡海，以及运行在市区、长大隧道、大桥和站停3分钟及以上的停车站时，锁闭厕所；中途停车站提前5分钟、终到站提前10分钟锁闭厕所；集便式厕所吸污时或未供电时锁闭厕所，其他时间不锁厕所。厕所锁闭时，为特殊情况急需使用厕所的旅客提供方便。

（6）在指定位置设置电源插板，供工作人员办公充电使用。

（7）在始发站根据车站通知、在中途站列车停稳后打开车门组织旅客乘降；开车铃响，面向列车，足踏安全线，铃止登车，做到行动迅速，作业统一。遇有高寒、高温、雨雪天气或在办理客运业务的中间站长时间停靠时，列车长与车站确认没有旅客乘降后，可统一组织乘务员提前上车，保留正对车站放行通道的车门开放，其余车门暂时关闭，乘务员在车门口立岗。

（8）除一站直达列车外，卧车及时为上车旅客更换卧铺牌，到站前30分钟为旅客更换车票，及时提醒旅客做好下车准备，不干扰其他旅客。卧车贴身卧具一客一换，卧具终点站收取。夜间运行，卧车乘务员在边凳值岗，定时巡视车厢。始发后和进入夜间运行前，客运乘务人员对卧车核对铺位，对座车进行旅客去向登记。

（9）列车剩余铺位在列车办公席或指定位置公开发售并公布手续费收费标准。

（10）发现旅客遗失物品妥善保管，设法归还失主，无法归还时编制客运记录交站处理。无法判明旅客下车站时交列车终到站处理。

（11）全面服务，重点照顾。

① 全面做好基本服务。

• 各车厢公布中国铁路客户服务中心客户服务电话（区号+电话号码）。

• 实行首问首诉负责制。受理旅客咨询、求助、投诉，及时回应，热情处置，有问必答，回答准确；对旅客提出的问题不能解决时，指引到相应岗位，并做好耐心解释。

② 保障重点旅客服务。

• 按规范设置无障碍厕所、座椅、专用座席等设施设备，确保这些设施设备作用良好。

• 对重点旅客做到“三知三有”（知座席、知到站、知困难，有登记、有服务、有交接），优先为重点旅客办理卧铺、安排座席；为有需求的特殊重点旅客联系到站提供担架、轮椅等辅助器具，及时办理站车交接。

• 尊重民族习俗和宗教信仰。经停少数民族自治地区车站的列车可按规定在图形标志中增加当地通用的民族语言文字，可根据需要增加当地通用的民族语言播音。

（六）应急处理

（1）火灾爆炸、重大疫情、食物中毒、空调失效、设备故障和列车大面积晚点、停运、变更径路、变更车底等非正常情况下的应急处置预案健全有效，预案内容分工明确，流程清晰。日常组织培训，定期组织演练，培训演练有记录、有结果、有考核。

（2）配备照明灯、扩音器等应急物品，电量充足，性能良好。灾害多发季节增备餐料、易于保质的食品、饮用水和应急药品。

（3）遇火灾爆炸、重大疫情、食物中毒、空调失效、设备故障和列车大面积晚点、停运、变更径路、变更车底等非正常情况时，及时启动应急预案，掌握车内旅客人数及到站情况，维持车内秩序，准确通报信息，做好咨询、解释、安抚、生活保障等善后工作。

① 列车晚点30分钟以上时，列车长根据调度、本段派班室（值班室）或车站的通

报，向旅客公告列车晚点信息，说明晚点原因、晚点时间。广播每次间隔不超过30分钟，有条件的可利用电子显示屏实时显示。

② 遇车底变更时，做好宣传解释，配合车站共同组织旅客换乘其他列车，或者按照车站通报的席位调整计划组织旅客调整席位，按规定做好站车交接。

③ 遇变更径路时，做好宣传解释，组织不同径路的旅客下车，按规定做好站车交接。

④ 旅客受到人身伤害或突发疾病时，积极采取救助措施，按规定办理站车交接。必要时可请求在前方所在地有医疗条件的车站临时停车处理。

（七）列车经营

（1）餐车经营。

① 经营证照齐全有效，经营项目、收费价格公开，无变相卖座和只收费不服务情况；提供发票。

② 储藏室（柜）、冰箱、吧台、橱柜等处所不随意放置私人物品。餐料、商品在餐车储藏柜、冰箱内等处所定位放置，不占用旅客使用空间。

③ 食品加工用具（刀、板、墩、盆、桶等）有生熟标记，并按标记使用。冰箱按原料、半成品、成品分别存放，并有标记、垫布、盖布。

④ 厨房有防蝇、防尘、灭鼠措施。

⑤ 有符合要求的清洗设备和消毒药品，炊、餐、茶、酒具洁净、消毒合格。

⑥ 销售无包装直接食用的食品时有防蝇、防尘措施，加盖保洁、不徒手接触食品。

⑦ 厨房前门悬挂印有“非工作人员禁止入内”字样的挡帘。除检查等情况，非餐车工作人员不进入餐车厨房。餐车刀具和锅铲等可移动铁器专人管理，定位隐蔽存放，使用完毕后及时归位。

（2）商品经营。

① 销售的商品质价相符，明码标价，一货一签，提供发票。

② 非专职售货人员不从事商品销售等经营活动，专职售货人员不得超过4人（不含餐车）。

（3）经营行为规范，文明售货，不捆绑销售商品。售货（饭）人员不在车内高声叫卖、频繁穿梭，销售过程中主动避让旅客。夜间运行时，不得进入卧车销售，座车可根据情况适当延长或提前销售时间，但不得超过1小时。

（4）售货（饭）车美观整洁，四周有防撞胶带（条），制动装置作用良好，有经营单位审定的价目表。列车编组14辆以上时，售货（饭）车总数不超过4辆，不足14辆的不超过3辆。双层客车可使用规格统一、洁净、无害塑料筐（箱）代替售货车，总数不超过4个。一节车厢内经营的售货（饭）车不超过1辆，经营过程中人车不得分离。非经营期间，售货（饭）车定位制动存放。

（5）有高、中、低不同价位的预包装饮用水、盒饭等旅行饮、食品供应。尊重外籍旅客和少数民族旅客的饮食习惯。

(6) 商品柜、储藏室、蔬菜柜、吧台橱柜（陈列柜）加锁，不放置私人物品；商品、餐料定位放置，不占用通道和旅客使用空间。

(7) 商品有检验、签收制度，采购、保管、加工、运输、销售符合食品卫生安全要求。

(8) 不出售无生产单位、生产日期、保质期和过期、变质，以及口香糖等严重影响列车环境卫生的食品。

(9) 一次性餐饮用具符合国家卫生及环保要求。

(10) 广告经营规范。广告发布的内容、形式、位置等符合有关规范，布局合理，安装牢固，内容健康，与列车环境协调，不挤占铁路图形标志、业务揭示、安全宣传等客运服务内容或位置，不影响安全和服务功能，不损伤车辆设备设施。

（八）行包

(1) 行李车办公室有遮光帘，有站名牌、货位示意图和隔离带（网）和《押运人员须知》；货仓有“严禁烟火”安全标志，地面有隔水板。

(2) 监督行包装卸，使用规定印章办理站车交接。

(3) 行李车货仓保持干净，留有安全通道，保证货物装卸和人员正常通行，货物堆码平稳、牢固、整齐，不堵塞车门，不超载、偏载、超限。贵重品、密件入柜加锁。

(4) 及时、正确填写台账资料，及时向前方站做好预报。

(5) 行李车内无违章运输物品，无闲杂人员，货仓拉门加明锁。对押运人员查验车票，告知注意事项并进行登记。

（九）人员素质

(1) 身体健康，五官端正，持有效健康证明。

(2) 新职人员具备高中（职高、中专）及以上文化程度。软卧列车员能够使用简单英语为相关旅客服务。

(3) 经过岗前安全、技术业务培训，持有效上岗证上岗。从事餐饮服务的人员有卫生知识培训合格证明。广播员有一定文字编写水平，经过广播业务、技术培训并取得合格证书。列车乘务班组有经过红十字救护知识培训合格的人员。

(4) 列车长从事列车乘务工作满 2 年。列车值班员、列车行李员、广播员（含兼职）从事列车乘务工作满 1 年。

(5) 熟练使用本岗位相关设备设施，熟知本岗位业务知识和职责；掌握担当列车沿途停站和时刻，沿线长大隧道、桥梁、渡海等线路概况，以及上水、吸污、垃圾投放等作业情况。熟悉本岗位相关应急处置流程，具备应对突发事件的能力。

（十）基础管理

(1) 管理制度健全，有考核、有记载。定期分析安全和服务质量状况，有整改措施。

(2) 按规定配置业务资料，内容修改及时、正确。

(3) 各工种在列车长的领导下，按岗位责任各负其责，相互协作，落实作业标准，有监督、有检查、有考核。

(4) 业务办理符合规定，票据、台账、报表填写规范，填写内容准确、完整、清晰。配备保险柜，营运进款结算准确，票据、现金及时入柜加锁，到站按规定解款。

(5) 宿营车整齐有序，管理规范，乘务员休息铺位定位管理，有定位图，客运、公安、检车等乘务人员每两人轮流使用一个铺位（日勤人员除外），不在乘务人员休息区安排旅客。硬卧宿营车旅客与乘务人员休息区之间有挡帘，印有“旅客止步 请勿喧哗”字样。乘务人员铺位每格有挡帘。宿营车端门有“保持安静”字样。

(6) 客运乘务人员配备统一乘务箱（包），集中在宿营车定位摆放；洗漱用具、茶杯、衣帽鞋等定位摆放。

(7) 库内保洁作业纳入客技站一体化作业管理。客技站有客运备品存放、人员休息和看车值班等场所，具备向列车提供上下水、照明、用电、上下卧具等作业条件。

(8) 定期开展职业技能培训，培训内容适应岗位要求。

任务二　列车突发情况应急处理

【技能目标】

能正确使用列车紧急制动阀；
在列车发生火灾时能正确处理；
能对旅客列车空调失效进行处理。

【知识点】

列车紧急制动阀的使用；
铁路旅客列车消防安全管理规定；
旅客列车空调失效应急处置办法。

【相关知识】

一、列车紧急制动阀的使用

(1)《铁路技术管理规程》中关于列车紧急制动阀使用的规定。

车辆乘务员、客运乘务组等列车乘务人员发现下列危及行车和人身安全的情形时，应使用紧急制动阀停车：

① 车辆燃轴或重要部件损坏；

② 列车发生火灾；

③ 有人从列车上坠落或线路内有人死伤；

④ 发生其他危及行车和人身安全而必须紧急停车的情况。

使用紧急制动阀时，立即将把手向全开位置拉动，直到全开为止，不得停顿和关闭。遇弹簧把手时，在列车完全停车以前，不得松手。在长大下坡道上，必须先看制动主管压力表，如压力表指针已由定压下降 100 kPa 时，不得再行使用紧急制动阀。

（2）《铁路交通事故调查处理规则》第二章第十五条中，将滥用紧急制动阀耽误行车，定为 D11 类事故。

（3）《中国铁路总公司运输局关于普速旅客列车车门管理补充规定的通知》（运营客管电〔2015〕2 号）中规定：车门无法关闭时，列车启动前应立即通知站台工作人员或司机不得开车，来不及通知且列车已经启动时，以及运行中塞拉门开启时，应立即使用紧急制动阀停车。

二、铁路旅客列车消防安全管理规定

（一）总则

旅客列车消防安全管理贯彻“预防为主，防消结合”的方针，按照“铁道部统一领导，监管部门依法监督，运输企业全面负责，职工群众积极参与”的原则，实行消防安全责任制。

旅客列车消防安全工作是铁路运输安全的一项重点工作，必须明确责任，完善制度，加强管理，严格考核，确保安全。

（二）消防安全责任

铁路运输企业应认真贯彻执行消防法律、法规和规章，制定旅客列车消防安全管理制度，组织消防安全教育培训，开展消防安全检查，消除火灾隐患，落实消防安全责任制。旅客列车消防安全管理由客运、车辆部门负责。铁路公安机关和安全监察部门应依法履行监督检查职责，督促有关部门和单位落实消防安全措施，消除火灾隐患。铁路行包运输、多元经营部门均应依照有关规定制定相应的消防安全管理制度，明确责任，严格管理。

1. 客运部门职责

（1）建立健全并组织实施客运系统的消防安全管理制度和火灾事故应急预案。

（2）组织客运系统开展消防安全检查，督促有关单位落实火灾隐患整改措施。

（3）对客运人员进行消防安全教育培训。

（4）组织落实客运人员岗位防火责任制，加强消防安全管理考核。

（5）采取多种方式向旅客宣传防火安全知识。

（6）协助铁路公安机关组织查堵易燃易爆危险品。

（7）组织有关人员对餐车炉灶台面、墙壁、抽油烟机、排烟罩、烟道的表面可见部位油垢进行清理。

（8）负责旅客列车火灾现场旅客的应急疏散紧急施救组织工作。

2. 车辆部门职责

（1）建立健全并组织实施车辆系统的消防安全管理制度和火灾事故应急预案。

（2）负责车辆设备检修，确保运用客车达到出库质量标准，消除火灾隐患。

（3）组织开展客车消防安全检查，及时发现、处理违章行为和设备故障，保证车辆工作人员严格执行作业标准，保证设备状态良好。

（4）对车辆工作人员进行消防安全培训。

（5）负责消防设备、器材的配备和维护管理。

（6）负责制定车辆设备设施的安全操作规程。

（7）负责清除餐车排风扇、车顶表面及烟筒口、帽的油垢。

（8）组织落实备用客车的看守措施。

3. 安全监察部门职责

（1）依法对旅客列车消防安全管理实施监督检查，督促火灾隐患整改。

（2）督促有关部门和单位制定实施消防安全管理制度、考核办法。

4. 铁路公安机关职责

（1）依照消防法律法规和技术标准对旅客列车消防工作实施监督检查，督促有关单位整改火灾隐患，依法查处消防安全违法行为。

（2）监督检查有关部门和单位制定实施消防安全管理制度和火灾事故应急预案，落实消防安全责任制。

（3）督促、指导有关部门和单位做好对旅客列车相关工作人员的消防安全教育培训。

（4）制定乘警消防监督检查的工作内容、标准和程序，督促乘警落实消防监督检查职责。

（5）组织查堵易燃易爆危险品。

（6）负责客车火灾事故调查。

（三）消防组织和岗位职责

1. 消防组织

（1）旅客列车的消防安全工作在列车长的领导下，实行岗位防火责任制。

（2）旅客列车应建立由列车长为组长，乘警长、车辆乘务人员为成员的消防安全小组，履行下列职责。

① 认真贯彻执行上级有关消防工作的规定和要求，每月召开一次消防安全小组会议，总结安排消防工作。

② 组织乘务人员认真学习消防知识，提高防火灭火技能。

③ 建立乘务班组消防安全考核制度，定期考核，督促乘务人员落实岗位防火责任制。

④ 按岗位职责落实消防安全管理制度，及时消除火灾隐患。

⑤ 做好对旅客的消防安全宣传，落实易燃易爆危险品查堵措施。

⑥ 组织乘务班组义务消防队定期演练。

⑦ 建立旅客列车消防安全台账。

(3) 旅客列车应建立义务消防队，由列车长任队长，乘警长、车辆乘务人员任副队长，下设指挥组、疏散组、灭火组、伤员抢救组、警戒组，根据乘务人员的具体情况，合理分工，明确职责，进行演练。

(4) 旅客列车应建立消防安全台账（配备计算机的可建立电子台账），由列车长负责填写和管理。旅客列车消防安全台账应包括以下主要内容。

① 上级有关消防工作的文件（复印件或摘抄件）。

② 列车编组及乘务人员概况。

③ 列车消防安全领导小组名单。

④ 火灾事故应急预案及人员分工。

⑤ 消防安全会议记录。

⑥ 乘务人员消防安全培训记录。

⑦ 乘务人员上岗证登记。

⑧ 餐车油垢清扫记录。

⑨“三乘”联检记录。

⑩ 消防器材登记。

2. 岗位职责

(1) 列车长岗位职责。

① 负责领导指挥乘务人员落实旅客列车消防安全管理规定，贯彻上级有关消防工作的部署和要求，接受上级消防检查。

② 主持召开消防安全小组会议，总结分析、安排布置消防工作。

③ 检查督促乘务人员落实岗位防火责任制，组织乘务人员做好车底停留期间的看守。

④ 组织乘务人员学习消防知识，提高防火灭火技能。

⑤ 组织“三乘”联检，针对检查发现的问题，按职责分工进行整改，做好记录。

⑥ 采取多种形式向旅客宣传防火、防爆安全知识，做好查堵易燃易爆危险品工作。

⑦ 列车发生火灾时，启动火灾事故应急预案，做好旅客疏散组织和扑救工作。

⑧ 按规定填写消防安全台账。

(2) 车辆乘务人员岗位职责。

① 负责车辆设备的检查、维修和保养，保证设备状态良好。

② 参加“三乘”联检，做好检查、交接，针对设备存在的问题及时进行整改。

③ 运行中按规定巡视检查，发现违章操作及时纠正，发现隐患故障及时处置。

④ 列车发生火灾时，按预案做好应急处置。

(3) 乘警岗位职责。

① 负责列车消防监督检查工作。

② 配合列车长做好对乘务人员的消防知识教育和对旅客的防火宣传。

③ 督促乘务人员落实岗位防火责任制，制止和查处消防安全违法行为。

④ 参加“三乘”联检，做好记录，督促整改。

⑤ 负责组织乘务人员做好易燃易爆危险品查堵。

⑥ 列车发生火灾时，按预案做好应急处置。

(4) 列车员岗位职责。

① 严格遵守消防安全规章制度，坚守岗位，落实防火措施。

② 严格执行各项操作规程，正确使用车辆设备，发现故障及时报告。

③ 掌握常见易燃易爆危险品的种类、性质和识别方法，做好查堵工作。

④ 认真巡视，劝阻和制止旅客在车厢内吸烟。

⑤ 列车发生火灾时，按预案做好应急处置。

(5) 行李员（邮政工作人员）岗位职责。

① 严格执行交接和监装监卸制度，防止夹带易燃易爆危险品的货物上车，督促装卸人员按规定堆码货物。

② 按规定巡视，及时发现货物异常情况，妥善处置。

③ 向押运人员宣传防火注意事项，做好身份登记，收缴火种，制止吸烟、动用明火等违章行为。

④ 行李车（邮政车）发生火灾时，及时报告，正确处置。

(6) 餐车人员岗位职责。

① 餐车长负责餐车的防火工作，其他人员做好本岗位的防火工作。

② 出库前认真检查炉灶、电气设备安全状况及灭火器材是否齐全有效，发现隐患及时通知有关人员处理。

③ 按规定清除餐车油垢。

④ 严格按操作规程使用炉灶。

⑤ 严格执行食品加工安全操作规定，落实值班看守制度。

⑥ 列车发生火灾时，按预案做好应急处置。

（四）火灾预防

(1) 客车的生产、维修应严格执行铁道部颁布的相关技术标准，保证质量。验收主管部门和运用单位要严格按质量标准验收，达不到标准的不得接收。

(2) 客车采用的非金属材料必须是不燃、难燃材料，其燃烧性能和产烟毒性必须符合国家和铁道部有关技术标准。

(3) 客车电气设备、消防设施器材和非金属材料所采用的产品应是经国家有关质量监督主管部门鉴定合格的产品。

(4) 客车电气绝缘、防雷、电气接地、漏电、过流、过热、防水防潮保护及线路敷设、连接应符合相关技术标准。

（5）旅客列车出库前应进行全面的车辆设备检查，达到《铁路客车运用维修规程》规定的质量标准，达不到标准的不得上线运行。

（6）乘务人员应认真履行岗位防火职责，遵守各项操作规程，严格按标准化作业。

（7）严格执行“三乘”联检制度。旅客列车始发前，由列车长组织乘警、车辆乘务人员，对用火用电设备及消防设施、器材进行全面检查，运行中重点检查，终到后彻底检查。检查情况由检查人员分别签字确认，严禁代签、漏签。

（8）运行中列车长、乘警、车辆乘务人员每2小时应进行一次防火巡查，并在发电车、邮政车、行李车的巡查记录上签字。

（9）对列车始发前检查发现的设备故障，车辆部门应及时处置，消除隐患；对列车运行中发现不能当场处置的，应采取临时措施确保安全，按规定报告并如实记录；危及行车安全的，应立即停车处理。

（10）乘务人员必须经过全面的消防安全培训，人人达到“三懂三会”（即懂得本岗位的火灾危险性，懂得预防火灾的措施，懂得扑救火灾的方法；会报警，会使用灭火器，会扑救初起火灾），熟记岗位防火职责和火灾事故应急处置基本要求，做到严格考核，持证上岗。保洁人员上岗前也应进行消防安全培训，持证上岗。

（11）操作“两炉一灶”和空调、火灾报警器等设备的乘务人员，应经过专门的消防知识培训，取得合格证后方可上岗。

（12）车辆电气设备必须保持状态良好，电器元件应安装牢固，接线及插座无松动，按钮开关、指示灯作用良好；严禁乱拉电线和违章安装、更换电气装置、元件；严禁擅自使用电热器具等电器。

（13）配电室内禁止存放物品，配电箱、控制箱内及上部不得放置物品，门锁必须良好，人离锁闭；可燃物品不得贴靠电采暖装置。

（14）车辆电气绝缘应符合要求，漏电保护、电气接地等装置应匹配、有效。车辆电气绝缘测试、设备巡检和交接应有记录；严禁用水冲刷地板。

（15）餐车配备的电烤箱、微波炉、电磁炉等餐饮炉具使用时，操作人员不得离岗。

（16）发电车乘务员应严格执行操作规程，落实防火制度，确保柴油发电机组及附属设备状态良好，阀门、管路连接部位紧固，油箱及其他各部位不得有积油和油垢，禁止乱堆乱放物品，棉纱应放在指定容器内。

（17）客车取暖和蒸饭锅炉、茶炉应配件齐全、状态良好，落实点火试验和交接制度。使用中，乘务人员应按规定检查水位（压）表、水温表、验水阀、水循环状况，做到不漏水、不超温，严禁缺水、干烧。炉灰应先用水浸灭后再处置，炉室内不准堆放杂物，离人加锁。

（18）餐车炉灶、锅炉烟囱防火隔热装置应完好有效，餐车入库应压火。

（19）列车运行中，餐车严禁炼油，使用燃煤炉灶油炸食品和过油时，油量不得超过容器容积的1/3。

（20）应定期对餐车炉灶台面、墙壁、抽油烟机、排烟罩、烟道、排风扇、车顶外表面和烟筒口、帽的油垢进行清除，保持清洁，并填写记录。

（21）循环水泵箱、检查孔、观察孔、煤厢、取暖器防护罩内部应保持清洁无杂物；停用的炉室应彻底清除可燃物，加固锁闭。

（22）邮政车、行李车货仓应留有安全通道，宽度不小于0.5 m，不得堵塞端门、边门，货物堆码不得超高。邮政车、行李车严禁使用明火或电炉烧水做饭，未经中国铁路总公司车辆主管部门批准严禁擅自增设使用各种电器。

（23）乘务室、配电室、餐车储藏室、广播室、检车工具间、宿营车、行李车、邮政车、发电车禁止烟火。

不吸烟车厢应有禁止吸烟标志，乘务人员要对在车厢内吸烟的旅客进行劝阻，提醒旅客不得乱扔烟头火种；吸烟处应有明显标志并配备烟灰盒，地板和壁板应保持完好，无孔洞和缝隙。

（24）列车上的通道必须保持畅通，不得堵塞车门。

（25）对查获或旅客交出的易燃易爆危险品应由乘警做好登记，交前方停车站处理。对烟花爆竹、火药等须用水浸湿；对判明不了性质的物品，严禁在车上进行试验。

（26）列车应通过图形标志、电子显示、广播宣传等多种方式，向旅客进行禁止吸烟、严禁携带易燃易爆危险品、逃生知识和灭火器、紧急破窗锤使用方法等消防安全宣传。

（27）客车车底在车站、车辆段、客车技术整备所及其他场所停放或停留时，客运、车辆部门应按规定组织人员看守。铁路运输企业应制定看守制度，明确责任，落实到人。保洁人员不得在车上留宿。

（28）客车灭火器配置和维修应符合下列规定。

① 客车车厢（双层客车每层）配备2 kg ABC干粉灭火器和2 L水型灭火器各2具；灭火器应设置在车厢两端适当位置（每端各2具）。

② 行李车、邮政车、餐车各配备4具4 L水型灭火器，行李车配备35 L推车式水型灭火器1具；行李车、邮政车的灭火器应设置在工作间内，餐车的灭火器应设置在餐厅。

③ 发电车配备4 L水型灭火器8具，其中机房内6具，工作间2具；冷却间配备25 kg推车式ABC干粉（或35L水型）灭火器1具。

④ 客车配备的灭火器应适应环境温度，适于扑救A类（固体）、B类（液体）、C类（气体）和E类（带电）火灾；挂具应采用套筒结构，安装牢固、便于取用，底部离地面一般不超过1 400 mm。

⑤ 干粉灭火器维修期限为1年，水型灭火器为3年。灭火器应由专业维修企业按照国家有关规定进行维修，张贴维修标志，并在灭火器筒体上涂打到期时间（××××年××月到期）。

（29）做好灭火器日常维护保养和管理，保证处于良好状态。灭火器上不得搭挂物品，严禁挪作他用。

空调客车应按有关规定配备紧急破窗锤；餐车厨房应配备2条灭火毯；发电车、行李车、邮政车各配备2具防烟毒面具。

(30) 客车安装的火灾自动报警装置应定期检测、维修，保持作用良好。

(31) 定期组织旅客列车消防安全检查。铁路运输企业每半年进行一次检查；主管部门每季度进行一次检查；客运段、车辆段每月进行一次检查。

(五) 火灾应急处置

(1) 铁路运输企业应根据《铁路火灾事故应急预案》，制定《旅客列车火灾事故应急预案》和《车站处置旅客列车火灾事故应急预案》，定期组织演练，提高处置能力。

(2) 旅客列车发生火灾时，事故现场的铁路运输企业工作人员或者其他人员应立即向邻近铁路车站、列车调度员和公安机关报告，有关部门接到报告后，应按规定逐级上报，拨打119报警。铁路运输企业应立即启动应急预案，迅速有效地进行处置。应急处置的基本要求如下。

① 立即停车。列车运行中发生火灾威胁行车和旅客人身安全时，应立即停车（停车地点应尽量避开特大桥梁、长大隧道等）。电气化区段应立即通知牵引供电部门停电。

② 疏散旅客。列车发生火灾时，乘务人员应迅速向列车长报告，组织起火车厢旅客向邻近车厢或地面安全地带疏散，采取措施稳定旅客情绪，同时要防止发生旅客跳车、趁火打劫等意外事件。

③ 迅速扑救。列车长接到火灾报告后，应立即组织指挥义务消防队，携带灭火器赶到起火车厢，确认火情，迅速扑救。

④ 切断火源。停车后，列车需要分隔时，司机、运转车长、车辆乘务员应迅速将起火车辆与列车分离，切断火源，防止蔓延。

⑤ 设置防护。对甩下的车辆，由车站值班员（在区间由司机、运转车长和车辆乘务员）负责采取防护措施。

⑥ 报告救援。列车长和乘警应立即向上级机关和行车调度报告事故情况，请求救援。

⑦ 抢救伤员。在疏散旅客、迅速扑救火灾的同时，如有被火围困或受伤人员应立即抢救。

⑧ 保护现场。在扑救火灾的同时，乘警应维护好秩序，防止发生混乱，禁止无关人员进入，保护好火灾现场。未经公安机关消防机构同意不得擅自清理火灾现场。

⑨ 协助查访。乘务人员应协助公安机关调查火灾情况，积极提供线索。

⑩ 认真取证。乘警应及时开展调查取证，注意发现肇事者并及时控制，妥善保管物证，为现场勘察、认定火灾原因创造有利条件。

(3) 旅客列车在区间发生火灾，当上级领导和公安消防队未到达时，火灾事故应急处置由列车长组织指挥。火灾扑灭后，列车长、乘警长、车辆乘务人员要对起火部位进行检查，确认火已完全熄灭，在确保安全的情况下，列车可继续运行。列车在区间被迫停车时，邻近车站应组织人员、消防器材赶赴现场救援。

列车在车站发生火灾或起火列车进站后，火灾事故应急处置由车站站长组织指挥，立即启动《车站处置旅客列车火灾事故应急预案》。公安消防队到达后，火灾扑救工作由公安消防队统一指挥。

（4）各有关部门接到事故报告后，应立即按照预案响应程序，组织力量、调集救援物资装备赶赴现场，各尽其职，各负其责，保证事故救援高效、快速、有序进行。铁路公安机关要维护好现场秩序，开展火灾事故调查。

三、旅客列车空调失效应急处置办法

（一）基本原则

为减少旅客列车空调失效对旅客运输造成的影响，充分体现“和谐铁路，以人为本”的服务宗旨，须做好旅客列车空调失效时的应急处置工作。

（二）基本要求

（1）各铁路局应加强空调列车值乘人员的培训，定期组织应急演练，不断提高应急处置能力。动车组列车客运乘务人员应掌握防护网的安装使用方法。

（2）旅客列车空调失效时，按规定启动相应的应急预案。列车长组织乘警、列车员做好秩序维护、宣传解释、旅客安抚和车厢巡视工作，及时处置突发情况。各单位、各部门应紧密联系、密切配合以解决旅客通风透气工作为首要任务。

（3）有关人员应及时向铁路局调度汇报，铁路局调度应及时向中国铁路总公司调度汇报。必要时，铁路局客运调度员应通知前方办客站限制或停止发售车票。区间换乘或救援时，司机应将区间封锁、接触网停（送）电命令通知列车长。

（4）严格执行动车组、直供电机车、发电车管理制度，认真落实出库检查制度，动车组、直供电机车、发电车故障或空调机组故障时不得上线运行。

（三）列车长、司机间通信方式和通信设备配备

（1）动车组内列车长与司机的通信，采用动车组列车专用频率进行通信（无信令），使用频率为467.200 MHz。

（2）在无线列调区段，列车长、司机间通信采用列车当前区段无线列调频点f4进行通信。在GSM－R区段，列车长、司机间通信采用进入GSM－R区段前的无线列调频点f4进行通信。通信方式为同频单工方式。列车长呼叫司机按信令方式呼叫。

（3）担当非动车组旅客列车乘务的司机、列车长应配备无线对讲机，按担当交路设置相关区段无线列调频率和呼叫信令，呼叫方式由铁路局规定。列车长手持电台守候和管理办法按有关规定执行。

（4）机车故障救援时，救援机车的机车电台制式和司机用无线对讲机使用频率，应与故障机车电台制式和当前区段无线列调使用频率一致。

（四）客运组织

（1）空调失效但列车可维持运行时，调度部门接到通知后应重点关注。空调失效超过20分钟不能恢复时，列车长可视情况通知司机向列车调度员提出在前方最近客运营业站停车的请求。

（2）在车站停留时，应打开车门通风。必要时，站车共同组织将旅客疏散到车站安全处所，等待故障修复、救援或组织旅客换乘其他旅客列车。

（3）动车组列车因故停车不能维持运行、空调失效超过20分钟不能恢复时，列车长应及时与司机、随车机械师沟通，视情况做出打开车门决定，并通知动车组司机转报列车调度员。

（4）列车长组织列车员在司机、随车机械师的配合下，在车厢内运行方向左侧（非会车侧）车门处安装防护网、打开车门。打开车门的具体位置、数量由列车长根据动车组乘务人员的配置情况确定。

（5）防护网安装完毕，打开车门后，由列车长组织乘警、列车员、餐车工作人员及随车保洁员值守，严禁旅客自行下车。列车乘务人员（含餐饮保洁）应当将车门处的旅客动员到车内，严格值守车门，直到车门关闭。列车长在确认防护网固定状态后通知动车组司机。

（6）需要组织旅客下车或换乘其他列车时，应在车站站台进行，车站与列车一起组织旅客乘降。必须在站内正线或区间组织旅客下车或换乘时，需经铁路局主管运输副局长（总调度长）批准，同时要做好安全防护，以防发生意外。CRH_1E、CRH_2、CRH_3型动车组若停靠在500 mm及以下站台或无站台时，需组织旅客通过应急梯下车。

（五）运行组织

（1）动车组列车安装好防护网、打开部分车门，由列车乘务人员防护的情况下允许限速60 km/h运行，通过高站台时限速40 km/h。司机根据列车长的报告，向列车调度员申请打开车门限速运行的调度命令。列车调度员向沿途各站及司机（救援时，同时向救援机车司机）下达“×次因空调失效开放部分车门运行，限速60 km/h（通过高站台时限速40 km/h运行）”的调度命令。

（2）调度部门积极采取启用热备动车组、机车救援或组织旅客改乘其他旅客列车等救援组织方式。特殊情况下，可采取停运其他始发列车、调整动车组交路等方式。

（3）牵引直供电旅客列车的机车发生故障时，就近组织牵引非直供电列车的直供电机车救援（供电制式等需一致）。

（4）牵引直供电旅客列车的机车发生故障（非走行部和制动系统故障），不能牵引运行，但仍能向列车供电时，调度所就近组织机车挂于故障机车前部担当牵引任务，由故障机车供电维持运行。救援机车按图定交路接续至具备更换直供电机车的车站。

（5）DF11G型机车担当牵引直供电旅客列车任务，一台机车发生故障时，应保持两台发电机向列车供电，维持运行。一台发电机故障时，应及时通知车辆乘务员，由车辆乘务员转为减负荷状态，维持运行。

（6）担当直供电任务的机车在外段发生故障无法修复时，所在地铁路局要及时通知担当局组织单机接运，来不及时要安排本局直供电机车担当牵引任务或组织非直供电机车和发电车担当牵引任务。

（7）因发电车发生走行、制动故障等需甩车，发电车乘务员应通知有关单位和就近的车辆段。接到通知的车辆段应立即组织有关人员赶赴现场进行处理，同时要准备好备用发电车，当判明必须甩车时，应立即组织换挂。

（六）动车组应急备品的配置要求

CRH_1、CRH_2、CRH_3、CRH_5 型动车组每 8 辆编组配备防护网 8 套，CRH_1E、CRH_2、CRH_3 型动车组每 8 辆编组配备应急梯 4 个。

动车组应急备品应分散存放，便于取用。

（1）防护网存放位置：CRH_1 型动车组存放在厨房储物柜内；CRH_2A 型动车组存放在 03 号一位端备品柜内；CRH_2B 型动车组存放在 05、07、11、13 车一位端的备品柜内；CRH_2E 型动车组存放在 04、08、12 车二位端备品柜内；CRH_3 型动车组存放在 04 车厨房存储柜对面的储物箱内；CRH_5 型车存放在 01、08 车备品柜内。

（2）应急梯存放位置：CRH_1E 型动车组存放在 01、00 车备品柜内；CRH_2A 型动车组存放于 01、00 车司机室配电柜指定位置及 03、07 车备品柜内；CRH_2B 型动车组存放在 01、00 车司机室配电柜指定位置及 03、07、11、15 车备品柜内；CRH_2E 型动车组存放在 01、00 车司机室配电柜指定位置及 04、08、12 车备品柜内；CRH_3 型动车组存放在 01、00 车司机室座椅下及 04 车备品柜内。

动车组应急备品存放在备品柜内的由车辆部门保管，存放在储物柜内的由客运部门保管。

（七）动车组开启车门应急操作流程

1. 开启车门流程

（1）CRH_1 型动车组：列车员对动车组侧门进行紧急解锁开门，不要复位。司机在智能显示装置（司机显示器）上确认由于紧急解锁而报出的 A 类警告。

（2）CRH_2 型动车组：列车员打开动车组相应侧拉门罩板上紧急开门阀的检查盖，操作紧急开门阀排风，实现紧急开门。

（3）CRH_3 型动车组：列车员将渡板隔离，将门控器上 S5 开关打至关位，紧急解锁打开车门，通知司机确认车门状态。司机在人机接口上确认车门状态应显示为“?”。

（4）CRH_5 型动车组：列车员断开要打开车门的门控器电源，施加紧急解锁将门打开。

2. 开启车门后动车组有动力运行相关操作程序

（1）CRH_1 型动车组：司机采取越障行车模式行车。

（2）CRH_2 型动车组：随车机械师通知司机将司机室配电盘“关门联锁”旋钮旋至闭合位以允许列车牵引。

（3）CRH_3 型动车组：无额外操作程序。

（4）CRH_5 型动车组：随车机械师操作门隔离装置使门旁路。

3. 开启车门后动车组被救援相关操作程序

（1）CRH_1 型动车组：司机按照机车救援 CRH_1 型动车组的正常要求操作。

（2）CRH_2 型动车组：无额外操作程序。

（3）CRH_3 型动车组：无额外操作程序。

（4）CRH_5 型动车组：无额外操作程序。

延伸阅读

阅读材料 1

布制备品使用年限　　单位：年

序号	品名	动车组列车					空调列车					非空调列车				
		软卧	商务座	特、一等座	二等座	餐车	软卧	硬卧	软座	硬座	餐车	软卧	硬卧	软座	硬座	餐车
1	被套	0.5					1	1				1.5	1.5			
2	床单	0.5					1	1				1.5	1.5			
3	枕套	0.5					1	1				1.5	1.5			
4	茶几布	1					0.5					0.5				
5	台布										0.5					0.5
6	卧铺套	2					2	2				2				
7	靠背套	2					2					2				
8	座席套			2	2	2			1	1	1			1		1
9	头靠套								0.5	0.5				0.5		
10	边座套						1	1				1				
11	遮光帘						1	1	1	1	1	2	2	2	2	2
12	纱帘						1		1		1	1		1		1
13	挡帘							2					2			
14	棉被						1	2				2	2			
15	垫毯						3	3				4	4			
16	枕芯						1	2				2	2			
17	地毯						1					2		2		
18	头枕片			0.25	0.25											
19	头枕、头枕套			1												
20	靠垫		1													
21	防寒毯		2													

阅读材料 2

布制备品换洗期限

序号	品名	动车组列车					空调列车					非空调列车				
		软卧	商务座	特、一等座	二等座	餐车	软卧	硬卧	软座	硬座	餐车	软卧	硬卧	软座	硬座	餐车
1	被套	1 客					1 客	1 客				1 客	1 客			
2	床单	1 客					1 客	1 客				1 客	1 客			
3	枕套	1 客					1 客	1 客				往返	往返			
4	茶几布	单程					单程	单程	单程			单程		单程		
5	台布										单程					单程
6	卧铺套	30 天					30 天	30 天				30 天				
7	靠背套	30 天					30 天					30 天				
8	座席套			180 天	180 天	180 天			30 天	30 天	往返			30 天		往返
9	头靠套								往返	往返	往返			往返		
10	边座套						15 天	15 天				15 天				
11	遮光帘						10 天	10 天	10 天	10 天	10 天	15 天	15 天	15 天	15 天	15 天
12	纱帘						10 天	10 天	10 天		10 天	15 天		15 天		15 天
13	挡帘							10 天					10 天			
14	地毯						20 天				20 天	30 天		30 天		
15	头枕片			1 天	1 天											
16	头枕（套）			30 天												
17	靠垫		30 天													
18	防寒毯		1 客													
备注	（1）动车组列车座席套在换洗期限内污损的，应及时换洗。列车软卧年代座车时，床单每天更换。 （2）短途列车的头靠套、茶几布可根据情况一天一换。单程运行时间超过 24 小时的列车餐车台布可根据情况一天一换。															

项目六

铁路运输事故及应急处理

任务一　铁路运输事故的等级及分类

【技能目标】

掌握铁路运输事故的分类；
根据铁路运输事故的等级规定，确定事故等级。

【知识点】

铁路运输事故的分类；
铁路运输事故的等级。

【相关知识】

依据《中华人民共和国铁路法》，以及我国铁路交通事故统计惯例，铁路交通事故包括“路外伤亡事故”“铁路旅客伤亡事故”和“铁路职工责任伤亡事故”三大部分。路外伤亡事故，指铁路列车运行和调车作业中，发生火车撞轧行人，与其他车辆碰撞等情况，导致人员伤亡或车辆破损的事故。铁路旅客伤亡事故，指在铁路运营过程中，在铁路责任期间发生的致使持有有效乘车凭证者及其他法律、法规规定人员的人身伤亡和财产损失的交通事故。铁路职工责任伤亡事故，指由于铁路职工的责任所引发的人身伤亡，设施、设备毁损的事故。

铁路运输事故分为特别重大事故、重大事故、较大事故和一般事故四个等级。其中一般事故分为A、B、C、D四类，前两类涉及人员的伤亡，后两类只涉及作业的相关设备等。铁路交通事故分类表（不包含一般C、D类）如表6-1所示。

表6-1 铁路交通事故分类表（不包含一般C、D类）

类别 事故后果	特别重大事故（下列情形之一的）	重大事故（下列情形之一的）	较大事故（下列情形之一的）	一般A类（有下列情形之一，未构成较大以上事故的）	一般B类（有下列情形之一，未构成一般A类以上事故的）
人员死亡	造成30人以上死亡	造成10人以上30人以下死亡	造成3人以上10人以下死亡	A1—造成2人死亡	B1—造成1人死亡
人员重伤	造成100人以上重伤	造成50人以上100人以下重伤	造成10人以上50人以下重伤	A2—造成5人以上10人以下重伤	B2—造成5人以下重伤
经济损失	造成1亿元以上直接经济损失	造成5 000万元以上1亿元以下直接经济损失	造成1 000万元以上5 000万元以下直接经济损失	A3—造成500万元以上1 000万元以下直接经济损失	B3—造成100万元以上500万元以下直接经济损失
客运脱轨或中断	繁忙干线客运列车脱轨18辆以上并中断铁路行车48小时以上	客运列车脱轨2辆以上18辆以下，并中断繁忙干线铁路行车24小时以上或者中断其他线路铁路行车48小时以上	中断繁忙干线铁路行车6小时以上	A4.1—繁忙干线双线之一线或单线行车中断3小时以上6小时以下，双线行车中断2小时以上6小时以下	B4.1—繁忙干线行车中断1小时以上
货运脱轨或中断	繁忙干线货运列车脱轨60辆以上并中断铁路行车48小时以上	货运列车脱轨6辆以上60辆以下，并中断繁忙干线铁路行车24小时以上或者中断其他线路铁路行车48小时以上	中断其他线路铁路行车10小时以上	A4.2—其他线路双线之一线或单线行车中断6小时以上10小时以下，双线行车中断3小时以上10小时以下	B4.2—其他线路行车中断2小时以上
客运脱轨		客运列车脱轨18辆以上	客运列车脱轨2辆以上18辆以下	A4.4—客运列车脱轨1辆	
货运脱轨		货运列车脱轨60辆以上	货运列车脱轨6辆以上60辆以下	A4.9—货运列车脱轨4辆以上6辆以下	B4.7—货运列车脱轨2辆以上4辆以下

续表

事故后果＼类别	特别重大事故（下列情形之一的）	重大事故（下列情形之一的）	较大事故（下列情形之一的）	一般A类（有下列情形之一，未构成较大以上事故的）	一般B类（有下列情形之一，未构成一般A类以上事故的）
中途摘车				A4.5—客运列车中途摘车2辆以上	B4.4—客运列车中途摘车1辆
客车损坏				A4.6—客车报废1辆或大破2辆以上	B4.5—客车大破1辆
机车损坏				A4.7—机车大破1台以上	B4.6—机车中破1台
动车损坏				A4.8—动车组中破1辆以上	
耽误列车				A4.3—客运列车耽误本列车4小时以上	B4.3—客运列车耽误本列车1小时以上

有下列情形之一，未构成一般B类以上事故的，为一般C类事故：C1—列车冲突；C2—货运列车脱轨；C3—列车火灾；C4—列车爆炸；C5—列车相撞；C6—向占用区间发出列车；C7—向占用线接入列车；C8—未准备好进路接、发列车；C9—未办或错办闭塞发出列车；C10—列车冒进信号或越过警冲标；C11—机车车辆溜入区间或站内；C12—列车中机车车辆断轴，车轮崩裂，制动梁、下拉杆、交叉杆等部件脱落；C13—列车运行中碰撞轻型车辆、小车、施工机械、机具、防护栅栏等设备设施或路料、落石；C14—接触网接触线断线、倒杆或塌网；C15—关闭折角塞门发出列车或运行中关闭折角塞门；C16—列车运行中刮坏行车设备设施；C17—列车运行中设备设施、装载货物（包括行包、邮件）、装载加固材料（或装置）超限（含按超限货物办理超过电报批准尺寸的）或坠落；C18—装载超限货物的车辆按装载普通货物的车辆编入列车；C19—电力机车、动车组带电进入停电区；C20—错误向停电区段的接触网供电；C21—电化区段攀爬车顶耽误列车；C22—客运列车分离；C23—发生冲突、脱轨的机车车辆未按规定检查、鉴定而编入列车；C24—无调度命令施工，超范围施工，超范围维修作业；C25—漏发、错发、漏传、错传调度命令导致列车超速运行。

有下列情形之一，未构成一般C类以上事故的，为一般D类事故：D1—调车冲突；D2—调车脱轨；D3—挤道岔；D4—调车相撞；D5—错办或未及时办理信号致使列车停车；D6—错办行车凭证发车或耽误列车；D7—调车作业碰轧脱轨器、防护信号，或未撤防护信号动车；D8—货运列车分离；D9—施工、检修、清扫设备耽误列车；D10—作业人员违反劳动纪律、作业纪律耽误列车；D11—滥用紧急制动阀耽误列车；D12—擅自发车、开车、停车、错办通过或在区间乘降所错误通过；D13—列车拉铁鞋开车；D14—漏发、错发、漏传、错传调度命令耽误列车；D15—错误操纵、使用行车设备耽误列车；D16—使用轻型车辆、小车及施工机械耽误列车；D17—应安装列尾装置而未安装发出列车；D18—行包、邮件装卸作业耽误列车；D19—电力机车、动车组错误进入无接触网线路；D20—列车上工作人员往外抛掷物体造成人员伤害或设备损坏；D21—行车设备故障耽误本列客运列车 1 小时以上，或耽误本列货运列车 2 小时以上；固定设备故障延时影响正常行车 2 小时以上（仅指正线）。

任务二　铁路交通事故应急救援和调查处理

【技能目标】

掌握铁路交通事故应急救援和调查处理的基本原则；
掌握铁路交通事故等级确定及报告的流程和内容；
掌握铁路交通事故的应急救援；
掌握铁路交通事故的调查处理；
掌握铁路交通事故的赔偿处理。

【知识点】

铁路交通事故应急救援和调查处理的基本原则；
铁路交通事故等级及报告；
铁路交通事故应急救援；
铁路交通事故调查处理；
铁路交通事故赔偿。

【相关知识】

一、基本原则

（1）为了加强铁路交通事故的应急救援工作，规范铁路交通事故调查处理，减少人员伤亡和财产损失，保障铁路运输安全和畅通，根据《中华人民共和国铁路法》和其他有关法律的规定，制定《铁路交通事故应急救援和调查处理条例》。

（2）铁路机车车辆在运行过程中与行人、机动车、非机动车、牲畜及其他障碍物相撞，或者铁路机车车辆发生冲突、脱轨、火灾、爆炸等影响铁路正常行车的铁路交通事故（以下简称事故）的应急救援和调查处理，适用《铁路交通事故应急救援和调查处理条例》。

（3）国务院铁路主管部门应当加强铁路运输安全监督管理，建立健全事故应急救援和调查处理的各项制度，按照国家规定的权限和程序，负责组织、指挥、协调事故的应急救援和调查处理工作。

(4) 铁路管理机构应当加强日常的铁路运输安全监督检查，指导、督促铁路运输企业落实事故应急救援的各项规定，按照规定的权限和程序，组织、参与、协调本辖区内事故的应急救援和调查处理工作。

(5) 国务院其他有关部门和有关地方人民政府应当按照各自的职责和分工，组织、参与事故的应急救援和调查处理工作。

(6) 铁路运输企业和其他有关单位、个人应当遵守铁路运输安全管理的各项规定，防止和避免事故的发生。

事故发生后，铁路运输企业和其他有关单位应当及时、准确地报告事故情况，积极开展应急救援工作，减少人员伤亡和财产损失，尽快恢复铁路正常行车。

(7) 任何单位和个人不得干扰、阻碍事故应急救援、铁路线路开通、列车运行和事故调查处理。

二、事故等级及报告

1. 事故等级

据事故造成的人员伤亡、直接经济损失、列车脱轨辆数、中断铁路行车时间等情形，事故等级分为特别重大事故、重大事故、较大事故和一般事故。

2. 事故报告

(1) 事故发生后，事故现场的铁路运输企业工作人员或者其他人员应当立即报告邻近铁路车站、列车调度员或者公安机关。有关单位和人员接到报告后，应当立即将事故情况报告事故发生地铁路管理机构。

(2) 铁路管理机构接到事故报告，应当尽快核实有关情况，并立即报告国务院铁路主管部门；对特别重大事故、重大事故，国务院铁路主管部门应当立即报告国务院并通报国家安全生产监督管理等有关部门。

发生特别重大事故、重大事故、较大事故或者有人员伤亡的一般事故，铁路管理机构还应当通报事故发生地县级以上地方人民政府及其安全生产监督管理部门。

(3) 事故报告应当包括下列内容：

① 事故发生的时间、地点、区间（线名、公里、米）、事故相关单位和人员；

② 发生事故的列车种类、车次、部位、计长、机车型号、牵引辆数、吨数；

③ 承运旅客人数或者货物品名、装载情况；

④ 人员伤亡情况，机车车辆、线路设施、道路车辆的损坏情况，对铁路行车的影响情况；

⑤ 事故原因的初步判断；

⑥ 事故发生后采取的措施及事故控制情况；

⑦ 具体救援请求。

事故报告后出现新情况的，应当及时补报。

（4）国务院铁路主管部门、铁路管理机构和铁路运输企业应当向社会公布事故报告值班电话，受理事故报告和举报。

三、事故应急救援

（1）事故发生后，列车司机或者运转车长应当立即停车，采取紧急处置措施；对无法处置的，应当立即报告邻近铁路车站、列车调度员进行处置。

为保障铁路旅客安全或者因特殊运输需要不宜停车的，可以不停车；但是，列车司机或者运转车长应当立即将事故情况报告邻近铁路车站、列车调度员，接到报告的邻近铁路车站、列车调度员应当立即进行处置。

（2）事故造成中断铁路行车的，铁路运输企业应当立即组织抢修，尽快恢复铁路正常行车；必要时，铁路运输调度指挥部门应当调整运输径路，减少事故影响。

（3）事故发生后，国务院铁路主管部门、铁路管理机构、事故发生地县级以上地方人民政府或者铁路运输企业应当根据事故等级启动相应的应急预案；必要时，成立现场应急救援机构。

（4）现场应急救援机构根据事故应急救援工作的实际需要，可以借用有关单位和个人的设施、设备和其他物资。借用单位使用完毕应当及时归还，并支付适当的费用；造成损失的，应当赔偿。

有关单位和个人应当积极支持、配合救援工作。

（5）事故造成重大人员伤亡或者需要紧急转移、安置铁路旅客和沿线居民的，事故发生地县级以上地方人民政府应当及时组织开展救治和转移、安置工作。

（6）国务院铁路主管部门、铁路管理机构或者事故发生地县级以上地方人民政府根据事故救援的实际需要，可以请求当地驻军、武装警察部队参与事故救援。

（7）有关单位和个人应当妥善保护事故现场及相关证据，并在事故调查组成立后将相关证据移交事故调查组。因事故救援、尽快恢复铁路正常行车需要改变事故现场的，应当做出标记、绘制现场示意图、制作现场视听资料，并做出书面记录。

任何单位和个人不得破坏事故现场，不得伪造、隐匿或者毁灭相关证据。

（8）事故中死亡人员的尸体经法定机构鉴定后，应当及时通知死者家属认领；无法查找死者家属的，按照国家有关规定处理。

四、事故调查处理

（1）特别重大事故由国务院或者国务院授权的部门组织事故调查组进行调查。

① 重大事故由国务院铁路主管部门组织事故调查组进行调查。

② 较大事故和一般事故由事故发生地铁路管理机构组织事故调查组进行调查；国务院铁路主管部门认为必要时，可以组织事故调查组对较大事故和一般事故进行调查。

根据事故的具体情况，事故调查组由有关人民政府、公安机关、安全生产监督管理部门、监察机关等单位派人组成，并应当邀请人民检察院派人参加。事故调查组认为必要时，可以聘请有关专家参与事故调查。

（2）事故调查组应当按照国家有关规定开展事故调查，并在下列调查期限内向组织事故调查组的机关或者铁路管理机构提交事故调查报告：

① 特别重大事故的调查期限为60日；

② 重大事故的调查期限为30日；

③ 较大事故的调查期限为20日；

④ 一般事故的调查期限为10日。

事故调查期限自事故发生之日起计算。

（3）事故调查处理，需要委托有关机构进行技术鉴定或者对铁路设备、设施及其他财产损失状况，以及中断铁路行车造成的直接经济损失进行评估的，事故调查组应当委托具有国家规定资质的机构进行技术鉴定或者评估。技术鉴定或者评估所需时间不计入事故调查期限。

事故调查报告形成后，经组织事故调查组的机关或者铁路管理机构同意，事故调查组工作即告结束。组织事故调查组的机关或者铁路管理机构应当自事故调查组工作结束之日起15日内，根据事故调查报告，制作事故认定书。

事故认定书是事故赔偿、事故处理及事故责任追究的依据。

（4）事故责任单位和有关人员应当认真吸取事故教训，落实防范和整改措施，防止事故再次发生。

国务院铁路主管部门、铁路管理机构以及其他有关行政机关应当对事故责任单位和有关人员落实防范和整改措施的情况进行监督检查。

（5）事故的处理情况，除依法应当保密的外，应当由组织事故调查组的机关或者铁路管理机构向社会公布。

五、事故赔偿

（1）事故造成人身伤亡的，铁路运输企业应当承担赔偿责任；但是人身伤亡是不可抗力或者受害人自身原因造成的，铁路运输企业不承担赔偿责任。

违章通过平交道口或者人行过道，或者在铁路线路上行走、坐卧造成的人身伤亡，属于受害人自身的原因造成的人身伤亡。

（2）事故造成铁路运输企业承运的货物、包裹、行李损失的，铁路运输企业应当依照《中华人民共和国铁路法》的规定承担赔偿责任。

（3）事故当事人对事故损害赔偿有争议的，可以通过协商解决，或者请求组织事故调查组的机关或者铁路管理机构组织调解，也可以直接向人民法院提起民事诉讼。

六、法律责任

（1）铁路运输企业及其职工违反法律、行政法规的规定，造成事故的，由国务院铁路主管部门或者铁路管理机构依法追究行政责任。

（2）违反规定，铁路运输企业及其职工不立即组织救援，或者迟报、漏报、瞒报、谎报事故的，对单位，由国务院铁路主管部门或者铁路管理机构处10万元以上50万元以下的罚款；对个人，由国务院铁路主管部门或者铁路管理机构处4 000元以上2万元以下的罚款；属于国家工作人员的，依法给予处分；构成犯罪的，依法追究刑事责任。

(3) 违反规定，国务院铁路主管部门、铁路管理机构及其他行政机关未立即启动应急预案，或者迟报、漏报、瞒报、谎报事故的，对直接负责的主管人员和其他直接责任人员依法给予处分；构成犯罪的，依法追究刑事责任。

(4) 违反规定，干扰、阻碍事故救援、铁路线路开通、列车运行和事故调查处理的，对单位，由国务院铁路主管部门或者铁路管理机构处 4 万元以上 20 万元以下的罚款；对个人，由国务院铁路主管部门或者铁路管理机构处 2 000 元以上 1 万元以下的罚款；情节严重的，对单位，由国务院铁路主管部门或者铁路管理机构处 20 万元以上 100 万元以下的罚款；对个人，由国务院铁路主管部门或者铁路管理机构处 1 万元以上 5 万元以下的罚款；属于国家工作人员的，依法给予处分；构成违反治安管理行为的，由公安机关依法给予治安管理处罚；构成犯罪的，依法追究刑事责任。

任务三　铁路交通事故应急救援

【技能目标】

掌握铁路交通事故应急救援的基本规定；
掌握铁路交通事故应急救援报告的流程和内容；
掌握铁路交通事故应急救援的紧急处置；
掌握铁路交通事故应急救援的响应；
掌握铁路交通事故应急救援的现场救援要求；
掌握铁路交通事故应急救援的善后处理；
掌握铁路交通事故应急救援后的处罚及问责。

【知识点】

铁路交通事故应急救援的基本规定；
铁路交通事故应急救援报告；
铁路交通事故应急救援的紧急处置；
铁路交通事故应急救援的响应；
铁路交通事故应急救援的现场救援；
铁路交通事故应急救援的善后处理；
铁路交通事故应急救援后的处罚及问责。

【相关知识】

一、基本规定

（1）为了规范和加强铁路交通事故（以下简称事故）的应急救援工作，最大限度地减少人员伤亡和财产损失，尽快恢复铁路运输秩序，依据《铁路交通事故应急救援和调查处理条例》（国务院令第501号）及国家有关规定，制定《铁路交通事故应急救援规则》。

（2）国家铁路、合资铁路、地方铁路、专用铁路和铁路专用线发生事故，造成人员伤亡、财产损失、中断行车及其他影响铁路正常行车，需要实施应急救援的，适用《铁路交通事故应急救援规则》。

（3）事故应急救援工作应当遵循“以人为本、逐级负责、应急有备、处置高效”的原则。

（4）中国铁路总公司成立事故应急救援领导小组并设工作机构，建立健全工作制度，制定和完善事故应急救援预案，按照国家规定的权限和程序，组织、指挥、协调事故应急救援工作。

各铁路安全监督管理办公室（以下简称安全监管办）应当指导、督促铁路运输企业落实事故应急救援的各项规定，依法组织、指挥、协调本辖区内的事故应急救援工作。

（5）铁路运输企业应当相应成立事故应急救援领导小组并设工作机构，建立健全工作制度，制定和完善事故应急救援预案，加强救援队、救援列车的建设，负责事故应急救援的人员培训、装备配置、物资储备、预案演练等基础工作，积极开展事故应急救援。

（6）公安机关应当参与事故应急救援，负责保护事故现场，维护现场治安秩序，进行现场勘察和调查取证，依法查处违法犯罪嫌疑人，协助抢救遇险人员。

（7）事故应急救援工作必要时，由中国铁路总公司协调请求国务院其他有关部门、有关地方人民政府、当地驻军、武装警察部队给予支持和帮助。

二、救援报告

（1）事故应急救援实行逐级报告制度。铁路总公司、安全监管办和铁路运输企业应当明确报告程序、方式和时限，公布接受报告的各级事故应急救援部门及电话。

（2）事故发生后，有关单位、部门应当按规定程序向上级单位和部门报告。（现场铁路工作人员或者其他有关人员应当立即向邻近铁路车站、列车调度员、公安机关或者相关单位负责人报告）。

接到报告的单位、部门应当根据需要立即通知救援队和救援列车。

遇有人员伤亡或者发生火灾、爆炸、危险货物泄漏等事故时，接到报告的单位、部门应当根据需要采取防护措施，并立即通知当地急救、医疗卫生部门或者公安消防、环境保护等部门。

（3）铁路运输企业列车调度员接到事故报告后，应当立即按规定程序报告本企业负责人，并向本区域的安全监管办和列车调度员报告。

（4）中国铁路总公司列车调度员接到事故报告后，应当立即按规定程序上报。发生特别重大事故时，中国铁路总公司应当立即向国务院报告。

（5）救援报告的主要内容。

① 事故发生的时间、地点（站名）、区间（线名、公里、米）、线路条件、事故相关单位和人员。

② 发生事故的列车种类、车次、机车型号、部位、牵引辆数、吨数、计长及运行速度。

③ 旅客人数，伤亡人数、性别、年龄及救助情况，是否涉及境外人员伤亡。

④ 货物品名、装载情况，易燃、易爆等危险货物情况。

⑤ 机车车辆脱轨数量及型号、线路设备损坏程度等情况。

⑥ 对铁路行车的影响情况。

⑦ 事故原因的初步判断，事故发生后采取的措施及事故控制情况。

⑧ 需要应急救援的其他事项。

（6）事故应急救援过程中，人员伤亡、脱轨辆数、设备损坏等情况发生变化时，应及时补报。

（7）事故应急救援情况需要向社会通报时，由中国铁路总公司的宣传部门统一负责。

三、紧急处置

事故发生后，列车司机或者运转车长等现场铁路工作人员应当立即采取停车措施，并按规定对列车进行安全防护。

遇有人员伤亡时，应当向邻近车站或者列车调度员请求施救，并将伤亡人员移出线路、做好标记，有能力的应当对伤员进行紧急施救。

为保障铁路旅客安全或者因特殊运输需要不宜停车的，可以不停车。但是，列车司机或者运转车长等现场铁路工作人员应当立即将事故情况报告邻近车站、列车调度员，接到报告的邻近车站、列车调度员应当立即组织处置。

客运列车发生事故造成车内人员伤亡或者危及人员安全时，列车长应当立即组织车上人员进行紧急施救，稳定人员情绪，维护现场秩序，并向邻近车站或者列车调度员请求施救。

救援队接到事故救援通知后，救援队长应当召集救援队员以最快速度赶赴事故现场。

到达事故现场后，应当立即组织紧急抢救伤员，利用既有设备起复脱轨的机车车辆，清除各种障碍，搭设必要的设备设施，为进一步实施救援创造条件。

发生列车火灾、爆炸、危险货物泄漏等事故时，现场铁路工作人员应当尽快组织疏散现场人员并采取必要的防护措施。

事故发生后影响本线或者邻线行车安全时，现场铁路工作人员应当立即按规定采取紧急防护措施。

四、救援响应

(1) 接到事故救援报告后，应当根据事故严重程度和影响范围，按特别重大、重大、较大、一般四个等级由相应单位、部门做出应急救援响应，启动应急预案。

(2) 特别重大事故的应急救援，由中国铁路总公司报请国务院启动，或者由国务院授权的部门启动。

中国铁路总公司在国务院事故应急救援领导小组的领导下开展工作，开通与国务院有关部门、事发地省级事故应急救援指挥机构及现场事故救援指挥部的应急通信系统，征求有关专家建议及国务院有关部门意见提出事故应急救援方案，经国务院事故应急救援领导小组确定后组织实施，并派出专家和有关人员赶赴现场参加救援。

(3) 重大事故的应急救援，由中国铁路总公司启动。中国铁路总公司事故应急救援工作机构应当组建现场事故应急救援指挥部（以下简称现场指挥部），并根据事故具体情况设立医疗救护、事故起复、后勤保障、应急调度、治安保卫、善后处理等工作组，开通与事发地铁路运输企业和现场指挥部的应急通信系统，咨询有关专家，确定事故应急救援具体实施方案，立即派出有关人员赶赴现场，调集各种应急救援资源，组织指挥应急救援工作。必要时，协调请求事发地人民政府、当地驻军、武装警察部队提供支援。遇有超出本级应急救援处置能力时，及时向国务院报告。

(4) 较大事故、一般事故的应急救援，由相关部门启动或者督促铁路运输企业事故应急救援工作机构启动，组织成立现场指挥部，并根据事故具体情况设立医疗救护、事故起复、后勤保障、应急调度、治安保卫、善后处理等工作组，开通与现场指挥部的应急通信系统，咨询有关专家，确定事故应急救援具体实施方案。

有关负责人和专业人员应当立即赶赴现场，调集各种应急救援资源，组织指挥应急救援工作。必要时，由相关部门协调事发地人民政府、当地驻军、武装警察部队提供支援。超出本级应急救援处置能力时，及时向上级报告。

五、现场救援

(1) 现场救援工作实行总指挥负责制，按照事故应急救援响应等级，由相应负责人担任总指挥，或者视情况由上级事故应急救援工作机构指定人员担任临时总指挥，统一指挥现场救援工作。

各工作组及参加事故应急救援的单位、部门应当确定负责人。救援列车进行起复作业时，由救援列车负责人或者指定人员单一指挥。

现场总指挥及参加事故应急救援的各工作组负责人、各单位和部门负责人、作业人员应当区别佩戴明显标志。

(2) 现场指挥部应当在全面了解人员伤亡及机车车辆、线路、接触网、通信信号等行车设备损坏、地形环境等情况后，确定人员施救、现场保护、调查配合、货物处置、救援保障、起复救援、设备抢修等应急救援方案，并迅速组织实施。

在实施救援过程中，各单位、部门应当严格执行作业规范和标准，防止衍生事故。

（3）事故发生后，运输调度部门应当根据需要及时发布各类救援调度命令。重点安排救援列车出动和救援物资运输。需要其他铁路运输企业出动救援列车时，由中国铁路总公司发布调度命令。

造成列车大量晚点时，应当尽快采取措施恢复行车秩序。预计不能在短时间内恢复行车时，应当尽量将客运列车安排停靠在较大车站，并组织向站车滞留旅客提供必要的食品、饮用水等服务。

（4）事故造成人员伤亡时，现场指挥部应当立即组织协调对现场伤员进行救治，紧急调集有关药品器械，迅速将伤员转移至安全地带或者转移救治，采取必要的卫生防疫措施。

遇有重大人员伤亡或者需要大规模紧急转移、安置铁路旅客和沿线居民的，应当及时通知事发地人民政府组织开展救治和转移、安置工作，必要时可以由相关部门进行协调。

（5）现场指挥部应当根据需要迅速调集装备设施、物资材料、交通工具、食宿用品、药品器械等救援物资。铁路运输企业各单位、部门必须无条件支持配合，不得以各种理由推诿拒绝，延误救援工作。

物资调用超出铁路运输企业自身能力时，可以向有关单位、部门或者个人借用。

（6）事故涉及货运列车时，货运部门应当迅速了解事故货车及相关货车的货物装载情况，组织调集装卸人员和机具清理事故货车及相关货车装载的货物，处置事故列车挂运的危险、鲜活易腐等货物，编制货运记录。

（7）事故应急救援需要出动救援列车时，救援列车应当在接到出动命令后30分钟内出动，到达事故现场后，救援列车负责人应当迅速确定具体的起复作业方案，经现场总指挥批准后立即开展起复作业。

救援列车在桥梁或坡道等特殊地段作业时，应当连挂机车。两列及以上救援列车分头作业时的指挥，由现场总指挥协调分工后各自负责。两列及以上救援列车在同一个作业面集中作业或者联动作业时，由负责本区段救援任务的救援列车或者由现场总指挥指定人员负责指挥。救援列车在电气化区段实施救援作业时，应当在确认接触网工区接到停电命令并做好接地防护后方准进行。

起复动车组、新型机车车辆等，应当使用专用吊索具。

（8）事故应急救援需要通信保障时，通信部门应当在接到通知后根据需要立即启用“117”应急通信人工话务台，组织开通应急通信系统。事故发生在站内，应当在30分钟内开通电话、1小时内开通图像传输设备。事故发生在区间，应当在1小时内开通电话、2小时内开通图像传输设备。并指定专人值守，保证事故现场音频、视频和数据信息的实时传输，任何人不得干扰、阻碍事故信息采集和传输。

（9）事故造成铁路设备设施损坏时，有关专业部门应当立即组织抢修，根据实际情况及时切断事故现场电源，拆除、拨移和恢复接触网，及时架设所需照明，调集足够的救援队伍、材料和机具，积极组织抢修损坏的线路、通信信号等行车设备设施，协助事故机车车辆的起复。对可以运行的受损机车车辆进行检查确认，符合挂运条件的方准移动，必要时派人护送。起复作业完毕后，应当迅速做好开通线路的各项准备。

（10）事故遇有装载危险货物车辆时，现场指挥部应当在采取确保人身安全和作业安全措施后，方可开展救援。

危险货物车辆需卸车、移动或者起复时，应当在专业人员指导下作业，及时清除有害残留物或者将其控制在安全范围内。必要时，由安全监管办协调环保监测部门及时检测有害物质的危害程度，采取防控措施。

（11）公安机关应当组织解救和疏散遇险人员，设置现场警戒区域，阻止未经批准人员进入现场，指定专人进行现场勘查取证，必要时实施现场交通管制，负责事故现场旅客、货物及沿线滞留列车的安全保卫工作。

（12）事故应急救援过程中，有关单位和个人应当妥善保护事故现场及相关证据，并及时移交事故调查组。因应急救援需要改变事故现场时，应当做出标记、绘制现场示意图、制作现场视听资料，并做出书面记录。任何单位和个人不得破坏事故现场，不得伪造、隐匿或者毁灭相关证据。

（13）事故救援完毕后，现场指挥部应当组织救援人员对现场进行全面检查清理，进一步确认无伤亡人员遗留，拆除、回收、移送救援设备设施，清除障碍物，确认具备开通条件后，立即通知有关人员按规定办理手续，由列车调度员发布调度命令开通线路，尽快恢复正常行车。

六、善后处理

（1）事故善后处理工作组应当依法进行事故的善后处理，组织妥善做好现场遇险滞留人员食宿、转移和旅客改签、退票等服务工作，以及伤亡人员亲属的通知、接待及抚恤丧葬、经济补偿等处置工作。负责收取伤亡人员医疗档案资料，核定救治费用。

（2）对事故造成的伤亡人员，现场指挥部应当在积极组织施救的同时，负责协调落实伤亡人员的救治、丧葬等临时费用，待事故责任认定后，由事故责任方承担。

（3）事故造成人员死亡的，应当由急救、医疗卫生部门或者法医出具死亡证明，尸体由其家属或者铁路运输企业存放于殡葬服务单位，或者存放于有条件的急救、医疗卫生部门。

尸体检验完成后，由事故善后处理工作组通知死者家属在10日内办理丧葬事宜。对未知名尸体，由法医检验后填写《未知名尸体信息登记表》。经核查无法确认死者身份的，经事故善后处理工作组负责人批准，刊登认尸启事，刊登后10日无人认领的，由县级或者相当于县级以上的公安机关批准处理尸体。

（4）事故造成境外来华人员死亡的，事故善后处理工作组应当通知死者亲属或者所属国家驻华使（领）馆，尸体处置事宜按照我国有关规定办理。

（5）对事故现场遗留的财物，事故善后处理工作组或者公安部门应当进行清点、登记并妥善保管。

（6）对事故造成的人员伤亡、财产损失及事故应急救援费用等应当进行统计。

借用有关单位和个人的设备设施和其他物资，使用完毕后应当及时归还并适当支付费用，丢失或者损坏的应当合理赔偿。

(7) 对事故造成的人员伤亡和财产损失，按照国家有关法律、法规和《铁路交通事故应急救援和调查处理条例》的有关规定给予赔偿。

事故当事人对损害赔偿有争议时，可以协商解决，或者请求组织事故调查组的机构进行调解，也可以直接提起民事诉讼。

(8) 属于肇事方责任给铁路运输企业造成损失的，应当按照事故认定书由肇事方赔偿。

(9) 因设备质量或者施工质量造成事故损失的，铁路运输企业有权依据事故认定书向有关责任方追偿损失。

(10) 事故应急救援工作结束后，现场指挥部应当对事故应急救援工作进行总结，于5日内形成书面报告，并附事故应急救援有关证据材料，按事故等级报中国铁路总公司事故应急救援领导小组或者安全监管办备案。

由中国铁路总公司事故应急救援领导小组《铁路交通事故应急救援规则》组织进行全面总结分析，对事故应急救援的组织工作进行评价认定，总结经验教训，制定整改措施，修改完善应急预案及有关制度办法。

七、处罚及问责

(1) 铁路运输企业及其职工违反《铁路交通事故应急救援规则》规定，不立即组织事故应急救援或者迟报、漏报、瞒报、谎报事故等延误救援的，由中国铁路总公司对责任单位处 10 万元以上 50 万元以下的罚款，对责任人处 4 000 元以上 2 万元以下的罚款。

(2) 国家工作人员以及其他人员违反《铁路交通事故应急救援规则》规定，未立即启动应急预案或者迟报、漏报、瞒报、谎报事故等延误救援的，对主管负责人和其他直接责任人依法给予行政处分。涉嫌犯罪的，依照有关规定移送司法机关处理。

任务四　铁路突发公共卫生事件的应急处理

【技能目标】

掌握铁路突发公共卫生事件应急处理的基本规定；
掌握铁路突发公共卫生事件的组织保障体系结构；
掌握铁路突发公共卫生事件的预防与应急准备要求；
掌握铁路突发公共卫生事件的信息报告制度；
掌握铁路突发公共卫生事件的应急处理程序和内容；
掌握铁路突发公共卫生事件的责任追究。

【知识点】

铁路突发公共卫生事件应急处理的基本规定；
铁路突发公共卫生事件的组织保障体系；
铁路突发公共卫生事件的预防与应急准备；
铁路突发公共卫生事件的信息报告制度；
铁路突发公共卫生事件的应急处理；
铁路突发公共卫生事件的责任追究。

【相关知识】

一、基本规定

(1) 为保障广大旅客、铁路职工的身体健康与生命安全，维护正常的运输生产秩序，结合铁路实际，制定铁路预防和控制突发公共卫生事件的相关规定。

(2) 铁路突发公共卫生事件（以下简称突发事件）是指国内突然发生重大传染病疫情、群体性不明原因疾病，造成或者可能造成社会公众健康严重损害，并有可能借铁路传播的事件；铁路车站、列车发生 3 人以上集体性或有死亡的食物中毒事件，铁路单位内部发生的 3 人以上集体性职业中毒、食物中毒、传染病暴发流行事件。

(3) 中国铁路总公司统一领导、指挥铁路突发事件的预防、控制、消除等工作，其主要职责如下。

① 采取应急处理措施，防止疫情借铁路传播或事态扩大。

② 做好旅客、铁路职工家属的健康保护。

③ 保证突发事件急需物资运输。

④ 做好病人的医疗救治。

(4) 铁路预防和控制突发事件应坚持以下原则，最大限度地减低突发事件产生的可能和危害。

① 依靠科学、加强合作、反映及时、措施果断。

② 领导负责、分级负责、系统负责、岗位负责。

③ 防治结合、专群结合、路地联控。

④ 早发现、早报告、早隔离、早治疗。

(5) 中国铁路总公司、各铁路局对参加突发事件应急处理人员，应给予适当补助；对做出贡献的，应给予表彰和奖励。对因参与应急处理工作而致病、致残、死亡的，应按照国家有关规定，给予相应的补助或抚恤。

二、组织保障体系

（1）中国铁路总公司建立突发事件应急处理组织保障体系，实行领导负责、逐级落实、相关部门协调配合的工作机制，建立完善的网络指挥系统和疫情报告制度。

（2）发生突发事件时，中国铁路总公司成立“铁路突发公共卫生事件应急处理领导小组”，统一领导、指挥铁路突发事件应急处理工作。领导小组组长由主管卫生工作的中国铁路总公司领导担任，卫生、外事、运输、安全、公安、宣传等部门分工负责，相互配合、协调开展工作。

（3）各单位成立相应的突发公共卫生事件应急处理领导和指挥机构，积极开展突发事件的预防控制工作。

（4）突发事件发生后，在服从国家统一指挥的前提下，发生在铁路范围内、需要两个及两个以上铁路局采取应急处理措施时，由中国铁路总公司突发公共卫生事件应急处理领导小组负责指挥并协调处理。

三、预防与应急准备

（1）各单位要制定公共卫生突发事件处理方案，并组织实施；建立预防工作检查监督和效果评价制度，确保公共卫生突发事件预防与应急准备工作落实。

（2）铁路站车应加强对国家和地方政府防病信息和技术措施的广播宣传，提高广大旅客的防范意识。加强对站车工作人员识别和处理突发公共卫生事件的培训，使其掌握铁路常见应急处理事件的报告、防范、处理方法。

（3）认真开展爱国卫生运动，做好传染病预防和有关公共卫生工作，提高站车和铁路生产、生活环境卫生水平。

（4）加强对铁路职工、特别是站车工作人员和医护人员的个人防护，保证清洁和饮食卫生，提高防御疾病能力。

（5）铁路站车按照规定配备医疗救护药箱、应急设备及必需的个人防护用品。

（6）铁路各级卫生主管部门及其卫生监督机构要加强对传染病、食物中毒、职业中毒等突发事件的预防、治疗、检测、控制等相关工作的监督检查，防范突发公共卫生事件的发生。

（7）加强卫生机构建设，健全信息网络、配备食品、有毒化学物、微生物等突发事件检测设备，提高铁路系统疫情检测、卫生检疫、医疗救治、追踪调查和疫情处理等方面的公共卫生应急处理水平。

（8）鼓励和支持卫生、科研机构开展预防控制铁路突发公共卫生事件的科研工作。

四、信息报告制度

（1）有下列情形之一的，各铁路局应当在接到报告后 2 小时内报中国铁路总公司卫生主管部门。

① 旅客列车上发生 30 人以上旅客食物中毒或有人员死亡。

② 铁路沿线城市人民政府宣布传染病或不明原因疾病暴发流行。

③ 铁路单位职工发生 3 人以上职业中毒事故或发生死亡事故。

④ 铁路运输过程中有毒化学品泄漏引起公共人群急性中毒。

⑤ 铁路运输放射性物质包装失去屏蔽效能，放射性物质泄漏或丢失。

(2) 发生以上①、③、④、⑤项情形时，各铁路局卫生主管部门应在 2 小时内报告所在地省级卫生行政部门。

(3) 铁路站车发生 30 人以上或者死亡 1 人以上的重大食物中毒需要立即组织抢救病人时，执行公务的卫生、客运人员可直接向中国铁路总公司卫生主管部门报告。

(4) 任何单位和个人对突发公共卫生事件，不得隐、缓、谎报或者授意他人隐、缓、谎报。

五、应急处理

(1) 国内发生突发公共卫生事件，要求铁路采取措施时，由中国铁路总公司决定启动应急处理程序；各地发生突发公共卫生事件，要求铁路局启动应急处理程序，并向中国铁路总公司报告。铁路突发事件发生时，各铁路局卫生主管部门应向中国铁路总公司报告，组织专家对突发事件进行综合评估，并提出初步处理建议。突发事件应急处理领导小组及时决策，组织各成员单位按照“铁路突发公共卫生事件应急处理预案”开展工作。

(2) 铁路各级卫生部门负责领导小组的日常工作；对铁路突发事件应急处理提供技术咨询，指导相关单位预防和控制疫情在铁路职工和家属中传播；及时组织和协调医疗卫生单位进行医疗救护和现场救援，组织控制和消除疫情。

(3) 铁路各级公安部门负责维护突发事件现场的治安秩序，为抢救、隔离、运送病人提供安全保障，协助卫生部门对拒绝按规定隔离处理的传染病患者和接触者依法强制执行，打击利用突发事件扰乱秩序的违法行为，维护稳定，保证铁路运输安全。

(4) 铁路各级运输部门负责组织客货运输部门防止和控制疫情借铁路交通工具传播，保证突发事件预防和控制过程中的人员、医疗救护设备、救治药品、医疗器械和其他物资的运输。

(5) 铁路各级外事部门负责掌握进出境旅客的情况和信息，组织协调处理涉外有关工作；指导铁路有关部门配合国境卫生检疫机构，做好铁路口岸入出境人员、交通工具、各类货物需要采取的应急处理措施，保证突发事件应急处理所需的医疗救护药械等物资优先经铁路口岸及时运送。

(6) 铁路各级安全监察部门负责组织职业危害事件的现场勘察、事故原因及定性分析。

(7) 宣传部门负责组织铁路各单位做好职工、家属和旅客的宣传教育工作。

(8) 计划、财务部门负责落实突发事件应急处理所需的设备经费。

六、责任追究

（1）对有下列情况之一的，分别给予领导者、直接责任者行政警告、记过、记大过、降级、撤职、开除留用查看、开除等相应处分。

① 对突发事件隐、缓、谎报或者授意他人隐、缓、谎报，对铁路突发公共卫生事件处理不力、工作失职，造成一定影响和损失的。

② 在突发事件调查、控制、医疗救治工作中玩忽职守、失职、渎职的。

③ 未按照优先安排的原则，完成突发事件应急处理所需设施、设备、药品、医疗器械等物资运输的。

④ 突发事件发生后，对调查不予配合，或者采取其他方式阻碍、干涉调查的。

（2）铁路卫生机构有下列行为之一的，由铁路卫生主管部门责令改正、通报批评。

① 未按规定履行报告职责，隐瞒、缓报或者瞒报的。

② 未按规定及时采取控制措施的。

③ 未按规定履行突发事件监测职责的。

④ 拒绝接诊病人的。

（3）造成传染病的传播、流行或者对社会公众健康造成其他严重后果，构成犯罪的，依法追究刑事责任。

任务五　铁路旅客人身伤害及携带品损失事故的处理

【技能目标】

能掌握铁路旅客人身伤害及携带品损失事故处理的基本原则；
能按照规定完成铁路旅客人身伤害及携带品损失事故的现场处置与报告；
能合理进行铁路旅客人身伤害及携带品损失事故的善后处理；
能完成铁路旅客人身伤害及携带品损失事故的调查报告与统计；
能掌握铁路旅客人身伤害及携带品损失事故的处理保障措施；
能掌握铁路旅客人身伤害事故中外国人在华死亡后的处理办法。

【知识点】

铁路旅客人身伤害及携带品损失事故处理的基本原则；
铁路旅客人身伤害及携带品损失事故的现场处置与报告；
铁路旅客人身伤害及携带品损失事故的善后处理；

铁路旅客人身伤害及携带品损失事故的调查报告与统计；

铁路旅客人身伤害及携带品损失事故的处理保障措施；

铁路旅客人身伤害事故中外国人在华死亡后的处理。

【相关知识】

一、基本原则

铁路旅客人身伤害及携带品损失事故的处理，要维护旅客合法权益。在处理旅客人身伤害或携带品损失时，应当坚持实事求是、依法依规、就近及时的原则。

二、现场处置与报告

（1）列车、车站发生旅客人身伤害时，站车工作人员应当到场查看旅客伤害情况，报告列车长、站长组织救护，稳定人员情绪，维护现场秩序。

（2）因旅客伤害需交车站处理时，应移交前方县、市所在地车站或者当地具有公共医疗条件的停车站；需要提前报告运行所在铁路局客运调度时，由客运调度通知车站做好救护准备工作。

（3）旅客不同意在规定的停车站下车处理时，应当由旅客出具拒绝下车治疗的书面声明，收集两份及以上证人证言。

（4）列车因旅客伤害严重需紧急停车处理或发生三人以上疑似食物中毒的，应立即报告运行所在铁路局客运调度。接到报告后，客运调度应当立即根据列车长提出的要求，通知有关车站及值班主任，并报告本铁路局客运处。

（5）列车发现旅客在区间坠车时应当立即停车按照上面的第（4）条处理，通知就近车站或将受伤旅客移交就近车站。需要防护时，按有关规定处理。

不具备停车条件或者迟延发现时，列车长应当报告运行所在铁路局客运调度，客运调度接到报告后立即通知值班主任，值班主任通知相关列车调度员和铁路公安局指挥中心，由列车调度员和铁路公安局指挥中心分别通知邻近车站及车站铁路公安派出所派人寻找。列车运行至前方停车站时，列车应拍发电报，向发生地和列车担当铁路局主管部门报告。

（6）车站对本站发生的及列车移交的受伤旅客，应当及时联系当地医疗急救机构或送就近医院抢救。

（7）发生医疗费用时，应当根据对责任的初步判断，属于旅客自身责任或第三人责任的，由旅客或第三人支付医疗费用。

暂不能区分责任或者责任人不明、无力承担的，经处理站站长或车务段段长批准，可用站进款垫付。动用站进款时，填写或补填“运输进款动支凭证”，10日内由核算站或车务段财务拨款归还。

（8）受伤旅客经现场抢救无效死亡，或对站内、区间发现的旅客尸体，经医疗部门或公安机关确认死亡，公安机关现场勘查结束后，车站应当转送殡仪馆存放，并尽快通知其家属。尸体存放原则上不超过10日。

死者身份不清且在地（市）级以上报纸刊登寻人启事后10日仍无人认领的，应当根据铁路公安机关书面意见处理尸体；系不法侵害所致的，应当根据公安机关的书面意见并商死者家属意见处理死者尸体。

对死者的车票、衣物、随身携带物品等应当妥善保管，并于善后处理时一并转交其继承人；死者身份不明或者家属拒绝到站处理的，按无法交付的物品处理。

(9) 外国人在铁路站车死亡的按照《关于转发〈民政部　外交部　公安部关于外国人在华死亡后处理程序有关问题的实施意见〉的通知》处理。

(10) 发生旅客人身伤害，需要保护现场时，应当及时采取措施保护现场，禁止与救援、调查无关的人员进入。必要时，可请求地方政府提供协助。

(11) 发生旅客人身伤害后，列车长、站长应当及时组织现场查验，全面搜索、梳理相关证据资料，检查旅客所持车票的票种、票号、发到站、车次、有效期及有效身份证件信息等，描绘现场旅客定位图，收集不少于两份同行人或见证人的证言及查验记录、现场照片、录像等其他相关证据，形成比较完整的证据链，能够证明发生的过程和原因，初步明确性质，并妥善保管。旅客或第三人能够说明事件发生经过或责任的，应当由其出具书面材料，并签字确认。涉及违法犯罪或者旅客死亡的，由铁路公安机关组织现场勘查。证人应当具有完全民事行为能力。证人证言中应当记录证人的姓名、性别、年龄、地址、联系方式、有效身份证件信息等内容。有医务工作人员参加救治时，应当由其出具参与救治经过的证言。证言、证据应当真实，能够反映事故发生的时间、地点、过程、原因和结果。

(12) 列车向车站移交受伤旅客时，车站不得拒绝接收。办理移交手续时，列车应当编制客运记录和旅客携带品清单一式两份，一份由列车存查，一份连同车票、证明材料、相关证人或其联系方式等一并移交。客运记录应载明日期、车次、旅客姓名、性别、年龄、国籍、民族、职业、单位、有效身份证件号码、联系方式、住址，车票种类、号码、发站、到站、车厢席位，受伤地点、受伤原因、受伤部位，处理简况，以及证据材料清单等内容。因时间来不及记明前述内容时，可在客运记录中简要记明日期、车次、下交原因，并必须在3日内向处理单位补交有关材料。特殊情况来不及编制客运记录的，列车长或其指定的专人应随同伤害旅客下车办理交接。涉及第三人时，应将第三人同时交站处理。对已经控制的违法、犯罪嫌疑人，应当及时移交车站铁路公安派出所。

(13) 列车发现精神异常旅客时，应重点关注，并按规定交到站或下车站妥善处理。列车运行途中，旅客有同行成年人的，应要求其同行成年人看护；无同行成年人时，应指派专人看护。必要时，可安排在适当位置看护。车站发现进站乘车的旅客精神异常时，可不予其进站乘车，并为其办理退票手续。

(14) 旅客在法定时限内索赔且能够证明伤害是在铁路旅客运输过程中发生的，受理单位应及时通知事故发生单位，并本着方便旅客的原则，移交旅客就医所在地车站或旅客发、到站处理，被移交站应当受理。发生单位应当在10日内搜集并向处理单位移交相关证据材料。

(15) 在站内或区间线路上发现有坠车旅客时，发现或接到通知的车站应当迅速通报有关列车。有关列车接到通报后，应当立即调查。发生列车应当收集相关证据材料和旅客携带物品，并向处理站移交。

(16) 对下列情况造成的旅客人身伤害应当立即向铁路公安机关报警。

① 杀人、抢劫、抢夺、强奸、爆炸、纵火、绑架、结伙斗殴、寻衅滋事、故意伤害、击打列车、故意损坏、移动站车设备等违法犯罪行为。

② 因散布谣言，谎报险情、疫情、警情，扬言放火、爆炸、投放危险物质，非法阻拦行车、堵塞通道等，引起公共秩序混乱。

③ 火灾、爆炸、中毒等灾害事故。

④ 精神病人肇事肇祸，醉酒者滋事。

⑤ 自然灾害。

⑥ 铁路设备、设施故障造成的事故。

(17) 发生旅客人身伤害及携带品损失且有下列情形之一的，应当及时通知铁路公安机关。

① 应当控制、约束违法犯罪嫌疑人和扣押相关涉案物品的。

② 应当保护现场、维持秩序、协同救助的。

③ 应当由铁路公安机关介入调查、获取证据、查明原因的。

④ 引发治安纠纷或者酿成群体性事件并影响站车秩序，应当及时处置的。

⑤ 造成旅客死亡的。

(18) 车站、列车发生旅客人身伤害事故时，可用电话向所在单位或上级主管部门报告概况；但发生重伤以上旅客人身伤害时，应在第一时间向所属铁路局主管部门报告，随后向有关铁路主管部门拍发速报，并逐级向上级主管部门和宣传部门报告。报告（含速报）内容主要包括以下内容。

① 事故发生时间、车次、地点。

② 伤亡旅客的姓名、性别、年龄、国籍、民族、职业、单位、有效身份证件号码、联系方式、住址及车票种类、号码、发站、到站、车厢、席位等基本情况。

③ 事故发生经过、旅客伤亡及现场处理情况。

三、善后处理

(1) 发生旅客人身伤害后，发生地车站（车务段）或处理站（车务段）应当组织发生单位、车站铁路公安派出所及相关单位成立善后处理工作组（以下简称工作组）。必要时，由发生地或处理站所在铁路局组织。发生旅客轻伤且经旅客或第三人同意现场调解、责任明确的，可由车站会同铁路公安派出所、发生单位、旅客、第三人等共同进行现场处理。

(2) 工作组负责如下工作。

① 办理受伤旅客就医、食宿等事宜。

② 收集有关资料，建立案卷。案卷中应有：客运记录、证人证言、车票、医院证明、现场照片或图示、寻人启事及铁路公安机关处理尸体意见等材料；铁路公安机关制

作的现场勘验笔录、法医鉴定结论，在不影响案件办理的情况下，可以收集存入案卷。

③ 核查伤亡旅客身份，通知其家属或发布寻人启事。

④ 处理旅客遗留物品或死亡旅客遗体。

⑤ 向旅客或其继承人、代理人通报有关情况，协商处理善后事宜。

⑥ 其他与善后处理有关的事宜。

（3）受伤旅客临床治疗结束或死亡旅客遗体处理完毕，工作组应当根据铁路安全监督办公室对责任的确定情况，核实各项费用及授权委托书、亲属关系证明等有关证明后，涉及铁路运输企业责任的，尽快按有关法律规定与旅客或其继承人、代理人协商办理赔付。

（4）医疗费用应根据实际产生或后续治疗需要，凭治疗医院单据或建议核定。旅客需转院治疗时，应与处理单位协商一致，并经治疗医院同意。

（5）残疾赔偿金应根据有关鉴定机构出具的旅客人体损伤残疾程度鉴定意见，或者根据旅客受伤程度，比照有关人体损伤残疾程度鉴定标准所对应的残疾等级，按照有关标准计算。

（6）办理赔付时，编制“铁路旅客人身伤害及携带品损失最终处理协议书”，经各方确认、签字或加盖处理单位公章后，将赔偿金依据法定顺位支付给旅客或其继承人、代理人，旅客或其继承人、代理人出具收据交处理单位。

（7）根据责任确定情况，处理旅客人身伤害所发生的赔偿金及其他费用，由责任单位承担；无法确定责任单位的，由发生单位承担。

（8）需向责任单位或发生单位转账时，由处理单位所属铁路局财务部门开具“转账通知书”（会凭7），连同“铁路旅客人身伤害及携带品损失最终处理协议书”转送责任单位或发生单位所属铁路局财务部门。责任单位或发生单位所属铁路局财务部门应当在收到“转账通知书”等材料次日起30日内将费用转拨至处理单位所属铁路局；超过30日的，每超过1日，按应付费用的0.5%支付滞纳金。

旅客人身伤害是旅客自身原因或第三方造成时，铁路运输企业在垫付相关费用后，可向旅客或第三方追偿。

四、调查报告与统计

（1）旅客人身伤害处理完毕后，处理单位和发生单位应在3日内逐级向铁路局客运主管部门报送“调查处理报告”。

（2）铁路局应当在每月20日前汇总上月本局处理的旅客人身伤害情况，按要求填写“铁路旅客人身伤害统计表”和“安全情况报告”，报运输局。案卷一案一卷，由处理单位保管，保存期为5年。

五、保障

（1）车站、列车应当按规定配置安全防护设备和视频监控装置，合理设置安全警示标志，建立健全日常管理、维护机制。视频监控管理部门应当定期采集视频监控数据，涉及旅客人身伤害纠纷的视频监控数据保存期不得少于一年。铁路局应当积极采用信息化手段，建立站车安全、设备等信息平台，确保信息沟通快速畅通。

（2）铁路局应加强旅客人身伤害及携带品损失处理费用的预算和支出管理，确保各项费用依法合理使用。

（3）铁路局及站、段应根据需要设置旅客人身伤害及携带品损失处理的工作人员，配备照相机、摄像机、录音笔等必要的设备，给予适当的岗位、交通、通信等补贴，定期组织相关人员参加培训，提高其业务能力。

（4）铁路局企业法律部门应当加强对旅客人身伤害及携带品损失处理的指导，定期组织法律专业知识培训。

（5）在铁路运输过程中发生旅客携带品损失时，旅客或其继承人、代理人应当向铁路运输企业提出可确认的证据；铁路运输企业经确认后，使用“铁路旅客人身伤害及携带品损失最终处理协议书”，由参与协商各方签字盖章后，办理赔付。

（6）在铁路旅客运输过程中遇有急病、分娩的旅客时，车站、列车应当尽力予以救助，其救助程序参照相关规定办理。

六、其他规定

（1）在铁路旅客运输过程中（自旅客进站检票时起至出站检票时止）发生的铁路旅客人身伤害及携带品损失，由发生地或处理站所在地的铁路安全监督管理办公室（客运专业管理部门）组织处理站或其上级主管部门、铁路公安派出所或其上级铁路公安机关、相关专业管理部门等开展调查工作，了解相关情况，确定责任主体，提出处理意见。

（2）下列情况造成的铁路旅客人身伤害及携带品损失，依据有关法律法规由相关部门组织调查。

① 因铁路交通事故造成铁路旅客人身伤害及携带品损失的，依据《铁路交通事故调查处理规则》由相关部门组织调查。

② 属于铁路公安机关管理职责范围的，由铁路公安机关组织调查。

③ 旅客食品安全事故调查处理由铁路食品安全监督管理办公室负责，并依据有关法规规定的程序执行。

（3）发生旅客轻伤且经旅客或第三人同意现场调解、责任明确的，可由车站会同铁路公安派出所、发生单位、旅客、第三人等共同进行现场处理。

（4）在铁路安全监督管理办公室（客运专业管理部门）组织调查过程中，相关单位或人员应当按要求及时提供相关证据资料。

旅客人身伤害及携带品损失可能涉及设施设备、列车运行等原因的，应当通知有关管理单位。被通知单位接到通知后，应当按要求在5日内提交有关证据材料。

（5）在旅客人身伤害及携带品损失调查中，涉及旅客或第三人责任，且旅客、第三人或其代理人没有异议的，应当在有关调查报告中载明，并经其签字确认后，作为善后处理的依据；旅客、第三人或其代理人不予认可的，可告知其协商解决或通过司法途径处理。

(6) 铁路安全监督管理办公室（客运专业管理部门）在调查中，对涉及铁路运输企业责任的，应按发生原因、铁路运输企业及其各部门职责等确定责任单位；两个以上单位都负有责任时，可以列两个以上单位的责任。

(7) 铁路运输企业责任中客运部门责任分为车站责任和列车责任。

① 遇下列情形之一的，车站应当承担相关责任。

• 旅客持票进站或下车后在出站前，因车站组织不当造成人身伤害的。

• 车站引导标志缺失或不准确，误导旅客造成其人身伤害的。

• 车站设施设备不良造成旅客人身伤害的。

• 车站在停止检票后继续检票放行或检票放行时间不足，致使旅客抢上列车造成人身伤害的。

• 车站组织不力导致旅客上车时造成人身伤害的。

• 因车站客运工作人员违章、过失造成旅客人身伤害的。

• 有理由认为属于车站责任的。

② 遇下列情形之一的，列车应当承担相关责任。

• 车门漏锁致旅客坠车造成人身伤害的。

• 列车工作人员过错导致旅客误下车、背门下车、在不办理乘降的车站（包括区间停车）下车、列车运行中开启车门造成人身伤害的。

• 列车组织不当或列车工作人员违反作业标准，导致旅客乘降时造成人身伤害的。

• 列车客运工作人员对设备管理不善造成旅客人身伤害的。

• 列车客运工作人员违章操作、过失造成旅客人身伤害的。

• 有理由认为属于列车责任的。

(8) 发生原因基本确定，但由于发生单位或相关设施、设备管理部门未及时收集或妥善保管相关证据资料，导致不能确定责任主体时，发生单位或相关设施设备管理部门应承担相应责任。

列车需将伤病旅客交站处理，调度部门因信息处置或安排停车不及时，车站因推诿或未及时联系医疗机构影响救治的，可将调度部门、车站与责任单位共同列为责任主体。

(9) 对责任划分有争议时，铁路安全监督管理办公室（客运专业管理部门）应将调查报告、案卷、处理意见等有关资料报发生、处理单位共同的上级主管部门或其授权的主管部门裁决。

发现定性不准确或处理不符合规定的，上级主管部门可以责令重新审查或纠正。

(10) 确定铁路运输企业责任后，铁路安全监督管理办公室（客运专业部门）应当及时出具“铁路旅客人身伤害事故定责通知书”，交善后处理工作组，并于10日内寄送责任单位及其上级主管部门。

(11) 铁路安全监督管理办公室（客运专业管理部门）工作人员应当符合铁路运输安全管理人员的任职条件，参加培训并经考核合格后取得相应的任职资格，持有相关证件，在规定的管辖范围和相应的专业分工范围内，严格按照规定程序进行调查处理工作，正确履行职责。

站段处理旅客人身伤害的工作人员应当持有铁路安全监督管理办公室工作证。

七、外国人在华死亡后的处理

（1）外国人在华死亡后，死者家属、亲友、接待人或者聘用单位按照《关于转发〈民政部　外交部　公安部关于外国人在华死亡后处理程序有关问题的实施意见〉的通知》的规定，向有关部门报告情况，并及时提出处置遗体的书面意见。死亡发生地殡仪馆凭据死亡证明和死者家属、亲友、接待人或者聘用单位提出的书面意见并签字确认后，按照我国殡葬管理规定，实施遗体火化或者协助办理遗体运输出境事宜。所需费用由死者家属、亲友、接待人或者聘用单位承担。

（2）外国人在华死亡且无家属、亲友、接待人或者聘用单位的，根据死者有效身份证件，由死亡发生地公安机关向省、自治区、直辖市人民政府公安厅（局）报告，省、自治区、直辖市人民政府公安厅（局）向死者国籍国驻华使、领馆发出照会，要求其在照会发出30日内回复处理遗体的书面意见。回复意见不明确或者逾期未予回复的，省、自治区、直辖市人民政府公安厅（局）再次照会死者国籍国驻华使、领馆，限期回复处理遗体的书面意见，并告知其回复意见仍不明确或者逾期未予回复的，我方将由省、自治区、直辖市人民政府公安厅（局）做好档案记录后，函告死亡发生地殡仪馆火化死者遗体。遗体火化后，骨灰保管期限1年。

（3）外国人在华死亡且无家属、亲友、接待人或者聘用单位的，死者有效身份证件标明的国籍国未与我国建立外交关系，但在华有领事事务代管国驻华使、领馆的，由死亡发生地省、自治区、直辖市人民政府公安厅（局）按前项规定程序照会代管国驻华使、领馆；在华没有领事事务代管国驻华使、领馆的，由死亡发生地省、自治区、直辖市人民政府公安厅（局）商同级人民政府外事部门提出处理遗体的书面意见。

（4）死者疑似外国人，既无家属、亲友、接待人或者聘用单位，又无任何有效身份证件的，死亡发生地公安机关应当及时核查并将结果报省、自治区、直辖市人民政府公安厅（局），由省、自治区、直辖市人民政府公安厅（局）商同级人民政府外事部门提出处理遗体的书面意见。

（5）外国人在华死亡后，死者家属、亲友、接待人或者聘用单位要求将死者遗体在华土葬的，一般可以我国实施殡葬改革、提倡火葬为由，予以婉拒。对于死者生前做出重要贡献或者特殊原因，需要在华处置骨灰或者土葬遗体的，由省、自治区、直辖市人民政府殡葬事务主管部门商同级人民政府外事部门决定。

（6）对于生前患有甲类传染病，或者乙类传染病中传染性非典型肺炎、炭疽中的肺炭疽和人感染高致病性禽流感的遗体，死者家属、亲友、接待人或者聘用单位应当配合医疗卫生机构，做好遗体消毒处理后，立即送往死亡发生地殡仪馆火化。所需费用由死者家属、亲友、接待人或者聘用单位承担。

延 伸 阅 读

阅读材料 1

铁路旅客人身伤害及携带品损失最终处理协议书

NO. ________

一、旅客基本情况：

姓名：__________ 身份证件号码：____________________

性别：______ 年龄：______ 职业：______ 电话：______________

住址：____________________

二、车票情况：

号码：____________________ 日期：______________

车次：________ 发站：________ 到站：________ 席位：__________

三、发生情况：

日期、时间、车次：____________________

地点、车站、区间：____________________

四、旅客人身伤害及携带品损失发生经过、救治及善后处理简要情况：

____

____

____

____

____

____

____

____

____

____

五、处理意见：

____

____

____

____

六、协议人签字：

旅客签字：__________　　　　处理单位（章）

代理人签字：__________

身份证号码：__________

联系电话：__________

日期：______年____月____日　　　　______年____月____日

第三人签字：__________

代理人签字：__________

身份证号码：__________

联系电话：__________

日期：______年____月____日

发生（责任）单位代理人签字：__________

职务：__________

联系电话：__________

日期：______年____月____日

____

注：本协议由处理单位填写，一式五份：一份报铁路局主管部门，一份转铁路局财务部门，处理单位、责任（发生）单位、旅客或家属各一份。

阅读材料 2

铁路旅客人身伤害及携带品损失赔付通知书

NO. ________

__________旅客：

对______年_____月_____日所发生旅客人身伤害（携带品损失），依据有关法律规定，经当事各方共同协商同意，赔付旅客共计人民币_____元（大写_______）。请您携带本通知和本人有效身份证件，于30日内到我站领取。如继承人、代理人领取时，请携带领取人有效身份证件及与旅客身份关系证明或授权委托书（以上证件或证明均需原件）。

特此通知。

处理单位（章）

______年_____月_____日

联系人：_____ 电话：__________ 单位地址：____________________

阅读材料 3

铁路旅客人身伤害统计表（样式）

××××铁路局旅客人身伤害统计表

伤害种类／人数／责任	死亡	重伤	轻伤	主要原因／人数／责任	挤伤	摔伤	砸伤	烧烫伤	跳车	石击列车	疾病	其他
铁路企业												
旅客自身												
第三人责任												
不可抗力												
其他												
人数合计												

阅读材料 4

安全情况报告（格式）

旅客×××，性别，年龄，籍贯。××××年×月×日持××次××站～××站车票，列车运行至××线××～××间（或在××站），××原因，在××处死亡（或重伤）。

阅读材料 5

铁路旅客人身伤害及携带品损失定责通知书

NO. ________

________铁路局：

________站（段）：

关于______年_____月_____日发生____旅客人身伤害（携带品损失），经调查处理工作组研究，列________站（段）________责任。

特此通知。

××安全监管办公室（公章）

______年_____月_____日

注：本通知一式四份，一份交善后处理工作组，一份处理站（段）留存，寄送责任单位及其上级主管部门各一份。

阅读材料 6

铁路安全管理条例

中华人民共和国国务院令第 639 号

《铁路安全管理条例》已经于 2013 年 7 月 24 日由国务院第 18 次常务会议通过，现予公布，自 2014 年 1 月 1 日起施行。

总理　李克强

2013 年 8 月 17 日

铁路安全管理条例

第一章　总　　则

第一条　为了加强铁路安全管理，保障铁路运输安全和畅通，保护人身安全和财产安全，制定本条例。

第二条　铁路安全管理坚持安全第一、预防为主、综合治理的方针。

第三条　国务院铁路行业监督管理部门负责全国铁路安全监督管理工作，国务院铁路行业监督管理部门设立的铁路监督管理机构负责辖区内的铁路安全监督管理工作。国务院铁路行业监督管理部门和铁路监督管理机构统称铁路监管部门。

国务院有关部门依照法律和国务院规定的职责，负责铁路安全管理的有关工作。

第四条　铁路沿线地方各级人民政府和县级以上地方人民政府有关部门应当按照各自职责，加强保障铁路安全的教育，落实护路联防责任制，防范和制止危害铁路安全的行为，协调和处理保障铁路安全的有关事项，做好保障铁路安全的有关工作。

第五条　从事铁路建设、运输、设备制造维修的单位应当加强安全管理，建立健全安全生产管理制度，落实企业安全生产主体责任，设置安全管理机构或者配备安全管理人员，执行保障生产安全和产品质量安全的国家标准、行业标准，加强对从业人员的安全教育培训，保证安全生产所需的资金投入。

铁路建设、运输、设备制造维修单位的工作人员应当严格执行规章制度，实行标准化作业，保证铁路安全。

第六条　铁路监管部门、铁路运输企业等单位应当按照国家有关规定制定突发事件应急预案，并组织应急演练。

第七条　禁止扰乱铁路建设、运输秩序。禁止损坏或者非法占用铁路设施设备、铁路标志和铁路用地。

任何单位或者个人发现损坏或者非法占用铁路设施设备、铁路标志、铁路用地及其他影响铁路安全的行为，有权报告铁路运输企业，或者向铁路监管部门、公安机关或者其他有关部门举报。接到报告的铁路运输企业、接到举报的部门应当根据各自职责及时处理。

对维护铁路安全做出突出贡献的单位或者个人，按照国家有关规定给予表彰奖励。

第二章　铁路建设质量安全

第八条　铁路建设工程的勘察、设计、施工、监理，以及建设物资、设备的采购，应当依法进行招标。

第九条 从事铁路建设工程勘察、设计、施工、监理活动的单位应当依法取得相应资质，并在其资质等级许可的范围内从事铁路工程建设活动。

第十条 铁路建设单位应当选择具备相应资质等级的勘察、设计、施工、监理单位进行工程建设，并对建设工程的质量安全进行监督检查，制作检查记录留存备查。

第十一条 铁路建设工程的勘察、设计、施工、监理应当遵守法律、行政法规关于建设工程质量和安全管理的规定，执行国家标准、行业标准和技术规范。

铁路建设工程的勘察、设计、施工单位依法对勘察、设计、施工的质量负责，监理单位依法对施工质量承担监理责任。

高速铁路和地质构造复杂的铁路建设工程实行工程地质勘查监理制度。

第十二条 铁路建设工程的安全设施应当与主体工程同时设计、同时施工、同时投入使用。安全设施投资应当纳入建设项目概算。

第十三条 铁路建设工程使用的材料、构件、设备等产品，应当符合有关产品质量的强制性国家标准、行业标准。

第十四条 铁路建设工程的建设工期，应当根据工程地质条件、技术复杂程度等因素，按照国家标准、行业标准和技术规范合理确定、调整。

任何单位和个人不得违反前款规定要求铁路建设、设计、施工单位压缩建设工期。

第十五条 铁路建设工程竣工，应当按照国家有关规定组织验收，并由铁路运输企业进行运营安全评估。经验收、评估合格，符合运营安全要求的，方可投入运营。

第十六条 在铁路线路及其邻近区域进行铁路建设工程施工，应当执行铁路营业线施工安全管理规定。铁路建设单位应当会同相关铁路运输企业和工程设计、施工单位制定安全施工方案，按照方案进行施工。施工完毕应当及时清理现场，不得影响铁路运营安全。

第十七条 新建、改建设计开行时速120公里以上列车的铁路或者设计运输量达到国务院铁路行业监督管理部门规定的较大运输量标准的铁路，需要与道路交叉的，应当设置立体交叉设施。

新建、改建高速公路、一级公路或者城市道路中的快速路，需要与铁路交叉的，应当设置立体交叉设施，并优先选择下穿铁路的方案。

已建成的属于前两款规定情形的铁路、道路为平面交叉的，应当逐步改造为立体交叉。

新建、改建高速铁路需要与普通铁路、道路、渡槽、管线等设施交叉的，应当优先选择高速铁路上跨方案。

第十八条 设置铁路与道路立体交叉设施及其附属安全设施所需费用的承担，按照下列原则确定：

（一）新建、改建铁路与既有道路交叉的，由铁路方承担建设费用；道路方要求超过既有道路建设标准建设所增加的费用，由道路方承担；

（二）新建、改建道路与既有铁路交叉的，由道路方承担建设费用；铁路方要求超过既有铁路线路建设标准建设所增加的费用，由铁路方承担；

（三）同步建设的铁路和道路需要设置立体交叉设施，以及既有铁路道口改造为立体交叉的，由铁路方和道路方按照公平合理的原则分担建设费用。

第十九条　铁路与道路立体交叉设施及其附属安全设施竣工验收合格后，应当按照国家有关规定移交有关单位管理、维护。

第二十条　专用铁路、铁路专用线需要与公用铁路网接轨的，应当符合国家有关铁路建设、运输的安全管理规定。

第三章　铁路专用设备质量安全

第二十一条　设计、制造、维修或者进口新型铁路机车车辆，应当符合国家标准、行业标准，并分别向国务院铁路行业监督管理部门申请领取型号合格证、制造许可证、维修许可证或者进口许可证，具体办法由国务院铁路行业监督管理部门制定。

铁路机车车辆的制造、维修、使用单位应当遵守有关产品质量的法律、行政法规及国家其他有关规定，确保投入使用的机车车辆符合安全运营要求。

第二十二条　生产铁路道岔及其转辙设备、铁路信号控制软件和控制设备、铁路通信设备、铁路牵引供电设备的企业，应当符合下列条件并经国务院铁路行业监督管理部门依法审查批准：

（一）有按照国家标准、行业标准检测、检验合格的专业生产设备；

（二）有相应的专业技术人员；

（三）有完善的产品质量保证体系和安全管理制度；

（四）法律、行政法规规定的其他条件。

第二十三条　铁路机车车辆以外的直接影响铁路运输安全的铁路专用设备，依法应当进行产品认证的，经认证合格方可出厂、销售、进口、使用。

第二十四条　用于危险化学品和放射性物品运输的铁路罐车、专用车辆，以及其他容器的生产和检测、检验，依照有关法律、行政法规的规定执行。

第二十五条　用于铁路运输的安全检测、监控、防护设施设备，集装箱和集装化用具等运输器具，专用装卸机械、索具、篷布、装载加固材料或者装置，以及运输包装、货物装载加固等，应当符合国家标准、行业标准和技术规范。

第二十六条　铁路机车车辆及其他铁路专用设备存在缺陷，即由于设计、制造、标识等原因导致同一批次、型号或者类别的铁路专用设备普遍存在不符合保障人身、财产安全的国家标准、行业标准的情形或者其他危及人身、财产安全的不合理危险的，应当立即停止生产、销售、进口、使用；设备制造者应当召回缺陷产品，采取措施消除缺陷。具体办法由国务院铁路行业监督管理部门制定。

第四章　铁路线路安全

第二十七条　铁路线路两侧应当设立铁路线路安全保护区。铁路线路安全保护区的范围，从铁路线路路堤坡脚、路堑坡顶或者铁路桥梁（含铁路、道路两用桥，下同）外侧起向外的距离分别为：

（一）城市市区高速铁路为 10 米，其他铁路为 8 米；

（二）城市郊区居民居住区高速铁路为 12 米，其他铁路为 10 米；

（三）村镇居民居住区高速铁路为 15 米，其他铁路为 12 米；

（四）其他地区高速铁路为20米，其他铁路为15米。

前款规定距离不能满足铁路运输安全保护需要的，由铁路建设单位或者铁路运输企业提出方案，铁路监督管理机构或者县级以上地方人民政府依照本条第三款规定程序划定。

在铁路用地范围内划定铁路线路安全保护区的，由铁路监督管理机构组织铁路建设单位或者铁路运输企业划定并公告。在铁路用地范围外划定铁路线路安全保护区的，由县级以上地方人民政府根据保障铁路运输安全和节约用地的原则，组织有关铁路监督管理机构、县级以上地方人民政府国土资源等部门划定并公告。

铁路线路安全保护区与公路建筑控制区、河道管理范围、水利工程管理和保护范围、航道保护范围或者石油、电力及其他重要设施保护区重叠的，由县级以上地方人民政府组织有关部门依照法律、行政法规的规定协商划定并公告。

新建、改建铁路的铁路线路安全保护区范围，应当自铁路建设工程初步设计批准之日起30日内，由县级以上地方人民政府依照本条例的规定划定并公告。铁路建设单位或者铁路运输企业应当根据工程竣工资料进行勘界，绘制铁路线路安全保护区平面图，并根据平面图设立标桩。

第二十八条　设计开行时速120公里以上列车的铁路应当实行全封闭管理。铁路建设单位或者铁路运输企业应当按照国务院铁路行业监督管理部门的规定在铁路用地范围内设置封闭设施和警示标志。

第二十九条　禁止在铁路线路安全保护区内烧荒、放养牲畜、种植影响铁路线路安全和行车瞭望的树木等植物。

禁止向铁路线路安全保护区排污、倾倒垃圾及其他危害铁路安全的物质。

第三十条　在铁路线路安全保护区内建造建筑物、构筑物等设施，取土、挖砂、挖沟、采空作业或者堆放、悬挂物品，应当征得铁路运输企业同意并签订安全协议，遵守保证铁路安全的国家标准、行业标准和施工安全规范，采取措施防止影响铁路运输安全。铁路运输企业应当派员对施工现场实行安全监督。

第三十一条　铁路线路安全保护区内既有的建筑物、构筑物危及铁路运输安全的，应当采取必要的安全防护措施；采取安全防护措施后仍不能保证安全的，依照有关法律的规定拆除。

拆除铁路线路安全保护区内的建筑物、构筑物，清理铁路线路安全保护区内的植物，或者对他人在铁路线路安全保护区内已依法取得的采矿权等合法权利予以限制，给他人造成损失的，应当依法给予补偿或者采取必要的补救措施。但是，拆除非法建设的建筑物、构筑物的除外。

第三十二条　在铁路线路安全保护区及其邻近区域建造或者设置的建筑物、构筑物、设备等，不得进入国家规定的铁路建筑限界。

第三十三条　在铁路线路两侧建造、设立生产、加工、储存或者销售易燃、易爆或者放射性物品等危险物品的场所、仓库，应当符合国家标准、行业标准规定的安全防护距离。

第三十四条　在铁路线路两侧从事采矿、采石或者爆破作业，应当遵守有关采矿和民用爆破的法律法规，符合国家标准、行业标准和铁路安全保护要求。

在铁路线路路堤坡脚、路堑坡顶、铁路桥梁外侧起向外各1 000米范围内，以及在铁路隧道上方中心线两侧各1 000米范围内，确需从事露天采矿、采石或者爆破作业的，应当与铁路运输企业协商一致，依照有关法律法规的规定报县级以上地方人民政府有关部门批准，采取安全防护措施后方可进行。

第三十五条　高速铁路线路路堤坡脚、路堑坡顶或者铁路桥梁外侧起向外各200米范围内禁止抽取地下水。

在前款规定范围外，高速铁路线路经过的区域属于地面沉降区域，抽取地下水危及高速铁路安全的，应当设置地下水禁止开采区或者限制开采区，具体范围由铁路监督管理机构会同县级以上地方人民政府水行政主管部门提出方案，报省、自治区、直辖市人民政府批准并公告。

第三十六条　在电气化铁路附近从事排放粉尘、烟尘及腐蚀性气体的生产活动，超过国家规定的排放标准，危及铁路运输安全的，由县级以上地方人民政府有关部门依法责令整改，消除安全隐患。

第三十七条　任何单位和个人不得擅自在铁路桥梁跨越处河道上下游各1 000米范围内围垦造田、拦河筑坝、架设浮桥或者修建其他影响铁路桥梁安全的设施。

因特殊原因确需在前款规定的范围内进行围垦造田、拦河筑坝、架设浮桥等活动的，应当进行安全论证，负责审批的机关在批准前应当征求有关铁路运输企业的意见。

第三十八条　禁止在铁路桥梁跨越处河道上下游的下列范围内采砂、淘金：

（一）跨河桥长500米以上的铁路桥梁，河道上游500米，下游3 000米；

（二）跨河桥长100米以上不足500米的铁路桥梁，河道上游500米，下游2 000米；

（三）跨河桥长不足100米的铁路桥梁，河道上游500米，下游1 000米。

有关部门依法在铁路桥梁跨越处河道上下游划定的禁采范围大于前款规定的禁采范围的，按照划定的禁采范围执行。

县级以上地方人民政府水行政主管部门、国土资源主管部门应当按照各自职责划定禁采区域、设置禁采标志，制止非法采砂、淘金行为。

第三十九条　在铁路桥梁跨越处河道上下游各500米范围内进行疏浚作业，应当进行安全技术评价，有关河道、航道管理部门应当征求铁路运输企业的意见，确认安全或者采取安全技术措施后，方可批准进行疏浚作业。但是，依法进行河道、航道日常养护、疏浚作业的除外。

第四十条　铁路、道路两用桥由所在地铁路运输企业和道路管理部门或者道路经营企业定期检查、共同维护，保证桥梁处于安全的技术状态。

铁路、道路两用桥的墩、梁等共用部分的检测、维修由铁路运输企业和道路管理部门或者道路经营企业共同负责，所需费用按照公平合理的原则分担。

第四十一条　铁路的重要桥梁和隧道按照国家有关规定由中国人民武装警察部队负责守卫。

第四十二条　船舶通过铁路桥梁应当符合桥梁的通航净空高度并遵守航行规则。

桥区航标中的桥梁航标、桥柱标、桥梁水尺标由铁路运输企业负责设置、维护，水面航标由铁路运输企业负责设置，航道管理部门负责维护。

第四十三条 下穿铁路桥梁、涵洞的道路应当按照国家标准设置车辆通过限高、限宽标志和限高防护架。城市道路的限高、限宽标志由当地人民政府指定的部门设置并维护，公路的限高、限宽标志由公路管理部门设置并维护。限高防护架在铁路桥梁、涵洞、道路建设时设置，由铁路运输企业负责维护。

机动车通过下穿铁路桥梁、涵洞的道路，应当遵守限高、限宽规定。

下穿铁路涵洞的管理单位负责涵洞的日常管理、维护，防止淤塞、积水。

第四十四条 铁路线路安全保护区内的道路和铁路线路路堑上的道路、跨越铁路线路的道路桥梁，应当按照国家有关规定设置防止车辆及其他物体进入、坠入铁路线路的安全防护设施和警示标志，并由道路管理部门或者道路经营企业维护、管理。

第四十五条 架设、铺设铁路信号和通信线路、杆塔应当符合国家标准、行业标准和铁路安全防护要求。铁路运输企业、为铁路运输提供服务的电信企业应当加强对铁路信号和通信线路、杆塔的维护和管理。

第四十六条 设置或者拓宽铁路道口、铁路人行过道，应当征得铁路运输企业的同意。

第四十七条 铁路与道路交叉的无人看守道口应当按照国家标准设置警示标志；有人看守道口应当设置移动栏杆、列车接近报警装置、警示灯、警示标志、铁路道口路段标线等安全防护设施。

道口移动栏杆、列车接近报警装置、警示灯等安全防护设施由铁路运输企业设置、维护；警示标志、铁路道口路段标线由铁路道口所在地的道路管理部门设置、维护。

第四十八条 机动车或者非机动车在铁路道口内发生故障或者装载物掉落的，应当立即将故障车辆或者掉落的装载物移至铁路道口停止线以外或者铁路线路最外侧钢轨5米以外的安全地点。无法立即移至安全地点的，应当立即报告铁路道口看守人员；在无人看守道口，应当立即在道口两端采取措施拦停列车，并就近通知铁路车站或者公安机关。

第四十九条 履带车辆等可能损坏铁路设施设备的车辆、物体通过铁路道口，应当提前通知铁路道口管理单位，在其协助、指导下通过，并采取相应的安全防护措施。

第五十条 在下列地点，铁路运输企业应当按照国家标准、行业标准设置易于识别的警示、保护标志：

（一）铁路桥梁、隧道的两端；

（二）铁路信号、通信光（电）缆的埋设、铺设地点；

（三）电气化铁路接触网、自动闭塞供电线路和电力贯通线路等电力设施附近易发生危险的地点。

第五十一条 禁止毁坏铁路线路、站台等设施设备和铁路路基、护坡、排水沟、防护林木、护坡草坪、铁路线路封闭网及其他铁路防护设施。

第五十二条 禁止实施下列危及铁路通信、信号设施安全的行为：

（一）在埋有地下光（电）缆设施的地面上方进行钻探，堆放重物、垃圾，焚烧物品，倾倒腐蚀性物质；

（二）在地下光（电）缆两侧各1米的范围内建造、搭建建筑物、构筑物等设施；

（三）在地下光（电）缆两侧各1米的范围内挖砂、取土；

（四）在过河光（电）缆两侧各100米的范围内挖砂、抛锚或者进行其他危及光（电）缆安全的作业。

第五十三条　禁止实施下列危害电气化铁路设施的行为：

（一）向电气化铁路接触网抛掷物品；

（二）在铁路电力线路导线两侧各500米的范围内升放风筝、气球等低空飘浮物体；

（三）攀登铁路电力线路杆塔或者在杆塔上架设、安装其他设施设备；

（四）在铁路电力线路杆塔、拉线周围20米范围内取土、打桩、钻探或者倾倒有害化学物品；

（五）触碰电气化铁路接触网。

第五十四条　县级以上各级人民政府及其有关部门、铁路运输企业应当依照地质灾害防治法律法规的规定，加强铁路沿线地质灾害的预防、治理和应急处理等工作。

第五十五条　铁路运输企业应当对铁路线路、铁路防护设施和警示标志进行经常性巡查和维护；对巡查中发现的安全问题应当立即处理，不能立即处理的应当及时报告铁路监督管理机构。巡查和处理情况应当记录留存。

第五章　铁路运营安全

第五十六条　铁路运输企业应当依照法律、行政法规和国务院铁路行业监督管理部门的规定，制定铁路运输安全管理制度，完善相关作业程序，保障铁路旅客和货物运输安全。

第五十七条　铁路机车车辆的驾驶人员应当参加国务院铁路行业监督管理部门组织的考试，考试合格方可上岗。具体办法由国务院铁路行业监督管理部门制定。

第五十八条　铁路运输企业应当加强铁路专业技术岗位和主要行车工种岗位从业人员的业务培训和安全培训，提高从业人员的业务技能和安全意识。

第五十九条　铁路运输企业应当加强运输过程中的安全防护，使用的运输工具、装载加固设备及其他专用设施设备应当符合国家标准、行业标准和安全要求。

第六十条　铁路运输企业应当建立健全铁路设施设备的检查防护制度，加强对铁路设施设备的日常维护检修，确保铁路设施设备性能完好和安全运行。

铁路运输企业的从业人员应当按照操作规程使用、管理铁路设施设备。

第六十一条　在法定假日和传统节日等铁路运输高峰期或者恶劣气象条件下，铁路运输企业应当采取必要的安全应急管理措施，加强铁路运输安全检查，确保运输安全。

第六十二条　铁路运输企业应当在列车、车站等场所公告旅客、列车工作人员及其他进站人员遵守的安全管理规定。

第六十三条　公安机关应当按照职责分工，维护车站、列车等铁路场所和铁路沿线的治安秩序。

第六十四条　铁路运输企业应当按照国务院铁路行业监督管理部门的规定实施火车

票实名购买、查验制度。

实施火车票实名购买、查验制度的，旅客应当凭有效身份证件购票乘车；对车票所记载身份信息与所持身份证件或者真实身份不符的持票人，铁路运输企业有权拒绝其进站乘车。

铁路运输企业应当采取有效措施为旅客实名购票、乘车提供便利，并加强对旅客身份信息的保护。铁路运输企业工作人员不得窃取、泄露旅客身份信息。

第六十五条　铁路运输企业应当依照法律、行政法规和国务院铁路行业监督管理部门的规定，对旅客及其随身携带、托运的行李物品进行安全检查。

从事安全检查的工作人员应当佩戴安全检查标志，依法履行安全检查职责，并有权拒绝不接受安全检查的旅客进站乘车和托运行李物品。

第六十六条　旅客应当接受并配合铁路运输企业在车站、列车实施的安全检查，不得违法携带、夹带管制器具，不得违法携带、托运烟花爆竹、枪支弹药等危险物品或者其他违禁物品。

禁止或者限制携带的物品种类及其数量由国务院铁路行业监督管理部门会同公安机关规定，并在车站、列车等场所公布。

第六十七条　铁路运输托运人托运货物、行李、包裹，不得有下列行为：

（一）匿报、谎报货物品名、性质、重量；

（二）在普通货物中夹带危险货物，或者在危险货物中夹带禁止配装的货物；

（三）装车、装箱超过规定重量。

第六十八条　铁路运输企业应当对承运的货物进行安全检查，并不得有下列行为：

（一）在非危险货物办理站办理危险货物承运手续；

（二）承运未接受安全检查的货物；

（三）承运不符合安全规定、可能危害铁路运输安全的货物。

第六十九条　运输危险货物应当依照法律法规和国家其他有关规定使用专用的设施设备，托运人应当配备必要的押运人员和应急处理器材、设备及防护用品，并使危险货物始终处于押运人员的监管之下；危险货物发生被盗、丢失、泄漏等情况，应当按照国家有关规定及时报告。

第七十条　办理危险货物运输业务的工作人员和装卸人员、押运人员，应当掌握危险货物的性质、危害特性、包装容器的使用特性和发生意外的应急措施。

第七十一条　铁路运输企业和托运人应当按照操作规程包装、装卸、运输危险货物，防止危险货物泄漏、爆炸。

第七十二条　铁路运输企业和托运人应当依照法律法规和国家其他有关规定包装、装载、押运特殊药品，防止特殊药品在运输过程中被盗、被劫或者发生丢失。

第七十三条　铁路管理信息系统及其设施的建设和使用，应当符合法律法规和国家其他有关规定的安全技术要求。

铁路运输企业应当建立网络与信息安全应急保障体系，并配备相应的专业技术人员负责网络和信息系统的安全管理工作。

第七十四条　禁止使用无线电台（站）及其他仪器、装置干扰铁路运营指挥调度无线电频率的正常使用。

铁路运营指挥调度无线电频率受到干扰的，铁路运输企业应当立即采取排查措施并报告无线电管理机构、铁路监管部门；无线电管理机构、铁路监管部门应当依法排除干扰。

第七十五条　电力企业应当依法保障铁路运输所需电力的持续供应，并保证供电质量。

铁路运输企业应当加强用电安全管理，合理配置供电电源和应急自备电源。

遇有特殊情况影响铁路电力供应的，电力企业和铁路运输企业应当按照各自职责及时组织抢修，尽快恢复正常供电。

第七十六条　铁路运输企业应当加强铁路运营食品安全管理，遵守有关食品安全管理的法律法规和国家其他有关规定，保证食品安全。

第七十七条　禁止实施下列危害铁路安全的行为：

（一）非法拦截列车、阻断铁路运输；

（二）扰乱铁路运输指挥调度机构及车站、列车的正常秩序；

（三）在铁路线路上放置、遗弃障碍物；

（四）击打列车；

（五）擅自移动铁路线路上的机车车辆，或者擅自开启列车车门、违规操纵列车紧急制动设备；

（六）拆盗、损毁或者擅自移动铁路设施设备、机车车辆配件、标桩、防护设施和安全标志；

（七）在铁路线路上行走、坐卧或者在未设道口、人行过道的铁路线路上通过；

（八）擅自进入铁路线路封闭区域或者在未设置行人通道的铁路桥梁、隧道通行；

（九）擅自开启、关闭列车的货车阀、盖或者破坏施封状态；

（十）擅自开启列车中的集装箱箱门，破坏箱体、阀、盖或者施封状态；

（十一）擅自松动、拆解、移动列车中的货物装载加固材料、装置和设备；

（十二）钻车、扒车、跳车；

（十三）从列车上抛扔杂物；

（十四）在动车组列车上吸烟或者在其他列车的禁烟区域吸烟；

（十五）强行登乘或者以拒绝下车等方式强占列车；

（十六）冲击、堵塞、占用进出站通道或者候车区、站台。

第六章　监督检查

第七十八条　铁路监管部门应当对从事铁路建设、运输、设备制造维修的企业执行本条例的情况实施监督检查，依法查处违反本条例规定的行为，依法组织或者参与铁路安全事故的调查处理。

铁路监管部门应当建立企业违法行为记录和公告制度，对违反本条例被依法追究法律责任的从事铁路建设、运输、设备制造维修的企业予以公布。

第七十九条　铁路监管部门应当加强对铁路运输高峰期和恶劣气象条件下运输安全的监督管理，加强对铁路运输的关键环节、重要设施设备的安全状况及铁路运输突发事件应急预案的建立和落实情况的监督检查。

第八十条 铁路监管部门和县级以上人民政府安全生产监督管理部门应当建立信息通报制度和运输安全生产协调机制。发现重大安全隐患，铁路运输企业难以自行排除的，应当及时向铁路监管部门和有关地方人民政府报告。地方人民政府获悉铁路沿线有危及铁路运输安全的重要情况，应当及时通报有关的铁路运输企业和铁路监管部门。

第八十一条 铁路监管部门发现安全隐患，应当责令有关单位立即排除。重大安全隐患排除前或者排除过程中无法保证安全的，应当责令从危险区域内撤出人员、设备，停止作业；重大安全隐患排除后方可恢复作业。

第八十二条 实施铁路安全监督检查的人员执行监督检查任务时，应当佩戴标志或者出示证件。任何单位和个人不得阻碍、干扰安全监督检查人员依法履行安全检查职责。

第七章 法律责任

第八十三条 铁路建设单位和铁路建设的勘察、设计、施工、监理单位违反本条例关于铁路建设质量安全管理的规定的，由铁路监管部门依照有关工程建设、招标投标管理的法律、行政法规的规定处罚。

第八十四条 铁路建设单位未对高速铁路和地质构造复杂的铁路建设工程实行工程地质勘查监理，或者在铁路线路及其邻近区域进行铁路建设工程施工不执行铁路营业线施工安全管理规定，影响铁路运营安全的，由铁路监管部门责令改正，处10万元以上50万元以下的罚款。

第八十五条 依法应当进行产品认证的铁路专用设备未经认证合格，擅自出厂、销售、进口、使用的，依照《中华人民共和国认证认可条例》的规定处罚。

第八十六条 铁路机车车辆及其他专用设备制造者未按规定召回缺陷产品，采取措施消除缺陷的，由国务院铁路行业监督管理部门责令改正；拒不改正的，处缺陷产品货值金额1%以上10%以下的罚款；情节严重的，由国务院铁路行业监督管理部门吊销相应的许可证件。

第八十七条 有下列情形之一的，由铁路监督管理机构责令改正，处2万元以上10万元以下的罚款：

（一）用于铁路运输的安全检测、监控、防护设施设备，集装箱和集装化用具等运输器具、专用装卸机械、索具、篷布、装载加固材料或者装置、运输包装、货物装载加固等，不符合国家标准、行业标准和技术规范；

（二）不按照国家有关规定和标准设置、维护铁路封闭设施、安全防护设施；

（三）架设、铺设铁路信号和通信线路、杆塔不符合国家标准、行业标准和铁路安全防护要求，或者未对铁路信号和通信线路、杆塔进行维护和管理；

（四）运输危险货物不依照法律法规和国家其他有关规定使用专用的设施设备。

第八十八条 在铁路线路安全保护区内烧荒、放养牲畜、种植影响铁路线路安全和行车瞭望的树木等植物，或者向铁路线路安全保护区排污、倾倒垃圾及其他危害铁路安全的物质的，由铁路监督管理机构责令改正，对单位可以处5万元以下的罚款，对个人可以处2 000元以下的罚款。

第八十九条　未经铁路运输企业同意或者未签订安全协议，在铁路线路安全保护区内建造建筑物、构筑物等设施，取土、挖砂、挖沟、采空作业或者堆放、悬挂物品，或者违反保证铁路安全的国家标准、行业标准和施工安全规范，影响铁路运输安全的，由铁路监督管理机构责令改正，可以处10万元以下的罚款。

铁路运输企业未派员对铁路线路安全保护区内施工现场进行安全监督的，由铁路监督管理机构责令改正，可以处3万元以下的罚款。

第九十条　在铁路线路安全保护区及其邻近区域建造或者设置的建筑物、构筑物、设备等进入国家规定的铁路建筑限界，或者在铁路线路两侧建造、设立生产、加工、储存或者销售易燃、易爆或者放射性物品等危险物品的场所、仓库不符合国家标准、行业标准规定的安全防护距离的，由铁路监督管理机构责令改正，对单位处5万元以上20万元以下的罚款，对个人处1万元以上5万元以下的罚款。

第九十一条　有下列行为之一的，分别由铁路沿线所在地县级以上地方人民政府水行政主管部门、国土资源主管部门或者无线电管理机构等依照有关水资源管理、矿产资源管理、无线电管理等法律、行政法规的规定处罚：

（一）未经批准在铁路线路两侧各1 000米范围内从事露天采矿、采石或者爆破作业；

（二）在地下水禁止开采区或者限制开采区抽取地下水；

（三）在铁路桥梁跨越处河道上下游各1 000米范围内围垦造田、拦河筑坝、架设浮桥或者修建其他影响铁路桥梁安全的设施；

（四）在铁路桥梁跨越处河道上下游禁止采砂、淘金的范围内采砂、淘金；

（五）干扰铁路运营指挥调度无线电频率正常使用。

第九十二条　铁路运输企业、道路管理部门或者道路经营企业未履行铁路、道路两用桥检查、维护职责的，由铁路监督管理机构或者上级道路管理部门责令改正；拒不改正的，由铁路监督管理机构或者上级道路管理部门指定其他单位进行养护和维修，养护和维修费用由拒不履行义务的铁路运输企业、道路管理部门或者道路经营企业承担。

第九十三条　机动车通过下穿铁路桥梁、涵洞的道路未遵守限高、限宽规定的，由公安机关依照道路交通安全管理法律、行政法规的规定处罚。

第九十四条　违反本条例第四十八条、第四十九条关于铁路道口安全管理的规定的，由铁路监督管理机构责令改正，处1 000元以上5 000元以下的罚款。

第九十五条　违反本条例第五十一条、第五十二条、第五十三条、第七十七条规定的，由公安机关责令改正，对单位处1万元以上5万元以下的罚款，对个人处500元以上2 000元以下的罚款。

第九十六条　铁路运输托运人托运货物、行李、包裹时匿报、谎报货物品名、性质、重量，或者装车、装箱超过规定重量的，由铁路监督管理机构责令改正，可以处2 000元以下的罚款；情节较重的，处2 000元以上2万元以下的罚款；将危险化学品谎报或者匿报为普通货物托运的，处10万元以上20万元以下的罚款。

铁路运输托运人在普通货物中夹带危险货物，或者在危险货物中夹带禁止配装的货物的，由铁路监督管理机构责令改正，处3万元以上20万元以下的罚款。

第九十七条 铁路运输托运人运输危险货物未配备必要的应急处理器材、设备、防护用品，或者未按照操作规程包装、装卸、运输危险货物的，由铁路监督管理机构责令改正，处1万元以上5万元以下的罚款。

第九十八条 铁路运输托运人运输危险货物不按照规定配备必要的押运人员，或者发生危险货物被盗、丢失、泄漏等情况不按照规定及时报告的，由公安机关责令改正，处1万元以上5万元以下的罚款。

第九十九条 旅客违法携带、夹带管制器具或者违法携带、托运烟花爆竹、枪支弹药等危险物品或者其他违禁物品的，由公安机关依法给予治安管理处罚。

第一百条 铁路运输企业有下列情形之一的，由铁路监管部门责令改正，处2万元以上10万元以下的罚款：

（一）在非危险货物办理站办理危险货物承运手续；

（二）承运未接受安全检查的货物；

（三）承运不符合安全规定、可能危害铁路运输安全的货物；

（四）未按照操作规程包装、装卸、运输危险货物。

第一百零一条 铁路监管部门及其工作人员应当严格按照本条例规定的处罚种类和幅度，根据违法行为的性质和具体情节行使行政处罚权，具体办法由国务院铁路行业监督管理部门制定。

第一百零二条 铁路运输企业工作人员窃取、泄露旅客身份信息的，由公安机关依法处罚。

第一百零三条 从事铁路建设、运输、设备制造维修的单位违反本条例规定，对直接负责的主管人员和其他直接责任人员依法给予处分。

第一百零四条 铁路监管部门及其工作人员不依照本条例规定履行职责的，对负有责任的领导人员和直接责任人员依法给予处分。

第一百零五条 违反本条例规定，给铁路运输企业或者其他单位、个人财产造成损失的，依法承担民事责任。

违反本条例规定，构成违反治安管理行为的，由公安机关依法给予治安管理处罚；构成犯罪的，依法追究刑事责任。

第八章 附 则

第一百零六条 专用铁路、铁路专用线的安全管理参照本条例的规定执行。

第一百零七条 本条例所称高速铁路，是指设计开行时速250公里以上（含预留），并且初期运营时速200公里以上的客运列车专线铁路。

第一百零八条 本条例自2014年1月1日起施行。2004年12月27日国务院公布的《铁路运输安全保护条例》同时废止。

附录 A

某铁路局旅客列车火灾爆炸应急预案

一、应急处置小组分工及职责

为加强旅客列车发生火灾爆炸时的应急处置工作，应成立列车火灾爆炸应急处置小组。应急处置小组分工及职责如下。

（1）指挥组。指挥组由列车长负责，乘警长、检车长、餐车长、行邮人员为组员。指挥组对列车发生火灾爆炸处置工作统一指挥，其他小组必须坚决服从命令，根据分工和火灾情况相互配合，协同作战。

（2）疏散组。疏散组由休班车长负责，休班值班员、列车员、乘警、其他工作人员为组员。接到火灾警报后，疏散组立即携带抢救工具赶赴火场，迅速救助受火灾威胁人员脱离危险场所，将人员疏散到安全地带。检车人员配合运转车长解体列车，隔断火源。做好防护和列车防溜工作。

（3）灭火组。灭火组由当班列车长负责，起火车厢列车员、当班列车员、值班员、乘警、车辆乘务员为组员。灭火组负责切断火源、电源，携带灭火器赶赴现场，全力扑救，尽快灭火。

（4）伤员抢救组。伤员抢救组由当班软卧列车员负责，兼职广播员、餐车工作人员为组员。伤员抢救组负责对受伤旅客进行救治，如旅客伤情严重，应及时向有关部门请求帮助。

（5）警戒组。警戒组由乘警长负责，乘警、起火车厢邻近前后休班列车员为组员。警戒组负责维护现场秩序，设立警戒线，警戒重要部位，抢救重要物资，监督飞火蔓延，保护火灾现场，防止趁火打劫。乘警要及时收集旁证、物证、做好笔录，调查事故原因，做好善后处理工作。

各班组要根据所值乘列车编组、乘务组织及工作实际，适时删减或调整以上分工及职责。

二、旅客列车消防信息反馈图（火情较大时）

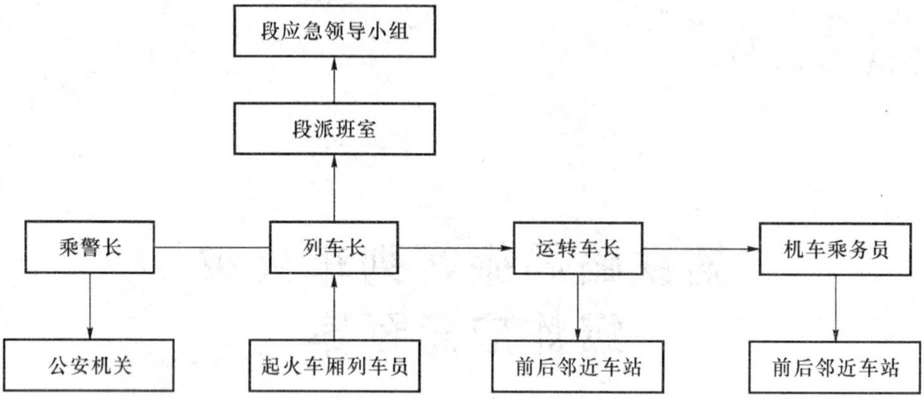

三、现场应急处置措施和流程

1. 火灾初起时的处置

列车发生火灾时，起火车厢当班列车员应立即疏散起火部位旅客，判断火情能够迅速扑灭时，就地取材或使用灭火器扑灭。扑灭后，列车员要保护好现场，并将信息以遂车传递的方式报告列车长，严禁惊慌失措，大声呼救，避免引起旅客恐慌。在列车长、乘警长、检车长未到现场处理前，起火车厢列车员要注意查看冒烟起火部位，防止复燃。列车长、乘警长、检车长赶到现场后，对起火部位进行全面检查，确认火已完全熄灭后，保护好现场，调查取证，初步确定起火原因。

列车长及时将事情概况向段派班室进行汇报，车辆乘务员对损坏的设施、设备进行处理和修复。

2. 火情较大或发生爆炸时的处置

（1）立即停车。列车在运行中发生火灾无法马上扑灭或运行中发生爆炸，严重威胁行车和旅客人身安全时，起火车厢列车员或其他乘务人员要选择利于疏散旅客的开阔地点，使用紧急制动阀停车。确认因列车火灾难以扑灭时，起火车厢列车员要立即将信息通知前、后车厢列车员，起火车厢的前、后车厢列车员立即将车厢起火信息以对讲机或逐车传递的方式通知其他列车工作人员，列车工作人员闻讯后须立即赶赴起火车厢进行疏散及扑救。传递时注意不能大声呼叫，惊慌失措。原则上不得使用列车广播公布列车发生火灾的信息，防止引发混乱，致使旅客惊慌失措，不听从指挥，盲目跳车，造成伤亡。信息传递内容包括车厢号、起火位置、火势等情况。

因列车拥挤难以将起火信息迅速传递时，列车工作人员要使用对讲机将起火信息迅速传递到其他列车工作人员，尾部车列车员负责向运转车长或检车人员传递起火信息。

（2）疏散旅客。起火车厢列车员应迅速组织本车厢旅客放弃携带物品，指导旅客用湿毛巾、手帕等捂住口鼻，采取低姿行走的方式，向安全位置疏散，尽力阻止旅客携带大件行李逃生。如车厢内浓烟弥漫时，列车员应引导旅客疏散。防止疏散到车下的旅客在跨越列车股道转移到安全地带的过程中，被过往的其他列车撞伤。

列车未停稳时，乘务人员将旅客疏散到相邻未起火车厢（尽量向起火车厢运行前方车厢疏散），严禁使用消防锤破窗跳车逃生。

列车停稳后，乘务人员要立即打开列车运行方向左侧或没有股道一侧的边门进行疏散下车，车上列车员要站在旅客容易发生拥挤踩踏的狭窄地点进行疏散。车下乘务人员要劝阻疏散下车的旅客不能站在股道内，防止被邻线过往的其他列车撞死撞伤，力求将全部旅客疏散到安全地带。情况紧急时打开车窗或使用安全锤击碎车窗玻璃疏散旅客，对重点旅客给予帮助。

(3) 迅速扑救。列车长、乘警在接到火灾报告后，应立即组织“三乘”人员赶赴现场，本着“先人员、后财产”的原则，统一指挥扑救。各车厢乘务员要维持好秩序，防止旅客跳车，对已经疏散的旅客严禁再返回起火车厢。在扑救时，非紧急情况下不得使用安全锤打破车窗，以防空气流通加速火势蔓延。各车厢列车员将全列灭火器迅速传递到起火车厢使用，灭火组各成员注意自身安全，火情较严重时，立即退出火场，以控制火势进一步蔓延为主，及时拨打当地“119”电话，请求消防部门援助。

(4) 切断火源。火灾发生时，要迅速判断火灾原因。电器火灾，必须首先切断电源，防止火势蔓延。需分解列车时，机车、车辆乘务员和运转车长要密切配合，按照先摘后车、后摘前车的方法分解列车（即先将着火车辆与后部车列分离，并将着火的车辆尽量转移到线路平坦处，但不得停留在桥梁、隧道及重要建筑物附近，再将前部车列与着火车辆分离）。分解列车时要锁闭分解车辆的车厢端门，列车长安排专人负责分解车辆的防护，查看有无旅客，防止车列移动造成旅客伤害。分离后的车组要拧紧全部人力制动机，防止车辆溜逸。

(5) 设置防护。列车停车后，机车乘务员使用列车无线调度电话通知两端车站、列车调度员及运转车长。运转车长和机车乘务员根据需要做好列车（包括列车分解后区间遗留的车列、车辆）防护工作。自动制动机故障或区间有遗留车列、车辆需采取防溜措施时，运转车长（无运转车长由检车员负责）要按规定指挥客运乘务人员拧紧车辆人力制动机。各工种充分利用对讲机做好信息互递和工作协调。车辆分解时列车员要做好防护工作，避免发生人身安全事故。拧紧人力制动机时，列车员要按照列车长或检车人员要求，顺箭头指示方向拧紧人力制动机；松开人力制动机时，检车人员要按照要求松开一辆检查一辆。

(6) 报告救援。由机车乘务员、运转车长（无运转车长时为检车人员）按规定及时向相关部门（单位）报告行车信息，并向相邻车站报告情况。列车长要尽快向事故发生地客调报告情况，请求救援。报告内容主要包括车次、列车编组、起火车厢编组位置、起火车厢车号、人员伤亡情况（是否有外籍旅客）、时间、区间、事故概况和现状等。

(7) 抢救伤员。对危重伤员要优先抢救，尽力使其脱离险境，及时拨打当地“120”急救电话。在急救人员到达前，要根据伤员具体情况，采取相应的措施进行抢救。

(8) 保护现场。在扑救火灾的过程中，乘警长要采取多种措施，维护现场秩序，列车员要听从乘警长安排，组织人员看守旅客财物，视情况设置警戒区，禁止无关人员进入（持有机要交通专用证的机要交通人员抢救、保护机要文件时除外）。注意保护好现场，不得擅自移动现场任何物品，对痕迹和物证要采取有效措施妥善保护。列车广播及乘务人员要主动配合乘警长工作，共同维护秩序，保护现场，稳定旅客情绪，以免发生混乱。

（9）协助查访。列车长和列车乘务员要积极配合公安机关了解情况，提供线索，协助调查。同时，要认真清点疏散旅客和伤员人数、伤害程度、车票、财物、旅客姓名、性别、年龄、单位、地址、身份证号码及其他证件，并做好详细记录，登记造册，分析查找起火原因，对可疑人员要进行看管。

（10）认真取证。乘警要及时进行调查取证，取证工作做到严密、细致、真实。必要时请示邻近公安机关协助勘查现场，对较大事故的责任人采取必要措施。

3. 停留列车发生火灾爆炸的应急处置

（1）发生初起火情的处置。守车人员判断火情能够迅速扑灭时，就地取材或使用灭火器进行灭火。扑灭后，守车人员要保护好现场，及时将起火信息报告列车长并要注意查看冒烟起火部位，防止复燃。列车长赶到现场后，对起火部位进行全面检查，确认火已完全熄灭后，保护好现场，并及时向停留场所所属单位、段派班室进行汇报，坚守岗位收集旁证，等待上级部门调查处理。

（2）停留列车发生较大火灾或爆炸的处置。守车人员要迅速赶到起火车厢，使用灭火器进行灭火。同时，立即向停留场所所属单位、当地消防部门（119）、段派班室汇报，汇报内容为列车所在位置、车次、停车股道号、起火列车车号、起火部位、火势情况等。如因火势较大确认无法扑灭时，守车灭火人员要退到安全地带，不得擅自离开，如夜间发生火灾要及时打开锁闭车门门锁，未经同意严禁打开车窗或击碎车窗玻璃，在安全位置积极引导救火人员、灭火车辆进入火场。消防人员进入火场灭火时，守车人员要服从命令，配合上级部门进行调查。

附录 B

某铁路局动车组列车质量标准

一、人员素质

（1）列车乘务员应具有大专以上文化程度。身体健康，五官端正，身材匀称，年龄在 18 ~35 岁，男性身高不低于 1.70 米；女性身高不低于 1.60 米。定期体检，持有健康证。

（2）列车乘务员上岗前应通过安全、技术业务培训，参加乘务实习及动车组专业技术培训，经理论、实作考试合格，持证上岗。

客运乘务员每年进行脱产培训不少于 10 天，学习新设备、新知识、新标准，确保技术业务素质达标。

（3）列车乘务员应熟知本岗位业务知识和职责，能够熟练使用列车相关设施、设备，熟练执行规章制度；具有较高的服务技能和应变能力；具有良好的语言文字表达能力，能进行常用英语会话。

（4）列车长从事乘务工作时间满二年以上，具有大专及以上文化程度，能进行常用英语会话，经路局组织的岗位培训考试合格，男性身高 1.72 ~1.80 米，女性身高 1.62 ~1.70 米，初次任职在 32 岁及以下，岗位年龄在 40 岁及以下。熟悉旅客列车其他工种业务，有较强的组织管理、妥善处理问题及良好的语言、文字表达能力。

二、设备设施

1. 车辆设备设施

（1）列车车内各种标牌齐全醒目、型号一致、位置统一，质地高档，电子显示屏显示的内容准确、规范。

（2）广播系统、照明、空调、给水装置、影视系统、列车多功能室、乘务员室、监控室、备品室、储物柜、电茶炉（饮水机）、工具室（柜）、垃圾箱、盥洗间、厕所等设施齐全，能正常使用。

（3）车厢的紧急按钮、灭火器、紧急开门阀、紧急破窗锤、逃生窗、防火隔断门、烟雾报警器、紧急门锁、防护网（带）、应急梯、渡板等安全、应急设施齐全，作用良好。

（4）可调节式座椅、脚蹬、折叠式小桌板、遮阳帘、卧铺、茶桌、座席号牌、铺位号牌、包房号牌、卧铺吊带（栏杆）、扶手、梯子、婴儿护理台、座椅、车厢内外电子显示屏、电源插座、大件行李处、通风装置、残疾人服务设施、感应式内端门、车门、行李架、梳妆台、面镜、脸盆、洗手盆、便器、手纸架、餐桌、冰箱、冷藏柜、微波炉等服务设施设备齐全、良好，检修及时，符合动车组运用标准。

（5）动车组 CRH_2A 允许配置额定功率 3 kW 微波炉 1 台，额定功率 1.5 kW 微波炉 1 台；动车组 CRH_2B、CRH_2E 允许配置额定功率 3kW 微波炉 4 台。

（6）加强对动车组上部设施的维修工作。发现上部设施故障时，乘务员立即向列车长报告并通知随车机械师。随车机械师须及时到达故障车厢进行维修，对在运行中修复不了的，应向列车长详细说明情况。

2. 服务备品

（1）列车的各种服务设施齐全完整，作用良好；备品要质地良好，色调协调、美观，装饰典雅，清洁卫生。及时更新车厢宣传框所标示的时刻表。

（2）头枕片、座椅头枕质地良好、平整洁净，无破损、无褪色；头枕片一天一换、定期更新；座椅头枕定期更换。清洁袋具有防水、承重性能，配备充足。

（3）卧具使用高档纯棉制品，做到消毒、烫平、干燥、整洁、无污渍、无折痕。卧具使用周期不超过半年，一站直达卧铺动车组卧具按全列增加 10 套配备，其他卧铺动车组按全列增加 20 套配备，并做到定位摆放。

（4）卧车备品配置标准：台布，不锈钢果皮盘和带盖垃圾桶，高档台式热水瓶、积水盘，按定员配置布艺衣架、一次性拖鞋。包房内有棉被、被套、枕套、垫背（垫毯）、小单、枕芯、卧铺套、背靠套、书报架和报纸杂志；洗脸间有洗手液（皂）；坐式便器备有一次性垫圈；高级包厢内有花瓶和鲜花（往返换）。包房视频系统耳机，应在列车终到前及时回收，必须经消毒处理后入袋保管。

（5）售货车按照规定数量配置，刹车装置作用良好并有防撞胶条。

（6）盥洗室（洗脸间）应配有洗手液、擦手纸；厕所内配备芳香片、水溶性好的卫生纸；男用厕所小便池内放置芳香球。垃圾袋符合垃圾箱规格，质地良好并印有担当段名称。配有一次性纸杯。杂志、服务指南按规定配备。洗手液、垃圾袋、卫生纸等低值易耗品要及时补充，保证使用。

（7）加强对备品的管理。要根据担当动车组客流的规律，按规定配置服务备品，保证正常使用，加强对服务备品的管理，防止流失和浪费。服务备品须在库内摆放，特殊情况需要在始发站摆放的，应将所配的服务备品分装，不得上车分包。服务备品做到定位摆放、定置管理，将备品定置管理工作纳入考核范围。遇有厕所、电茶炉等设备故障，要悬挂设备故障提示牌。

三、安全制度

（1）安全行车，避免发生火灾、爆炸、旅客伤亡和食物中毒事故。

（2）应急预案完善，具有可操作性。当动车组运行中发生火灾、爆炸等事故，危及列车安全时，列车乘务人员应当立即使用紧急制动阀或按下火灾报警按钮，通知司机停车，并将旅客疏散到安全车厢，及时关闭防火隔断门，并将情况通报司机、列车长、乘警、随车机械师，司机和列车长应当迅速启动应急预案。

（3）对于消防器材等应急安全设施，乘务员要做到知位置、知性能、会熟练操作。

（4）适时进行安全常识和正确使用车辆设备的宣传工作，设置警示标志，提示旅客遵守安全乘车规定。动车组内及中途停靠站台禁止吸烟，要做好禁烟宣传，及时制止吸烟行为。

（5）动车组到站停稳后，司机或机械师开启车门；开车前，列车长确认旅客乘降完毕后，通知司机或机械师关闭车门；运行中，禁止旅客倚靠车门。列车在运行中与司机室相连接的车厢内端门应锁闭。

（6）正确使用电器设备，安全使用电源，不乱接电源，不超过允许负载；公共区域的电源插座应保证旅客正常使用，但仅限旅行生活用的小型电器。配电室（箱）锁闭，保持清洁干净，严禁放置物品。

四、服务要求

（1）应通过图形符号、电子显示、广播、服务指南等方式宣传设备使用方法和乘车须知，方便旅客实现自助服务。

（2）仪容端庄，精神饱满，举止得体，微笑服务，具有亲和力。

（3）对需要重点帮助的旅客及时提供相应服务，做到有登记、有服务、有交接。

（4）途中晚点15分钟以上，列车长应代表铁路向旅客致歉；晚点1小时以上，逢用餐时间，列车长向客调汇报车内人数，客调安排车站向列车提供食品，由列车免费为旅客供餐，并积极做好服务工作。

（5）及时帮助寻求帮助的旅客，礼貌接待旅客问讯，认真受理投诉，做到首问首诉负责，不推诿、不延误；对涉及非本职范围的询问应转告相应岗位乘务人员，及时妥善处理。

（6）应配备服务指南和列车免费读物。服务指南按规定印制和摆放，并及时补充；免费读物按规定摆放。

具体摆放标准：一等车厢从左至右分别为：①《和谐之旅》、②《旅伴》、③《上海铁道》、④《报林》和《旅客报》；二等车厢从左至右分别为：①《和谐之旅》、②《旅伴》、③《上海铁道》、④《报林》、⑤《旅客报》。《人民铁道》的摆放按有关要求执行。若上级对动车组摆放期刊种类做出调整或提出新要求，则按照新规定执行。

（7）启用热备车时，乘务人员应做好解释和服务工作，认真解决旅客换车过程中出现的问题。

（8）大件行李存放处用于摆放旅客的大件行李，不应挪作他用；乘务人员应引导携带大件行李的旅客使用大件行李存放处。

五、着装管理

1. 基本要求

分工种统一着装，着装整洁，佩戴相应标志；动车组制服原则上每二年更换一次。

2. 换装时间

根据季节、气温变化进行换装，做到换装统一。原则上 3 月 1 日换春秋装制服；6 月 1 日换夏装制服；10 月 1 日换春秋装制服；12 月 1 日至 2 月底换冬装制服。

制服由各客运段统一负责洗涤，洗净后，做到熨烫平整，无污渍、斑点、皱褶、脱线、缺扣、残破、毛边等现象。洗涤费用由单位与个人按 8∶2 的比例分摊。

六、人员管理

1. 定期培训

各客运段定期对动车组乘务人员的仪容仪表、礼节礼貌进行培训，培训主要内容为仪容仪表、言谈举止、姿态（站姿、坐姿、行走）、面部表情、说话方式、服务技能等。

2. 人事管理

路局客运处与各客运段对现有动车组乘务人员进行核定，登记造册，建立档案。

七、保洁卫生

1. 基本要求

列车保洁实行专业化管理，运行中有随车保洁人员适时保洁。车体外壳见本色、无污痕；车厢内明亮、美观、整洁，地面干净、无污渍，厕所、洗脸间清洁、干燥、无异味；途中适时整理废弃物；备品定位，保洁工具隐蔽存放；拖把、抹布等备品分类使用，更换及时。定期清洗空调通风设施，定时强制通风，保持空气清新。合理确定排污时间，及时排污，确保厕所正常使用。

2. 出库保洁卫生标准

（1）厨房空调口、天花板无污迹、无灰尘，地板无污渍。

（2）废物箱内外壁清洁，桶内无垃圾，无异味。

（3）餐台、餐桌、座椅干净整洁，无杂物，餐车地板洁净。

（4）垃圾分类收集、装袋扎口、定点投放，废物箱清空无异味，桶壁擦抹干净。

（5）洗手盆、便器通畅，无污物、无异味，金属部件清洁，无水迹，桶壁内外擦抹干净，洗脸间、厕所镜表面干净、明亮。

（6）卫生间门及内壁板、天花板干净，地板洁净。

（7）纸架、用品存放格表面无积灰、内无杂物。各类易耗品配放齐全。

（8）车厢天花板、壁板、空调口、窗户内玻璃无积尘、无污迹。

（9）窗台、小桌板、行李架、大件行李存放格里外擦抹干净、无污迹和杂物，座椅扶手清洁无积尘污垢。

（10）地板洁净、无污迹，座位后网兜清洁无杂物，各类杂志和服务手册、清洁袋摆放整齐。

（11）更换座椅头枕片和一等座枕套，对明显污迹的座椅面及时清洁、洗净。

（12）座椅转向到位，窗帘拉放位置统一。

（13）清洁工具及备品定位摆放。

（14）动卧车卧具折叠整齐，备用卧具装袋保管，已使用与未使用的分别存放。

3. 折返保洁卫生标准

（1）座椅转向到位。

（2）窗帘拉放位置统一。

（3）台面、座椅、网兜、窗台、地面垃圾清理干净。

（4）地面拖抹干净。

（5）便器、洗手池无污物，厕所地面拖抹干净、板壁面板、镜面、部件无污迹。

（6）车门框擦抹干净。

（7）折返保洁时，应在车门处设置提示标志。

4. 随车保洁卫生标准

（1）洗脸盆、洗手盆、便器通畅无污物，厕所废物箱及时清理。

（2）洗脸间、厕所地面无污迹、无水迹。

（3）洗脸间、厕所壁板、面板、玻璃镜面、部件无污迹、无水迹。

（4）车厢地板无污迹、无水迹。

（5）车厢台面、座椅后网兜、座椅、窗台杂物清理及时。

（6）废物箱表面无污迹。

（7）各类服务备品补充及时。

（8）清洁工具及备品定位摆放。

（9）垃圾袋扎口，按规定投放。

5. 深度保洁卫生工作规定

（1）有计划进行深度保洁。动车客运段每月 28 日前，将次月的动车组二级修月度计划报路局车辆处、客运处，并书面通知保洁公司。保洁公司安排相应的深度保洁作业，并与动车客车段建立联系制度。

（2）认真做好深度保洁工作。保洁公司加强对动车组列车在顶棚、门帘等部位的隐蔽污垢进行深度保洁。每季度对座位进行保洁清洗，每季度对动车组饮水机进行消毒清洗。相关客运段客运质检员做好对保洁公司深度保洁质量的验收，并建立台账。

（3）完善考核制度。相关客运段每月 5 日前将上月的深度保洁验收考核情况汇总后报路局客运处。路局客运处依据《动车组列车保洁合同》，进行动车组月度深度保洁质量的综合考评。

（4）强化协调机制。将动车组二级修与深度保洁工作进行协调，并将其纳入路局动车组月度例会议题，协调解决有关动车组深度保洁工作中存在的问题。

6. 动车组列车长与折返保洁人员交接位置

根据动车组的车型确定列车长与折返保洁人员交接位置，CRH_1A 为 1 号车（重联为 9 号车）、CRH_2A 为 7 号车、CRH_1B 为 9 号车、CRH_2B 为 3 号车、CRH_2E 为 9 号车。折返保洁签收单没有列车长和折返站保洁组长签字的，一律不支付保洁费，因列车晚点、保洁时间不足 5 分钟的，在折返保洁签收单上注明。

八、饮食供应

（1）严格执行食品卫生方面的相关法律法规。商品、餐料的采购、保管、加工、出售符合相关规定。销售的配餐符合国家食品卫生规定。

（2）餐饮供应卫生管理制度健全，有卫生许可证。从业人员穿着规定服装，佩戴标志，持健康证上岗。

（3）餐车环境布置优雅、舒适，方便旅客用餐和选购商品。必须坚持方便、快捷、面向大众的原则，以满足旅客不同需求为目的。

（4）建立商品目录库管理制度，并根据不同线路配置商品，印制价目表，满足旅客需要；餐车提供订、送餐服务，饮食品、配餐种类丰富，价格合理，正餐不高于 15 元的盒饭必须不少于两种，禁止捆绑销售、搭售商品。

（5）列车上销售的食品，必须由餐饮公司统一采购。餐饮公司销售人员应将上车食品的出库单交列车长以备检查。列车销售的食品应当明码标价、一货一签，有“CRH”标记，并按旅客要求提供发票。

（6）加强对餐车的管理，餐饮人员要正确使用冰箱、微波炉等电器设备，餐车冰箱内设有专用食品箱，只限于放置供乘务人员食用的熟食品；报废食品不得销售，并贴有“报废签”。

（7）餐饮人员负责列车运行中餐车的清洁卫生，食品、备品存放不得侵占通道和影响安全。列车到站、开车时，餐饮人员应当在餐车门内立岗迎送旅客。

（8）所有商品必须有食品安全“QS”标志，移动售货在列车始发 5 分钟后方可开始，终到前 10 分钟停止。销售餐食应带一次性手套，旅客要求提供送餐服务时，要在规定时间内送到旅客手中，推车销售食品不得高声叫卖，不得干扰旅客，服务过程中主动避让旅客。

（9）严格乘务用餐和招待餐管理，乘务用餐仅限于乘务班组人员，包括客运人员、机械师、司机、乘警和保洁人员及车队添乘人员，除此之外，各级添乘人员、出差人员一律按销售价格购买。需招待客人的，一律由客运段协调餐饮公司，明确餐食标准、数量并及时结算。

九、广播宣传

（1）动车组广播要体现较高的品位，广播员必须具备相应的资质，具有国家或地方语言文字委员会普通话水平测试等级证书。

（2）广播员播音必须使用标准普通话，做到发音标准、口齿清晰、语调亲切、语速适度、富有感情。

(3) 运行时间在 3 小时以内的列车，一般只播迎送词、服务设备介绍、安全提示、站名和背景音乐。运行时间超过 3 个小时的列车，可在不干扰旅客休息的前提下，适当增加播放内容。

(4) 列车旅客信息服务及影音播放系统播放的内容应由客运部门提供，由车辆部门录入。

(5) 动车组遇有临时停车、晚点、设备故障等突发情况，应立即通过广播做好宣传工作，播放的临时稿件由列车长审定后方可播出。

(6) 建立广播员日常管理档案，对广播员日常播音质量及优缺点进行记载并备案，作为广播员考核的依据。

十、乘务管理

(1) 乘务组在列车长的领导下按各工种岗位说明书分工协作，开展乘务工作。

(2) 定员标准：动车组客运乘务人员单组实行 1 名列车长 2 名列车员，大编组实行 1 名列车长 4 名列车员，卧铺动车组实行 1 名列车长 5 名列车员。

(3) 建立乘务例会制度。动车组列车在始发放客前或开车后 10 分钟内和进库终到前 15 分钟，由列车长召集乘警、机械师、餐饮领班和保洁组长在餐车召开动车组工作会议，布置工作、沟通情况、协调相关事宜。

(4) 适当调整乘务交路。客运段应在路局核定的总定员内，配齐动车组乘务人员，并按照国家法定工作时间合理组织交路，动车组每天乘务交路连续值乘时间原则上不超过 14 小时，确保乘务人员以充沛的精力、饱满的精神状态出乘。

(5) 加强乘务员的培训。各客运段和餐饮、保洁公司要制订动车组乘务人员培训计划，定期组织对列车长、乘务员和餐饮保洁人员的岗位轮训，不断提升综合素质。

① 列车长培训。各客运段每季组织对列车长培训一次，主要针对作业现场存在的普遍性和倾向性问题，开展形式多样、有针对性的培训，同时，将岗位培训纳入日常考核工作中。

② 乘务员培训。按照轮班制度，组织全体客运乘务员进行岗位轮训。重点对应急处理、作业标准和服务礼仪等方面进行培训。

③ 餐饮、保洁人员培训。餐饮、保洁公司要利用班前点名和休班时间做好作业人员的日常岗位培训，不断提高餐饮、保洁人员的岗位技能。

(6) 严格动车组查验票制度。列车长根据车站提供乘车人数通知单，在开车后组织对空余席位和无座人员进行核对、验票，卧铺动车组核对作业应在始发后 20 分钟内完成。列车在始发站、中途站，应将一等车的端门锁闭，列车长要指定专人负责验票。列车在办理旅客越站手续时，必须严格按照动车组列车超员率的规定，合理控制列车超员情况。

(7) 完善结合部管理。明确动车组各工种岗位职责，动车组餐饮、保洁、机械师和乘警的工作流程由相关单位报客运段，客运段组织列车长进行学习，作为列车长应加强结合部管理，做好运行途中各工种作业的督促和监管工作。

附录 C

某铁路局直达、特快旅客列车质量标准

一、人员素质

(1) 列车乘务员应具有高中（中专、中技）以上文化程度。身体健康，五官端正，身材匀称，男性身高不低于1.70米，女性身高不低于1.60米。直达特快列车乘务员年龄在35岁以下；特快列车乘务员年龄在40岁以下。定期体检，持有健康证。

(2) 列车乘务员上岗前应通过安全、技术业务培训，参加乘务实习及相关培训，经理论、实作考试合格，持证上岗。

客运乘务员每年进行脱产培训不少于10天，学习新设备、新知识、新标准，确保技术业务素质达标。

(3) 列车乘务员应熟知本岗位业务知识和职责，熟练执行规章制度，业务精通、技术过硬，应变能力强、作业标准高。直达特快列车员及特快列车软卧列车员能进行简单的英语会话。

(4) 列车乘务员经考试合格后方可任职。在任职前还应具备以下条件。

① 广播员：担任列车员职务工作时间满一年以上，通过专业技术培训，取得机械操作合格证，考试合格并通过省、部级普通话培训考试，取得合格证书，持证上岗。

② 餐车长：担任餐车服务员职务工作时间满二年以上，业务熟练，具有较高的经营管理水平。

③ 厨师：有一级以上厨师证书。

④ 列车值班员：担任列车员职务工作时间满一年以上，铁道运输（客运）专业中专及以上毕业或经铁路局组织的岗位培训经考试合格。

⑤ 列车长：从事乘务工作时间满二年以上，直达特快列车列车长须具有大专及以上文化程度，特快列车列车长须具有高中（中专、中技）及以上文化程度，铁道运输（客运）专业中专及以上毕业或经铁路局组织的岗位培训；男性身高不低于1.70米，女性身高不低于1.60米。初次任职在35岁及以下，岗位年龄女45岁及以下，男50岁

及以下。熟悉旅客列车其他工种业务，能进行常用的英语会话，有较强的组织管理和妥善处理问题及良好的语言、文字表达能力。

二、设施设备

1. 车辆设施设备

(1) 列车车内各种图形标志齐全醒目、型号一致、位置统一，电子显示屏显示的内容准确、规范。

(2) 车辆设备设施齐全，符合客车运用标准，无违规改造和改变用途现象；广播、照明、空调、电茶炉、冰箱、供水、供暖、进藏列车供氧、集便器等设施作用良好，正常使用。

(3) 紧急制动阀、人力制动机、轴温报警器、灭火器、脚蹬、手把杆、栏杆、车门、翻板、门锁、门止、车窗、窗锁、窗帘杆（滑道）、门窗玻璃、座席、卧铺、茶桌、座席号牌、铺位号牌、包房号牌、卧铺吊带（栏杆）、扶手、梯子、行李架、衣帽钩、镜框、灯具、通风器、温度计、梳妆台、面镜、脸盆、洗手盆、便器、手纸架、坐便垫盒（坐式便器使用）、给水装置、采暖装置、餐桌、座椅、冰箱、隔水板、排气扇、电磁炉灶及防火隔热装置、电铃、广播、电视机、空调等服务设施设备齐全，检修及时，符合客车运用标准。

(4) 车辆外观统一，各部位金属部件无锈蚀；地板无塌陷，地板布无破损、不鼓泡；客车内外部油漆无剥落、褪色、流坠，外观整洁；车窗胶条密封良好，不透气、不透尘，不漏水。

(5) 旅客车厢通过台有儿童票标高线、烟灰盒、并有“吸烟处”标志。

(6) 列车始发前不少于1小时开始供电，终到后保持供电不少于0.5小时。开车前40分钟内，车内温度应达到规定的温度。

2. 服务备品

(1) 列车的各种服务设施齐全完整，作用良好；布制备品要质地良好，色调协调，实用美观，装饰典雅，清洁卫生；贴身卧具使用纯棉制品，做到消毒、烫平、干燥、整洁、无污渍、无折痕。服务备品齐全，干净整洁、作用良好，定位摆放，颜色、质地与车内环境相协调。贴身卧具（被套、床单、枕套、枕巾）使用纯棉制品，干燥、清洁、平整，无污渍、无破损，折叠整齐，装袋保管，已使用与未使用的分别存放；做到一客一换，终点站收取。

(2) 直达特快列车卧具提倡地面洗涤，卧具按每节车厢增加10套配备。单程运行时间在24小时以下的特快列车卧具按每节车厢定员的2.5倍配备。单程运行时间在24小时以上的特快列车卧具备率按每节车厢定员的3倍配备。单程运行时间在24小时以下但停站较多的特快列车的卧具配备可适当增加备率。卧具摆放做到折叠整齐，定位存放。卧具应摆放到卧具柜和乘务室内，对车厢存放空间有限摆放不了的，卧具可装袋放置在硬卧车1、3、5、7号下铺底下（软卧车放置在1、5、9、13号铺下）。

(3) 软、硬卧贴身卧具：床单、被套、枕套做到一人一换，卧具使用周期不超过半年，受污损的卧具应及时更换。

(4) 车厢有运行区间、内外顺号、活动顺号等标志，以及摄氏温度计、送水壶、封闭式垃圾箱（桶）和垃圾袋，清扫工具定位隐蔽存放，配有安全渡板、安全警示带。厕所配有卫生纸、芳香球，坐式便器配有一次性垫圈。车厢宣传框内容按：简明时刻表、旅行须知、安全须知的顺序配置。供旅客使用的耳机应定期进行消毒。

(5) 列车设办公席（点），直达特快列车配备笔记本电脑、打印机，配备便携式补票机、配置相关的业务和服务资料，为旅客办理客运业务。列车配备急救药箱，备有常用非处方药品、器械，用药有登记。服务点备有旅行生活必需品和针线包。

(6) 各车厢设施备品配置标准如下。

软卧车（含高级软卧）：台布，不锈钢果皮盘和带盖垃圾桶，高档台式暖水瓶、积水盘，茶桌上配备水晶花瓶，使用鲜花（使用周期为一个往返）或绢花，透明书报架、旅行服务指南，按定员配置布艺衣架、一次性拖鞋。包房内有棉被、被套、枕套、垫被（垫毯）、床单、枕芯、卧铺套，下铺有靠背套、靠背帘，包房、走廊、其他通道有地毯，边座有套，车窗有纱帘和遮光帘。走廊书报架装有报纸、杂志、旅客留言簿；洗脸间有洗手液（皂）、干手器（纸巾）；乘务员室有消毒柜（桶）、细瓷茶杯（有区别标志）、烟灰缸、衣刷、床刷、鞋刷；坐式便器备有一次性垫圈。

硬卧车：台布、不锈钢果皮盘、旅行服务指南；每格配有热水瓶和防倒架；棉被、被套、枕套、枕巾、垫被（垫毯）、床单、枕芯、卧铺套，走廊、其他通道有地毯，边座有套，车窗有纱帘和遮光帘。走廊书报架装有报纸、杂志、旅客留言簿；洗脸间有洗手液（皂）；宿营车有挡帘。

软座车：台布、不锈钢果皮盘及旅行服务指南；车内有书报架和报纸杂志；座席有质地良好的座席套、头靠套（头枕片）；车窗有纱帘和遮光帘；走廊、其他通道有地毯；乘务员室有消毒桶、细瓷茶杯（有区别标志）。

硬座车：座席有质地良好的座席套、头靠套；车窗有纱帘和遮光帘；不锈钢果皮盘。

餐车：餐、茶、酒具等器皿齐全、完好，酒具规格统一，花色一致，档次高雅；座椅有套，椅子有套和靠背帘，车窗有纱帘和遮光帘，通道有地毯；台面有棉制台布，摆放花瓶和鲜花（使用周期为一个往返）或绢花，有高档四味架、牙签盅、餐巾纸等，有清真炊具、餐具和席位牌，悬挂时钟。

三、安全制度

(1) 坚持“安全第一，预防为主”的原则。安全、消防组织健全，有组织、有制度、有落实。非正常情况下的应急处置预案健全并具有可操作性。

(2) 安全行车，避免发生火灾、爆炸、行包、旅客伤亡和食物中毒事故。

(3) 消防器材、紧急制动阀、人力制动机、安全锤等安全设施、设备齐全，标志明显，作用良好。乘务员做到知位置、知性能、会使用。严格执行“三乘联检”制度，安全记录填写内容要完整，记载事项要准确，安全设备故障要及时修复。

(4) 安全揭示齐全良好，规格统一规范；做好禁止携带危险品的宣传工作，对可疑携带品进行安全检查；对查没的危险品按规定处理。

（5）做好安全宣传和防范工作，加强巡视，维护车内秩序，无随车叫卖、捡拾、讨要等人员，保持良好的旅行环境。

（6）车门管理做到停开、动关、锁，出站台四门检查瞭望；站停时做好扶老携幼，验票上车；进站提前到岗；在高站台按规定使用安全渡板，挂安全警示标志；临时停车坚守岗位，做好宣传，加强巡视，确保车门锁闭，严禁旅客上下车；列车停站锁闭卧车端门；餐车走廊边门、厨房后门锁闭，有专人管理；与机车连接的客车前部端门、行李车端门锁闭；列车前、后部车厢端门设安全防护栏和安全提示，餐车厨房边门有安全防护栏，列车前、后部车厢端门防护栏和餐车厨房边门防护栏需加锁。

（7）餐车排烟罩、烟囱、排风扇油垢一趟一清，灶台油垢一餐一清，确保无积垢。运行中须油炸食物时，使用前进方向第一个炉灶，用油量不超过容器的1/3。

（8）安全使用电源，规范使用电器设备；配电室（箱）锁闭，禁止堆放物品。

（9）在车厢中做好禁止吸烟宣传。

（10）旅客发生人身伤害或突发疾病时，应积极采取措施救助，并按规定处理。

四、列车秩序

（1）客运乘务员落实车门口立岗、验票、夜间坐边座及卧车重点旅客进行登记等制度，加大安全防范宣传检查力度，提醒旅客增强安全防范意识，遏制和减少抢劫、盗窃、诈骗旅客财物案件的发生。

（2）维持车厢治安秩序，列车长每二小时巡视不少于一次。列车员要切实掌握车厢动态。对随车叫卖、捡拾乞讨、霸座卖座等扰序人员和闲杂人员，应及时清理和制止，并报告列车长和乘警处理。列车广播要加强宣传，劝阻旅客不要购买商贩出售的食品。

（3）严格乘务管理，杜绝列车雇用“帮工”现象，凡发现列车雇用“帮工”的，追究列车长及相关乘务员的责任。

五、服务要求

（1）做到全面服务、重点照顾，帮助旅客解决旅行困难；尊重民族习俗和宗教信仰，不分种族、国籍、民族，一视同仁。

（2）上岗着装统一、得体，仪容整洁，佩戴职务标志，不穿高跟鞋、尖头鞋、拖鞋，不戴明显饰物，不染彩色头发、指甲，男不留长发、胡须，女淡妆上岗，发不过肩。

（3）姿态端正。立岗姿势规范，精神饱满；服务时，态度和蔼，表情自然，举止文明，庄重大方。

① 使用普通话，用语文明，表达准确，口齿清晰；对旅客称呼恰当；能使用简单英语为外籍旅客服务。

② 旅客问讯时应面向旅客站立（列车办公席办理业务时除外）、有问必答，回答准确，对旅客提出的问题不能解决时应耐心解释。

③ 在旅客多的地方行走时要先示意后通行，与旅客走对面时要主动让路，不与旅客抢行；挪动旅客物品时，应征得旅客同意。

④ 为旅客服务遇有失误时，应向旅客表示歉意；对旅客的配合与支持应表示感谢。

⑤ 夜间作业、行走、交谈、开关门要轻；运行中，工作人员不应影响旅客使用洗脸间；餐车供餐时，工作人员不应在餐车逗留、闲谈、占用座席、陪客人就餐；及时提醒旅客做好下车准备，卧车到站前 30 分钟为下车旅客换票，不干扰其他旅客。

（4）熟知本岗位业务知识，执行规章、制度、作业标准；熟练操作设备设施，具备妥善处理突发情况的能力。

（5）实行首问首诉负责制。各车厢设旅客留言簿，列车长及时审阅、处理旅客留言；在醒目位置公布列车担当单位投诉受理电话、通信地址、邮政编码，24 小时接受旅客投诉并及时处理。

（6）列车始发前 40 分钟和运行途中，车内温度保持在冬季 18～20℃，夏季 24～28℃。

（7）车内有充足的灯光照明和应急照明设备，车厢照明照度不低于 75 lx，厕所不低于 50 lx，餐车供应时不低于 100 lx。夜间运行时，硬卧车关闭顶灯、开启地灯，软、硬座车关闭半夜灯（始发、终到站及客流量大的停站除外）。

（8）做好乘降宣传，有序组织旅客上下车；开车后疏通通道，帮助重点旅客安置席位、放置物品；到站前疏通通道，帮助重点旅客到车门口准备下车；站停时扶老携幼，验票上车。

（9）列车运行中，按规定查验车票，及时、准确为旅客办理补票业务和携带品超过规定的补费手续，剩余铺位公开发售。

（10）遇列车晚点，及时向旅客通告晚点时间。晚点超过 30 分钟时，列车长代表铁路部门向旅客道歉，并积极做好服务工作。

（11）运行在市区、长大隧道、大桥和站停车站应锁闭厕所；中途停车站提前 5 分钟、终到站提前 10 分钟锁闭厕所，对特殊情况急需使用厕所的旅客，应提供方便；采用集便装置的列车应及时清理厕所废弃物，吸污时应锁闭厕所，不吸污的停站可不锁厕所。

（12）在始发站、终到站和中途停车 5 分钟及以上的车站使用安全渡板；始发站、终到站使用安全警示带。

（13）行李车货仓保持干净，行包装载大不压小、重不压轻，平稳牢固，堆码整齐，不堵车门并留有不少于 50 厘米宽的通道，不应超载、偏载，货仓门、端门锁闭，端门玻璃透明；查验押运人员车票，告知安全注意事项并登记。

（14）严格执行卫生防疫和“消、杀、灭”制度，旅客列车“消、杀、灭”队伍实行专业化管理，日常“消、杀、灭”工作每月进行一次，夏季相应增加次数，发现鼠、蟑、虫等病媒生物，应随时“消、杀、灭”，列车段“消、杀、灭”工作应有专人负责，“消、杀、灭”有详细的台账记录，确保旅客列车鼠、蟑、虫等病媒生物密度符合规定。

（15）票据、现金妥善保管；票面完整、清晰，内容准确，填写规范。

（16）发现旅客遗失物品应妥善保管，设法归还失主，无法归还时编制客运记录交到站处理。

六、环境卫生

1. 一般性要求

车容庄重整洁，美观大方。行李架物品摆放牢固、整齐，衣帽钩仅限挂衣帽、服饰；各种服务标志齐全；铺、座套、窗帘、卧具色调协调，摆放整齐；备品定位，清扫工具隐蔽。

发布广告符合广告法规，设置规范安全，与车内环境相协调，不影响列车应有的服务功能；不挤占规定的铁路图形标志、业务揭示、安全宣传等内容和位置。在餐车、软（硬）座车每侧板壁和卧铺车走廊一侧板壁设置广告时不应超过2处，车内其他位置和车体、运行区间牌、门窗玻璃不应设置广告；不应使用不干胶材料粘贴广告。

2. 始发、折返站标准

车厢内外干净，物见本色，无灰尘，无积垢、无卫生死角；洗脸池、洗手盆无堵塞、无污垢；通过台、地面无烟头、垃圾；车容整齐，窗帘、留言簿及清扫、服务用具定位、统一。餐厅做到墙壁、壁灯、陈列柜清洁无积尘，座椅（坐箱），地面无污渍，边角无垢；厨房做到灶台、操作台、水槽、炊具无油垢，冰柜（箱）、茶炉、蒸饭器清洁无杂物，隔水板、地面、边角干净。

3. 途中标准

车厢内保持清洁，地面随脏随扫；厕所干净、无异味；乘务室、洗脸间干净无杂物，通过台地面无烟头、垃圾；通过台烟灰盒、厕所卫生桶清理及时；茶桌、窗台、面镜洁净；洗脸池（台）、洗手盆无堵塞、污垢，洗脸间、车厢连接处保持干燥；包房、走道地毯干净、平整。垃圾袋印有使用单位标志；垃圾装袋、封口，在指定站投放；禁止向车外扫倒垃圾、抛扔杂物。

4. 库内整备

（1）整备作业实行客运乘务工作与客车库内整备作业分离，列车乘务员专门负责乘务工作，确保精力充沛，做好途中旅客服务和清洁卫生等工作。

（2）车底在始发站和折返站的卫生保洁、卧具更换、备品配备及上水等由专人负责，卧具整备不落地，确保达到质量标准要求。

七、饮食供应

（1）列车饮食供应实行全程服务，提供品种多样、质价相符、有特色的中西餐、酒、茶等服务，根据旅客需要，提供点餐、送餐等多种服务。

（2）卫生管理制度健全，有卫生许可证，从业人员卫生合格，穿着规定服装，佩戴标志，上岗持有健康证；餐车环境卫生整洁，卫生无死角。

（3）执行食品卫生法规，确保食品卫生；餐料的采购、保管、加工、销售符合食品卫生规定；餐、酒、茶具清洁，消毒合格；食品加工用具（如刀、板、墩、盆）及冰箱保持清洁，生、熟分用并有标记，餐料、食品生熟分开存放；不出售无生产单位、生产日期、保质期和过期、变质食品；销售无包装直接食用的食品时有防蝇、防尘措施，不徒手接触食品。

（4）餐车整洁美观，陈列柜布置艺术，与就餐环境相协调；厨房保持清洁，各种用具定位摆放。

（5）一次性餐具必须使用可降解或可回收的环保材质，餐食应符合卫生要求，禁止销售存在旅客人身安全隐患、影响列车环境卫生的食品。

（6）严格路内干部职工和“三乘”人员餐车就餐制度，建立就餐登记台账，铁路内部人员、上车检查工作的单位和个人及关系单位人员在餐车就餐，饭菜质量、价格与旅客一视同仁，不得搞特殊，并实行当餐当结制度。

（7）保证饮用水供应，暖水瓶全程有热开水，途中不间断供水。

八、列车经营

（1）规范旅客列车经营销售行为，列车上经营的商品原则上与旅客旅行生活相关，商品销售人员在销售商品时，必须做到明码标价、一货一签，坚持旅客自愿购买的原则，严禁纠缠旅客或搭售商品，严禁出售假冒伪劣产品，严禁频繁穿梭叫卖、演示商品性能和使用小喇叭，夜间运行时（夜间 22 点至早晨 7 点），不准进入车厢销售。列车编组在 14 辆以内时，售饭、售货推车不超过 3 辆，编组 15 辆以上时，售饭、售货推车不超过 4 辆。列车经营应按旅客要求提供发票。

（2）规范旅客列车经营服务项目，禁止路外企业和人员在旅客列车上从事经营活动，旅客列车售货必须专人负责，每趟车不得超过 3 人，从业人员为铁路职工，列车长统一管理，售货人员的着装和工号牌与主业客运人员的有明显区分，并随身携带上岗证和健康证。列车上可开办介绍住宿、旅游的经营项目，由列车班组负责代办，代办企业的资质须经路局客运部门审批，与相关企业签订完备的经营合同。

（3）规范列车配货、补货渠道，列车始发配货和途中补货，其上车商品和清单必须经列车长核对签认，列车长负责监督检查，做到“一货一签”。

（4）要严格落实饭菜品种定值、定量、定加成率、定售价的规定，确保饭菜质价相符。旅客列车餐车的加成率规定如下。

① 餐车经营综合加成率不得超过 50%。

② 餐车经营的盒饭加成率不得超过 40%，餐车经营的各种炒菜和供应夜宵加成率不得超过 60%。

（5）规范餐车茶座经营，餐车开办休闲茶座须报路局客运主管部门审批，休闲茶座经营做到明码标价，质价相符，营业时间为夜间 22 点至凌晨 5 点。禁止餐车以供应夜宵名义变相卖座。下列情况视为变相卖座。

① 连顿包餐，旅客连续在餐车休息的。

② 供应夜宵只有套餐，没有另点菜肴或加成率超过 60%。

③ 夜宵没有明码标价。

九、广播宣传

(1) 列车广播系统作用良好，输出音量适宜、清晰无杂音。除播报到站、时刻和应急广播外，主要播音内容实现录音化。配备数字广播机的列车的播音内容全部实现预制和计算机或移动硬盘存储，娱乐节目定期更新。

(2) 广播以方便旅客旅行生活为主，内容丰富，形式多样，健康活泼，语音清晰，音量适宜，常播内容录音化；按时转、录播中央人民广播电台新闻节目；及时通报列车到站、到开时刻、中转车次；广播不干扰旅客正常休息；可根据需要做好专题宣传，增加英语、少数民族语言广播。

(3) 广播员除做好正常播音工作外，还应根据途中列车运行状况和在发生突发事件时，及时做好应急广播宣传。

(4) 闭路电视播放的节目应由党委宣传部门和客运业务部门共同负责审核确定。

(5) 液晶显示器、遥控器、耳机等设备由车辆部门进行日常保养、维修，确保旅客使用。

十、基础管理

乘务组在列车长的领导下按各工种岗位说明书分工协作，开展乘务工作。

(1) 管理制度健全，岗位作业规范，做到工作标准化、作业程序化。按规定查验车票。乘务组有消防、治安、民主管理组织，做到组织健全，责任落实。

(2) 台账资料齐全，记录及时、准确。票据、台账、报表填写规范、数据准确、保管完整。

(3) 定期对职工进行职业技能培训，不断提高职工的业务水平和实作能力。

(4) 车辆设施无违规改造和挪作他用现象。不违规占用乘务员室、厕所、行李车货仓、客车铺位、座席、行李架、储藏室等。

(5) 宿营车备品摆放定位，卧具、挡帘干净整齐；乘务员使用铺位固定，有用铺定位图。

(6) 定期分析服务质量状况，制定改进措施，完善管理制度。

附录 D

某铁路局快速旅客列车质量标准

一、人员素质

(1) 列车乘务员应具有高中（中专、中技）以上文化程度。身体健康，五官端正，身材匀称，定期体检，持有健康证。

(2) 列车乘务员上岗前应通过安全、技术业务培训、参加乘务实习及相关培训，经理论、实作考试合格，持证上岗。

客运乘务员每年进行脱产培训不少于 10 天，学习新设备、新知识、新标准，确保技术业务素质达标。

(3) 列车乘务员应熟知本岗位业务知识和职责，熟练执行规章制度，业务精通、技术过硬，应变能力强、作业标准高。

(4) 列车乘务员经考试合格后方可任职。在任职前还应具备以下条件。

① 广播员：担任列车员职务工作时间满一年以上，通过专业技术培训，取得机械操作合格证，考试合格并通过省、部级普通话培训考试，取得合格证书，持证上岗。

② 餐车长：担任餐车服务员职务工作时间满二年以上，业务熟练，具有较高的经营管理水平。

③ 厨师：有二级以上厨师证书。

④ 列车值班员：担任列车员职务工作时间满一年以上，铁道运输（客运）专业中专及以上毕业或经铁路局组织的岗位培训经考试合格。

⑤ 列车长：从事乘务工作时间满二年以上，高中（中专、中技）及以上文化程度，铁道运输（客运）专业中专及以上毕业或经铁路局组织的岗位培训，男性身高不低于 1.70 米，女性身高不低于 1.60 米。熟悉旅客列车其他工种业务，有较强的组织管理和妥善处理问题及良好的语言、文字表达能力。

二、设施设备

1. 车辆设施设备

（1）列车车内各种图形标志齐全醒目、型号一致、位置统一，电子显示屏显示的内容准确、规范。

（2）车辆设备、设施齐全，符合客车运用标准，无违规改造和改变用途现象；广播、照明、空调、电茶炉、冰箱、供水、供暖、集便器等设施作用良好，正常使用。

（3）紧急制动阀、人力制动机、轴温报警器、灭火器、脚蹬、手把杆、栏杆、车门、翻板、门锁、门止、车窗、窗锁、窗帘杆（滑道）、门窗玻璃、座席、卧铺、茶桌、座席号牌、铺位号牌、包房号牌、卧铺吊带（栏杆）、扶手、梯子、行李架、衣帽钩、镜框、灯具、通风器、温度计、梳妆台、面镜、脸盆、洗手盆、便器、手纸架、坐便垫盒（坐式便器使用）、给水装置、采暖装置、餐桌、座椅、冰箱、隔水板、排气扇、电磁炉灶及防火隔热装置、电铃、广播、电视机、空调等服务设施设备齐全，检修及时，符合客车运用标准。

（4）车辆外观统一，各部位金属部件无锈蚀；地板无塌陷，地板布无破损、不鼓泡；客车内外部油漆无剥落、褪色、流坠，外观整洁；车窗胶条密封良好，不透气、不透尘，不漏水。

（5）旅客车厢通过台有儿童票标高线、烟灰盒、并有“吸烟处”标志。

（6）列车始发前不少于1小时开始供电，终到后保持供电不少于0.5小时。开车前40分钟内，车内温度应达到规定的温度。

2. 服务备品

（1）列车的各种服务设施齐全完整，作用良好；布制备品要质地良好，色调协调，实用美观，装饰典雅，清洁卫生；贴身卧具使用纯棉制品，做到消毒、烫平、干燥、整洁、无污渍、无折痕。服务备品齐全，干净整洁、作用良好，定位摆放，颜色、质地与车内环境相协调。贴身卧具（被套、床单、枕套、枕巾）使用纯棉制品，干燥、清洁、平整，无污渍、无破损，折叠整齐，装袋保管，已使用与未使用的分别存放；做到一客一换，终点站收取。

（2）单程运行时间在24小时以下的列车卧具按每节车厢定员的2.5倍配备。单程运行时间在24小时以上的列车卧具按每节车厢定员的3倍配备。单程运行时间在24小时以下但停站较多的列车的卧具配备可适当增加备率。卧具摆放做到折叠整齐，定位存放。卧具应摆放到卧具柜和乘务室内，对车厢存放空间有限摆放不了的，卧具装袋放置在硬卧车1、3、5、7号下铺底下（软卧车放置在1、5、9、13号铺下）。

（3）软、硬卧贴身卧具：床单、被套、枕套（枕巾）做到一人一换，卧具使用周期不超过一年，受污损的卧具应及时更换。

（4）车厢有运行区间、内外顺号、活动顺号等标志，以及摄氏温度计、送水壶、封闭式垃圾箱（桶）和垃圾袋，清扫工具定位隐蔽存放，配有安全渡板、安全警示带。采用集便装置的厕所配有卫生纸、芳香球，坐式便器配有一次性垫圈。车厢宣传框内容按：简明时刻表、旅行须知、安全须知的顺序配置。供旅客使用的耳机应定期进行消毒。

(5）列车设办公席（点)，配置相关的业务和服务资料，为旅客办理客运业务。列车配备急救药箱，备有常用非处方药品、器械，用药有登记。服务点备有旅行生活必需品和针线包。

(6）各车厢设施备品配置标准如下。

软卧车（含高级软卧)：台布，不锈钢果皮盘和带盖垃圾桶，台式暖水瓶、积水盘，茶桌上配备花瓶，使用鲜花（使用周期为一个往返）或绢花，透明书报架、旅行服务指南，按定员配置布艺衣架。包房内有棉被、被套、枕套、垫被（垫毯)、床单、枕芯、卧铺套，下铺有靠背套、靠背帘，包房、走廊、其他通道有地毯，边座有套，车窗有纱帘和遮光帘。走廊书报架装有报纸、杂志、旅客留言簿；洗脸间有洗手液(皂)；乘务员室有消毒柜（桶)、细瓷茶杯（有区别标志)、烟灰缸、衣刷、床刷、鞋刷；坐式便器备有一次性垫圈。

硬卧车：台布、不锈钢果皮盘、旅行服务指南；每格配有热水瓶和防倒架；棉被、被套、枕套、枕巾、垫被（垫毯)、床单、枕芯、卧铺套，走廊、其他通道有地毯，边座有套，车窗有纱帘和遮光帘。走廊书报架装有报纸、杂志、旅客留言簿；洗脸间有洗手液（皂)；宿营车有挡帘。

软座车：台布、不锈钢果皮盘及旅行服务指南；车内有书报架和报纸杂志；座席有质地良好的座席套、头靠套（头枕片)；车窗有纱帘和遮光帘；走廊、其他通道有地毯；乘务员室有消毒桶、细瓷茶杯（有区别标志)。

硬座车：座席有质地良好的座席套、头靠套；车窗有纱帘和遮光帘；不锈钢果皮盘。

餐车：餐、茶、酒具等器皿齐全、完好，酒具规格统一，花色一致，档次高雅；座椅有套，椅子有套和靠背帘，车窗有纱帘和遮光帘，通道有地毯；台面有棉制台布，摆放花瓶和鲜花（使用周期为一个往返）或绢花，有高档四味架、牙签盅、餐巾纸等，有清真炊具、餐具和席位牌，悬挂时钟。

三、安全制度

(1）坚持“安全第一，预防为主”的原则。安全、消防组织健全，有组织、有制度、有落实。非正常情况下的应急处置预案健全并具有可操作性。

(2）安全行车，避免发生火灾、爆炸、行包、旅客伤亡和食物中毒事故。

(3）消防器材、紧急制动阀、人力制动机、安全锤等安全设施、设备齐全，标志明显，作用良好。乘务员做到知位置、知性能、会使用。严格执行“三乘联检”制度，安全记录填写内容要完整，记载事项要准确，安全设备故障要及时修复。

(4）安全揭示齐全良好，规格统一规范；做好禁止携带危险品的宣传工作，对可疑携带品进行安全检查；对查没的危险品按规定处理。

(5）做好安全宣传和防范工作，加强巡视，维护车内秩序，无随车叫卖、捡拾、讨要等人员，保持良好的旅行环境。

（6）车门管理做到停开、动关、锁，出站台四门检查瞭望；站停时做好扶老携幼，验票上车；进站提前到岗；在高站台按规定使用安全渡板，挂安全警示标志；临时停车坚守岗位，做好宣传，加强巡视，确保车门锁闭，严禁旅客上下车；列车停站锁闭卧车端门；餐车走廊边门、厨房后门锁闭，有专人管理；与机车连接的客车前部端门、行李车端门锁闭；列车前、后部车厢端门设安全防护栏和安全提示，餐车厨房边门有安全防护栏，列车前、后部车厢端门防护栏和餐车厨房边门防护栏需加锁。

（7）餐车排烟罩、烟囱、排风扇油垢一趟一清，灶台油垢一餐一清，确保无积垢。运行中须油炸食物时，使用前进方向第一个炉灶，用油量不超过容器的1/3。

（8）安全使用电源，规范使用电器设备；配电室（箱）锁闭，禁止堆放物品。

（9）在车厢做好禁止吸烟宣传。

（10）旅客发生人身伤害或突发疾病时，应积极采取措施救助，并按规定处理。

四、列车秩序

（1）客运乘务员落实车门口立岗、验票、夜间坐边座及卧车重点旅客进行登记等制度，加大安全防范宣传检查力度，提醒旅客增强安全防范意识，遏制和减少抢劫、盗窃、诈骗旅客财物案件的发生。

（2）维持车厢治安秩序，列车长每二小时巡视不少于一次。列车员要切实掌握车厢动态。对随车叫卖、捡拾乞讨、霸座卖座等扰序人员和闲杂人员，应及时清理和制止，并报告列车长和乘警处理。列车广播要加强宣传，劝阻旅客不要购买商贩出售的食品。

（3）严格乘务管理，杜绝列车雇用“帮工”现象，凡发现列车雇用“帮工”的，追究列车长及相关乘务员的责任。

五、服务要求

（1）做到全面服务、重点照顾，帮助旅客解决旅行困难；尊重民族习俗和宗教信仰，不分种族、国籍、民族，一视同仁。

（2）上岗着装统一、得体，仪容整洁，佩戴职务标志，不穿高跟鞋、尖头鞋、拖鞋，不戴明显饰物，不染彩色头发、指甲，男不留长发、胡须，女淡妆上岗，发不过肩。

（3）姿态端正。立岗姿势规范，精神饱满；服务时，态度和蔼，表情自然，举止文明，庄重大方。

① 使用普通话，用语文明，表达准确，口齿清晰；对旅客称呼恰当；软卧列车员能使用简单英语为外籍旅客服务。

② 旅客问讯时应面向旅客站立（列车办公席办理业务时除外）、有问必答，回答准确，对旅客提出的问题不能解决时应耐心解释。

③ 在旅客多的地方行走时要先示意后通行，与旅客走对面时要主动让路，不与旅客抢行；挪动旅客物品时，应征得旅客同意。

④ 为旅客服务遇有失误时，应向旅客表示歉意；对旅客的配合与支持应表示感谢。

⑤ 夜间作业、行走、交谈、开关门要轻；运行中，工作人员不应影响旅客使用洗脸间；餐车供餐时，工作人员不应在餐车逗留、闲谈、占用座席、陪客人就餐；及时提醒旅客做好下车准备，卧车到站前30分钟为下车旅客换票，不干扰其他旅客。

（4）熟知本岗位业务知识，执行规章、制度、作业标准；熟练操作设备设施，具备妥善处理突发情况的能力。

（5）实行首问首诉负责制。各车厢设旅客留言簿，列车长及时审阅、处理旅客留言；在醒目位置公布列车担当单位投诉受理电话、通信地址、邮政编码，24小时接受旅客投诉并及时处理。

（6）列车始发前40分钟和运行途中，车内温度保持在冬季18～20℃，夏季24～28℃。

（7）车内有充足的灯光照明和应急照明设备，车厢照明照度不低于75 lx，厕所不低于50 lx，餐车供应时不低于100 lx。夜间运行时硬卧车关闭顶灯、开启地灯，软、硬座车关闭半夜灯（始发、终到站及客流量大的停站除外）。

（8）做好乘降宣传，有序组织旅客上下车；开车后疏通通道，帮助重点旅客安置席位、放置物品；到站前疏通通道，帮助重点旅客到车门口准备下车；站停时扶老携幼，验票上车。

（9）列车运行中，按规定查验车票，及时、准确为旅客办理补票业务和携带品超过规定的补费手续，剩余铺位公开发售。

（10）遇列车晚点，及时向旅客通告晚点时间。晚点超过30分钟时，列车长代表铁路部门向旅客道歉，并积极做好服务工作。

（11）运行在市区、长大隧道、大桥和站停3分钟以上的停车站应锁闭厕所；中途停车站提前5分钟、终到站提前10分钟锁闭厕所，对特殊情况急需使用厕所的旅客，应提供方便；采用集便装置的列车应及时清理厕所废弃物，吸污时应锁闭厕所，不吸污的停站可不锁厕所。

（12）在始发站、终到站和中途停车5分钟及以上的车站使用安全渡板；始发站、终到站使用安全警示带。

（13）行李车货仓保持干净，行包装载大不压小、重不压轻，平稳牢固，堆码整齐，不堵车门并留有不少于50厘米宽的通道，不应超载、偏载，货仓门、端门锁闭，端门玻璃透明；查验押运人员车票，告知安全注意事项并登记。

（14）严格执行卫生防疫和“消、杀、灭”制度，旅客列车“消、杀、灭”队伍实行专业化管理，日常“消、杀、灭”工作每月进行一次，夏季相应增加次数，发现鼠、蟑、虫等病媒生物，应随时“消、杀、灭”，列车段“消、杀、灭”工作应有专人负责，“消、杀、灭”有详细的台账记录，确保旅客列车鼠、蟑、虫等病媒生物密度符合规定。

（15）票据、现金妥善保管；票面完整、清晰，内容准确，填写规范。

（16）发现旅客遗失物品应妥善保管，设法归还失主，无法归还时编制客运记录交到站处理。

六、环境卫生

1. 一般性要求

车容庄重整洁，美观大方。行李架物品摆放牢固、整齐，衣帽钩仅限挂衣帽、服饰；各种服务标志齐全；铺、座套、窗帘、卧具色调协调，摆放整齐；备品定位，清扫工具隐蔽。

发布广告符合广告法规，设置规范安全，与车内环境相协调，不影响列车应有的服务功能；不挤占规定的铁路图形标志、业务揭示、安全宣传等内容和位置。在餐车、软（硬）座车每侧板壁和卧铺车走廊一侧板壁设置广告时不应超过2处，车内其他位置和车体、运行区间牌、门窗玻璃不应设置广告；不应使用不干胶材料粘贴广告。

2. 始发、折返站标准

车厢内外干净，物见本色，无灰尘，无积垢、无卫生死角；洗脸池、洗手盆无堵塞、无污垢；通过台、地面无烟头、垃圾；车容整齐，窗帘、留言簿及清扫、服务用具定位、统一。餐厅做到墙壁、壁灯、陈列柜清洁无积尘，座椅（坐箱），地面无污渍，边角无垢；厨房做到灶台、操作台、水槽、炊具无油垢，冰柜（箱）、茶炉、蒸饭器清洁无杂物，隔水板、地面、边角干净。

3. 途中标准

车厢内保持清洁，地面随脏随扫；厕所干净、无异味；乘务室、洗脸间干净无杂物，通过台地面无烟头、垃圾；通过台烟灰盒、厕所卫生桶清理及时；茶桌、窗台、面镜洁净；洗脸池（台）、洗手盆无堵塞、污垢，洗脸间、车厢连接处保持干燥；包房、走道地毯干净、平整。垃圾袋印有使用单位标志；垃圾装袋、封口，在指定站投放；禁止向车外扫倒垃圾、抛扔杂物。

4. 库内整备

（1）整备作业实行客运乘务工作与客车库内整备作业分离，列车乘务员专门负责乘务工作，确保精力充沛，做好途中旅客服务和清洁卫生等工作。

（2）车底在始发站和折返站的卫生保洁、卧具更换、备品配备及上水等由专人负责，卧具整备不落地，确保达到质量标准要求。

七、饮食供应

（1）列车饮食供应实行全程服务，提供品种多样、质价相符、有特色的中西餐、酒、茶等服务，根据旅客需要，提供点餐、送餐等多种服务。

（2）卫生管理制度健全，有卫生许可证，从业人员卫生合格，穿着规定服装，佩戴标志，上岗持有健康证；餐车环境卫生整洁，卫生无死角。

（3）执行食品卫生法规，确保食品卫生；餐料的采购、保管、加工、销售符合食品卫生规定；餐、酒、茶具清洁，消毒合格；食品加工用具（如刀、板、墩、盆）及冰箱保持清洁，生、熟分用并有标记，餐料、食品生熟分开存放；不出售无生产单位、生产日期、保质期和过期、变质食品；销售无包装直接食用的食品时有防蝇、防尘措施，不徒手接触食品。

（4）餐车整洁美观，陈列柜布置艺术，与就餐环境相协调；厨房保持清洁，各种用具定位摆放。

（5）一次性餐具必须使用可降解或可回收的环保材质，餐食应符合卫生要求，禁止销售存在旅客人身安全隐患、影响列车环境卫生的食品。

（6）严格路内干部职工和“三乘”人员餐车就餐制度，建立就餐登记台账，铁路内部人员、上车检查工作的单位和个人及关系单位人员在餐车就餐，饭菜质量、价格与旅客一视同仁，不得搞特殊，并实行当餐当结制度。

（7）保证饮用水供应，暖水瓶全程有热开水，途中不间断供水。

八、列车经营

（1）规范旅客列车经营销售行为，列车上经营的商品原则上与旅客旅行生活相关，商品销售人员在销售商品时，必须做到明码标价、一货一签，坚持旅客自愿购买的原则，严禁纠缠旅客或搭售商品，严禁出售假冒伪劣产品，严禁频繁穿梭叫卖、演示商品性能和使用小喇叭，夜间运行时（夜间 22 点至早晨 7 点），不准进入车厢销售。列车编组在 14 辆以内时，售饭、售货推车不超过 3 辆，编组 15 辆以上时，售饭、售货推车不超过 4 辆。列车经营应按旅客要求提供发票。

（2）规范旅客列车经营服务项目，禁止路外企业和人员在旅客列车上从事经营活动，旅客列车售货必须专人负责，每趟车不得超过 3 人，从业人员为铁路职工，列车长统一管理，售货人员的着装和工号牌与主业客运人员有明显区分，并随身携带上岗证和健康证。列车上可开办介绍住宿、旅游的经营项目，由列车班组负责代办，代办企业的资质须经路局客运部门审批，与相关企业签订完备的经营合同。

（3）规范列车配货、补货渠道，列车始发配货和途中补货，其上车商品和清单必须经列车长核对签认，列车长负责监督检查，做到“一货一签”。

（4）要严格落实饭菜品种定值、定量、定加成率、定售价的规定，确保饭菜质价相符。旅客列车餐车的加成率规定如下。

① 餐车经营综合加成率不得超过 50%。

② 餐车经营的盒饭加成率不得超过 40%，餐车经营的各种炒菜和供应夜宵加成率不得超过 60%。

（5）规范餐车茶座经营，餐车开办休闲茶座须报路局客运主管部门审批，休闲茶座经营做到明码标价，质价相符，营业时间为夜间 22 点至凌晨 5 点。禁止餐车以供应夜宵名义变相卖座。下列情况视为变相卖座。

① 连顿包餐，旅客连续在餐车休息的。

② 供应夜宵只有套餐，没有另点菜肴或加成率超过 60%。

③ 夜宵没有明码标价。

九、广播宣传

（1）列车广播系统作用良好，输出音量适宜、清晰无杂音。除播报到站、时刻和应急广播外，主要播音内容实现录音化。配备数字广播机的列车的播音内容全部实现预制和计算机或移动硬盘存储，娱乐节目定期更新。

（2）广播以方便旅客旅行生活为主，内容丰富，形式多样，健康活泼，语音清晰，音量适宜，常播内容录音化；按时转、录播中央人民广播电台新闻节目；及时通报列车到站、到开时刻、中转车次；广播不干扰旅客正常休息；可根据需要做好专题宣传。

（3）广播员除做好正常播音工作外，还应根据途中列车运行状况和在发生突发事件时，及时做好应急广播宣传。

（4）闭路电视播放的节目应由党委宣传部门和客运业务部门共同负责审核确定。

十、基础管理

乘务组在列车长的领导下按各工种岗位说明书分工协作，开展乘务工作。

（1）管理制度健全，岗位作业规范，做到工作标准化、作业程序化。按规定查验车票。乘务组有消防、治安、民主管理组织，做到组织健全，责任落实。

（2）台账资料齐全，记录及时、准确。票据、台账、报表填写规范、数据准确、保管完整。

（3）定期对职工进行职业技能培训，不断提高职工的业务水平和实作能力。

（4）车辆设施无违规改造和挪作他用现象。不违规占用乘务员室、厕所、行李车货仓、客车铺位、座席、行李架、储藏室等。

（5）宿营车备品摆放定位，卧具、挡帘干净整齐；乘务员使用铺位固定，有用铺定位图。

（6）定期分析服务质量状况，制定改进措施，完善管理制度。

附录 E

某铁路局其他旅客列车质量标准

一、人员素质

（1）列车乘务员应具有高中（中专、中技）以上文化程度。身体健康，五官端正，定期体检，持有健康证。

（2）列车乘务员上岗前应通过安全、技术业务培训，参加乘务实习及相关培训，经理论、实作考试合格，持证上岗。对所有客运乘务员每两年进行一次不少于 10 天的脱产培训，学习新设备、新知识、新标准，确保技术业务素质达标。

（3）列车乘务员应熟知本岗位业务知识和职责，熟练执行规章制度，业务精通、技术过硬，有一定的应急处置能力。

（4）列车乘务员经考试合格后方可任职。在任职前还应具备以下条件。

① 广播员：担任列车员职务工作时间满一年以上，通过专业技术培训，取得机械操作合格证，考试合格并通过省、部级普通话培训考试，取得合格证书，持证上岗。

② 餐车长：担任餐车服务员职务工作时间满二年以上，业务熟练，具有较高的经营管理水平。

③ 厨师：有三级以上厨师证书。

④ 列车值班员：担任列车员职务工作时间满二年以上，铁道运输（客运）专业中专及以上毕业或经铁路局组织的岗位培训经考试合格。

⑤ 列车长：从事乘务工作时间满二年以上，具有高中（中专、中技）及以上文化程度，铁道运输（客运）专业中专及以上毕业或经铁路局组织的岗位培训。熟悉旅客列车其他工种业务，有比较强的组织管理和妥善处理问题及良好的语言、文字表达能力。

二、设施设备

1. 车辆设施设备

（1）列车车内各种图形标志齐全醒目、型号一致、位置统一，电子显示屏显示的内容准确、规范。

(2) 车辆设备设施齐全，符合客车运用标准，无违规改造和改变用途现象；广播、照明、空调、电风扇、茶炉、冰箱、供水、供暖、集便器等设施作用良好，正常使用。

(3) 紧急制动阀、人力制动机、轴温报警器、灭火器、脚蹬、手把杆、栏杆、车门、翻板、门锁、门止、车窗、窗锁、窗帘杆（滑道)、门窗玻璃、座席、卧铺、茶桌、座席号牌、铺位号牌、包房号牌、卧铺吊带（栏杆)、扶手、梯子、行李架、衣帽钩、镜框、灯具、通风器、温度计、梳妆台、面镜、脸盆、洗手盆、便器、手纸架、坐便垫盒（坐式便器使用)、给水装置、采暖装置、餐桌、座椅、冰箱、隔水板、排气扇、锅炉、炉灶及防火隔热装置、电铃、广播、电视机、空调等服务设施设备齐全，检修及时，符合客车运用标准。

(4) 车辆外观统一，各部位金属部件无锈蚀；地板无塌陷，地板布无破损、不鼓泡；客车内外部油漆无剥落、褪色、流坠，外观整洁；车窗胶条密封良好，不透气、透尘，不漏水。

(5) 旅客车厢通过台有儿童票标高线、烟灰盒、并有“吸烟处”标志。

(6) 列车始发前不少于1小时，终到后保持供电不少于0.5小时。开车前40分钟内，车内温度应达到规定的温度。

2. 服务备品

(1) 列车的各种服务设施齐全完整，作用良好；布制备品要质地良好，色调协调，实用美观，装饰典雅，清洁卫生；贴身卧具使用纯棉制品，做到消毒、烫平、干燥、整洁、无污渍、无折痕。服务备品齐全，干净整洁、作用良好，定位摆放，颜色、质地与车内环境相协调。贴身卧具（被套、床单、枕套、枕巾）使用纯棉制品，干燥、清洁、平整，无污渍、无破损，折叠整齐，装袋保管，已使用与未使用的分别存放；做到一客一换，终点站收取。

(2) 单程运行时间在24小时以下的列车卧具按每节车厢定员的2.5倍配备。单程运行时间在24小时以上的列车卧具按每节车厢定员的3倍配备。单程运行时间在24小时以下但停站较多的列车的卧具配备可适当增加备率。卧具摆放做到折叠整齐，定位存放。卧具应摆放到卧具柜和乘务室内，对车厢存放空间有限摆放不了的，卧具可装袋放置在硬卧车1、3、5、7号下铺底下（软卧车放置在1、5、9、13号铺下)。

(3) 软、硬卧贴身卧具：床单、被套、枕套（枕巾）做到一人一换，新空列车周期不超过一年，非空调列车周期不超过一年半，受污损的卧具应及时更换。

(4) 车厢有运行区间、内外顺号、活动顺号等标志，以及摄氏温度计、送水壶、保温桶、封闭式垃圾箱（桶）和垃圾袋，清扫工具定位隐蔽存放，配有安全渡板、安全警示带。采用集便装置的厕所配有卫生纸、芳香球，坐式便器配有一次性垫圈。车厢宣传框内容按：简明时刻表、旅行须知、安全须知的顺序配置。

(5) 列车设办公席（点)，配置相关的业务和服务资料，为旅客办理客运业务。列车配备急救药箱，备有常用非处方药品、器械，用药有登记。服务点备有旅行生活必需品和针线包。

(6) 各车厢设施备品配置标准如下。

软卧车：台布，不锈钢果皮盘和带盖垃圾桶，高档防倒热水瓶、防倒架，每个小桌配备花瓶以及旅行服务指南，按定员配置布艺衣架。包房内有棉被、被套、枕套、垫被（垫毯）、床单、枕芯、卧铺套，下铺有靠背套、靠背帘，包房、走廊、其他通道有地毯，边座有套，车窗有纱帘和遮光帘。走廊书报架装有报纸、杂志、旅客留言簿；洗脸间有洗手液（皂）；乘务员室有消毒柜（桶）、细瓷茶杯（有区别标志）、烟灰缸、衣刷、床刷、鞋刷；坐式便器备有一次性垫圈。

硬卧车：台布、果皮盘、旅行服务指南；每格配有热水瓶和防倒架；棉被、被套、枕套、枕巾、垫被（垫毯）、床单、枕芯，车窗有遮光帘，宿营车有挡帘；走廊书报架装有报纸、杂志、旅客留言簿。新空列车有卧铺套、走廊通道有地毯，边座有套。

软座车：台布、不锈钢果皮盘及旅行服务指南；车内有书报架和报纸杂志；座席有质地良好的座席套、头靠套（头枕片）；车窗有纱帘和遮光帘；走廊、通道有地毯；乘务员室有消毒桶、细瓷茶杯（有区别标志）。

硬座车：车窗有遮光帘，配有水桶、送水壶；新空列车座席有座席套、头靠套和纱帘，果皮盘。

餐车：餐、茶、酒具等器皿齐全、完好，酒具规格统一，花色一致；座椅有套，椅子有套和靠背帘，车窗有纱帘和遮光帘，通道有地毯（不包括绿皮车）；台面有棉制台布，摆放花瓶，有四味架、牙签盅、餐巾纸，有清真炊具、餐具和席位牌，悬挂时钟。

三、安全制度

（1）坚持“安全第一，预防为主”的原则。安全、消防组织健全，有组织、有制度、有落实。非正常情况下的应急处置预案健全并具有可操作性。

（2）安全行车，避免发生火灾、爆炸、行包、旅客伤亡和食物中毒事故。

（3）消防器材、紧急制动阀、人力制动机、安全锤等安全设施、设备齐全，标志明显，作用良好。乘务员做到知位置、知性能、会使用。严格执行“三乘联检”制度，安全记录填写内容要完整，记载事项要准确，安全设备故障要及时修复。

（4）安全揭示齐全良好，规格统一规范；做好禁止携带危险品的宣传工作，对可疑携带品进行安全检查；对查没的危险品按规定处理。

（5）做好安全宣传和防范工作，加强巡视，维护车内秩序，无随车叫卖、捡拾、讨要等人员，保持良好的旅行环境。

（6）车门管理做到停开、动关、锁，出站台四门检查瞭望；站停时做好扶老携幼，验票上车；进站提前到岗；在高站台按规定使用安全渡板，挂安全警示标志；临时停车坚守岗位，做好宣传，加强巡视，确保车门锁闭，严禁旅客上下车；列车停站锁闭卧车端门；餐车走廊边门、厨房后门锁闭，有专人管理；与机车连接的客车前部端门、行李车端门锁闭；列车前、后部车厢端门设安全防护栏和安全提示，餐车厨房边门有安全防护栏，列车前、后部车厢端门防护栏和餐车厨房边门防护栏需加锁。

（7）锅炉、茶炉室内无杂物，工作人员离开时加锁（电茶炉室除外），定时检查，防止干烧，非取暖期间锅炉室门封闭；保温桶加锁；餐车灶台、排油烟罩、烟囱、排风扇无油垢，运行中须油炸食物时，使用前进方向第一个炉灶，用油量不超过容器的

1/3；炉灶不用油类点火，不向灶内泼油助燃；锅炉、茶炉室和餐车后厨的排灰孔必须配备有完好的孔盖，炉灰清理作业完毕后要立即封闭，禁止热炉灰排到车外。

（8）安全使用电源，规范使用电器设备；配电室（箱）锁闭，禁止堆放物品。

（9）在车厢中做好禁止吸烟宣传。

（10）旅客发生人身伤害或突发疾病时，应积极采取措施救助，并按规定处理。

四、列车秩序

（1）客运乘务员落实车门口立岗、验票、夜间坐边座及卧车重点旅客进行登记等制度，加大安全防范宣传检查力度，提醒旅客增强安全防范意识，遏制和减少抢劫、盗窃、诈骗旅客财物案件的发生。

（2）维持车厢治安秩序，列车长每二小时巡视不少于一次。列车员要切实掌握车厢动态。对随车叫卖、捡拾乞讨、霸座卖座等扰序人员和闲杂人员，应及时清理和制止，并报告列车长和乘警处理。列车广播要加强宣传，劝阻旅客不要购买商贩出售的食品。

（3）严格乘务管理，杜绝列车雇用“帮工”现象，凡发现列车雇用“帮工”的，追究列车长及相关乘务员的责任。

五、服务要求

（1）做到全面服务、重点照顾，帮助旅客解决旅行困难；尊重民族习俗和宗教信仰，不分种族、国籍、民族，一视同仁。

（2）上岗着装统一、得体，仪容整洁，佩戴职务标志，不穿高跟鞋、尖头鞋、拖鞋，不戴明显饰物，不染彩色头发、指甲，男不留长发、胡须，女乘务员可淡妆上岗，发不过肩。

（3）姿态端正。立岗姿势规范，精神饱满；服务时，态度和蔼，表情自然，举止文明，庄重大方。

① 使用普通话，用语文明，表达准确，口齿清晰；对旅客称呼恰当。

② 旅客问讯时应面向旅客站立（列车办公席办理业务时除外）、有问必答，回答准确，对旅客提出的问题不能解决时应耐心解释。

③ 在旅客多的地方行走时要先示意后通行，与旅客走对面时要主动让路，不与旅客抢行；挪动旅客物品时，应征得旅客同意。

④ 为旅客服务遇有失误时，应向旅客表示歉意；对旅客的配合与支持应表示感谢。

⑤ 夜间作业、行走、交谈、开关门要轻；运行中，工作人员不应影响旅客使用洗脸间；餐车供餐时，工作人员不应在餐车逗留、闲谈、占用座席、陪客人就餐；及时提醒旅客做好下车准备，卧车到站前 30 分钟为下车旅客换票，不干扰其他旅客。

（4）熟知本岗位业务知识，执行规章、制度、作业标准；熟练操作设备设施，具备妥善处理突发情况的能力。

（5）实行首问首诉负责制。各车厢设旅客留言簿，列车长及时审阅、处理旅客留言；在醒目位置公布列车担当单位投诉受理电话、通信地址、邮政编码，24 小时接受旅客投诉并及时处理。

（6）空调列车始发前40分钟和运行途中，车内温度保持在冬季18～20℃，夏季24～28℃；非空调列车冬季不低于16℃，夏季超过28℃时使用电风扇。

（7）车内有充足的灯光照明和应急照明设备，车厢照明照度不低于75 lx，厕所不低于50 lx，餐车供应时不低于100 lx。夜间运行时，硬卧车关闭顶灯、开启地灯，软、硬座车关闭半夜灯（始发、终到站及客流量大的停站除外）。

（8）做好乘降宣传，有序组织旅客上下车；开车后疏通通道，帮助重点旅客安置席位、放置物品；到站前疏通通道，帮助重点旅客到车门口准备下车；站停时扶老携幼，验票上车。

（9）列车运行中，按规定查验车票，及时、准确为旅客办理补票业务和携带品超过规定的补费手续，剩余铺位公开发售。

（10）遇列车晚点，及时向旅客通告晚点时间。晚点超过30分钟时，列车长代表铁路部门向旅客道歉，并积极做好服务工作。

（11）运行在市区、长大隧道、大桥和站停3分钟以上的停车站应锁闭厕所；中途停车站提前5分钟、终到站提前10分钟锁闭厕所，对特殊情况急需使用厕所的旅客，应提供方便。

（12）在始发站、终到站和中途停车5分钟及以上的车站使用安全渡板；始发站、终到站使用安全警示带。

（13）行李车货仓保持干净，行包装载大不压小、重不压轻，平稳牢固，堆码整齐，不堵车门并留有不少于50厘米宽的通道，不应超载、偏载，货仓门、端门锁闭；查验押运人员车票，告知安全注意事项并登记。

（14）严格执行卫生防疫和“消、杀、灭”制度，旅客列车“消、杀、灭”队伍实行专业化管理，日常“消、杀、灭”工作每月进行一次，夏季相应增加次数，发现鼠、蟑、虫等病媒生物，应随时“消、杀、灭”，列车段“消、杀、灭”工作应有专人负责，“消、杀、灭”有详细的台账记录，确保旅客列车鼠、蟑、虫等病媒生物密度符合规定。

（15）收费项目和标准公开，符合国家规定。

（16）票据、现金妥善保管；票面完整、清晰，内容准确，填写规范。

（17）发现旅客遗失物品应妥善保管，设法归还失主，无法归还时编制客运记录交到站处理。

六、环境卫生

1. 一般性要求

车容庄重整洁，美观大方。行李架物品摆放牢固、整齐，衣帽钩仅限挂衣帽、服饰；各种服务标志齐全；铺、座套、窗帘、卧具色调协调，摆放整齐；备品定位，清扫工具隐蔽。

发布广告符合广告法规，设置规范安全，与车内环境相协调，不影响列车应有的服务功能；不挤占规定的铁路图形标志、业务揭示、安全宣传等内容和位置。在餐车、软

(硬) 座车每侧板壁和卧铺车走廊一侧板壁设置广告时不应超过 2 处，车内其他位置和车体、运行区间牌、门窗玻璃不应设置广告；不应使用不干胶材料粘贴广告。

2. 始发、折返站标准

车厢内外干净，物见本色，无灰尘，无积垢、无卫生死角；洗脸池、洗手盆无堵塞、无污垢；通过台、地面无烟头、垃圾；车容整齐，窗帘、留言簿及清扫、服务用具定位、统一。餐厅做到墙壁、壁灯、陈列柜清洁无积尘，座椅（坐箱），地面无污渍，边角无垢；厨房做到灶台、操作台、水槽、炊具无油垢，冰柜（箱）、茶炉、蒸饭器清洁无杂物，隔水板、地面、边角干净。

3. 途中标准

车厢内保持清洁，地面随脏随扫；厕所干净、无异味；乘务室、洗脸间干净无杂物，通过台地面无烟头、垃圾；通过台烟灰盒、厕所卫生桶清理及时；茶桌、窗台、面镜洁净；洗脸池（台）、洗手盆无堵塞、污垢，洗脸间、车厢连接处保持干燥；包房、走道地毯干净、平整。垃圾袋印有使用单位标志；垃圾装袋、封口，在指定站投放；禁止向车外扫倒垃圾、抛扔杂物。

4. 库内整备

(1) 整备作业实行客运乘务工作与客车库内整备作业分离，列车乘务员专门负责乘务工作，确保精力充沛，做好途中旅客服务和清洁卫生等工作。

(2) 车底在始发站和折返站的卫生保洁、卧具更换、备品配备及上水等由专人负责，卧具整备不落地，确保达到质量标准要求。

七、饮食供应

(1) 列车饮食供应实行全程服务，提供品种多样、质价相符、有特色的中西餐、酒、茶等服务，根据旅客需要，提供点餐、送餐等多种服务。

(2) 卫生管理制度健全，有卫生许可证，从业人员卫生合格，穿着规定服装，佩戴标志，上岗持有健康证；餐车环境卫生整洁，卫生无死角。

(3) 执行食品卫生法规，确保食品卫生；餐料的采购、保管、加工、销售符合食品卫生规定；餐、酒、茶具清洁，消毒合格；食品加工用具（如刀、板、墩、盆）及冰箱保持清洁，生、熟分用并有标记，餐料、食品生熟分开存放；不出售无生产单位、生产日期、保质期和过期、变质食品；销售无包装直接食用的食品时有防蝇、防尘措施，不徒手接触食品。

(4) 一次性餐具必须使用可降解或可回收的环保材质，餐食应符合卫生要求，禁止销售存在旅客人身安全隐患、影响列车环境卫生的食品。

(5) 严格路内干部职工和“三乘”人员餐车就餐制度，建立就餐登记台账，铁路内部人员、上车检查工作的单位和个人及关系单位人员在餐车就餐，饭菜质量、价格与旅客一视同仁，不得搞特殊，并实行当餐当结制度。

(6) 保证饮用水供应，热水瓶、保温桶水满，途中不间断供水；非空调列车编组按座车每三辆、卧铺车每四辆编挂不少于一辆茶炉车，并保证正常使用。

八、列车经营

（1）规范旅客列车经营销售行为，列车上经营的商品原则上与旅客旅行生活相关，商品销售人员在销售商品时，必须做到明码标价、一货一签，坚持旅客自愿购买的原则，严禁纠缠旅客或搭售商品，严禁出售假冒伪劣产品，严禁频繁穿梭叫卖、演示商品性能和使用小喇叭，夜间运行时（夜间22点至早晨7点），不准进入车厢销售。列车编组在14辆以内时，售饭、售货推车不超过3辆，编组15辆以上时，售饭、售货推车不超过4辆。列车经营应按旅客要求提供发票。

（2）规范旅客列车经营服务项目，禁止路外企业和人员在旅客列车上从事经营活动，旅客列车售货必须专人负责，每趟车不得超过3人，从业人员为铁路职工，列车长统一管理，售货人员的着装和工号牌与主业客运人员有明显区分，并随身携带上岗证和健康证。列车上可开办介绍住宿、旅游的经营项目，由列车班组负责代办，代办企业的资质须经路局客运部门审批，与相关企业签订完备的经营合同。

（3）规范列车配货、补货渠道，列车始发配货和途中补货，其上车商品和清单必须经列车长核对签认，列车长负责监督检查，做到“一货一签”。

（4）要严格落实饭菜品种定值、定量、定加成率、定售价的规定，确保饭菜质价相符。旅客列车餐车的加成率规定如下。

① 餐车经营综合加成率不得超过50%。

② 餐车经营的盒饭加成率不得超过40%，餐车经营的各种炒菜和供应夜宵加成率不得超过60%。

（5）规范餐车茶座经营，餐车开办休闲茶座须报路局客运主管部门审批，休闲茶座经营做到明码标价，质价相符，营业时间为夜间22点至凌晨5点。禁止餐车以供应夜宵名义变相卖座。下列情况视为变相卖座。

① 连顿包餐，旅客连续在餐车休息的。

② 供应夜宵只有套餐，没有另点菜肴或加成率超过60%。

③ 夜宵没有明码标价。

九、广播宣传

（1）列车广播系统作用良好，输出音量适宜、清晰无杂音。除播报到站、时刻和应急广播外，主要播音内容实现录音化。配备数字广播机的列车的播音内容全部实现预制和计算机或移动硬盘存储，娱乐节目定期更新。

（2）广播以方便旅客旅行生活为主，内容丰富，形式多样，健康活泼，语音清晰，音量适宜，常播内容录音化；按时转、录播中央人民广播电台新闻节目；及时通报列车到站、到开时刻、中转车次；广播不干扰旅客正常休息；可根据需要做好专题宣传。

（3）广播员除做好正常播音工作外，还应根据途中列车运行状况和在发生突发事件时，及时做好应急广播宣传。

（4）闭路电视播放的节目应由党委宣传部门和客运业务部门共同负责审核确定。

十、基础管理

乘务组在列车长的领导下按各工种岗位说明书分工协作，开展乘务工作。

（1）管理制度健全，岗位作业规范，做到工作标准化、作业程序化。按规定查验车票。乘务组有消防、治安、民主管理组织，做到组织健全，责任落实。

（2）台账资料齐全，记录及时、准确。票据、台账、报表填写规范、数据准确、保管完整。

（3）定期对职工进行职业技能培训，不断提高职工的业务水平和实作能力。

（4）车辆设施无违规改造和挪作他用现象。不违规占用乘务员室、厕所、行李车货仓、客车铺位、座席、行李架、储藏室等。

（5）宿营车备品摆放定位，卧具、挡帘干净整齐；乘务员使用铺位固定，有用铺定位图。

（6）定期分析服务质量状况，制定改进措施，完善管理制度。

附录 F

高速铁路车站站前广场安全应急预案

一、高速铁路车站站前广场火灾应急预案

1. 应急响应

（1）各级员工应尽快发现、及时处理、减少损失、缩小影响。

（2）疏散转移现场无关人员和附近的危险物品和无关设备。

（3）做出迅速反应，判明火势大小，根据现有消防能力决定是否报警。

（4）如需消防部门协助救援，报警时要迅速、准确、清晰、详细地讲明火场地点、燃烧物、火势和报警人员姓名、联系电话并做好详细记录。

（5）如需医疗救护部门协助救援，要讲明事发地点、火情、伤亡情况，可能造成的人员伤害情况及报警人员姓名、联系电话并做好记录。

（6）如需公安保卫部门协助救援，要讲明事发地点、火灾范围、现场情况、初步判定的事发原因和需要协助的要求及报警人员姓名、联系电话并做好详细记录。

（7）保持信息沟通渠道畅通有效，并做好信息传递记录。

（8）安全保卫部指派专人等待、引导外部救援人员和车辆，清理救援通道，确保道路畅通。

（9）指定专人登记伤亡人员数量、姓名、伤情和转移目的地。

（10）根据灾情，组织人员撤离现场。

2. 发生火灾后的应急措施与抢救方案

（1）职工发现火情后，立即向车站应急指挥办公室报告，火情确认后，车站应急指挥办公室通知车站应急指挥部及相关部门、人员赶赴现场进行抢救。

（2）根据火情，拨打 119 报警电话。

（3）对初起小火，在场人员使用附近的灭火器材及灭火工具迅速将火扑灭，然后报告综合管理部。

（4）起火点附近的部门在组织本部门人员采取灭火行动，在车站应急指挥部领导赶到现场后，根据指示继续进行灭火工作。

（5）工程管理部在接到通知后，应立即赶至现场，根据指挥人员的命令，调配人

员采取断电、供水、照明等技术措施。

(6) 综合管理部等相关部门应视火情，根据应急方案抢运、调配救灾物资。

(7) 医务人员接到命令后应立即赶至现场，按照现场指挥人员的指令，做好救治、转运伤员的工作。

(8) 安全保卫部根据现场指挥人员的部署做好人员的疏导工作。

(9) 其他部门在没有接到车站应急指挥部的命令时，必须坚守岗位，严守现场。根据灭火情况，车站应急指挥部调动各部门人员赶赴现场进行更大规模的扑救工作。

3. 发现火险的行动措施

(1) 安全保卫部巡视人员或其他岗位人员在发现火情，且火势不大时，要及时进行补救，并将详细情况上报（时间、地点、火源、燃烧物、附近情况等）本部门领导。

(2) 火势较大或预计无法控制时，迅速上报应急指挥部，在取用附近消防器材扑救的同时，注意维护现场秩序，阻止无关人员盲目冲进火场，等待消防人员前来救火。

4. 接到报警的行动措施

(1) 车站应急指挥办公室要详细记录报警人的姓名、部门。

(2) 车站应急指挥办公室要冷静、详细地了解火情发生的位置和火势大小。

(3) 车站应急指挥办公室要迅速将火势情况上报车站应急指挥部。

(4) 车站应急指挥部要立即赶赴现场调查了解情况。查明火情的具体位置、燃烧物品、燃烧范围及火势走向；查清火源和起火原因；查明火场的详细情况，有无人员被困等。

(5) 在确定火情后，由车站应急指挥部现场负责人视火情大小，迅速做出是否通知消防队的决定。

(6) 车站应急指挥部要在便于指挥，方便联络的地方设立现场应急指挥部。现场所有人员均需服从现场应急指挥部的领导和指挥。

5. 各有关部门的任务

(1) 所有铁路职工在发现火情后，都有报告险情、扑救火灾、协助事故调查处理的责任。

(2) 车站应急指挥办公室负责掌握全面情况，做好上传下达工作。

(3) 现场应急指挥部负责现场的指挥工作。

(4) 综合管理部负责救援车辆的调集工作。

(5) 各单位兼职消防员在接到报警后，立即携带消防灭火器材和工具赶赴现场进行扑救。

(6) 安全保卫部的任务。

① 安全保卫部的消防组成员要携带通信器材和必备物品赶赴现场进行灭火。

② 内勤人员要坚守岗位，保持与消防、公安部门的联系。

③ 做好迎接消防车辆到达现场的引导工作，并配合他们进行抢救。

④ 保安人员要阻止一切无关人员进入现场并要担负防止治安案件发生的重任。

⑤ 加强对要害部门的巡逻和戒备。

(7) 工程管理部的任务。

① 携带抢险工具进入现场进行设备抢修，清理障碍物等工作。

② 切断失火部位的电源，防止引发电气火灾。

③ 保证救援用水。

④ 提供救援所需的临时照明。

(8) 医务室的任务。

① 值班医务人员迅速准备好抢救受伤人员的药品和担架等器材。

② 组织抢救受伤人员并根据情况送往医院。

③ 负责与地方医疗部门的沟通。

6. 组织疏散

现场应急指挥部下达疏散命令，各有关部门按照疏散计划组织疏散。

(1) 广播室在接到现场应急指挥部的疏散命令后，立即反复用中英文进行10分钟不间断的广播通知。通知的主要内容是要求旅客听从高速铁路车站工作人员的指挥，在工作人员的引导下，有序地从最近的安全疏散通道撤离。

(2) 从起火区域开始，沿火场周围区域依次疏散。

(3) 人员疏散顺序：旅客、一线职工、二线职工、管理人员、指挥人员、安保人员等。在疏散的过程中要优先帮助老、弱、病、残和妇女、儿童等人员撤离。

(4) 在疏散的过程中要将易燃品和煤气罐、氧气瓶等危险品迅速进行转移。

(5) 在人员撤离后，安保人员配合协助专业消防人员一起检查每一个角落，确认无滞留人员后，方可撤离。

(6) 在人员疏散到安全地带后，要将人员进行集中核实，再次确认火场内无滞留人员，最后将清点人员的情况上报指挥中心。

7. 善后处理

(1) 保护好现场；(2) 配合相关部门取证；(3) 与保险公司联系；(4) 进行事故调查和总结经验教训。

二、防爆应急处置预案

1. 目的

指导全体员工掌握处置爆炸物品的办法。

2. 范围

高速铁路车站站前广场管辖范围内的危险爆炸品均在应急处置的范围内。

3. 职责

(1) 全体铁路职工在高速铁路站前广场管辖范围内发现可疑危险爆炸物品时，都有报警和协助进行案情调查的责任。

(2) 车站应急指挥办公室负责掌握全面情况，做好上传下达工作。

(3) 综合管理部负责救援车辆的调集工作。

(4) 现场应急指挥部负责现场的指挥工作。

(5) 安全保卫部的任务。

① 安全保卫部组织的消防组成员进行爆炸物爆炸后发生火灾的扑救工作。

② 内勤人员要坚守岗位，保持与消防、公安部门的联系。

③ 做好迎接消防车辆到达现场的引导工作，并配合他们进行抢救。

④ 保安人员要阻止一切无关人员进入现场并要担负防止治安案件发生的重任。

⑤ 加强对要害部门的巡逻和戒备。

⑥ 安保人员负责现场搜索、组织疏散人员、排除险情、保护现场及善后处理等工作。

（6）工程管理部的任务。

① 及时清理通道障碍物。

② 切断失火部位的电源，防止引发电气火灾。

③ 负责抢险物资的供应，确保通信、照明、供水系统正常运行。

（7）医务室的任务。

① 值班医务人员迅速准备好抢救受伤人员的药品和担架等器材。

② 组织抢救受伤人员并根据情况送往医院。

③ 负责与地方医疗部门的沟通。

4. 报警程序

所有铁路职工在发现可疑爆炸物品后应立即向安全保卫部门报警，讲清自己的姓名，所在部门及发现的可疑物品、爆炸物的放置地点和现场基本情况，同时要保守秘密以免引起旅客的恐慌。严禁谎报，如有谎报将追究谎报者的法律责任。

5. 接警程序

（1）接获报警人员：详细记录报警时间及报警人员讲述的情况，立即通知安保值班队长及高速铁路车站领导。接获任何恐吓电话，须保持镇定，争取与对方详谈，留意对方电话的背景音及有何要求，将恐吓电话内容通知上级领导。

（2）接到报警的领导：对相关信息迅速作出正确判断，部署下一步工作。

（3）安保人员：按照现场应急指挥部或上级领导的部署，携带防爆毯赶赴现场进行搜索。

6. 现场处置程序

（1）安全保卫部在接到报警后，按照应急处置方案立即展开工作。

（2）安保人员使用专业探测设备搜索可疑物品，当搜索到可疑物品后，对相关区域进行封锁。

（3）安保人员不得轻易拨弄、移动爆炸（可疑）物品。对当即能够判定的爆炸物品如雷管、导火索、定时器及自制爆炸装置，要立即罩上防爆毯，并在现场周围拉上警戒绳，设立警戒、警示标示，疏散围观职工和旅客。

（4）现场应急指挥部通知公安部门，报告爆炸（可疑）物品的形式、数量及位置，并按照公安部门的要求进行前期处理工作。

（5）安保人员在做好现场保护的同时，加强对周边地域的巡视检查，严防犯罪分子声东击西或连续作案。待公安人员到达现场后，听从指挥，并为其排除爆炸（可疑）物品提供一切便利条件。

7. 组织疏散

现场应急指挥部下达疏散命令，各有关部门按照疏散计划组织疏散。

（1）公安部门的专业人员要在现场排除险情时，现场应急指挥部应立即做出疏散决定。

（2）广播室在接到现场应急指挥部的疏散命令后，立即反复用中英文进行10分钟不间断的广播通知。通知的主要内容是要求旅客听从高速铁路车站工作人员的指挥，在工作人员的引导下，有序地从最近的安全疏散通道撤离。

（3）从爆炸物所在区域开始，沿爆炸物品周围区域依次疏散。

（4）人员疏散顺序：旅客、一线职工、二线职工、管理人员、指挥人员、保安人员等。在疏散的过程中要优先帮助老、弱、病、残和妇女、儿童等人员撤离。

（5）在疏散的过程中要将易燃品和煤气罐、氧气瓶等危险品迅速转移。

（6）相关部门要组织有关人员做好发生爆炸后引起火灾的预防和灭火准备工作。组织人员做好旅客的宣传疏导工作，避免发生秩序混乱。

（7）在人员撤离后，安保人员配合公安部门的人员一起检查每一个角落，确认无滞留人员后，方可撤离。

（8）在人员疏散到安全地带后，要将人员进行集中核实，再次确认现场内无滞留人员，最后将清点人员的情况上报指挥中心。

8. 发生爆炸后的处理

（1）安保人员在接到爆炸事故的通知后要立即赶赴事发现场，设立警戒线，保持现场原状，等待公安机关人员来勘查现场。同时，搜索可疑物品和可疑人员。

（2）组织有关人员在本单位责任区域范围内进行仔细的检查，以防还有其他爆炸物品。

（3）若由于爆炸引起火灾事故的发生，相关部门按照消防应急处置预案进行处置。

9. 善后处理

（1）保护好现场；（2）配合相关部门取证；（3）与保险公司联系；（4）进行事故调查和总结经验教训。

三、大型设施设备意外事故应急预案

设备在运行中突发故障，岗位操作人员应立即关掉电源开关，迅速将设备周围乘客带离现场，确认所有旅客安全后，立即向上级汇报情况并及时通知维修人员进行检修。

（1）及时转移易燃、易爆危险物品和贵重设备。

（2）抢修因事故受损坏的需应急使用的设施设备。

（3）关闭可能会使事故扩大或引发其他事故的设施设备。

（4）水管破裂、电气事故应先关闭设施总闸。

（5）停电事故，应及时启动发电机以保障应急设备的正常运行。

四、高速铁路车站站前广场重大活动安全保卫预案

1. 目的

确保在重大节日、重要接待任务，以及举办大型活动期间的安全保卫工作万无一失。

2. 范围

重大节日、重要纪念日；党和国家领导人及外国政府首脑、政要来高速铁路车站站前广场指导和参观；人大、政协两会期间；举办大型活动。

3. 职责

（1）安全保卫部负责主持全面工作。

（2）综合管理部负责协调各项安全保卫工作的具体实施及运输、后勤保障等工作。

（3）车站办公室负责内外部的协调、信息的传递工作。

（4）其他相关部门负责各自职责范围内的安全防范事宜，配合安全保卫部的工作。

4. 成立安全保卫领导工作小组

（1）上面第 2 条规定的范围出现时，领导小组即告成立。

（2）站级领导为安全保卫领导小组核心人员，其他成员职责则按照具体情况，在活动前制定。

5. 前期准备

（1）按照公安、消防部门的要求进行检查部署。积极协助公安、消防部门做好安全保卫工作。

（2）自查自纠。由各单位自行开展检查，主要检查责任区内是否存在安全隐患，如存在隐患则妥善解决，难以自行解决的上报安全保卫部，同时采取切实可行的措施予以控制。自查自纠要进行详细的记录。

（3）各职能单位专项检查。安全保卫部、综合管理部要重点检查要害部位的防火、防爆、防抢等措施的落实情况，检查有无安全隐患。工程管理部主要检查重点部位电器设备设施的安全使用情况。

（4）高速铁路站前广场联合大检查。由高速铁路车站主要领导带队，安全保卫部综合管理部、车站办公室和各部门主管领导组成联合检查组，对高速铁路车站站前广场范围内的娱乐场所、办公区域、停车场等所有区域进行全方位的综合检查。

6. 任务分工

（1）信息联络。由综合管理部或安全保卫部负责与外界公安、消防及上级主管部门进行沟通。车站办公室主要负责内部协调和上传下达。

（2）数据统计。由安全保卫部负责将停车场、治安组上报来的来宾车辆及人员数量统计、汇总报有关方面。

（3）组织疏散。安全保卫部负责在发生意外时，按照相应的预案组织疏散。

（4）现场警卫。

（1）安全保卫部配合公安、消防等部门做好现场警卫工作。

（2）在遇有重要接待任务时，根据公安部门的要求，由高速铁路车站领导和综合管理部、安全保卫部会同其他相关部门组成临时警卫组，对警卫对象实施有分寸的近身警卫。近身警卫主管人员要事前对现场地形地物进行勘查和熟悉，在实施保卫的过程中，要选择合适的位置和行进方向，既便于做好警卫工作又要注意不要遮挡警卫对象的视线和行进路线，也不要挤掉主要陪同人员的位置，同时尽可能避开新闻摄像镜头。在人员拥挤的情况下，要严密注视周围的动向，一旦秩序混乱，在警卫对象周围迅速形成保卫圈，保护其迅速撤离现场，严禁“脱岗”，确保警卫对象的绝对安全。

（3）在重大活动现场，由安保人员组成警卫组进行巡视检查，发现安全隐患及时妥善处理，对扰乱现场秩序的人员迅速强行将其带离现场，同时尽可能避免引起周边人员的注意和骚动。

（4）现场处置。安全保卫部负责人在发生治安事件或突发事件时须保持冷静，及时妥善处理相关问题，必要时与公安机关进行联系，寻求帮助。

（5）现场抢险救护。一旦发生突发伤害事件，按相应的预案妥善处置。

7. 相关规定和原则

（1）活动的筹办部门要及时向安全保卫部通报活动的内容和性质。

（2）根据活动现场的具体情况和活动的性质设定相应的岗位，布置安全保卫力量，确定上岗人员名单。

（3）各部门要对职工进行岗前动员，讲解相关的安全注意事项。

（4）安全保卫部负责对车辆进行管理，保障来宾车辆及车内物品的安全。

（5）如发生突发事件按相应的预案执行。

8. 工作目标

（1）保证重大活动的顺利进行。

（2）保证重要来宾的绝对安全。

（3）保证参加重大活动人员的人身、财产安全。

（4）保证高速铁路车站站前广场的正常秩序。

五、紧急疏散处置预案

1. 目的

指导职工在发生火灾、爆炸及有毒、有害化学危险品扩散时，安全有序地协助旅客快速逃生。

2. 范围

适用于高速铁路车站站前广场区域内发生火灾、爆炸及有毒、有害化学危险品扩散时人员的疏散。

3. 职责

（1）现场应急指挥部根据现场情况下达紧急疏散命令，并按照《应急指挥预案》行使职责。

（2）应急指挥办公室负责现场具体事务的协调。

（3）应急指挥办公室负责统一对外的宣传口径和上传下达。

（4）安全保卫部负责维护现场及各疏散通道口的秩序，进行现场检查、保护，防止次生灾害事故的发生。把守重点部位和贵重物品，接受其他救助。

4. 疏散程序

（1）现场应急指挥部在接到报警后，应迅速赶赴现场进行疏散指挥，对所发生事件的事态做出准确判断，迅速组织疏散。

（2）若紧急事态尚可控制，只需要局部疏散时，指挥部下达二级疏散命令；若紧急事态严重，需要整体疏散时，现场应急救援指挥部下达一级疏散命令。

（3）疏散的顺序：事故发生区域、事故发生周边区域。

（4）人员疏散程序：旅客、一线职工、二线职工、一般管理人员、指挥部成员、安保人员、安全保卫部负责人。

（5）疏散行走路线：进入就近的安全疏散通道直至安全的开阔地带。

（6）车站广播室在接到现场应急指挥办公室的疏散命令后，立即对需疏散区域反复用中英文进行 10 分钟不间断的应急疏散广播，并对不需要疏散的区域进行安抚播放，确保不需要疏散的区域秩序良好。

5. 具体行动方案

（1）应急指导挥办公室值班人员在接到报警后，要迅速通知安全保卫部领导和车站领导，并做电话记录，根据领导的指示进行下一步工作。

（2）现场应急指挥部按照应急预案组织开展工作。

（3）安保人员维护现场秩序，阻止无关人员进入现场。

（4）各单位在接到报警后，当班领导要迅速赶到事发现场按照应急预案开展工作。

（5）相关人员按照职责分工实施抢险、财务保护、旅客、职工的引导疏散。在所有人员撤离到安全地带后清点人数，并将清点的人数上报现场应急指挥部。

① 负责现场疏导的人员负责向旅客指示疏散的方向。

② 先护送老弱幼病残及妇女、儿童先行到达安全区域。

③ 现场疏导人员在确认无旅客滞留后迅速撤离。

④ 安全保卫部在确认事故现场无人员滞留后，立即对现场实施警戒，阻止无关人员进入。

⑤ 相关单位领导派人对本单位的疏散人员进行清点后，将清点人数及时上报现场应急指挥部。

⑥ 有关单位的领导在完成上述工作后，迅速向现场应急指挥部报告，等待下一步的指示。

6. 通信畅通

现场应急指挥部成员在完成一级疏散任务的指挥后迅速撤离，并保持与现场有关人员的通信联系，随时了解现场情况。

7. 发布

事故发生造成的损失等所有数据统一上报现场应急指挥部。由应急指挥办公室全权负责对外说明事故的情况，其他人员无权对外谈论任何情况。

8. 其他

火灾、爆炸（含爆炸可疑物）及有毒、有害化学品等事故的现场保护、清理及善后工作按照各类紧急应对预案实施细则执行。

附录 G

某铁路局高速铁路客运非正常情况应急处置办法

1. 站车发生火灾、爆炸时的应急处置预案

（1）动车组列车发生火灾、爆炸时的应急处置预案。

① 动车组列车工作人员（含司机、随车机械师、乘警、客运、餐饮、保洁等人员，下同）发现或接到旅客反映车厢内有爆炸、明火、冒烟，以及消防设施报警时，应立即施救并通知列车长。列车长接到通知后，应会同随车机械师、乘警进行现场确认。

② 在确认发生火灾或爆炸后，列车工作人员应立即启动紧急停车装置（或按下火灾报警按钮），同时列车长（或随车机械师）立即通知司机。停车后，司机应立即向列车调度员或车站值班员（车务应急值守人员，以下同）报告，配合列车长、随车机械师、乘警进行火灾扑救、旅客疏散等工作。有制动停放装置的由司机负责实施防溜，无制动停放装置的由随车机械师做好防溜、防护工作。

③ 列车长应立即指挥扑救，乘警、随车机械师等列车工作人员应积极配合；同时组织事故车厢的旅客向安全车厢疏散。

④ 全部人员向安全车厢疏散完毕，火势仍未得到有效控制，需向地面疏散时，列车长应立即通知司机、随车机械师或其他列车工作人员关闭通道阻火门。司机根据列车长的请求，向列车调度员报告，请求向地面疏散。

⑤ 组织旅客疏散时，必须扣停邻线列车。司机在接到列车调度员已扣停邻线列车的口头指示后，立即通知列车长，列车长接到司机通知后应立即指挥列车工作人员打开车门，根据需要安装好应急梯，组织旅客向地面安全地带疏散。

⑥ 列车工作人员应维护好旅客疏散秩序，确保人员安全。

⑦ 列车工作人员应对受伤人员开展紧急救护，并做好对重点旅客的服务工作。

⑧ 列车工作人员应积极配合公安部门保护好事故现场，协助调查取证。

⑨ 如遇火灾危及旅客安全，又未能及时接到扣停邻线列车的命令，列车长应会同

司机，组织列车工作人员打开运行方向左侧车门（无线路一侧），结合现场实际，确定旅客疏散方向和疏散方式，列车工作人员应做好旅客安全宣传和防护工作，严禁旅客跨越线路。

⑩ 疏散旅客时，乘务人员应迅速采取口头宣传或由司机使用广播宣传方式，安定旅客情绪，组织起火车厢的旅客向邻近车厢疏散。列车停稳后，列车乘务人员从指定车厢取出安全梯，打开规定车厢（2 号、5 号、7 号车厢，大编组增加 10 号、13 号、15 号车厢，根据实际情况可应急调整）列车运行方向左侧的车门，按一个车门二名工作人员分工，一人车下、一人车上，组织旅客向车下安全地带疏散。列车乘务员要防止旅客盲目打破车窗玻璃跳车的行为，以避免发生意外。疏散旅客时应遵循以下原则：

- 严禁在未做好防护的情况下，擅自打开车门让旅客下车。
- 停车后列车乘务员应按分工迅速做好防护措施，组织旅客下车并将旅客引导至安全地带，应指派专人负责防护，防止旅客返回起火列车。
- 在接触网未停电前，列车乘务人员应严格遵守电气化区段作业安全办法和人身安全的有关规定并向旅客做好宣传。

（2）车站发生火灾、爆炸时的应急处置预案。

① 车站工作人员发现或接到旅客反映站内有爆炸、明火、冒烟，以及消防设施报警时，应立即向消防部门报告火情并向车站综控室值班干部报告。综控室值班干部立即通知有关人员立即到现场进行事故确认和处置，同时亲自赶赴现场。

② 在确认发生火灾、爆炸后，车站值班干部负责现场指挥救援，并将事故情况首先上报铁路局客运调度员，之后将事故情况逐级上报。

③ 现场工作人员应组织旅客安全有序地撤离事故现场，同时做好受伤人员的紧急救护和重点旅客的服务工作。

④ 车站工作人员应配合公安部门保护好事故现场并积极协助公安部门进行调查取证。

⑤ 具体处置流程依据《××铁路局高速铁路公共场所消防火灾事故应急处置办法》执行。

2. 动车组列车晚点的应急处置预案

（1）动车组列车应急处置预案。

① 列车运行晚点超过 15 分钟时，列车长应及时联系列车运行地所在局客运（客服）调度员或通过司机联系列车调度员，了解晚点原因和列车运行情况，代表铁路部门向旅客致歉并通报晚点原因，每次致歉间隔时间不超过 20 分钟。

② 列车工作人员应加强车厢巡视，掌握旅客动态并做好宣传、解释、服务工作，稳定旅客情绪，维护好车内秩序。

③ 列车晚点 1 小时以上且逢用餐时间时，列车长应提前统计车上旅客人数，通过司机向列车调度员报告，列车调度员通知客运（客服）调度员，客运（客服）调度员接到信息后，应安排前方停车站为列车提供饮、食品，列车免费为旅客提供。

（2）车站应急处置预案。

① 动车组列车运行晚点超过 15 分钟时，车站应及时与客运（客服）调度员联系，

了解晚点原因和列车运行情况，代表铁路部门向旅客致歉，并通报晚点原因，每次致歉间隔时间不超过20分钟。

② 车站应掌握售票、候车及旅客滞留情况，维持好站内秩序，并立即向客运主管部门报告。

③ 列车晚点1小时以上且逢用餐时间时，车站应免费为等候该次动车组列车的旅客提供饮、食品；按客运（客服）调度员的安排，为晚点动车组列车提供饮、食品。

④ 车站应加强列车运行信息公告，积极地为有需要的旅客办理退票、改签。

（3）需要启用热备车底时，按照《动车组启用热备车底客运应急处置预案》执行。

3. 站车发生重大疫情时的应急处置预案

（1）动车组列车发生重大疫情时的应急处置预案。

① 动车组列车上发现疑似鼠疫、霍乱等重大疫情的病例或接到动车组列车上有疑似病例的通知时，列车长应立即向司机和客运段、客服调度、客运处报告，司机向列车调度员报告，列车调度员立即向值班主任报告，值班主任立即向铁路疾控部门报告。

② 列车调度员根据铁路局有关部门确定的处置方案，安排动车组在指定车站停车。列车长接到在指定站停车的通知后，做好疾控人员上车和疑似病例交站等相关准备工作，车站及铁路疾控部门做好接车后的紧急处置准备。

③ 列车长应组织隔离传染病人、疑似病人和密切接触者，紧急疏散其他旅客，并对有关人员进行登记。

④ 列车长应组织封锁已经污染或可能污染的区域，同时做好被隔离人员的交站准备。

⑤ 列车长在指定停车站将传染病人、疑似病人、密切接触者和其他需要跟踪观察的旅客及相关资料移交车站和铁路疾控部门。

⑥ 乘警应维护好车内秩序，确保区域封锁、旅客隔离、站车移交等工作正常开展。

⑦ 铁路疾控部门应上车对已经污染或可能污染的区域进行消毒。铁路疾控部门确认处置完毕后，方可解除区域封锁。

⑧ 站车应积极配合现场的医疗和疾控部门工作。

（2）车站发生重大疫情时的应急处置预案。

① 车站发现疑似鼠疫、霍乱等重大疫情的病例或接到车站有疑似病例的通知时，应立即向铁路疾控部门、客运处报告。

② 车站应指定专人着“防护服”隔离传染病人、疑似病人和密切接触者，紧急疏散其他旅客，并对有关人员进行登记。

③ 车站应封锁已经污染或可能污染的区域，由铁路疾控人员对该区域进行消毒。

④ 车站应将传染病人、疑似病人和密切接触者及其他需要跟踪观察的旅客及相关资料移交铁路疾控部门。铁路疾控部门确认处置完毕后，方可解除区域封锁。

⑤ 公安部门应维护好站内秩序，确保区域封锁、旅客隔离和疏散等工作正常开展。

⑥ 车站应积极配合现场的医疗和疾控部门工作。

4. 站车发生旅客食物中毒事件时的应急处置预案

（1）动车组列车发生旅客食物中毒事件时的应急处置预案。

① 动车组列车发生旅客疑似食物中毒事件，列车长应立即向司机和客运段、客服

调度、客运处报告，司机向列车调度员报告，列车调度员立即向值班主任报告，值班主任通知铁路疾控部门。

② 需停站处置时，列车调度员应安排动车组列车在最近具备医疗抢救条件的车站停车并通知该停车站做好抢救准备。

③ 列车工作人员应对有关人员进行登记，封锁现场，封存可疑食品、餐具等。铁路疾控部门应上车收集中毒人员的呕吐物、排泄物待查。

④ 站车应积极配合现场的医疗和疾控部门工作。

（2）车站发生旅客食物中毒事件的应急处置预案。

① 车站发生旅客疑似食物中毒事件，应立即向铁路疾控部门、客运处报告。

② 车站应对有关人员进行登记，封锁现场，封存可疑食品、餐具等。铁路疾控部门应收集中毒人员的呕吐物、排泄物待查。

③ 车站应积极配合现场的医疗和疾控部门工作。

5. 动车组列车故障需启用热备车底的应急处置预案

（1）站内换乘热备动车组的应急处置预案。

① 遇车次变动时，车站应收回原票、换发新票，退还票价差额。旅客要求退票或改乘其他列车时，车站应及时为旅客办理退票、改签等手续。

② 故障车停靠站台换乘时应尽可能安排在同一站台面，不能在同一站台面换乘时，应组织旅客通过天桥或地道换乘，严禁跨越股道换乘。故障车在站内没有停靠站台时，换乘处置程序比照区间换乘热备动车组的处置程序办理。

③ 换乘时，站车应认真组织验票，严禁持其他车次车票的旅客上车。

（2）区间换乘热备动车组的应急处置预案。

① 列车长接到司机转达的组织旅客换乘热备动车组的命令时，应立即向列车工作人员传达，列车工作人员应检查车内情况，坚守岗位。

② 列车应向旅客通告换乘的决定，告知安全注意事项。对列车不能如期运行给旅客出行造成的不便，列车长应代表铁路部门向旅客致歉并感谢旅客的配合，做好后续服务工作，取得旅客的支持与谅解。

③ 热备动车组停靠在指定位置后，热备动车组司机通知列车长。列车长接到通知后，组织列车工作人员打开指定车厢车门，放置好应急梯或渡板并做好防护，组织旅客有序换乘。在隧道内换乘时，由设备管理单位操作开启隧道内的应急照明装置，隧道内的应急照明装置应实施远动开关。

④ 旅客换乘完毕，列车工作人员应将应急梯和渡板收好，定位存放并关闭车门。

6. 恶劣天气情况下的客运组织应急处置预案

因恶劣天气（含暴雨、大雾、大雪、冰雹、台风等）影响动车组列车正常运行时，客运（客服）调度员应及时将天气情况通知客运管理部门、沿线车站及滞留列车，客运管理部门应了解现场情况，指挥开展应急处置，站车及时将情况通告给旅客并致歉。

（1）动车组列车应急处置预案。

① 列车长接到客运（客服）调度员或上级主管部门动车组列车因恶劣天气影响导

致非正常运行的通知后，应立即了解车内情况，加强对重点旅客的服务。出现异常情况及时向客运（客服）调度员或上级主管部门报告。

② 列车长应与司机或滞留地所在路局调度所客运（客服）调度员保持联系，了解动车组列车的运行情况，及时向旅客通报。

③ 动车组列车应备足餐食和饮用水，确保供应。需补充餐食和饮用水时，列车长应向滞留地所在路局调度所客运（客服）调度员或通过司机向列车调度员报告，请求车站为动车组列车补充餐食和饮用水。

（2）车站应急处置预案。

① 车站应及时将动车组列车因恶劣天气导致非正常运行的情况进行公告。售票处、候车室、问询处等服务处所做好对旅客的宣传和服务工作。

② 车站应及时增开退票和改签窗口，为旅客办理退票、改签等手续。

③ 车站公安派出所应协助客运部门维护好售票、候车、乘降等秩序。

④ 车站应根据客运（客服）调度员的安排，及时为动车组列车提供餐食和饮用水。

7. 高铁车站非正常情况作业下的应急处置预案

（1）车站售票系统发生故障的应急处置预案。

① 车站售票窗口发现售票系统故障、瘫痪或售票信息错误时，应立即向售票（客运）值班员或站长汇报。售票（客运）值班员或站长接到售票员报告后，应立即到售票窗口确认故障情况，并向车站报告。

② 车站接到售票系统故障的报告后，应立即向本单位应急领导小组汇报，并向路局客运处、信息化处、信息技术所报告相关情况。

③ 车站应及时调配客运作业人员，加强售票房的秩序维护工作，做好对旅客的宣传和解释，稳定旅客情绪。

④ 车站客票系统值班技术人员必须及时对故障程度进行确认，正确估算故障恢复时间并组织尽快恢复；确认在 10 分钟内不能处理完毕时，应立即向车站应急领导小组、路局客运处、信息化处报告，并联系信息技术所取得技术支持。

⑤ 车站应急领导小组在接到客票技术人员报告后，对预计 15 分钟内不恢复的客票系统故障，应立即决定启用车站售票应急系统，通过离线方式组织发售无座席车票，满足旅客购票乘车要求。

⑥ 车站决定启用车站售票应急系统后，应立即与路局客票管理所联系，获取售票应急系统启动密码，按步骤启动应急售票程序。

⑦ 当车站售票应急系统无法启用时，车站应立即向路局客运处报告，并申请开通绿色通道，允许旅客上车补票。

⑧ 车站采取绿色通道应急措施时，应向列车和相关前方车站通报情况。列车要做好上车旅客的补票工作。相关前方停车站，要加强出口处查验车票的力度并认真做好部分未及时补票旅客的补票工作。

（2）高铁车站综控室集成管理平台故障应急处置预案。

① 高铁车站综控室值班员发现集成管理平台故障后，应立即通知客运车间主任和

站长，通知技术维护人员，进行系统抢修。车站应立即将故障情况报客服调度、客运处、信息化处。

② 车站综控室要立即启用站控应急模式，并做好站控应急模式的操作和控制。

③ 车站要立即组织专业技术人员、客运人员负责监控广播、闸机、引导系统的运行状态并建立相应的联系通报制度。

④ 车站应加强各岗位的巡视，对相关的客服系统显示信息及广播内容进行核对，正确组织旅客检票、进站、上车，必要时通过手持扩音器进行宣传、引导。

⑤ 车站综控室集成管理平台恢复正常后，操作人员应立即将车站应急模式切换至正常模式，通知各岗位人员恢复正常操作流程。

(3) 车站引导系统故障时的应急处置预案。

① 客运人员发现车站引导系统故障后应立即报告车站综控室，由综控室值班员向车站领导报告。综控室值班员还须立即通知维修部门进行维修。

② 综控室值班员应立即通知各岗位，告知影响的车次，列车进路的安排等信息，同时加强远程监控，将现场信息通知相关岗位，加强对旅客的广播宣传，正确引导旅客购票、进出站、上下车。

③ 车站应及时抽调人员在候车大厅设立引导岗位，引导旅客候车，加强检票进站的引导宣传。在地道或天桥处设置临时引导标志，在检票口、天桥、站台等处增加引导力量引导旅客进站上车。

④ 车站候车室、进站口、进站厅、天桥口、地道口、站台处应使用其他醒目的车次揭示牌做好引导工作，确保旅客正常候车。

(4) 车站广播系统故障时的应急处置预案。

① 遇车站广播系统故障时，客运人员应立即报告车站综控室值班员，由综控室值班员向车站领导报告并通知维修部门进行维修。同时，综控室操作人员应将广播切换至人工模式，按照广播内容顺序进行人工广播，做到不缺项、不遗漏、不错播。

② 车站要充分利用客运导向揭示、手持扩音器等工具，及时向旅客通报列车运行、到发及候车室、站台情况。

③ 车站领导要现场把控，客运人员要坚守岗位，同时抽调人员在进站大厅、旅客集散区、售票厅、候车室、进出站口、通道、站台等处进行宣传，确保旅客正确候车、有序乘降。

(5) 车站自动检票系统故障的应急处置预案。

① 客运人员发现车站自动检票系统发生故障后，应立即报告车站综控室值班员，车站综控室值班员在接到报告后，要立即向车站领导报告并通知维修部门进行维修。

② 车站领导要在现场进行把控，根据客流情况，合理调配客运人员加开进出站检票口，调整检票时间，实施人工检票。

③ 对持铁路乘车卡的旅客，发放乘车凭条进站上车，并由客运值班员通知相关站车。到站要对持铁路乘车卡的出站旅客，按实际乘车区间办理铁路乘车卡扣款手续。

④ 车站要及时将本站自动检票闸机故障的情况向列车前方各停车站进行通报，方

便各前方停车站对到站旅客进行相关检票、补票工作。

（6）动车组旅客或行李物品掉落站台的应急处置预案。

① 发生旅客跌落到站台与车体之间的缝隙中或行李物品掉下站台时，站车工作人员应立即通知司机，并通知车站客运值班员对旅客进行施救或使用专用工具取出行李物品。

② 相关处置工作完毕后，按规定程序关门。如物品掉落站台，确认不危及列车安全时，可待列车出发后由车站处理。

（7）车站突发大客流的应急处置预案。

① 车站突发大客流时，应立即组织后备力量上岗，维护好车站秩序，通知铁路公安部门，铁路公安部门应增派警力协助车站维护秩序，必要时车站应请求地方政府、公安部门给予支援，同时向上级主管部门报告。

② 车站应协调地方政府，利用电视、广播、报纸等媒体广泛宣传，引导旅客理性选择交通工具。

③ 车站应增开售、退票窗口并维护好售、退票秩序。

④ 车站应加强候车组织，充分利用好候车能力，做好重点旅客服务工作。

⑤ 加强乘降组织，重点部位安排专人引导、防护，确保旅客进出站、上下车的安全。

⑥ 客运处、调度所、运输处应加强运输设备和能力调配，组织加开列车，及时疏散客流。

8. 动车组列车突发事件应急处置预案。

（1）动车组列车发生旅客人身伤害或疾病时的应急处置预案。

① 旅客受到意外伤害，突发疾病时，列车长利用列车上配备的急救药箱，进行初步救治，同时应立即通过广播寻找旅客中的医务工作者帮助救治。

② 旅客受伤、病情严重，必须临时停车送医院抢救或已经死亡时，列车长需及时通知司机向列车调度员请示，申请在最近的前方站临时停车，下交伤病或死亡旅客。

③ 前方最近临时停车站接到接收旅客的通知后，应立即联系救护车，并安排人员做好接收伤病（或死亡）旅客的各项准备工作。

④ 列车长应编制客运记录将受伤（或死亡）旅客，连同车票、携带品一并交车站处理，列车乘务人员不下车参与处理。

⑤ 在列车上受伤、发生疾病无同行人或旅客在列车上死亡时，列车长还应会同公安人员，收集旁证物证，调查旅客受伤或死亡的原因，采集相关证词不少于两份，对参加抢救的医务工作者的姓名、单位、电话进行登记，根据有效证件确定伤亡者姓名、单位、住址。时间紧迫时，为保证动车组恢复正点运行，列车可暂不移交相关材料，三日内向受理车站补交。

⑥ 旅客人身伤害事故系打架斗殴等治安或刑事案件所致，列车乘警应在客运记录上签章，列车长同时拍发事故速报。事故速报内容：

- 事故种类；
- 发生日期、时间、车次；

- 发生地点、车站、区间里程；
- 伤亡旅客姓名、性别、国籍、民族、年龄、职业、单位、地址、车票种类、发到站、票号、证件号码；
- 事故及伤亡概况。

(2) 动车组列车车门故障应急处置预案。

① 动车组列车发生车门故障，集控装置无法打开（关闭）车门时，列车乘务人员要及时向列车长报告车门情况；列车长应迅速通过对讲机与司机及随车机械师联系，了解故障原因，及时修复。

② 当无法在短时间内修复车门集控开关时，由列车长迅速统一指挥，各工种人员按照具体分工，手动开启（关闭）车门，保证旅客安全乘降。同时广播宣传，告知旅客下车门所在位置，提前做好下车准备。列车乘务人员应提前在车内宣传，引导旅客在下车门等候。

③ 司机和随车机械师应迅速查找造成车门故障的原因，及时维修，尽快恢复车门正常使用，保证动车组列车安全正点运行。

④ 列车长要及时向所属单位汇报情况，并做好记录，同时通知列车乘务人员坚守岗位，做好车门观察。

(3) 发现精神病患者乘坐动车组时的应急处置预案。

① 列车乘务人员发现无人护送的精神病旅客时，立即报告列车长、乘警。列车长指定专人看护，乘警协助处理。

② 有人护送的精神病旅客，列车乘务人员向护送人介绍安全注意事项并在需要时予以协助。不准精神病旅客单独行动，精神病旅客离座时必须有同行人护送。

③ 对无人护送的精神病旅客，列车长应编制客运记录移交旅客到站或换乘站处理。发现间歇或突发精神病旅客在乘车途中病情发作时，要立即向列车长、乘警报告。列车长、乘警根据实际情况派人看护，病人狂躁威胁他人人身安全时，乘警应对其采取强制制约措施。

(4) 动车组空调失效时的应急处置程序。

① 信息通报：

空调失效超过 20 分钟不能恢复时，列车长应及时进行信息通报，安抚旅客情绪。

② 应急处理：

- 动车组司机向列车调度员报告动车组空调失效，请求启动开门运行，得到列车调度员同意后，向列车长通报列车调度员已经同意开门运行。
- 列车长组织列车工作人员做好旅客安抚和服务工作。
- 列车长向列车工作人员布置开门运行的准备工作并介绍安全事项。
- 列车长向旅客进行开门运行广播通报并宣讲安全事项。
- 列车长组织有关人员按规定在车厢非会车侧安装防护网，检查确认安装良好后用对讲机通知司机、机械师。
- 动车组司机向列车调度员报告：准备工作已经完毕，可以停车开门。列车调度员下达限速运行命令。

- 动车组停车后，列车长组织人员手动打开车门，工作人员一门一岗进行防护，防止旅客下车。
- 乘警协助列车长做好旅客组织工作。

③ 运行条件：

动车组司机确认限速命令已收到，得到列车长可以开车的通知后开车。

（5）动车组列车运行途中停电的应急处置预案。

① 列车运行中发生车厢突然停电时，客运乘务员要立即通知随车机械师到场处理。检查各车厢的应急电源开关是否处于闭合位，保证应急电源装置正常工作并迅速查找原因修复故障，恢复供电。

② 列车因故障不能满负载供电时，随车机械师要根据实际情况，立即通知列车长，暂时停止使用部分电器。列车长要按照随车机械师的要求组织列车工作人员关闭用电量大的设备，尽量减少用电负荷，以保证蓄电池不过放，必要时可保留应急灯和监控系统用电，其他负荷全部关闭。

③ 列车长、乘警应及时到场，加强安全宣传和治安管理工作，稳定车内秩序，严防不法分子乘机破坏，做好针对重点旅客的安全保护及服务工作，同时向旅客做好正面解释工作。

④ 停电车厢应派乘务员坚守岗位，加强车厢巡视，做好安全宣传，严禁使用明火照明。

⑤ 列车长应会同随车机械师，查明原因后立即向所属单位汇报。

（6）动车组运行中遇飞石击车，造成车窗双层玻璃同时被击碎时的应急处置预案。

① 列车乘务人员要迅速报告列车长，列车长通知公安乘警、随车机械师赶赴现场，并通知司机采取相应措施。

② 如造成旅客伤害事故，列车长应按有关规定处理。

③ 保洁员要迅速清理车内玻璃碎片，防止扎伤旅客；乘务员调整破损车窗附近旅客座位，同时做好安全宣传和防护工作。

④ 现场处理完毕后，随车机械师要立即对损坏的车窗采取稳妥的封掩措施，消除安全隐患。

（7）动车组在长大隧道、桥梁发生故障或停电的应急处置预案。

① 动车组在长大隧道、桥梁发生故障或突然停电时，客运乘务人员要立即通知机械师到场处理。

② 动车组故障或停电，造成空调无法使用，可启动应急通风功能。

③ 遇夜间停电时，随车机械师启动应急照明，严禁使用明火照明。列车乘务人员在车厢内加强宣传、巡视，做好旅客的解释、安抚工作。

④ 列车故障或停电后，列车长应会同随车机械师，查明原因后立即向上级汇报。如不能及时修复，应通过司机立即向列车调度员报告，听候命令。

⑤ 列车长、乘警要加强车厢巡视，做好安全宣传和治安管理工作以维护车内秩序，严防不法分子趁机破坏，做好重点旅客的安全保护和服务工作，同时要向旅客做好正面解释工作，稳定旅客情绪。

（8）动车组列车运行中发生事故，旅客需紧急逃生时的疏散应急处置预案。

① 列车停车后，在车门能正常开启时，列车长立即通知司机，由司机打开所有靠线路外侧的车门；在列车断电、司机无法操纵打开车门时，由列车长组织列车工作人员手动解锁开门。

② 列车长迅速组织工作人员按照分工，在每个车门处进行防护，组织旅客下车。

③ 在车门不能正常开启时，列车长迅速通过广播（因断电广播系统无法使用时，由列车工作人员在车厢中部位置通过手持扩音器）向旅客宣传疏散程序、安全注意事项，工作人员迅速组织旅客使用安全锤击破紧急逃生窗，组织旅客撤离车厢。

④ 事故中发生人员伤亡时，列车长要及时安排专人救助。

⑤ 所有旅客撤离车厢后，列车工作人员组织旅客沿线路外侧向安全地带转移，将旅客安置在安全地带等待救援，同时做好安全宣传、引导工作。乘警承担旅客疏散过程中的防护、警戒工作。

⑥ 动车组停在高架桥上需紧急疏散旅客时，列车长应立即向所属铁路局客运调度员汇报，得到客运调度员同意向车下疏散旅客的指令后，通知本务司机打开列车运行方向左侧车门或按照客运调度员指示的方向打开指定的车门（如集控开门失灵时，应手动打开车门），向车下疏散旅客，通过应急通道门有序离开高架桥。

⑦ 在隧道内临时停车需疏散旅客时，列车长应首先向所属铁路局客运调度员汇报，得到允许后（如手机无信号时，应通过司机向上级汇报），方可疏散旅客，以避免疏散时发生意外。有应急救援横通道的隧道无论上下行，均应打开列车运行方向右侧车门。

⑧ 向车下疏散旅客时，提示旅客使用救援应急设备时注意脚下障碍物，防止出现摔伤或踩踏事故。

⑨ 应急处置后，列车长应及时向客运调度员、客运段值班员汇报，客运调度员、客运段值班员接事故报告后，立即组织开展后续救援工作。

（9）动车组发生旅客滞留列车的应急处置预案。

① 车站在接到因动车组列车晚点旅客集体拒绝下车的信息后，车站站长（副站长）及有关车间干部要立即赶到现场，了解情况，亲自指挥。立即组织部署客运部门、公安部门增加人员接车。

② 公安部门在接到车站通知后，要立即组织足够的力量到现场维持秩序，积极配合客运部门工作，认真开展滞留旅客的说服工作，争取得到旅客的理解和支持。同时，要向旅客宣传法律知识，告知旅客可以通过其他合法渠道和方式维护合法权益，劝说旅客听从车站工作人员的安排到指定地点协商解决问题，并协助车站工作人员引导旅客下车。公安部门在协助劝解过程中，严禁携带枪支。

③ 动车组列车晚点到达后，车站应组织有关人员向旅客做耐心的解释工作，尽快组织旅客下车、出站，对拒绝下车的旅客，全力做劝说工作，全力促使旅客下车，到专门的地点进行处理。

④ 因晚点造成旅客没有赶上所乘列车时，车站安排人员及时为旅客按章办理改签、退票手续。

⑤ 发生旅客以滞留列车的方式向铁路部门要求晚点或空调故障赔偿时，站车工作

人员应当以说服劝解、诚恳道歉为主，耐心细致地做好解释工作和相关法律法规的宣传工作，稳定旅客情绪，化解旅客怨气，力争取得旅客的理解和配合。

⑥ 客运部门在宣传和说服旅客离开车厢时，现场应有公安人员维持秩序，经反复劝离无效时，公安人员应宣布《关于严禁旅客滞留列车维护铁路运输秩序和安全的通知》并组织足够的警力，对拒不下车的人员依法采取措施带离车厢。对煽动旅客滞留车厢、扰乱列车治安、破坏铁路运输秩序、用暴力手段对抗执法的个别人员，要认真调查取证，依法追究其法律责任。劝阻中要依法依规，有理有节，文明执法。

⑦ 旅客因晚点集体拒绝下车事件处理情况，车站应及时向客运调度员汇报，处理完毕向客运处汇报。

9. 车站站台紧急停车的应急处置预案

（1）动车组停站或初启动（尾部未过出站信息机），站、车客运人员发现危及旅客人身安全或行车安全现象，需紧急叫停列车时，将对讲机调至司机电台频道，呼叫司机停车（列车工作人员同时按照相关规范要求按下紧急停车按钮），呼叫用语为“××次司机，有紧急情况，立即停车”。

（2）司机听到呼叫后须立即紧急制动，同时应答呼叫者“××次司机明白”，呼叫者通过对讲机告知司机停车事由。司机及时向列车调度员报告停车原因。相关人员及时做好应急处置工作。

（3）司机在停靠站启动列车，接到紧急停车报警时，如车没有启动则不启动，如车已启动要立即紧急制动停车，需要确认车辆技术状态时应立即通知随车机械师。紧急停车后，司机要及时向列车调度员报告停车原因。

（4）随车机械师接到司机通知后应立即进行确认并将确认情况报告司机，司机根据随车机械师确认情况正确处置。

（5）列车工作人员按下紧急停车按钮，要及时向列车长报告，由列车长向司机通报原因和处置情况。

（6）应急事件处置完毕后，呼叫者向司机报告，列车长按规定程序通知司机（随车机械师）关闭车门，司机按规定程序开车。

10. 区间救援的客运组织预案

（1）动车组因故在站内（区间）非正常停车后，列车长要利用对讲机或立即赶到司机室向司机询问停车原因、预计恢复运行时间，并将停车原因、预计恢复运行时间、停车期间安全注意事项利用广播向旅客公布。

（2）动车组停车（晚点）超过 15 分钟时，列车长要通过广播向旅客致歉，致歉间隔时间不超过 20 分钟。

（3）确认需要救援时，救援指挥人为动车组司机，动车组客运乘务人员在服务的同时，要指定 2 名男性乘务人员配合随车机械师，做好救援的相关工作，具体工作为：协助随车机械师搬运过渡车钩、接地杆等救援设备，配合随车机械师安装过渡车钩。

（4）动车组在冬季无电、无空调时，列车长要组织测量停车时的车温，关闭各节车厢通过门、车门；夏季空调故障停用超过 20 分钟时，按照预案打开边门，并设置防护网，在停车期间，列车长要指定不参与配合随车机械师的客运乘务人员按每人2车值守，主要职责是车门看护、安抚旅客。

（5）在搬运救援器材时，根据救援器材存放位置，就近车门上下，减少对旅客的干扰。

（6）停车后，列车长要详细了解停车时间、停车地点、车内人数、重点旅客人数、换乘旅客人数、餐食储备、车内温度、采取的应急处置措施、添乘人员姓名、联系电话、防寒备品储备情况并将相关情况报客运调度员。

（7）列车长要组织客运乘务人员做好服务工作，由于停电造成车温较低时，应对重点旅客发放防寒毯，昼间要通知司机关闭通风、空调、照明设备，减少电池的使用，夜间应尽量保持车内的应急照明。

（8）救援结束后，列车长要根据命令，做好开车前的准备和组织工作，确认工作人员、旅客全部上车后，通知司机关闭车门后开车。

参考文献

[1] 兰云飞．铁路运输信息系统应用实务．北京：北京交通大学出版社，2015.
[2] 彭进．铁路客运规章教程．北京：中国铁道出版社，2010.